租税法
演習ノート

第4版

…………租税法を楽しむ

21問

佐藤英明
編著

弘・髙橋祐介
啓・渡辺徹也
著

JN037793

弘文堂

第4版　はしがき

『租税法演習ノート……租税法を楽しむ21問』の第4版をお届けします。

新しいタイプの演習書を通じて、「租税法を学ぶ楽しさ、面白さを伝えたい」というコンセプトの実現を目指した本書ですが、第3版の刊行から8年が経ちました。

そこで、この間の法改正や新しい裁判例、文献に対応することはもちろん、著者の私たちが蓄積した研究・教育上の成果と経験を最大限に反映させた「第4版」を世に送ることとしました。

現在では、弘文堂演習ノートシリーズは本書を含めて7冊となり、その中には第2版、第3版と、版を重ねているものも多くあります。約16年前に本書の初版を刊行したときには想像もしなかったこの状況は、自分の知識をあてはめて問題を解く「ワクワク」や「ドキドキ」が法律学の勉強に役立つことを、何よりもよく表していると思います。

この第4版でも、著者が感じた「ワクワク」や「ドキドキ」を読者の皆さんに体験していただき、それを通じて租税法を学ぶ楽しさが皆さんに伝わることを、心から願っています。

弘文堂編集部の北川陽子さんには、初版から引き続き、この第4版の刊行にも大きなご尽力をいただきました。限られた時間内で、私たちのアイディアを本書という形に作り上げてくださったことに、著者全員から、深く感謝申し上げます。

　令和3年2月

著者を代表して

佐藤　英明

初版　はしがき

　本書は、大学の法学部・経済学部や法科大学院などで一定程度の租税法関連科目を学んだ人を読者として想定した演習書です。こういう人は、租税法についての基礎的な知識は身につけていても、それを事例にあてはめたり、複数の問題点を横断的にとらえたりすることはまだうまくできない、ということが多いようです。そこで私たちは、いわゆる基本書や判例教材で租税法を一とおり学んだ人が、次に使える学習書として本書を世に送ることにしました。本書に収めた21問の設問について丁寧に解答を作成し、解説を読むことで、すでに勉強した租税法の知識を確実に定着させ、また、それらの知識を簡単な事例にあてはめて運用する能力を身につけることができると思います。

　このように、学習書という性格ではありますが、この本の執筆に参加した著者の一致した願いは、本書を通じて1人でも多くの読者に租税法の面白さを伝えたいという点にあります。租税法と聞くと、学生の多くは、膨大な法令や独特の専門用語などを想起してしり込みしがちですが、実は、租税法は世の中のほとんどすべての活動に関わりを持つ幅の広さと、個々の条文の解釈から政策に関わる論点までを対象とする奥の深さとをあわせ持つ、きわめて知的好奇心をそそる法律分野です。本書では、やや自由に、それぞれの著者が租税法の面白さを読者に伝える工夫をこらしてみました。本書の各設問について解答を作成し、解説を読み進める中で、読者に知的興奮を味わっていただければと願っています。

　本書の刊行にあたっては、弘文堂編集部の北川陽子さんに、大変なお世話をかけました。研究者としてはやや異色の本書について、しかも企画から刊行まで約10カ月間という厳しい時間的制約の中で最大限の努力をして下さいましたことに、著者全員から深く感謝を申し上げます。

　　平成17年9月

著者を代表して

佐 藤 英 明

本書の利用について

①**扱う範囲**　本書では、主として、所得税、法人税、相続税・贈与税、租税法総論、租税手続法の分野を取り上げることとし、これに加えて、適宜、その他の分野にも触れています。

②**標題**　本書に収められた設問は、それぞれ租税法に関わるいくつかの問題点を含んでおり、読者には、まず、そこにどのような論じるべき問題点があるかを探して欲しいと思います。そのため、各設問には扱う内容を示す標題はついていません。

③**難易度**　各設問には難易度の目安を★の数で示してあります。この★の数は、おおよそ以下のような難易度を表しています。

> ★　　基礎的な知識の確認のための問題
>
> ★★　事案へのあてはめなど基礎的な知識の運用能力を身につけるための問題
>
> ★★★　総合的な租税法の知識・能力をみがくための問題

　少なくとも★と★★の設問については、単に設問や解説を読むだけではなく、実際にペンを執って解答を作成してみてください。そうすれば、「**解説**」を読んだときの学習効果は飛躍的に大きくなると思います。

　本書では、取り扱う内容に応じて設問をある程度体系的に配列していますが、1つの設問で複数の事項を取り扱うことが多いため、必ずしも順序よく勉強する必要はありません。「難易度」に応じて、易しいものから順に勉強していくという利用方法も考えられます。

④**設問**　本書の設問には相当長文のものもあり、租税法の解釈・適用に重要な要素を文中から拾い上げる訓練になるように作られています。

　また、解答を作成しようとしても、一体何を書いたらよいかわからないということもあるかもしれませんが、そのときには各設問の「**解説**」の冒頭にある「1……**概観**」のところだけを読んで、設問のねらいや取り上げるべき項目を確認した上で解答を作成する、というのも良い学習方法です。

　なお、設問の解答を作るにあたっては、六法だけを手もとにおいて作業をするのではなく、これまで勉強した基本書や判例教材などを参照して学んだことを確認しつつ、レポートを作成するような要領でやってみるのも、学習効果の高い方法だと思われます。**解答例**としても、様々な形式のものが、適宜示されています。

⑤**解説**　解説の項目では、設問を考える際に必要な事項が詳しく扱われています。自分で解答を作った後で、その内容と照らし合わせながらこの解説を読めば、設問に関して扱うべき問題点やその方向性などを十分に理解することができると思います。また、解説の中には、直接、設問に解答するのに必要ではないが、関連する問題や進んだ学習のときに考慮すべき内容などについて触れてあるところもあります。これらはさらに勉強を進める際や各設問の末尾にある「**関連問題**」を考える際の適切な手がかりになります。

⑥**解答例**　本書では、設問ごとに丁寧な「**解説**」を付してありますので、本来は「**解答例**」は必要ないとも思われますが、「**解説**」の内容が理解できても、それを適切に「**解答**」の形式で表すのはなかなか難しいことですので、それぞれの設問について、この程度の解答が書ければ、学生として十分な租税法の能力をもっている、と私たちが考える内容のものを「**解答例**」として掲げることとしました。その意味でこの「**解答例**」はあくまでも1つの例にすぎません。

　なお、この「**解答例**」は学生がどのようなものを書くか、という観点から作成したものであり、それぞれの設問で扱われている問題についての各執筆者の個人的な見解を示しているものではありません。

⑦**関連問題・参考文献**　各設問には「**関連問題**」を付しています。関連問題としては、「**設問**」で扱った問題に直接関わることがらや、「**解説**」の中で触れた論点に関する問題などを幅広く取り上げています。また、「**設問**」や「**解説**」で扱われた問題について興味をもった場合に、より深く勉強する手がかりとして「**参考文献**」を挙げていますので、適宜、利用してください。

目　次

租税法演習ノート

CON**TENT**S

租税法演習ノート

6.＊ 隣人訴訟　増井良啓 ──────────────── 81

7.＊＊＊ さやかの幸せ　岡村忠生 ──────────── 94

CONTENTS

CONTENTS

CONTENTS

租税法演習ノート

凡　例

1　本書における法令は、特に断らない限り、令和3年2月1日現在の内容による。

2　本書における略号は、以下のように用いるほか、慣例にならった。

①　法令

所法	所得税法	相法	相続税法
所令	所得税法施行令	相令	相続税法施行令
所規	所得税法施行規則	相規	相続税法施行規則
所基通	所得税基本通達	相基通	相続税法基本通達
法法	法人税法	消法	消費税法
法令	法人税法施行令	税通	国税通則法
法規	法人税法施行規則	税通令	国税通則法施行令
法基通	法人税基本通達	税通規	国税通則法施行規則
措法	租税特別措置法	税徴	国税徴収法
措令	租税特別措置法施行令	行手	行政手続法
措規	租税特別措置法施行規則		

②　裁判

最大判（決）	最高裁判所大法廷判決（決定）
最判（決）	最高裁判所判決（決定）
高判（決）	高等裁判所判決（決定）
地判（決）	地方裁判所判決（決定）

③　判例・雑誌等

民集	最高裁判所民事判例集	判時	判例時報
刑集	最高裁判所刑事判例集	判タ	判例タイムズ
行集	行政事件裁判例集	税通	税経通信
訟月	訟務月報	税弘	税務弘報
税資	税務訴訟資料	シュト	シュトイエル

※　法令は、「e-Gov法令検索」（https://elaws.e-gov.go.jp/）を、通達は、国税庁Web
サイトの「法令解釈通達」（https://www.nta.go.jp/law/tsutatsu/menu.htm）を、
それぞれ用いて検索・閲覧することが可能である（すべて令和3年2月1日閲覧）。

租税法 演習ノート

1. 土神家の一族★

設問　「これで土神家の土地はすべて他人手に渡ったか……」。

　平成31年4月、土神実造（つちがみ・さねぞう）は、父親から相続した通称「一番の土地」と、叔父からもらったと自分では信じている土地の残りである通称「三番の土地」の譲渡契約書にハンコをつきつつ、ある種の感慨を覚えずにはいられなかった。これらの土地は、父と叔父とが、昭和26年に実造の祖父から相続した、いわば先祖伝来の土地であった（図1参照）。

　実造は、Y県Z地方の大地主であった土神家の当主、土神実守（つちがみ・さねかみ）の三男として生まれた。上には、長男の実市（さねいち）と次男の実次

図1　土神家家系図

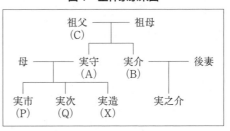

（さねじ）がいる。当時の土神家は、当主の実守とその弟の実介（さねすけ）が、それぞれ所有するかなりの広さの土地を切り売りして生活を維持している状態だった。

　三男で実守を継ぐ見込みもないと考えた実造は、自立を意識して早くから建設業や建物賃貸業など、土地に関連する事業を始め、一定の成功を収めてきた（ただし、不動産の売買そのものは、実造の事業内容に含まれていない）。

　ところで、実介には長年連れ添った妻がいたが、この妻との間には子どもを授からなかったため、夫婦で実造をとても可愛がっており、かねがね養子に欲しいと言っていた。このような関係から、実介所有の通称「二番の土地」を昭和50年代終わりから実造の自由にさせ、実造もこの土地をもらったものと考えて自分の事業に使用していた。

ところが平成15年に実介の妻が亡くなり、その後釜に座った若い後妻がすぐに実之介（さねのすけ）を産んだことから、実介と実造との間はぎくしゃくし始め、関係が好転しないまま、平成19年に実介は急死してしまった。

当初、実造は実之介親子を哀れみ、「二番の土地」を一部分け与えようかとまで考えた。というのも、実はこの時点で、実介はほかの目ぼしい土地をすべて手放していたからである。しかし、幼い実之介を抱えた後妻は、「二番の土地」は実介の所有で2人はそれを相続したのだから、その全部が自分たちのものだと言って譲らず、腹を立てた実造が「この強欲な●●●め。実之介が実介叔父さんの子どもかどうかだって怪しいものだ」などと面罵したために両者の仲は決定的にこじれ、この争いは民事訴訟となった。訴訟において実造は、当初、実介からの贈与を、平成24年中には時効を援用して予備的に取得時効を「二番の土地」の取得原因として主張したところ、裁判所は実造の時効取得を認め、この裁判は平成27年に確定した。

他方、仲の良かった弟を失い、親族が争うのを目のあたりにした実守はすっかり力を落とし、平成21年に亡くなった。相続人は実造ら3人の実子のみであり、彼らはこの相続を単純承認した。この時点で実守の目ぼしい財産は、「一番の土地」とその上に建っている賃貸用建物「土神荘」のみであった。

実守の遺産分割協議は難航した。大地主のボンボンとして育った実市と実次は、「土地は売るな」とか「金が欲しい」とか自分勝手な主張をするばかりで、筋の通った協議に少しも協力しなかったからである。

困り果てた実造は、「二番の土地」関係の民事訴訟でお世話になっている理路整然（りろ・せいぜん）弁護士に相談し、平成27年中に、同弁護士の提案にもとづいて以下の遺産分割協議案を提示した。この協議案を提示できたのは、折から「二番の土地」関係の訴訟が実造の勝訴で終わったことと、以前にたまたま買っていたT社（○○証券取引所上場企業）の株式の価格が急騰したことが影響している。実守の死後、経済的に苦しくなっていた実市と実次は、しぶしぶこの協議案に同意し、ようやく遺産分割協議が成立した。その協議の内容は以下のとおりである。

3

①実造が、自己が所有するT社株式を実市に与えること。

②実造が、「二番の土地」を真半分に「三番の土地」と「四番の土地」に分筆した上で、「四番の土地」を実次に与え、この所有権移転登記に係る登録免許税は全額を実造が負担すること。

③実造が、「一番の土地」と「土神荘」の全部を単独で取得し、この所有権移転登記に係る登録免許税は全額を実造が負担すること。

この遺産分割協議の成立後に、実造は、

㋐「二番の土地」に関する民事訴訟に係る業務の報酬として、800万円

㋑遺産分割協議成立に関する助言その他の業務の報酬として、300万円

の合計1100万円を、理路弁護士に支払った。

平成30年中に「一番の土地」と「三番の土地（二番の土地の残り）」が所在する地域を一体として開発する計画が持ち上がり、Z地方の将来を考えた実造はこれらの土地をY県の土地開発公社に譲渡することとした。この取引は不動産仲介業者が仲介し、その仲介手数料と、この売却による所有権移転登記に係る登録免許税は、実造と公社が折半して負担した。なお、この譲渡のために、「土神荘」の賃借人には実造が立退料を支払って立ち退いてもらい、また、「土神荘」を取壊す費用も実造が負担した。遺産分割協議で実次が得た「四番の土地」は、その後ほどなくして売り払われ、実次の借金の払いに充てられていたため、冒頭の実造の感慨となったのである。

以上の事情のもとで、❶平成27年の遺産分割協議と、❷平成31（令和元）年の「一番の土地」および「三番の土地」の譲渡は、それぞれ同年分の実造の所得税の計算上、どのように扱われるか、根拠条文を明示し、また、必要に応じて判例の態度に触れつつ説明しなさい。ただし、租税特別措置法の規定は無視しなさい。

解　説

1 ⋯⋯⋯⋯概　観

(1)　設問のねらい

　譲渡所得の金額は、総収入金額から取得費と譲渡費用の合計額を控除することによって計算される（所法33条3項）。本問では、具体的な事例に即して、総収入金額の内容や、どのような支出が取得費や譲渡費用に該当しうるかという、譲渡所得の計算に関する基礎的な知識を整理しよう。

　ここで、本問における各土地の取得や譲渡の状況を、以下の表のようにまとめておこう。

土 地 名	取　得　時		譲　渡　時	
	取得原因	支　出	譲渡内容	支　出
一番の土地	相　続 （単純承認）	弁護士費用 300万円 代償物（四番の土地・ T社株式） 登録免許税	売　却	仲介手数料・ 登録免許税 立退料・取壊費用
三番の土地	時効取得	訴訟費用・ 弁護士費用 800万円		仲介手数料・ 登録免許税
四番の土地			代償分割	登録免許税

　また、解説では取り上げないが、本設問の解答にあたっては、単純承認に係る相続時の取得費の引き継ぎや、昭和27年末日以前から所有している資産の取得費に関する特則、所得税法における長期譲渡所得と短期譲渡所得の区別などの点についても注意する必要がある。

(2)　取り上げる項目

　►無償譲渡における総収入金額の考え方

　►時効により取得した資産の取得費

　►代償分割による相続財産の取得と譲渡所得課税

　►「取得費の付随費用」と譲渡費用

2………無償による資産の譲渡と譲渡所得

(1) 清算課税説と贈与時における譲渡所得の金額の計算

判例は昭和43年以来一貫して、譲渡所得に対する課税を「資産の値上りによりその資産の所有者に帰属する増加益を所得として、その資産が所有者の支配を離れて他に移転するのを機会に、これを清算して課税する趣旨」だとしている（榎本家事件判決、最判昭和43・10・31訟月14巻12号1442頁）。いわゆる清算課税説である。近年の最高裁判決は、この考え方につき、「譲渡所得に対する課税においては、資産の譲渡は課税の機会にすぎ［ない］」と述べている（最判令和2・3・24判タ1478号21頁）。この清算課税説のもとでは、「課税所得たる譲渡所得の発生には、必ずしも当該資産の譲渡が有償であることを要しない」とされる（名古屋医師財産分与事件、最判昭和50・5・27民集29巻5号641頁）。この場面では、譲渡が有償であるか無償であるかは、譲渡所得課税に影響しないということである。

しかし、「譲渡」の意義から一歩進んで、現実の「譲渡所得の金額の計算」に目を向けると、無償譲渡は特別な扱いをされていると考えざるをえない場面がある。

まず、有償譲渡の場合、譲渡所得の総収入金額に算入されるのは、原則として当事者間で授受された譲渡の対価である。例外的に、個人が法人に資産を時価の2分の1未満の低額で譲渡した場合はその資産の時価が収入金額とされる（所法59条1項2号、所令169条）。また、個人が個人に同様の低額で資産を譲渡し、かつ、その譲渡から譲渡損失が発生する場合には、所得税法上この損失が無視され（所法59条2項）、譲受人が譲渡人の取得費を引き継ぐ（所法60条1項2号）こととされている（結果として、中間の譲渡が無視されるのと等しい）。

これに対して、無償譲渡のうち法人に対する贈与など一定のものは時価による譲渡として課税されるが（所法59条1項1号）、その他のものについては、その課税について規定がない。ただ、そのうちの一定の類型については、譲受人の取得費についての規定（取得費の引継規定、所法60条1項1号）があり、また、時価譲渡として課税する規定（所法59

条1項1号）の対象とならない限り、無償譲渡を行なった者に譲渡所得課税がなされることはない、という一般的な理解があるだけである。したがって、たとえば個人間の贈与を例にとって考えると、この状況には2つの説明が可能である（増井・後掲参考文献参照）。

　第1の説明は、無償譲渡における譲渡所得の計算上、総収入金額は0円であり、これは常に所得税法59条2項の要件（時価の2分の1未満の対価、譲渡損失の発生）を満たすから、中間の譲渡は無視され（すなわち、贈与者について譲渡所得の計算は行なわれず）、同法60条1項2号によって受贈者は贈与者の取得費を引き継ぐことになる、とするものである。

　第2の説明は、個人間の贈与は所得税法60条1項1号にいう「贈与」にあたるので受贈者は贈与者の取得費を引継ぎ、贈与者について譲渡所得の計算を行なわないのは、時価譲渡に引き直す規定の適用の対象になるものを除き、「無償譲渡については譲渡所得計算を行なわない」（「無償譲渡特別扱い」）という不文のルールの適用の結果だと考える考え方である。

　第2の説明はいかにも突飛だが、個人間の贈与における取得費の引継ぎの根拠規定として一般に所得税法60条1項1号が挙げられることからすると、むしろ、こちらの考え方の方が一般的だと考えることになりそうである（なお、同号の「贈与」が一般に個人間の贈与に限られると解されていることにつき、増井・後掲参考文献参照）。

(2) 時効取得と譲渡所得の金額の計算

　贈与の場合は、この2つの考え方は単に説明（適用条文）の問題にとどまると言えそうだが、時効取得に関わる場合には、どちらの考え方を採用するかで、課税関係に影響がある。設問でXがBから（その存命中に）「第二の土地」を時効取得したとしよう。上述した第1の説明によれば、BからXへの無償譲渡は所得税法59条2項の適用によりBには課税がなされず、他方、Xは同法60条1項2号によりBの取得費を引き継ぐことになる。

　これに対して、上述した第2の説明（無償譲渡特別扱い）の考え方によれば、Xに時効取得されたというBの「無償譲渡」に際してBには

図2 時効所得に関する譲渡所得の概念図

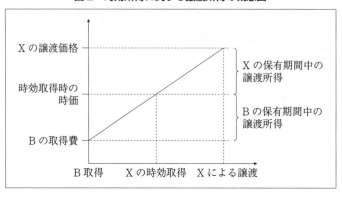

「特別扱い」の結果として課税がされないことになる。他方、時効取得の場合には取得費の引継ぎの規定がないから、この点は別の検討が必要である。取得費を引き継がない以上、後にXが「第二の土地」を譲渡したときに行なわれる譲渡所得課税は、Xがこの土地を保有していた期間中に発生した譲渡所得のみが課税対象となるべきだと考えられる点に着目すれば、Xの取得費を彼がこの「第二の土地」を時効取得した時の時価とすることが考えられる（**図2**参照）。

　ここで検討した問題に関しては、時効取得された土地の取得費について、次のように述べた下級審裁判例がある（東京地判平成4・3・10訟月39巻1号139頁）。

　「土地の時効取得による利得は、所得税法上、一時所得として所得税の課税の対象となり、その場合の収入金額は、当該土地の所有権取得時期である時効援用時の当該土地の価額であると解すべきである（同法36条1・2項）。そうすると、当該土地の時効援用時までの値上り益は、右一時所得に係る収入金額として所得税の課税の対象とされることになるから、時効取得した土地を譲渡した場合のその譲渡所得に対する課税は右時効援用時以降の当該土地の値上り益に対して行われることになり、したがって、右譲渡所得の計算上、その取得費の額は、右一時所得に係る収入金額すなわち時効援用時の当該土地の価額によるべきこととなる。」

この判示を一読してわかることは、まず、ここでは、所得税法59条2項を適用する「第1の説明」は採用されていないことである。

次に、判決文から必ずしも明らかではないが、おそらくこの判決は、上述した第2の説明における「無償譲渡特別扱い」ということを前提としているものと考えられる。もしそうではなく、他人に時効取得されることによって土地を失うという「無償譲渡」の際に、前所有者に対して譲渡所得課税がなされると考えるのであれば、「時効援用時までの値上がり益は取得時効の完成により土地の所有権を失う者の所得として課税される」ということが、時効取得者の取得費を時効援用時の時価とする、という結論の根拠として示されていたはずだからである。

なお、2点について補足しておきたい。

第1に、民法上、取得者が原始取得とされる時効取得について、これを譲渡所得を発生させる「譲渡」と考えてよいか、という疑問がありうる。しかしこの点については、前主（時効完成により土地を失った者）の保有期間中に発生していた譲渡所得は、原則として、その土地が前主の支配を離れる機会に清算して課税されることが合理的であるから（清算課税説）、民法上の性質決定はともかく、租税法において譲渡所得課税を考える場面では、これを無償による「譲渡」と考えることに合理性があると言ってよい。

第2に、この時効取得の例を見れば明らかなように、一般に有力と考えられる「無償譲渡特別扱い」という考え方は、対応する取得費の引継ぎ規定がない場合には、無償譲渡をした者（譲渡者）の保有期間中の譲渡所得に対する課税がなされないという不合理な結果を生む。この点では、無償譲渡に所得税法59条2項を適用する「第1の説明」の方が優れているというべきである。

先に引用した東京地判の説明も、この問題を解決するものではない。判決は、時効取得者に一時所得として課税されることと取得費の認定とを結びつけて説明している。しかし、この場面で時効取得者に一時所得として課税されるのは、相続や贈与の場面で相続税、贈与税として課される租税と同じ性質のものであり、その課税の根拠は「時効取得や相続

9

や贈与で、その者がそれだけ豊かになった」ことにある。したがって、そこで得た利益が現金でも含み益を有する資産でも、同額の課税の対象となる。ここで、相続（単純承認）や個人間の贈与の場合には取得費の引継ぎが行なわれ、被相続人や贈与者の保有期間中に発生した譲渡所得については、相続人や受贈者が譲渡した際に改めて課税が行なわれるのと比較すると、この判決の考え方では、前主の保有期間中に発生した譲渡所得に対する課税が抜け落ちていることがわかる。すなわち、判決の指摘する一時所得としての課税と取得費の認定とは、論理的な関係をもたないのである。

(3) 有償譲渡として構成される場合

なお、贈与や時効完成の場合とは異なり、一見、具体的な対価を受け取っていないように見えるが、実は経済的な利得を得ていると解される場面もある。不動産等を財産分与した場合について、判例が「分与者は財産分与義務の消滅という経済的利益を受けた」と構成しているのが、その例である（前掲、名古屋医師財産分与事件）。民法が作り出した法定債務（「〇〇円分の財産を分与せよ」。民768条参照）を、具体的な資産の分与によっていわば代物弁済したのだと考えることになるのであり、これは有償譲渡と考えられている点に、注意が必要である。

3‥‥‥‥代償分割と譲渡所得の計算

(1) 代償金等の支払いと取得費

いわゆる代償分割の場合に、遺産を取得した相続人は他の共同相続人に代償金等を支払って遺産を取得したのだから、これらの代償金は当該遺産の取得費に算入されるべきであるようにも思える。これを肯定する有力学説も存在する（金子宏「譲渡所得における『取得費』の意義」同『課税単位及び譲渡所得の研究』250・281頁（有斐閣・1996［初出1981］））。しかし、現在の判例は、遺産分割協議の効果は相続開始の時に遡り、相続人は被相続人から直接、遺産を取得するのであって、他の共同相続人から遺産を取得するのではないことを理由に、代償金等の取得費への算入を認めていない（最判平成6・9・13判時1513号97頁）。結果として、

取得費は被相続人のそれを引き継ぐにとどまることになる。この理由づけによれば、代償金の支払いはおよそ資産の「取得」に要したものとは言えないから、相続人や受贈者が相続や贈与の際に行なった一定の経済的負担について、これを取得の付随費用として取得費に算入するという判例（ゴルフ会員権贈与事件、最判平成17・2・1訟月52巻3号1034頁）の下でも、結論は変わらないと考えるべきである。

なお、代償金を取得費に算入すべしとする考え方によっても、代償金等を支払って遺産を取得した相続人が、被相続人の取得費を単純に引き継ぎ、それに支払った代償金の全額を加えたものが新たな取得費になるのではない点には注意が必要である。被相続人Xの取得費が2000、相続開始時の時価が3000の遺産につき、相続人Aが相続人Bに1500の代償金を支払って遺産の全部を取得したとする例を、以下に示しておこう。

(ア) AとBがXの取得費を1000ずつ引き継ぐ。

(イ) Bには、Aから受けた1500の代償金を総収入金額として、500（＝1500－1000）の譲渡所得が発生する。

(ウ) Aは、Xから引き継いだ1000に、Bに支払った1500を加えた2500が取得費となる。

ちなみに、この例で、判例の考え方に従えば、Aの取得費は2000、Bは遺産分割において譲渡所得課税を受けない、という結論になる（相続税の扱いについては、参照、相基通11の2－9）。

(2) 代償物を与えた場合の課税関係

代償分割において、現金ではなく代償物（所法33条1項の「資産」）が授受された場合は、それを与えた者について、譲渡所得の金額を計算する必要が生じる。考え方は、財産分与の場合と同じである（参照、所基通33－1の5・38－7）。

すなわち、代償物を与える者は、遺産分割協議において一定の価値を他の共同相続人に移転する債務を負い（それを果たしてはじめて遺産を入手できる関係にある）、ある資産を移転することでその債務の消滅益を得ると構成するのである。この場合も財産分与の場合と同じく、一般的には資産の移転によって債務が「ちょうど消滅する」関係にあるから、両

者は同額であり、したがって消滅した債務の金額は資産の時価と同額であると考え、資産の時価相当額を総収入金額とする譲渡として、譲渡所得の金額を計算することになる。この場合の「資産の時価」は当事者がその資産をいくらと認識していたかが重視されるため（参照、分与土地一体譲渡事件、東京地判平成3・2・28行集42巻2号341頁）、特段の事情がない限り、財産分与や遺産分割の協議の成立の日の時価と考えるのが、もっとも自然であろう。取得費については、通常の譲渡の場合と同様である。

(3) 弁護士報酬等の扱い

代償分割の場合に限らないが、遺産分割協議が難航し、弁護士の助言を受けた場合には、弁護士報酬を支払う必要が生じる。ここには、このような弁護士報酬が分割協議の結果得られた遺産の取得費に算入されるべきかという問題があるが、判例は一貫して、このような弁護士報酬は取得費に算入されないと解してきた。ただし、その理由づけの変遷は興味深い。詳しくは関連問題「**1. 遺産分割に要した弁護士費用と取得費**」で検討して欲しい。

4⋯⋯⋯⋯**資産取得の付随費用と譲渡費用**

資産の客観的価値、すなわち、資産取得時に支払った対価のほかに譲渡所得の計算上総収入金額から控除される支出として、資産取得のための付随費用と譲渡費用がある。前者は判例によって資産の取得価額（資産の取得に要した金額）への算入が認められたものであるが、判例はその一般的な基準を示しておらず、具体的に登録免許税、仲介手数料、居住用不動産取得のために金銭を借り入れた際の支払利子で居住開始までの期間に対応するもの（以上の3点につき、支払利子付随費用判決、最判平成4・7・14民集46巻5号492頁）、ゴルフ会員権を取得した際に支出する名義書換料（前掲、ゴルフ会員権贈与事件判決）がこれに該当する旨を判示するにとどまる。

譲渡費用については、これを「譲渡に直接要した費用」と解する下級審判決が多数見られたが、最高裁は、譲渡費用にあたるかどうかは「現

実に行われた資産の譲渡を前提として、客観的に見てその譲渡を実現するために当該費用が必要であったかどうかによって判断すべきもの」と判断した（土地改良区決済金事件判決、最判平成18・4・20訟月53巻9号2692頁）。この事案においては、控訴審判決（東京高判平成15・5・15訟月53巻9号2715頁）において、本件土地の「譲渡を実現するために直接必要な支出として実質的関連性があるとまで認められない」とされた支出が最高裁によって譲渡費用にあたりうると判断されたことから、最高裁の採用した基準が従来の基準よりも緩やかだとは解されるものの、両者が具体的にどのように異なるかは、必ずしも明らかではない。

なお、課税実務は、「より多くの所得を得るために寄与したと認められる費用」を、取得費に含まれるものを除いて譲渡費用に含める取扱いを定着させており、具体的には、土地を譲渡する際に賃借人に支払った立退料や土地の上に存在する建物の取壊費用などが、広く譲渡費用とされてきた（参照、所基通33-7、樫田明ほか編『所得税基本通達逐条解説〔令和3年版〕』220頁（大蔵財務協会・2021））。

資産取得の付随費用と譲渡費用については、譲渡の場面で、譲渡人と譲受人のどちらが負担するかによってどちらの費用になるかが決まる、という場合が幅広く見られる。たとえば、譲渡の際の仲介手数料や登録免許税は、資産を譲渡する者が負担すれば譲渡費用であるが、資産の取得者、すなわち、それを譲り受ける者が負担すれば、付随費用として取得費に算入される。前述した立退料や取壊費用についても、同様に解されている（なお、設問とは異なり「土神荘」も譲渡対象とされている場合には、建物について減価償却費の累積額相当額の扱いが問題となる。参照、所法38条2項、「**2. 機器の更新**」）。

このような性質の類似性を考えると、両者は同じ基準で統一的に判断されるべきだという考え方もありうる。この立場からは、その際の具体的な基準としては、これらの2種類の費用と必要経費（所法37条1項）がすべて、収入のうち課税対象とされるべき部分を限定するという所得計算上の機能を持っていることに照らして同じ内容の基準とされるべきであり、具体的には、「資産の取得」、または、「資産の譲渡」と直接の

関連性を有し、かつ、客観的に必要と判断される支出が、資産取得の付随費用、または、譲渡費用とされるべきだと主張されている（佐藤・後掲参考文献参照）。

解答例

　以下では、所得税法は「法」、所得税法施行令は「令」と略し、登場人物は家系図にある記号で示すこととする。

❶　平成27年の遺産分割協議について

　平成27年の遺産分割協議は、XがPとQに資産を与え、被相続人Aの遺産を相続する、いわゆる代償分割を定めたものである。

(1)　まず、XはT社株式を協議により手放しており、これは譲渡にあたる。また、XはT社株式を「以前にたまたま買った」のであるから、Xは株式の売買を営利を目的として反復継続している者ではないと考えられる。これらのことから、法33条1項、2項により、XがT社株式をPに与えたことによって、Xには譲渡所得が発生すると考えられる。

　譲渡所得の金額は、保有期間5年以下と5年超に区分し、それぞれ総収入金額から取得費と譲渡費用の合計額、および、特別控除（50万円）を控除して計算される（法33条3項）。

　ここで、収入にあたるのは、遺産分割協議において負った代償物を与える債務の消滅益である。この債務の価額は直接にはわからないが、T社株式と引き換えにその債務がちょうど消滅していることを考えると、特段の事情がない限り、消滅益の価額は協議成立の時のT社株式の時価と考えられる。また、T社株式の取得価額は、Xがこれらの株式を取得した時に支払った対価である。問題文からはわからないが、この譲渡がXによるT社株式の取得から5年以内に行なわれていれば短期譲渡所得、そうでなければ長期譲渡所得として総所得金額が計算される。

　この譲渡は遺産分割協議の中で行なわれているため、この協議に助言等を行なった理路弁護士に対して支払った報酬300万円のうちT社株式の譲渡に関わる部分が譲渡費用になるかが問題と

なりうる。この点は、現在の判例が、譲渡費用を「譲渡に直接要した費用」よりも緩やかに解していることにてらすと、譲渡費用に該当するとされる可能性は否定できない。

(2)　次に、「四番の土地」について検討する。この土地をQに与えたことがXにとって譲渡所得の発生原因となり（Xの事業内容には不動産の売買は含まれていないので、法33条2項には該当しないと解する）、収入金額が協議成立の時のこの土地の時価であるというのは、T社株式の場合と同様である。遺産分割協議に要した弁護士費用が譲渡費用にあたりうるという点も同じに考えてよい。問題は、「四番の土地」の取得費がいくらかという点にある。

この土地は、XがBから時効により取得した土地であるところ、土地を時効取得した場合には、時効援用時のその土地の時価が時効により土地を取得した者の一時所得の収入金額となり、同額がその土地を売った際の取得価額となるとする下級審裁判例があるので、これに従うと、「四番の土地」は「二番の土地」を真半分に分筆したものであるから、XがBの後妻らとの訴訟で時効を援用した日の「二番の土地」の時価を基礎とし、それを半分にしたものが「四番の土地」の取得価額であると考えることになる。別解としては、Bが土地を失ったことはXに対する対価0円による土地の譲渡であって法59条2項にあたるため、XはBの取得価額を引き継ぐ（法60条1項2号）とし、その半額をXにおける「四番の土地」の取得価額とする立場がありうる。

なお、「四番の土地」をQに与える際の登録免許税をXが負担しているので、これはこの土地の譲渡について譲渡費用に該当する。

以上をまとめると、「四番の土地」をQに与えたことについては、Xに譲渡所得が発生し、その金額の計算上、総収入金額は協議成立の日のこの土地の時価、取得価額は、「Xによる時効援用の日の『二番の土地』の時価」の半額（または、Bの取得価額の半額）となる。譲渡費用は、支出した登録免許税である。

なお、Xが時効を援用したのは平成24年中で、これがXによる「二番の土地」の取得の日になると解され、遺産分割協議が成立したのは平成27年中でその間の期間は5年以下であるから、この譲渡は短期譲渡所得にあたり、全額が総所得金額に算入され

る（X が B の取得費を引き継ぐと考える場合には、保有期間も通算されるため、長期譲渡所得としてその 2 分の 1 のみが総所得金額に算入される（法 33 条 3 項 2 号、22 条 2 項 2 号））。

❷　平成 31 年の「一番の土地」および「三番の土地」の譲渡

これらの土地は X から Y 県の土地開発公社に譲渡されており、❶(2)で述べたように X は土地を反復継続して譲渡している者ではないから、この譲渡から得られる所得は譲渡所得にあたる。その計算構造は❶(1)で述べたとおりである。

ここで、X の公社への譲渡は有償譲渡であるので、総収入金額は、特段の事情がない限り X が受け取った対価である。「三番の土地」の取得費については❶(2)における「四番の土地」の取得費の考え方がそのままあてはまる。そこで、「一番の土地」の取得費について、以下で検討する。

「一番の土地」は X が A から単純承認による相続で取得したものであり、A はさらに C から相続によりこの土地を取得している。大地主の家が存続してきたことから考えると、A による C の相続も単純承認だったと考えられる。したがって、X における「一番の土地」の取得費は、法 60 条 1 項 1 号により A の取得費を引き継ぐこととなり、同じ理由で C の取得費を引き継ぐこととなりそうである。しかし、A がこの土地を相続により取得したのは昭和 26 年のことであり、「一番の土地」は A が昭和 27 年末日以前から所有していたことになるから、戦後の悪性インフレを調整するために、A の手もとにおけるその取得費は、原則として昭和 28 年 1 月 1 日の価格（相続税評価額）とされるので（法 61 条 2 項、令 172 条）、X はこの価額を引き継ぐことになる。

他方、具体的に X が A を相続するにあたっては、遺産分割協議において、X は、T 社株式を P に、「四番の土地」を Q に与えており、また、「一番の土地」の所有権移転登記の際の登録免許税を負担したり、遺産分割協議に助言をした理路弁護士に報酬を支払ったりしているので、これらの事実が「一番の土地」の取得費に影響しないかどうかが問題となる。

これらの点につき、判例は、法 60 条 1 項 1 号の適用がある場合でも、相続人や受贈者が相続時や贈与時に支出した付随費用は取得費に算入されうるとしており、X が負担した「一番の土地」の登録免許税はこの付随費用にあたるので、取得費に算入される。これ

に対して、代償分割の際に与えた資産や遺産分割協議において支払った弁護士報酬は取得費には算入されない。判例は代償分割の場合であっても遺産分割協議の効果は民法上、相続開始の時に遡り、相続人は被相続人から直接、当該遺産を取得することになるので、代償金・代償物の支払いは取得費に該当しないと判断している。また、同様の理由で、弁護士費用は「取得」に関連した支出ではないから遺産分割協議により具体的に相続した資産の取得費に算入されないとする下級審裁判例もある。

　譲渡費用については、譲渡の際にXが負担した仲介手数料および登録免許税の半額がこれにあたることは疑いない。これに加えて、「土神荘」の賃借人への立退料の支払いや「土神荘」の取壊費用も、譲渡対価を引き上げる効果を有したと考えられるので、譲渡費用に算入するのが、現在の課税実務である。

　以上に述べたところをまとめる。Xの平成31（令和元）年分の譲渡所得の総収入金額に算入されるのは、「一番の土地」および「三番の土地」を県の公社に譲渡する際に支払われる対価である。「一番の土地」の取得費は、この土地の昭和28年1月1日における相続税評価額と、平成27年の遺産分割協議の際にXが負担したこの土地に関する登録免許税の額の合計額であり、「三番の土地」の取得費は❶(2)の「四番の土地」と同様に計算された額である。さらに、譲渡に際してXが負担した仲介手数料、登録免許税は譲渡費用とされる。「土神荘」の賃貸人に支払った立退料と「土神荘」の取壊費用も、課税実務の扱いでは、譲渡費用に算入される。

　なお、Xが「一番の土地」を相続により取得したのはAの相続が開始した平成21年で、この時から平成31年の譲渡までは5年超の期間がある上、XはAの取得費を引き継ぐとともにその保有期間も通算されるので（法60条1項1号）、この土地の譲渡は長期譲渡（保有期間5年超）となる。また、「三番の土地」については、「二番の土地」について時効を援用した平成24年に取得し平成31年に譲渡したことになって、やはりその保有期間は5年を超えている。そのため、ここで計算した譲渡所得の金額のその半分のみが総所得金額に算入される（法33条3項2号、22条2項2号）。

関連問題

1. 遺産分割協議に要した弁護士費用と取得費

　遺産分割協議に要した弁護士費用は協議の結果取得した資産の取得費に算入されない、という判断を示した東京高判平成23年4月14日判例集未登載は、その理由を以下のように述べている。

> 「遺産分割は、まず、これにより個々の資産の価値を変動させるものではなく、遺産分割に要した費用が当該資産の客観的価格を構成すべきものではないことが明らかである。そして、遺産分割は、資産の取得をするための行為ではないから、これに要した費用（例えば、遺産分割調停ないし同審判の申立手数料）は、資産を取得するための付随費用ということもできないといわざるを得ない（これに対し、例えば、既に共同相続人の共有名義の相続登記がされているときに、遺産分割の結果に基づいて単独名義に持分移転登記手続をするために要する費用は、単独で相続したことを公示するために必要な費用であるから、単独名義の相続登記をする費用と同様に、資産を取得するための付随費用に当たるというべきである。）。したがって、遺産分割の手続について弁護士に委任をした場合における弁護士報酬は、相続人が相続財産を取得するための付随費用には当たらないものというべきである。」

　この判決の結論は、以前から裁判例において示されてきたものであるが、その理由づけには変遷が見られる。①東京高判昭和55年10月30日行集31巻10号2309頁、②東京地判平成12年4月21日税資247号319頁の2つの判決につきその理由づけを整理し、③東京高判平成23年4月14日（前掲）の上記引用部分と比較せよ。この作業にあたっては、①と②の間に支払利子付随費用判決が、②と③の間にゴルフ会員権贈与事件判決が下されている点に留意すること。

2. 時効による土地取得と課税

　(1)　実造が「二番の土地」に関する民事訴訟に勝訴したことは、彼のどの年の所得税の課税関係に影響を与えるか。㋐時効起算日の属する昭和50年代のある年、㋑時効を援用した平成24年、㋒判決が確定し

た平成27年、の3つの可能性について検討してみよ。

(2) (1)の年分の課税に係る所得の計算においては、訴訟費用と理路弁護士に支払った800万円の弁護士報酬はどのように扱われるか。

(3) 本問では、実造は二番の土地を本当に実介から贈与により取得していたが、裁判においてその事実を立証できなかったために時効取得が認められた、という事情がありうる。この点を考慮すると、実造による二番の土地の時効取得を認める民事判決が確定しただけで、課税庁は(1)の所得税の課税関係にもとづく課税処分をなしうると考えてよいか（渋谷・後掲参考文献（2018）参照）。

３. 経済的困窮と譲渡所得課税

平成28年中に実次が「四番の土地」を有償で譲渡した。この譲渡が以下のような事情で行なわれた場合、それぞれ同年中の実次の所得の計算上、どのように扱われるか。

①実次が自発的にこの土地を売り、代金から借金を返済して、残額を生活費や遊興に充てた場合。

②実次の債権者が強制執行によりこの土地を差し押えて競売し、換価代金の全額が債権者への弁済に充てられた場合。

③債権者に差し押さえられそうになったため、差し押さえられるよりは、と実次が頑張ってこの土地を高く売り、代金から借金を返済して、生じた若干の残額を生活費に充てた場合。

参 考 文 献

増井良啓「所得税法59条と60条の適用関係」税務事例研究96号37頁（2007）

渋谷雅弘「占有承継による取得時効と課税関係」税務事例研究126号70頁（2012）

佐藤英明「『譲渡費用』と『取得費に算入される付随費用』の判断基準」税務事例研究127号21頁（2012）

佐藤英明「訴訟で争われている権利にもとづく収入の年度帰属」税務事例研

　究 133 号 13 頁（2013）

渋谷雅弘「時効と課税」金子宏ほか編『租税法と民法』129 頁（有斐閣・2018）

浅妻章如「ホームラン・ボールを拾って売ったら二回課税されるのか？」同
　『ホームラン・ボールを拾って売ったら二回課税されるのか』15 頁（中央
　経済社・2020）

（佐藤英明）

2. 機器の更新*

設問　次の事例につき、下の問❶と問❷に答えよ。

（事例）

　個人で印刷業を営むAさんは、2016年1月に、ある事業用機器（以下、「旧機器」という）を1100万円で購入した。購入資金のうち800万円はB信用金庫からの借入金によって調達したものである。その後事業は順調に推移し、Aは、4年間にわたり毎年100万円ずつ旧機器につき減価償却を行って、所得税の申告と納税をした。Aは、Bに対して借入金利子を約束どおり支払ったほか、2019年12月までに元本500万円を弁済した。旧機器が古くなってきたので、Aは、2020年10月に、これを同種の新しい事業用機器（以下、「新機器」という）に更新することにした。新機器を買うには1250万円かかることがわかっている。

問❶　Aは、リサイクル業者Cに旧機器を売り、その代金を用いて新機器を購入する計画をたてた。Cは、Aから旧機器を取得する対価として、Aに700万円の現金を支払うことに加えて、AのBに対する残債務をそっくりそのまま肩代わりしてやってもよいとの意向を示した。もしAとBがこれを了承し、この計画が実行されたとすれば、2020年分のAの所得税の課税はどうなるか。

問❷　Aが❶の計画をBの担当者に話したところ、難色が示された。困ったAがCと話し合ったところ、Cの取引先のDさんが新機器を所有しており、これを手放してもよいと考えていることがわかった。そこでAは、Dに対して旧機器と現金250万円を与え、これと引き換えにDから新機器を取得する、という取引を考えている。Bからの借入金残債務はAが負い続ける。この取引が行われた場合、2020年分のAの所得税の課税はどうなるか。

解　説

1 ‥‥‥‥‥ 概　観

(1)　設問のねらい

減価償却に伴う取得費の調整方法を学び、該当条文を事例にあてはめる。同時に、個人事業者の仮想取引事例から所得税法上の種々の論点を発見し、それらを整理する訓練を兼ねている。

(2)　取り上げる項目

► 等価取引と非等価取引

► 事業所得と譲渡所得との区別

► 減価償却による取得費の調整

► 譲渡所得における総収入金額

► 交換の場合の課税関係

(3)　解説のスタイル

あるゼミで、この設問が宿題として出された。報告を担当することになったのが、ゼミ学生の O（＝Optimist）と P（＝Pessimist）である。報告の準備のため、O と P は放課後に喫茶店で相談することにした。以下は、2 人の会話である。

2 ‥‥‥‥‥ 等価取引と非等価取引

(1)　喫茶店にて

O　遅れてごめん。待った？

P　ううん。いまコーヒー頼んだところ。O 君は何にする？

O　僕もコーヒー。（カウンターに向かって）コーヒーお願いします。

P　それで、ゼミの宿題、どんな感じ？

O　楽勝だよ。早く済ませてバイトに行こう。

P　お気楽だねえ。ぜんぜん解けそうにないよ。

O　本当？　簡単だと思ったけど。

P　じゃあ、説明してみて。

O　はいはい。A は、旧機器を 1100 万円で買って、C に売る。い

くらで売ったかは書いてないけど、800万円借りて500万円返済
したから、残債務は300万円だ。だから、残債務300万円を肩代
わりしてもらう分と、現金700万円を受け取る分を合わせて、
1000万円が収入になる。まるで小学生の算数だよ、これ。

(2)　旧機器の時価

P　（すこしムッとして）そのくらいは考えたよ。わからないのは、
　　4年間もずっと使ってたものが、どうして1000万円で売れるの
　　かってこと。機器なんて、4年も使ったら、ガクッと値下がりし
　　てるはずでしょ。

O　値下がり？

P　たとえば、Aは1000万円で売ってるけど、本当は200万円の
　　価値しかなかったとしたら……。

O　ええっ？　時価200万円の機器を1000万円で売ったってこと？

P　そうそう。

O　非等価取引ってことか。何だかややこしいな。

P　AからCに出ていったのが200万円で、CからAに入ってき
　　たのが1000万円。差額分だけAが得しているから、AはCか
　　ら800万円相当額の「みなし贈与」を受けたことになる。

O　全然考えてなかったな。ややっこしいね。

P　だから、このままじゃ、解けそうにない。

O　Pさんの言ってる「みなし贈与」って、贈与税の対象になるア
　　レでしょ。

P　うん。相続税法9条。贈与税がかかって、所得税がかからない。

O　でもさ、リサイクル業者のCって、会社じゃないの？

P　個人業者だと思ってたけど。

O　設問には書いてないよ。

P　たしかに、個人なのか会社なのか、書いてないね。

O　もしCが会社だったら、受け取ったAさんにとって、贈与税
　　の話にはならない。

P　そうだね。会社から一時に利益を受け取るんだから、所得税の

　　　一時所得かしら。どっちにしても、こんな変な問題、解けないよ。
　　　旧機器の時価が 200 万円っていうのも、今、思いついた数字だし。
　O　言いたいことはわかった。でもね、考えすぎじゃない？
　P　そうかなあ。
　O　そうだよ。設問の中に旧機器の本当の値段は書いてない。だか
　　　ら、とりあえず、時価が 1000 万円相当で、それに相当する代金
　　　で買ったことにして話を進めちゃおう。
　P　そんなにお気楽にやっちゃっていいのかなあ。
　O　楽勝楽勝。報告のときに断っておけば大丈夫！

3 ………… 減価償却による取得費の調整

(1)　旧機器の取得費

　P　じゃあ、事例から見ていこう。A が事業所得者だっていうのは、
　　　いいよね。
　O　うん。印刷業を営んでいるからね。そうすると、事業所得の計
　　　算を考えることになるけど、毎年 100 万円ずつ減価償却をしたこ
　　　とは、問題文から見え見えだ。
　P　A はその後で機器を売るわけね。
　O　そう。旧機器を買うのに 1100 万円かかったんだから、取得費
　　　は 1100 万円だ。
　P　ちょっと待って。減価償却した分はどうなるの？
　O　そうか、その分を引くんだった。当初 1100 万円で、全部で
　　　400 万円分だけ減価償却したから、取得費を調整する必要がある。
　P　所得税法 38 条 2 項 1 号ね。
　O　条文は見てないけど、1100 万円から 400 万円差し引いて、700
　　　万円になりそうだね。

(2)　譲渡所得か事業所得か

　P　あれ、38 条は譲渡所得の規定だよ。どうして譲渡所得なの？
　　　もともと A は事業所得者じゃなかったっけ？
　O　かまわないって。機器を売るのは 1 回ぽっきりだし。だいたい、

　　Aは印刷業を営んでいたわけで、機器を商品としてさばいていたわけじゃないでしょ。

P　ちょっと待って。これも条文を見てみなくちゃ……。

O　条文、好きだねえ。

P　好きっていうより、ゼミで絶対突っ込まれるもん。

O　六法見せてよ。

P　持ってないの？　しょうがないなあ。はいこれ。

（2人で所得税法をにらむ）

O　これかな。33条2項1号で、「たな卸資産……の譲渡その他営利を目的として継続的に行なわれる資産の譲渡による所得」は、譲渡所得から外してある。Aにとって旧機器の譲渡は、この1号にあたらない。だから、譲渡所得になる。

P　何となくわかるけど、ちょっとモヤモヤした説明。もし、1号にあたるから譲渡所得にならないっていうのなら、はっきりしてる。だけど、1号にあたらないから譲渡所得にあたるって言っちゃって、本当にいいのかな。

O　ええっ？　もう一度言ってくれない？

P　つまり、33条2項1号の書き方は、「αにあたればβにあたらない」っていうことでしょ。だけど、今のO君の議論は、「αにあたらなければβにあたる」っていうふうに聞こえたわけ。似てるようで、違うことだと思う。

O　そういう形式論理、苦手。もっとわかりやすく言ってよ。

P　ごめんごめん。Aさんは、機器を販売しているわけじゃないから、1号にはあたらないよね。でも、これだと、事業所得にならないことがわかるだけで、譲渡所得になるかどうかはわからないんじゃないの？

O　そうかな。それは明らかだよ。原則に戻って、資産の譲渡だから譲渡所得になる。譲渡所得になったら、27条1項の括弧書で事業所得の範囲から外れる。

P　そうか。

(3) 取得費と資産の時価

O 時間もないし、先にいこう。

P 待って。ほかにもモヤモヤしてることがあるんだ。さっき、減価償却した後で取得費が700万円になるって言ったよね。この700万円って、どういう意味？

O 質問の意味がわからない。

P つまりね、昔1100万円で買った機器が、4年間も使ってきたのに、今1000万円で売れるって話だったよね。これと、700万円って数字は、どうして食い違うの？

O そんなのわかんないよ。

P 所得税法の関係で取得費がいくらになるかは、その資産の時価とは必ずしも一致しないのかなあ。

O 何だか深いことを考えてる。まあ、ゼミのときに、先生に聞いてみようよ。

(4) 取得費と借入金

P そうね。それから、もう1つ。借り入れた資金を使って購入しているのに、資産の取得費になるのが、モヤモヤする。借り入れても収入にならないのに、資産の取得費になっちゃうでしょ。譲渡したら取得費を控除できるから、マイナスだけ出てくる感じがする。

O でも、さっきの条文には、借入金を用いた場合は取得費から除く、なんて書いてなかったよね。

P うん。38条1項は「その資産の取得に要した金額」って書いてあるだけ。

O この文言だと、借入金を使って資産を取得した場合も含まれるよ。

(5) 借入金の利子支払い

P あと、AはB信用金庫に借入金利子を払ってる。

O これって、事業所得の必要経費になるんだっけ？

P そういえば、それ、前のゼミで関係する通達を配ってた。家にあるから、今夜見ておくね。

26

4………譲渡所得における総収入金額

(1) 問❶について

O　そろそろ問❶にいこうよ。

P　さっきからの話をまとめればいいわけね。A が C に旧機器を売るところから、譲渡所得の課税が問題になる。計算は 33 条 3 項。C が A から旧機器を取得する対価として、700 万円の現金支払いと、A の 300 万円の残債務の肩代わりがある。だから、譲渡所得の総収入金額は 1000 万円。取得費は、38 条 2 項 1 号。400 万円だけ減価償却してるから、1100 万円から 400 万円を引いて、700 万円になる。結局、総収入金額 1000 万円から、取得費 700 万円を引く。

O　これでバッチリだ。

(2) 対価関係

P　でも、ちょっと気になることがあるんだ。300 万円の残債務を肩代わりしてもらうのって、本当に対価なのかな。

O　そっくりそのまま肩代わりするってことは、民法 472 条の免責的債務引受だよ。A は自己の債務を免れるし、C は A に対して求償権も取得しない。そのぶん、所得税法 36 条 1 項括弧書の「経済的な利益」になるんだよ。

P　そうか。ということは、もしこれが併存的債務引受だったら話が難しくなるんだね。

(3) 短期と長期

P　ねえ、A の譲渡所得って、33 条 3 項の 1 号でいいんだよね。2016 年に買って 2020 年に売るんだから、短期譲渡所得。

O　異議なし。

P　じゃあ、事例から離れるけど、長期だったらどうなるの？

O　2 号でしょ。2 分の 1 課税になるだけでしょ。

P　それで思ったんだけど、減価償却のほうは事業所得をフルに減らしていて、5 年たって売ったら譲渡益が 2 分の 1 課税になるって、おかしくない？

O　そうか。たしかに変だね。でも、そうなるのは、譲渡所得は5年を超えたら2分の1課税にすることにしたからだよ。別に困らないような気もするけど。

P　そうかな。減価償却費は全部必要経費に入れて、譲渡益は2分の1にするのって、何となく気持ち悪い。

O　うう、たしかに。5年を超えたら2分の1になるんだから、この設問でも、Aはもう1年取引するのを待ったほうが得だよね。

P　じゃあ、この設問で、Aさんはどうしてわざわざ、5年以内に譲渡することにしてるんだろう？

O　わかんないね。何か急ぐような事情があったんじゃない？

5……交換の場合の課税関係

(1)　問❷について

P　よし、じゃ次は、問❷。

O　これは交換の問題。交換の課税は前に勉強したから、おまかせください。Aは、Dに対して旧機器と現金250万円を与え、これと引き換えにDから新機器を取得する。「引き換えに」って言うんだから、交換でしょう。

P　でも、現金250万円がくっついてるよね。こういうの、交換って言えるのかな。

O　補足金付交換だよ。

P　そうか。また民法の話だね。

(2)　交換の場合の課税繰延

O　交換だとすると、課税を繰り延べるんだよ。この問題、いろいろ書いてあるわりには、けっこう簡単。

P　そうかな。繰延って、所得税法58条のことでしょう？

O　すいません、条文は見てません。

P　それってマズイよ。58条で繰り延べるには、要件がある。（58条の規定をにらみながら）1年以上有していたとか、同一の用途に供するとか、交換する資産の時価の差額が20%以下だとか。

O　あれ、いろいろあるね。

P　だからこの問題は解けそうにないって、初めに言ったわけ。たとえば、新機器の時価は1250万円って書いてあるけど、旧機器の時価がいくらかは設問からわからないでしょ。

O　心配してることがやっとわかってきたよ。

P　マジで、わかるの遅いぞ。

O　はいはい。でも、設問から読み取れないんなら、適当にこっちで補って、場合分けしようよ。

P　お気楽だなあ、まったく。

O　大丈夫だって。58条で繰り延べられる場合と、繰り延べられない場合を、場合分けすればいいよ。

(3)　譲渡所得の算定

O　繰り延べないと、どうなるんだろう？　ええっと……。

P　58条は33条の特則だから、58条が適用されないと、原則に戻って33条で考えることになる。そこまではわかる。わからないのは、総収入金額と取得費をどう考えるか。

O　楽勝さ。Aの手元に入ってくるのは、新機器の時価相当額1250万円だよね。それで、Aの手元から出ていくのは、現金250万円と旧機器でしょ。だったら、旧機器を1000万円で売ったのと同じことじゃん。

P　経済的にはそうだよ。総収入金額が1000万円ってことでしょ。

O　うん。問題ないんじゃない。

P　でも、1250万円のものが入ってきてるんだったら、総収入金額は1250万円じゃないの？

O　そうかな。現金250万円が出ていくのとチャラになるでしょ。

P　条文は？

O　また条文か。弱ったな。

P　36条1項は、収入すべき金額を「金銭以外の物又は権利その他経済的な利益の価額」って書いてある。この「価額」が1250万円から250万円分を差し引いた1000万円だって言えないことは

2 9

ないけど。

O　いいじゃん、それでいこうよ。

P　でも、これでいいのか、ちょっと心配なんだよね。

O　心配性だね。

P　だって、総収入金額って、入ってきたものの価値を見るんだよね。この例だと、1250万円入ってきてる。なのに、結論が1000万円になるのが、何となくモヤモヤする。

O　じゃあさ、他の可能性をあげてつぶしておく、ってのはどう？

P　なるほどね。たまにはいいこと言うじゃん。

O　まかせなさい。

P　現金250万円を旧機器の取得費に入れるとか、譲渡費用に入れるとか、考えてみたけどうまくいかない、っていうわけね。まあ、38条の「取得に要した金額」でもなければ、「設備費及び改良費の額」でもない。

O　33条3項の「譲渡に要した費用の額」にはならないのかなあ。

P　費用っていうより、収入金額を調整するための身代わり金みたいな感じがするけど。

O　そうだね。現金250万円の代わりに、時価250万円の現物を交付しても同じだしね。

P　あと、AがB信用金庫に負っている残債務があるけど、これはとりあえず関係ないわね。

(4)　さよなら

O　うん。（ちらっと時計を見ながら）じゃあ、今の線で今夜レジュメ作って、みんなにメールしとくよ。メール読んで、気が付いたことがあったら教えて。

P　あんまり直しがないといいけど。

O　楽勝楽勝。じゃあね。（出て行こうとする）

P　ちょっと待った。コーヒー代払っていきなよ。

解答例

1. Ｏは、次のメールを出した。

「ゼミのみなさん。Ｐさんと相談して、宿題の問題を解いてみました。読んでコメントください。Ｏより

(1) 事例から、次のことがわかる。

＊Ａさんは事業所得者である。

＊旧機器について減価償却をしている。取得費は当初1100万円であり、400万円減価償却したから、700万円になっている（所法38条2項1号）。

＊借入金の関係では、800万円借りて500万円返しているから、残債務が300万円ある。

＊ＣがＡの残債務を「そっくりそのまま肩代わりする」ということの趣旨は、免責的債務引受と解される。

＊新機器は1250万円する。

＊旧機器の時価がいくらかは、問題文からは読み取れない。ここでは、旧機器の時価が1000万円相当であると考えて議論を進める。

(2) 問❶について。

ＡがＣに旧機器を売る場合、所得税法をどう適用するか。Ａはもともと事業所得者であるが、旧機器は「たな卸資産」にあたらないから、旧機器の譲渡は譲渡所得となる（所法33条2項1号・27条1項括弧書）。譲渡所得の総収入金額は、現金700万円の受取分と、残債務300万円の免責的債務引受分（民法472条1項・472条の3）、合わせて1000万円である（所法33条3項・36条1項）。取得費は、先に述べたように、700万円である。資産の取得後5年以内の譲渡であるため、譲渡費用や特別控除額を引く前で300万円の短期譲渡所得が出てくる（所法33条3項1号）。

(3) 問❷について。

ＡとＤの取引をどう構成するか。「引き換えに」と書いてあるから、交換と見るのが自然である。ＡがＤに現金250万円を与えているが、これは補足金であり、補足金付きの交換である。このように構成すると、問題は、交換の場合にＡの譲渡所得課税をどうす

31

るかということになる。

　まず、交換の場合の課税繰延は可能か（所法58条）。58条には、1年以上の保有、同一の用途に供する、旧機器と新機器の時価の差額20%以下といった要件がある。事例からはこれらの要件を充たすかどうかがはっきりしない。

　58条が適用されない場合、本則の33条に戻って、Aは譲渡所得に課税される。その場合、補足金の250万円をどう扱うかが問題である。この場合の総収入金額と取得費の算定のやり方として、論理的には可能性が3つある。第1に、AがDに支払った250万円が、取得費になるとみるやり方がありうる。しかし、「取得に要した金額（所法38条1項）」という規定にそぐわない。第2に、譲渡費用になるというやり方はどうか。これも、AがDに支払った250万円が「その資産の譲渡に要した費用（所法33条3項）」にあたると言い難い点で、難点がある。そこで、第3に、総収入金額を減額して1000万円と見るべきである。Aの手元に入ってくるのは、新機器の時価相当額1250万円であり、Aの手元から出ていくのは、現金250万円と旧機器である。したがって、経済的にみると、旧機器を1000万円で売ったのと同じ結果になっている。そこで、総収入金額が1000万円になるものと考える（所法36条1項）。旧機器の取得費は700万円であるから、特別控除額などを差し引く前の金額で300万円の短期譲渡所得がでてくる。

　2. 上のメールを受け取ったPは、次の返信を出した。

　「O君（cc：ゼミのみなさん）。ファイルを送ってくれてありがとう。調べたことを2つ補足します。ゼミの報告、がんばろう。Pより

　第1に、AがB信用金庫に借入金の利子を支払っている点について。Aは印刷業を営んでおり、業務の用に供する旧機器の取得のためにBから資金を借り入れている。この借入金の利子支払いは、Aの事業所得の必要経費に算入できる（所法37条1項）。ただし、旧機器の使用開始までの期間に対応する部分の金額については、取得価額に算入できる（所基通37-27）。

　第2に、問❷について、所得税法58条が適用された場合の検討を補足します。その場合、譲渡がなかったものとみなされ（所法58条1項）、交換時にAに譲渡所得が生じない。Aが受け取った新機器の取得価額は、旧機器の取得費700万円に、AがDに交付した交換差金250万円を加えた950万円となる（所法58条5項、所令

168条2号）。Aがのちに新機器を譲渡したときの長期短期の判定に
あたっては、旧機器を取得した2016年1月から引き続き所有して
いたものとみなされる（所令168条柱書第2文）。」

関連問題

1．旧機器の時価

(1) 問❶において、旧機器の時価は200万円を上回ることはないとわ
かっていたが、Cとしては、Aがかわいい孫であることから取引に応じ
た、という場合、Aはどう課税されるか。

(2) 問❶において、旧機器の時価が200万円であったとする。そして、
Cが、Aから旧機器を取得する対価として、Aに200万円の現金を支
払うだけであり、Aの残債務を引き受けることがなかったとする。こ
の場合、Aはどう課税されるか。

2．相手方の課税

(1) 問❶について、BとCの課税関係はどうなるか。

(2) 問❷について、BとDの課税関係はどうなるか。

3．併存的債務引受

問❶において、CがAの残債務につき併存的債務引受をした場合、
Aの総収入金額はどの時点でいくら計上すべきか。民法470条参照。

参 考 文 献

岡村忠生「譲渡所得課税における取得費について（一）」法学論叢135巻1
号1頁（1994）

（増井良啓）

3. 法律相談部の憂鬱★

設問 | 租税法担当教授：ダメですよ、学生の無料法律相談で税金の相談を扱ったら。税理士法違反の問題も出てくるかもしれませんし。

法律相談部部長：僕も、そう言ったんですけど。

絵井子：だって、この前の大地震の被災地に出張法律相談に行ったら、来る人が知りたいことって、後から、後から、税金のことばっかりなんですよ。

教　授：だから、引き受けたらダメですって。

琵依子：こう考えたらどうでしょう。出張法律相談に行ったら、たまたま行った先で意気投合した友達から租税法の相談を受けたので、それに答えてあげる、ということでは。なんて麗しい友情！　そしてこれなら税理士法の問題も軽くクリア！

教　授：……。

絵井子：では、事案をご説明します。相談者、ではない、琵依子のお友達は亀田亀吉さん68歳。

琵依子：ウブでハンサムな高校2年生のお孫さんがいます。亀輔クンっていうんです。

絵井子：あんたのお友達は亀吉さんでしょう。で、その亀吉さんは、みやげ物兼雑貨を扱うお店の経営者です。主として「亀」をモチーフに扱ったオブジェとか陶器、絵画、小物なんかを扱う「トータル・トータス」というお店です。お祖父さんが始めた「全亀堂」というお店の名前を、亀吉さんの代に今風に英語に変えたんだと聞きました。

教　授：英語？　「全亀堂」の訳かな……変な訳ですね。

部　長：僕も、そう言ったんですけど。

絵井子：このお店が地震で全壊。売り物もほとんど助からなかったとか。自宅も同様で、特に惜しまれるのが、幻の高僧、全休禅

師が「亀は万年」と揮毫された掛け軸。代々、亀田家に伝わるもので、地震の日も自宅の客間に飾ってあって修復不能なほど被災してしまいました。東京の美術館が1000万円で売ってくれと言ってきたのを断ったばかりだった、というのが震災後の亀吉さんの口癖です。

教　授：全休禅師？

琵依子：晩年はあの辺に庵を結んで暮らした地方の偉人らしいです。ご存じありませんか？

教　授：寡聞にして、私は知りませんね。本当に1000万円もする掛け軸だったのでしょうか。

部　長：僕も、そう言ったんですけど。

絵井子：亀吉さんは自宅の近くにきれいな建物と大きな池のある土地を持っていて、お店が休みの日には、そこで趣味のカメの飼育や品種改良をしていました。カメ飼育用の小さな小屋も造ったそうです。

琵依子：この建物は元はお祖父さんの別宅で、池はそのときからある、とても景色の良いものでした。お祖父さんが亡くなった後はだれも住んでいませんでしたが、カメには触らない亀輔クンやお母さんの鶴代さんなんかも、時々お弁当を作って遊びに行ったりしていたそうです。

絵井子：亀吉さんのカメは評判が良く、しばしば同好の士に子ガメを分けてあげたりしていました。

琵依子：分けてあげるって言っても、タダではなく、毎年十数匹ずつは売れて、1年に何十万円もの売上げがあったようです。

教　授：子ガメ1匹に何万円も出す人がいるんですか。ちょっと信じ難いですね。

部　長：僕も、そう言ったんですけど。

絵井子：コホン、それで、この元別宅の建物もカメ飼育小屋も地震で全部壊れて、カメも死んでしまいました。

琵依子：えーと、まだ、他にも何かあるんですが、要するに、こういう被害は、税金の計算でどういうふうに扱われるのか、というのが、質問の趣旨です。

絵井子：特に、凝り性の亀吉さんは、ちゃんと自分で『税法六法』を

> 買ったんだけど、どこに何が書いてあるかわからないのは悔
> しいから、ぜひ、条文も教えてください、とのことでした。
> 教　授：ところで、一応、法律相談部の準顧問ということで話を聞き
> 　　　　始めたわけですが、どうして私が、あなた方の「お友達」の
> 　　　　相談にのってあげないといけないのですか？
> 部　長：僕も、そう言ったんですけど。
> 絵井子＆琵依子：言ってない‼
> 教　授：というわけですので、読者のみなさんも、亀吉さんが震災で
> 　　　　受けた諸々の被害が、彼の所得税の計算においてどのように
> 　　　　扱われるか、法令の条文を見ながら考えてみてください。

解　説

1 ………… 概　観

(1)　設問のねらい

　地震等の災害によって納税者の資産が受けた損害は、直感的には、その納税者の純資産を減少させ、所得を減少させるもののように思われる。しかしながら、複雑な所得分類を有する現行所得税法においては、この問題はそんなに単純ではない。また、実定所得税制には所得金額の正確な計算という観点のほかに、納税者の担税力減殺要因にどの程度配慮するかという政策的な考慮も関係する。このような状況を背景として、この設問の主たるねらいは、地震によって様々な資産に生じた被害が、その資産の性質に応じて所得税法上どのように区別して扱われるかを確認することにある。収入を得たときの所得分類は初歩の租税法でも十分に勉強する事項であるが、損失の扱いの面から資産を区分することは案外行なわれることが少ないので、個別に学んだ知識をここで整理しておきたい。

　第2に、副次的であるが重要なねらいとして、解答を作成する際に関係する所得税法、所得税法施行令などの条文を確認し、所得税関係の法令の条文操作の練習をするということが含まれている。各種の解説書を

ひもとけば六法を見なくても個別の制度の内容について知ることは可能であるが、租税法を学ぶ際には、法令の条文に直接あたってその意味するところを理解するように心がけることが非常に重要である。本設問に関しては、かなり細かな規定が置かれているので、面倒がらずにそれぞれの条文の内容を確認するようにして欲しい。

(2) 取り上げる項目

- ►雑損控除の適用
- ►雑損控除の適用対象とならない美術品や不動産が災害により損失を被った場合の扱い
- ►事業用資産が災害により損失を被った場合の扱い
- ►雑所得を生じる資産が災害により損失を被った場合の扱い

2………… 「災害による損失の扱い」から見た資産の分類

「地震による損害」に関する所得税法上の制度として、通常、最初に思いつくのは「雑損控除」（所法72条）であろう。同条は「居住者……の有する資産……について災害……による損失が生じた場合」について規定している。地震による損害についてこの規定の適用がありうることは、「災害」の意義を定めた所得税法（以下では所得税法の条文であることが明らかな場合には適宜、法律名を省略する）2条1項27号に「震災」が含まれていることから確認できる。

しかし、雑損控除は居住者が有するあらゆる資産を対象としているものではない。そこからは、明文の規定により「第62条第1項（……）及び第70条第3項（……）に規定する資産」が除かれている。そのため、居住者が有する資産は「雑損控除の対象となる資産」と「対象とならない資産」に区分されることになり、雑損控除の対象となる資産の範囲を知るためには、対象外の資産の範囲を調べなければならない。

まず、62条1項に挙げられているのは「生活に通常必要でない資産として政令で定めるもの」であり、これを受けた所得税法施行令178条1項は、事業用ではない競走馬等（同1号）、趣味、娯楽、保有、鑑賞等の目的で所有する別荘やゴルフ会員権等の資産で1号と3号に該当し

ないもの（同2号）、および、「生活の用に供する動産で第25条の規定
に該当しないもの」（同3号）を挙げている。そこで、3号に関してさら
に施行令25条を見ると、同条には「生活に通常必要な動産」のうち、
貴石等または美術品等で単価が30万円を超えるもの以外のものが挙げ
られていることから、結局、貴石または美術品等で単価が30万円を超
えるものを含め、生活に通常必要でないとされる動産が生活の用に供さ
れている場合に、施行令178条3号の資産にあたることがわかる。

　次に、法70条3項は「棚卸資産又は第51条第1項若しくは第3項
……に規定する資産」の災害による損失の額について定めているので、
ここでも51条1項と3項を参照すると、同条1項は「事業の用に供さ
れる固定資産」について（「固定資産」の意義については2条1項18号と
施行令5条を参照）、また、51条3項は「居住者の有する山林」につい
て規定している。なお、「棚卸資産」とは、「事業所得を生ずべき事業に
係る商品」その他の資産で棚卸しをすべきものである（所法2条1項16
号、所令3条）。

　以上の検討から、雑損控除の対象となるのは、居住者の有する資産か
らこれらの資産を除いたもの、具体的には、㋐居住用の不動産、㋑生
活で通常使用している動産類（「生活に通常必要でないとされるもの（例、
比較的高価な宝石・美術品の類や高級外国製自動車など）」を除く）、および、
㋒事業ではない所得稼得活動の用に供されている資産などが、その対
象となることが判明する。このことを基礎として、さらに検討を進める
こととしよう。

3…………雑損控除の適用

　法72条1項は、居住者が有する資産で先に見たようにこの制度の対
象となるものについて災害等による損失が生じた場合には、その損失の
金額の合計額がその年分の総所得金額、退職所得金額および山林所得金
額の合計額の10分の1を超えている場合には、その超えている部分を
所得から控除する旨を定めている。この場合、損失の金額は、「当該損
失を生じた時の直前におけるその資産の価額を基礎として計算する」

（所令 206 条 3 項柱書）とされているから、平たく言えば、災害が生じた時の資産の時価によって雑損控除の金額が計算されることになる。この規定の趣旨は、災害等により多額の損失を受けた納税者の担税力の減少に対応しようとするものであると解される。なお、施行令 206 条 3 項では、損失が生じた資産が「家屋その他使用又は期間の経過により減価する資産」（所法 38 条 2 項柱書）等である場合には、後述する簿価にあたる価額を基礎として損失の金額を計算することも、認められている。

　また、72 条の規定によるとこの控除の金額には上限の定めがないので、損失の金額がその年分の所得金額を超えた場合の扱いを検討する必要が生じる。この点につき、71 条 1 項は、「確定申告書を提出する居住者」につき、「その年の前年以前 3 年内の各年において生じた雑損失の金額」（同項本文）で「この項又は次条第 1 項〔雑損控除〕の規定により前年以前において控除されたもの」（同項括弧書）以外の額を所得から控除しうる旨を定めている。ここにいう「雑損失」とは、2 条 1 項 26 号により 72 条において雑損控除の対象となる損失の額であることとされているから、損失がその年分の所得金額を超えた場合には、確定申告書を提出すれば、その後 3 年間にわたってその損失を繰り越せる制度になっていることがわかる。

　なお、このような損失の計算については、2 つの留意事項がある。1 つは、これらの損失の計算にあたっては保険金、損害賠償金などで補填される部分を除くとされていることであり（所法 72 条 1 項 3 つ目の括弧書）、もう 1 つは、実際の損失の金額に加えていわゆる災害関連支出も損失の額に加算できることである（同じく 2 つ目の括弧書。災害関連支出が一定額を超えると控除しうる損失の額の計算にも違いが生じる。同項 1 ～ 3 号）。この災害関連支出とは、たとえば、災害によって価値が減少したため住宅家財等の取り壊しをしたときの費用などである（所令 206 条 1 項）。被災事業用資産などの資産についても保険金・損害賠償金による補填部分や災害関連支出について同様の特則があるが（所法 70 条 3 項 2 つ目の括弧書、所令 203 条）、叙述が煩雑になるので、以下では、これら 2 点についての説明は省略する。

4 ⋯⋯⋯⋯被災事業用資産の損失の扱い

　次に、棚卸資産または事業の用に供される固定資産に生じた損失について検討しよう。設問においては、「トータル・トータス」で売られていた商品や店舗の建物・店舗内の什器等が被災したことによる損失がこれに該当するものと思われる。

　事業用固定資産について生じた損失は、資産損失としてその年分の事業所得の計算上必要経費に算入される（所法51条1項）。この資産損失の額を計算する際には、その資産が災害の日に譲渡されたとしたら譲渡所得の計算上取得費とされる金額が基礎とされる（所令142条1号）。これらの固定資産の取得費の計算においては業務の用に供されていた期間については減価償却費として必要経費に算入された金額の累積額を資産の取得に要した費用等から控除することとされている（所法38条2項1号）ので、その計算をした後の金額（通常、簿価と呼ばれているもの）をもとに損失の額が計算されることになる（事業用固定資産を譲渡したときの譲渡所得の計算については、参照、「**2. 機器の更新**」）。この点で、災害直前時の時価をベースとしうる雑損控除の場合とは計算の基礎が異なることになる。

　これに対して、棚卸資産については災害による損失が生じた場合は、その資産はその年の12月31日に存在しないため、棚卸資産の評価方法（所法47条、所令99条）の適用により損失額は原価の額に含められ、やはり必要経費に算入されることになる（所法37条1項）。これらの損失を受けた棚卸資産を含めた原価全体が、売上げによる総収入金額に対応すると考えられるからである（参照、最判平成29・12・15民集71巻10号2235頁）。

　これらの損失についても必要経費に算入しうる損失の金額には上限がないので、損失を必要経費に算入した結果、必要経費の金額がその年分の事業所得の総収入金額を上回ることがありうる。その場合には、まず、事業所得を計算した結果生じた損失は、他の各種所得の金額から控除する損益通算の規定の適用対象となる（所法69条1項）。さらに、損益通算を行ってもなお残る損失の金額は純損失と呼ばれ（所法2条1項25

号）、青色申告をしていた年に生じた純損失は、その後3年間にわたって繰り越して将来の所得から控除することができる（所法70条1項）[1]。

　一般に青色申告を純損失の繰越控除の適用要件とすることには、当該損失の発生の事実と金額が正しい帳簿組織によって証明されていることを求めるという意義があるものと考えられる。しかし、被災したことにより生じた損失についてまでこのような制限を設けると、青色申告をしていない事業所得者については災害等により事業用資産に被った損失の金額のうち損益通算をしてもなお残る部分が無視される結果となるため、所得税法は、純損失のうち被災事業用資産の損失の金額（これは2で確認したように棚卸資産と事業用固定資産に関する損失からなる）[2]について、特に、損失が生じた年分についての青色申告の要件を撤廃し、それらの純損失に限っては損失が発生した年に青色申告をしていなくても3年間の繰越控除を認めることとしている（所法70条2項2号、所令202条）。これは、雑損失の繰越控除との不均衡や、同じく災害により損失を受けた事業者の中でも、青色申告をしている者としていない者との間の不均衡を放置することは望ましくないという考慮にもとづく制度であると解することができよう。

5……………別荘や美術品について生じた損失の扱い

　亀田氏の所有する資産の中には、時価1000万円と評価されていたらしい書画（全休禅師の揮毫）や、家族も遊びに行っていたというもっぱら保養のために用いられていた別荘のような不動産が含まれている。これらは、施行令178条1項3号（書画）または2号（別宅）に該当するため、雑損控除の対象とはならない。これらの資産が雑損控除の対象とならないのは、贅沢品・奢侈品の損害によって生じた担税力の減少は、所得課税の政策において、居住用不動産や生活必需品の損害から生じた

---

[1]　損失が発生した年に青色申告をしていれば損失を繰越控除する年は単に確定申告をすれば足りる。

[2]　既述のように、70条3項は「被災事業用資産」として「棚卸資産」を挙げており、「棚卸資産」とは「事業所得を生ずべき事業」に係るもののみであるから（所法2条1項16号）、文理上は不動産所得や山林所得を生ずべき事業に係る同様の資産はここには含まれない。しかし、課税実務は公平の観点からこれらの資産についても被災事業用資産に含めた法の運用を行っている（所基通70-1）。

担税力の減少に比べて軽視しても公平の観点から問題が少ないと考えられていることによる。

しかし、所得税法上、これらの資産の災害等による損失がまったく無視されているわけではない。この点について法62条1項は、「生活に通常必要でない資産」の災害等による損失を「その者のその損失を受けた日の属する年分又はその翌年分の譲渡所得の金額の計算上控除すべき金額とみなす」と規定している。これは、いわば客観的に見れば奢侈品にあたる動産や不動産であっても、被災した納税者が手持ちの他の資産を譲渡して得た資金で損害を被った資産の再取得等を行なうことがありうることから、そのような場合に損害を被った納税者の担税力の減少を考慮して租税負担の軽減を行なうこととしたものと解することができよう。損失が生じた年の翌年分についても規定されていることは、資産再取得のための別の資産の譲渡が、必ずしも損失を生じた後すぐに行なえるとは限らないことを考慮したものだと理解することができる。

ところで、この規定を用いた年分の譲渡所得の総収入金額が譲渡された資産の取得費・譲渡費用の額と災害による資産の損失額の合計額を下回る場合には、どのような事態が生じるであろうか。租税特別措置法によって種々の制限があるとはいえ（土地等につき31条1項後段・32条1項後段、有価証券につき37条の10第1項後段（なお、37条の12の2第1項参照）などを参照のこと。また、土地等の譲渡損益に関する損益通算の制限については、参照、「20. 滑り込みセーフ!?」）、所得税法上は譲渡所得の計算上生じた損失の金額は69条1項により損益通算が可能とされ、先に述べたように、さらにその損失に起源を有する純損失について、青色申告が条件とはされているが、3年間の純損失の繰越控除が規定されている。このため、この点を特に制限しないと、所得金額の10分の1相当額の控除がある雑損失に比して、これらの奢侈品等に生じた損失の方が手厚く扱われるという逆転現象が生じる可能性が否定できない。これに対しては、69条2項でこれらの資産に係る所得の金額の計算上生じた損失の金額がある場合には、競走馬に関する特則（所令200条）を除き、これらの損失はなかったものとみなすという措置をおいて対処がな

42

されている。

6………雑所得を生じる資産について生じた損失の扱い

　設問中、亀田氏が趣味でカメの飼育と品種改良を行い、子ガメを他人に譲渡して年間数十万円の収入を得ていた点は、亀田氏の本来の事業がみやげ物兼雑貨を扱う小売業であったということからすると、事業の範囲ではなく、事業とは別の業務であって雑所得を生じるものであったと解するべきであろう。したがって、死んだカメやカメの飼育を行なっていた小屋などの飼育設備につき、その災害による損失の扱いを検討しておくことが必要である。

　この点については、まず、そのような雑所得を生ずべき業務の用に供されている資産は、法72条1項で雑損控除の対象となる資産から除かれている資産にはあたらないので、雑損控除の対象となると考えられる。他方で、51条4項は、そのような資産の損失を、その年分の雑所得が0円となるまでの範囲で資産損失として扱うことを認めているが[3]、72条1項に規定する損失はその対象から除かれているので、結局、この両者を読み合わせるとこの場合は雑損控除のみが適用されるはずである。

　しかし、このように考えると、雑所得を生ずべき業務の用に供されている資産の損失は、発生原因が「災害又は盗難若しくは横領」（所法72条1項）かそれ以外の事由かによって扱いが異なることになり、特に、簿価を基礎として計算した損失額の一部または全部が必要経費に算入できない点で、納税者の理解を得にくい場合があることが懸念される。そのため、課税実務は、この点につき所得税法基本通達72-1において、

　　「雑所得を生ずべき業務（……）の用に供され又はこれらの所得の基因となる資産（……）につき災害……による損失が生じた場合において、居住者が当該損失の金額……の全てを当該所得の金額の計算上必要経費に算入しているときは、これを認めるものとする。この場合において、当該損失

---

[3]　事業用固定資産に比べ、金額に制限がある点で、この扱いは納税者に不利なものとされている点に注意が必要である。

　　の金額の必要経費算入については法第51条第4項の規定に準じて取り扱うものとし、法第72条第1項の規定の適用はないものとする。」

　として、どちらかの制度を納税者が選択することを認めている。事業にいたらない規模・態様の業務の用に供されている資産等は、消費生活に関わる性格と所得稼得活動に関わる性格との両面を有していることが多いと考えられることから、便宜ではあるがこのような選択を認めるという実務にも一定の合理性があるものと思われる。

　　そこで、この通達に従うならば、雑損控除は総所得金額等の10分の1に相当する金額が損失の額から控除されるが3年間の繰越控除が可能であり、他方、資産損失として扱われる場合には控除しうる金額はその年分の雑所得の金額を上限とし、繰越控除の適用もないため（さらに、雑損控除なら、損失額を算定する基礎となる額として損失発生直前のその資産の時価を選べる点にも違いがある）、納税者としてはこれら2つの制度が適用されることの有利・不利を考えて制度の適用を選択する必要があることになる。

　　なお、カメの飼育設備などが、法62条、施行令178条1項2号にいう別荘等の一部にあたる場合には、雑損控除の規定も資産損失の規定も適用されないことが、明文で明らかにされている（所法72条1項最初の括弧書・51条4項最初の括弧書）。

解答例

　　亀田亀吉様

　　　　　　　　　　　　　　　　　　　　　　　　○×大学法律相談部

　　□月△日の出張法律相談でご質問を受けた件につき、調査結果をご報告します。

(1) まず、トータル・トータスの全壊したお店の建物や商品の陳列棚、レジスターなどは、所得税法（以下、「法」といいます）2条1項18号の「固定資産」にあたりますので、今年の分の事業所得（法27条）を計算するときに損失額を必要経費（法37条）に入れてください（法51条1項）。損失の金額となるのは、地震があった日にその資産を売ったとしたら、譲渡収入金額から控除できる取得費にあたる部分です。特に、お店の建物やレジスターなどの機器は、それを最初に買ったときの値段からこれまで事業所得の計算のときに必要経費に入れてきた「減価償却費」の合計額を控除した残額（簿価）だけが、「損失」の金額になります（所得税法施行令（以下、「令」といいます）142条1項、法38条2項1号）。売っていた商品で震災により売れなくなってしまったものは棚卸資産の評価を評価するときに在庫として存在していませんから、その分の損失も原価として、やはり必要経費に入ることになります。

　　不幸なことに損失の金額とその他の必要経費を足すと今年の事業所得の総収入金額よりも多くなってしまった場合には、赤字の部分は他の所得から差し引いて（損益通算といいます。法69条1項）、それでもまだ損失の額が残ったときは、来年以降3年分の所得から順に差し引くことができます（純損失の繰越控除といいます。法70条2項2号）。棚卸資産や事業用の固定資産が震災によって受けた損害は「被災事業用資産」の損失なので（同条3項）、今年の分の所得税について「青色申告」（法143条以下）をしていなくても、ただ確定申告をすれば大丈夫です。

(2) 震災は「災害」（法2条1項27号）にあたるので、自宅の被害は、全休禅師の揮毫などの高価な（単価が30万円以上する）美術品や書画骨董などを除く、住んでいたお宅や家具・食器・家電品などの損失額で、今年の総所得金額の1割を超える部分は「雑損控除」として今年の総所得金額から差し引くことができます。地震保険の保険金でカバーできた部分は損失の金額から除いてください（法72条1項）。壊れかけた自宅を処理するためなどにお金がかかったときは、「災害関連支出」といって損失の額に加えることができますが、そのときの計算はややこしくなるので、税理士さんに相談してください。

　　損失の金額は、原則として地震の日の朝のその品物の時価で計

45

算することになっています（令206条3項）が、地震の日にお宅がいくらだったか、食器やタンスやテレビがそれぞれいくらだったか、なんてわかるわけないと思うので、このあたりも税務署か税理士さんに聞いてください（よくわからなくてすみません）。

なお、今年の所得から差し引けなかった損失は、来年以降3年の間繰り越して控除することができます（法71条1項）。

(3)　高価な書画骨董類は「生活に通常必要でない資産」（法62条1項、令178条1項3号・25条2号）にあたって(2)の「雑損控除」の対象にはなりませんが、今年か来年かに亀吉さんが他の高価な書画骨董類とか宝石とかを売ったとしたら、全休禅師の揮毫とかの損失をそこから差し引くことができます（法62条1項）。ただし、損失の金額の方が多くても、他の所得から差し引くことはできません（法69条2項）。

お祖父さんの別宅だった建物には、遊びに行くだけでだれも住んでいないので、これも「生活に通常必要でない資産」（法62条1項、令178条1項2号）にあたり、その損失は、ここで説明した全休禅師の揮毫の損失などと同じ扱いになります。

(4)　亀吉さんが子ガメを分けてあげて代金を受け取っていたことは、雑所得（法35条1項・2項2号）の発生原因にあたります。そこで、壊れてしまったカメの飼育施設や死んでしまったカメについては(2)の「雑損控除」をすることになりますが、税務署の取扱いによると、今年の雑所得から損失額を差し引いてもよいことになっています（所得税基本通達72-1）。ただし、雑所得の金額が0円になるまで差し引けるだけで、それでも損失が残っていたら、その額は無視されてしまいます（法51条4項）。損失の繰り越しができるかどうか、損失額計算のベースになるのは簿価か時価か、所得の1割を超える部分しか控除できないという制限があるかどうか、等々の違いがありますから、どっちの扱いが得かは税理士さんに相談するのがよいと思います。

なお、カメの飼育施設がお祖父さんの元別宅の一部ということになれば、(3)で説明したのと同じ扱いになります（令178条1項2号）。このあたりは具体的な事情に基づいて判断されることになりますので、税務署などに相談してください。

色々とわからないことがあってすみませんが、以上です。

P.S. 『税法六法』をめくりながら読んでもらえましたか？ フーッ、
というため息が聞こえてきそうです。法律学の奥の深さを感じた
ら、是非、亀輔クンに私たちの大学の法学部を勧めてください。

琵依子

関連問題

1. 医療費控除

雑損控除と同様に特定の状況下での納税者の担税力の減少を考慮する
制度として、医療費控除（所法73条）がある。その内容と立法趣旨を整
理せよ。その上で、

「左右の眼とも裸眼での視力が0.1未満である納税者Xが、視力矯正用の
眼鏡を作るために眼科医の検査を受け、その作成に係る診断書に基づいて
眼鏡専門店で眼鏡を作成させ、それを購入した。」

という事例において、眼科医の診断に要した費用、および、眼鏡の購入
費用が医療費控除の対象となるかどうかを検討せよ。

なお、課税実務は所得税法基本通達73-3において、以下のように取
り扱うこととしている。

「（控除の対象となる医療費の範囲）

73-3 次に掲げるもののように、医師、歯科医師、令第207条第4号
《医療費の範囲》に規定する施術者又は同条第6号に規定する助産師に
よる診療、治療、施術又は分べんの介助を受けるため直接必要な費用は、
医療費に含まれるものとする。

……

(2) 自己の日常最低限の用をたすために供される義手、義足、松葉づえ、
補聴器、義歯等の購入のための費用」

（参照、横浜地判平成元・6・28行集40巻7号814頁、東京高判平成2・6・
28行集41巻6＝7号1248頁）

２．所得税法 56 条と災害損失との関係

　X は個人で小売業を営む事業所得者であり、A は X の配偶者で、X と生計を一にしている。X は、A が所有する甲土地と乙建物を 1 ヶ月あたり 3 万円の賃借料を支払って賃借し、業務用の倉庫として使用していたところ、平成 30 年中に乙は強風により全壊し、これにより損失が生じた。

　この損失は、所得税法上、どのように扱われる可能性があるか（なお、課税実務については、所基通 51 - 5 参照）。

参 | 考 | 文 | 献

岡村忠生・酒井貴子・田中晶国『租税法〔第 2 版〕』128〜131 頁〔岡村執筆部分〕（有斐閣・2020）

佐藤英明「雑損控除と医療費控除——制度の性格と内容」税研 23 巻 3 号 36 頁（2007）

金子宏他『所得税における損失の研究』（日税研論集 47 号・2001）には、以下の論稿が収録されており、いずれも有益である。

金子宏「序説・所得税における損失の取扱い」／水野忠恒「損益通算制度」／佐藤英明「雑損控除制度——その性格づけ」／増井良啓「所得税法上の純損失に関する一考察」／渋谷雅弘「譲渡損失」

（佐藤英明）

4. 趣味と実益★★

設問 以下の叙述をもとにして、各期における野菜栽培やそれに付随する
活動についてTに対する所得税の課税関係を検討しなさい。

❶ 第1期

　TはK市中心部の高層マンションに妻Sと3人の子どもと一緒
に住み、同市内のIT関連会社にSEとして勤務していた。Tは以
前から自宅マンションのベランダにプランターを並べ趣味で季節の
野菜を栽培していたが、K市の広報誌で貸し農園の記事を読んで
応募したところ運良く借りることができたので、週末にはK市郊
外にある農園まで出かけて行き、キュウリ・トマト・ナス・大根な
どの野菜を1年を通して栽培するようになった。

　Tはプランター栽培と違い生き生きと大きく育つ野菜に魅せられ、
生来の研究熱心さもあって、野菜作りの腕を上げていった。栽培し
た野菜は持ち帰って家族の食卓に上ったが、Sは「店で買った方
がずっと安く付くけど、自分の小遣いでやっていることだし、見か
けはちょっと悪いけど無農薬で色も味も自然だから、マッ、ヨシと
しよう！」と言って結構喜んでいたし、子どもたちからも好評だっ
た。また、Tは行きつけの喫茶＆パブ（通称「乙女の部屋」）の名
物おばちゃん（自称「永遠の乙女」）に野菜を時々お裾分けしてい
た。おばちゃんはいつも「Tさんに似てええ野菜ぶりやわ〜」と笑
いながら、もらった野菜を喜んで店の料理に使っていた。

❷ 第2期

　そうこうするうちに、「乙女の部屋」の常連客の間でTの作った
野菜が評判になり、「自分にも分けて欲しい。もちろん、タダでと
は言わないから」というような声が聞かれるようになったので、気
を良くしたTは、K市の貸し農園の近くの農家に頼んで貸し農園
の5倍ほどの広さの畑を賃借することにし、週末はほとんどそこで
野菜栽培に従事するようになった。もっとも、平日の散水等はその

農家に頼むことにした。

　Ｔはそこで作った野菜に貸し農園の野菜（自宅で食べる分を除く）も加えて、農作業の帰りに「乙女の部屋」やその常連客の家までマイカーで届け、年間50万円ほどの収入を得るようになった。とはいえ、Ｔは収入よりも野菜作りの楽しさや「Ｔさんの野菜は美味しい」と言われることの方が大切だと考え、近隣のスーパーよりも値段を安めにしていたが、それでも「乙女の部屋」での常連客との飲み代の足しになるくらいの利益は得ることができた。

❸ 第3期

　その後、子どもたちが大学進学や就職で親元を離れて暮らすようになったので、Ｔは以前から練っていた計画をＳに打ち明け、Ｋ市郊外に移り住んでそこで本格的に農業に取り組みたいと話したところ、Ｓは「○子が大学に入ったばかりだから会社を辞められると困るけど、今の会社に勤めながら農業をするというのであれば構わないし、市内からそう遠くない自然の中で農作業をしながら暮らすのもいいかもね」と言って同意してくれたので、その計画を実行に移した。平日はＳがＴの指図に従い、ほぼ毎日3時間程度散水・除草等の簡単な農作業を行い、休日にはＴがＳとともに、場合によっては近所の農家から人を雇って農作業に従事した。収穫した野菜のうち一部は自宅の食事にも使われたが、大半は、Ｔが「乙女の部屋」の人脈をフルに活用して個別に契約した家庭に定期的にＴかＳが軽四トラックで届けた。その値段は近隣のスーパー並みにした。

　2年ほど経つとこうした農業経営がようやく軌道に乗るようになり、野菜の契約販売によって年間300万円ほどの収入が得られるようになった。その頃になると、Ｓも農作業に慣れてきて近所の農家から雇った人と同じ程度の作業を任せられるようになったので、Ｔは近所の人に報酬を支払うのと同等の基準でＳにも報酬を支払うようになり、Ｓへの年間支払額は100万円に上った。

　また、Ｔは貸し農園で野菜栽培を始めた頃から、中国に古来から伝わる蜘蛛農法を研究してきたが、郊外への転居後しばらく経って独自の「益虫農法」を完成し、それによって徹底した無農薬・有機栽培を実践するようになった。その経験を著した『驚異の益虫農法

──もう素人農業とは言わせない』はマスコミでも大きく取り上げられ、無農薬・有機野菜への関心が高まる中講演の依頼が殺到する一方、農業関係者からも技術指導の依頼を受けるようになったので、印税や講師報酬等による副収入が農業収入に匹敵するほどになった。

❹ 第4期

　Ｔは野菜栽培を趣味で始めたが、その野菜栽培が農業として軌道に乗るようになってきただけでなく意外な「副業」まで生み出したため、兼業農家ではとてもそれらをこなしていくことはできないと考え、会社を退職することを決意した。そこで家族会議を開いたところ、子どもたち全員が大学を卒業し就職していたし、日頃のＴの多忙さを目にしていたのでＳは今度は無条件で同意してくれた。その上で、野菜栽培のほかに益虫農法の技術指導等の普及活動をも目的とする農業法人「趣味の園芸」株式会社（略称「SE 社」）を設立することも決まり、Ｔが代表取締役に選任された。SE 社の資本金はＴが退職金から 99％ 出資し、残り 1％ をＳと 3 人の子どもたちがＴの「退職祝い」として均等に出資した。

　Ｔは SE 社設立後講演や技術指導でますます忙しくなり、野菜栽培をＳやパートの従業員に任せ各地を飛び回るようになったが、そうした中で意気投合した農業仲間とともに、益虫農法の普及活動の一環として、益虫農法で栽培した野菜をインターネットを通じて販売することになり、SE 社の名でネット市場に仮想店舗を出店したところ、全国から注文が殺到するようになった。ネット販売は SE 社が同社の名において益虫農法仲間の農家から野菜を仕入れて注文者に送付することにしていたが、SE 社のネット販売は「生産農家の顔の見える野菜販売」のキャッチフレーズのもとで実名入り・顔写真付きで新鮮な野菜が送られてくることをウリにしていたので、実際には、生産農家から注文者のもとに野菜が直送されることになっていた。ネット店舗の商品管理・改装、益虫農法仲間への注文の割当て等の事務は、すべてＴ自身が SE 時代からの自宅のパソコンを使って処理し、代金の決済は SE 社の代表取締役Ｔ名義の預金口座を通じて行った。

　Ｔの奮闘努力の甲斐あって、SE 社の売上は順調に伸び年間 1 億円を超えるまでになった。ただ、野菜栽培や講師報酬等による収入

> は同社設立前とさほど変わらなかった。SE 社は、T の方針で、T 自身や S には同社設立前の年収とほぼ同じ額の報酬・給与しか支払わず、利益を全額「益虫農法損失準備引当金」の名目で積み立て、各地の益虫農法仲間が天敵等で不測の損害を被ったときの損害賠償請求ないし損失補塡請求に備えるためと称して、T がかねてから趣味で続けてきた、スーパー益虫の研究のために使用する高額な実験装置・機材の購入費等に充てるようにした。

解　説

1 ………… 概　観

(1)　設問のねらい

　本問は、野菜栽培を例にとって経済活動の 1 つのありうるかもしれない展開を想定し、それぞれの段階における所得課税に関する主として所得税法の考え方や仕組みについて、基本的な理解と概略的な判断を問おうとするものである。設問にあたって、❶第 1 期は個人の趣味ないし余暇活動の時期、❷第 2 期は個人の業務すなわち事業と称するに至らない程度の経済活動の時期、❸第 3 期は個人事業の時期、そして❹第 4 期は個人事業が法人成りした後の法人事業の時期としてそれぞれ想定した。第 4 期については、法人成り後における法人とその構成員との間での所得の帰属、換言すれば、実態が個人事業と変わらない法人における法人税と所得税とのいわば「棲み分け」が問題となる。

(2)　取り上げる項目

- ►帰属所得の意義
- ►収入金額の意義と別段の定め
- ►準棚卸資産の自家消費等の場合の課税
- ►雑所得等を生ずべき業務の意義
- ►家族事業における所得の帰属

2………帰属所得

（1）　意義

設問の❶第1期では、Tは余暇に趣味で野菜を栽培している。包括的所得概念のもとでは、人の担税力を増加させるあらゆる経済的利得が所得と観念され、趣味ないし余暇活動についてもそのような意味での所得が観念される。それは帰属所得と呼ばれ、通常、自己の財産の利用および自己の労働から直接（市場を介さずに）得られる経済的利得という意味で理解されている（金子・後掲参考文献86頁以下参照）。その基本的な特徴は市場外の事象について観念される所得という点にある。

帰属所得はこのように担税力の観点から原理的には所得を構成するものとされるが、しかし、それを生み出す財産や労働の範囲が無限に広がる可能性があること、把握や評価が困難な場合が多いこと、評価できたとしても少額である場合が多いことなどから、実際にはどの国でも原則として課税の対象とされていない。わが国では所得税法が所得を原則として「収入金額」（所法36条）として構成しているので、帰属所得は収入を伴わない以上課税の対象とされないのである。

もっとも、帰属所得が課税対象とされているといわれる場合がある（所法39条・40条1項・41条1項等）。確かに、それらの場合は、自己の所有する棚卸資産の自家消費などのように、現象面だけをみると、帰属所得が問題となる場合ではある。しかしながら、帰属所得は、本質的には、個人の心理的満足をもたらす消費の前提となる所得（担税力の増加）を意味するが、それは、個人の心理的満足それ自体を直接（無媒介に）測定することによってしか把握できない、いわば「即時的所得」である。これに対して、それらの場合に課税対象とされている所得は、自己の棚卸資産および農作物の自家消費・贈与等の場合につき、市場取引とのアナロジーで（たとえば、商品を販売してその代金で同種の商品を購入して消費するというような形で）構成される所得であり、「擬似帰属所得」とでも呼ぶべきものである。[1]

---

[1]　谷口勢津夫『税法基本講義〔第6版〕』【187】（弘文堂・2018）参照。

(2) 準棚卸資産の自家消費等

　以上の規定によって課税される「疑似帰属所得」の範囲は、自家消費や贈与等の対象として定められている資産の種類ないし範囲によって画されることになる。特に前の2つの規定ではいわゆる準棚卸資産も定められていることから、設問の❷第2期における T の活動のような、事業とまではいえないような活動に関して「疑似帰属所得」が課税されるかどうかは、準棚卸資産の意義ないし範囲によって決定されることになる。それらの規定にいう準棚卸資産（所令86・87条）のうち「不動産所得、山林所得又は雑所得を生ずべき業務に係る第3条各号（たな卸資産の範囲）に掲げる資産に準ずる資産」（同81条1号）については、「業務」概念がその意義や範囲を決定するための基準となる。

　所得税法は「業務」概念について特に定義規定を定めてはいないが、それは、一般に、事業と称するに至らない程度の経済活動という意味で理解されているので、程度の差こそあれ事業と同じく営利活動であると解してよい。[2]所得税法上の別の表現でいえば、それは「営利を目的とする継続的行為」（所法34条1項。その意義については、最判平成29・12・15民集71巻10号2235頁参照）に属するといってもよい。というのも、「営利を目的とする継続的行為」の一場合と解される「営利を目的として継続的に行なわれる資産の譲渡」（所法33条2項1号）からは、事業所得または雑所得が生ずる、と一般に解されているからである。[3]要するに、雑所得等を生ずべき業務は、営利性の点で、趣味ないし余暇活動と区別されるのである。

　以上で述べた内容を設問の事案にあてはめるにあたって、わが国の所得税法や税務執行の沿革を踏まえた以下の叙述（植松・後掲参考文献144〜145頁、146〜147頁）が参考になろう。

　「たとえば農産物については戦後税法に『収穫主義』の規定が設けられるはるか以前から『収穫』そのものが所得の発生として捉えられ、昔の税務

[2]　事業と業務との区別については、谷口・前掲注[1]【245】㈹参照。
[3]　金子宏『課税単位及び譲渡所得の研究』228頁（有斐閣・1996 [初出1980]）。

当局の通牒には、さらに山林原野から取得する燃料、落葉、下草、家庭菜
園や家禽からの収穫なども所得として考え、その前提に立って零細なもの
は追及しないように指示したものがみられる。」
「税法が農産物の収穫による所得の実現について『収穫主義』によってい
る（41）ことは、当然農家の自家消費分も所得を構成するという前提に立
っている。……。

　たな卸資産等の自家消費に所得の発生を認める税法の規定（39）も、理
論的にはその延長線上にある考え方にあるといえるが、零細な自家消費ま
で課税所得と考えることには、常識的な所得概念から抵抗を受ける面があ
ろう。しかも同条は、たな卸資産のほかに『雑所得』を生ずべき業務に係
るたな卸資産に準ずる資産（施行令86、81）の自家消費まで含めている。
『雑所得』の範囲ははなはだ広いので、たとえば画家が自己の描いた絵を
自ら保有しようとして自宅の応接室に飾った場合とか、趣味と実益を兼ね
た園芸作物の栽培や主婦の洋裁なども、その作物や作品の一部が販売され、
『雑所得』が生じている場合には、その家事消費分についてまで所得を認
定せよということになりかねない。

　帰属所得には種々様々のものがあり、理論的に課税、非課税の限界線を
引くことがむずかしいだけでなく、税務執行面からの限界もある。外国で
は帰属地代・家賃に対する課税の例があるが、わが国では資産やサービス
の生む利益は所得と考えない反面、以上のように目にみえる物質的増加を
もたらすものは広く所得と考える傾向が強かったものといえよう。」

3⋯⋯⋯⋯家族事業における所得の帰属

(1)　事業主の判定

　設問の❸第3期にはTはSと夫婦で農業を営んでいる。このように
家族で農業その他の事業を営む場合には、家族構成員の共同事業とみる
べき実体がある場合もあろうが、そのような場合以外は、家族事業から
生ずる所得の帰属の判定にあたって、その前提として、誰が事業主であ
るかの判定が必要になる（所基通12-2参照）。事業主の判定は家族事業

---

[4]　最判昭和32・4・30民集11巻4号666頁は、一般論として、「共同経営者の立場で農業を経営
　　していた」者や「農業経営の直接の補助者として農業に従事していた」者には農業所得の一部が帰属
　　することを認めるものと解することができる。清永敬次編『判例所得税法』107頁（ミネルヴァ書
　　房・1976）〔村井正執筆〕参照。

に関する家族単位合算非分割主義的な制度（所法56条）のもとでは特に重要である。所得税法56条は、家族事業を想定した規定ではあるが、「あくまでも、特定の居住者の『事業』に他の親族が従事したこと等による対価の否認を規定している[5]」からである。

　事業主の判定に関して、一般には、事業経営の主宰者すなわち事業の経営方針の決定等について支配的影響力を有する者を事業主と判定すべきである[6]が、支配的影響力の判定が困難な場合には、事業への従事等事業経営との客観的関連性を前提として、生計の主宰者が家族の生業の経営を主宰するのが通例であるとの経験則によって、生計の主宰者を事業経営の主宰者と推認することになろう[7]（所基通12-3～12-5参照）。

　設問の事案では、野菜栽培はTが研究し完成させた独自の益虫農法によって行われており、SはTの指図に従って、平日ほぼ毎日3時間程度散水・除草等の簡単な作業を行っているにとどまること、野菜の契約販売もTの「乙女の部屋」人脈をフルに活用して行われていることなどからすると、Tはいわゆる兼業農家ではあるが、農業について支配的影響力を有する事業主であると判定してよいと思われる。

　なお、設問の事案ではTは独自の益虫農法によって野菜を栽培し収入を得ているほか、益虫農法に関する出版・講演・技術指導によっても収入を得ているが、これらの副収入がどのような種類の所得に該当するか検討しておく必要がある。一般に、事業とは、営利を目的として行われる各種の経済活動の総体であるから、納税者が本来の事業活動による収入のほかに、それに付随する活動によって収入を得ている場合には、それらの収入の総額は原則として事業所得に該当すると解される[8]。事業

---

[5]　碓井光明「共同事業と所得税の課税」税理25巻6号9頁、14頁（1982）。
[6]　前掲注[4]最判昭和32・4・30、最判昭和37・3・16裁判集民59号393頁、東京高判平成3・6・6訟月38巻5号878頁等参照。
[7]　日本税理士会連合会編・清永敬次ほか『税務署の判断と裁判所の判断—逆転判決の研究』275頁（六法出版社・1986）〔清永敬次執筆〕参照。
[8]　この点については、佐藤英明『スタンダード所得税法〔第2版補正2版〕』（弘文堂・2020）214頁も参照。なお、事業上の余資の運用によって得られる利子や配当はそれぞれ利子所得や配当所得に該当すると解される。というのも、所得税法23条1項や24条1項は資金源を問題にしていないし、個人事業の場合は事業上の余資と家事上の資金とが必ずしも明確に区別できない場合（特に事業上の余資が「奥入れ」された場合）もあるからである。

から生ずる所得（事業所得のほか不動産所得および山林所得）に係る収入
金額について所得税法が「総収入金額」という語を用いているのは、
種々の経済活動を総体的に把握するためである。もちろん、個々の具体
的な事案において、事業付随性の概念でもって事業主のどのような範囲
の経済活動を事業として把握するかは、最終的には社会通念に照らして
個別的に判断されるべき問題であるが、基本的な考え方としては、現行
法上の所得税が人の総合的担税力を把握しようとする人税・総合所得税
としての性格をもつことを考慮すると、事業付随性を所得源泉という事
業の物的側面に着目して狭く観念するのではなく、事業主という事業の
人的側面に着目して広く観念する方が妥当であると考えられる。このよ
うな考え方からすれば、Ｔの副収入も事業所得に該当するものとみて
よいように思われる。

(2) 完全給与制とみなし給与制

　所得税法は家族単位合算非分割主義的な制度に対する例外として、青
色申告者については完全給与制ないし青色事業専従者給与（所法57条1
項）、白色申告者についてはみなし給与制ないし事業専従者控除（同条
3・4項）を定めている。前者は青色申告の奨励や個人企業が法人成り
した場合との税負担のバランスの確保のために、後者は青色申告者と白
色申告者とのバランスの確保のために、個人単位主義を制度上「復活」
させたものである。

　完全給与制は支払給与の金額のうち労務の期間・性質、事業の種類・
規模等の状況に照らし「その労務の対価として相当であると認められる
もの」を事業主側では必要経費に算入し、青色事業専従者側では給与所
得に係る収入金額とするのに対して、みなし給与制は、配偶者である事
業専従者については最高86万円、配偶者以外の事業専従者については
最高50万円を事業主側では必要経費に算入し、事業専従者の側では給
与所得に係る収入金額とする。設問の事案では❸第3期にＴがＳに支
払った報酬は100万円であるから、Ｔが青色申告者であるとすればＳ
の給与所得の収入金額は100万円となり、Ｔが白色申告者であればＳ
の給与所得に係る収入金額は最高86万円となり、いずれにしてもＳが

他に所得を得ていなければ、Sに対して所得税が課税されることはない[9]（所法28条3項1号・86条1項1号参照）。

(3) 法人成り後の「事業所得」の帰属

設問の❹第4期には、Tの営む事業は法人成りして株式会社形態で営まれるようになった。SE社は、出資関係においても事業の実態においてもTの個人会社ないし一人会社とみてよい会社であり、事業の実態についてみると、野菜のネット販売業以外は個人事業の頃と変わらず、そのネット販売業自体もTが1人で管理運営し、しかもその利益をすべてTの趣味のために費消しているような会社である。そのような会社においては、しばしば、「個人所得即法人所得とみられる場合」（東京地判昭和47・8・2シュト127号29頁）があり、事業からの所得が法人または個人のいずれに帰属するかが問題になる（碓井・後掲参考文献参照）。この問題については少なくとも以下の3つの処方箋が考えられる。

①法人格否認の法理

第1に、事業の実態に着目して法人格否認の法理（岩﨑・後掲参考文献参照）を税法上適用し、事業から生ずる所得が個人に帰属すると判定することが考えられる。しかし、たとえ法人成りが租税回避に該当する場合であっても、私法上有効に設立された法人の存在を明文の根拠なしに税法上否認することは、私法上の真実の法律関係を離れて課税要件事実を認定すること（いわゆる経済的実質主義）になり、租税法律主義のもとでは許されないと解される[10]。

②実質所得者課税の原則

第2に、実質所得者課税の原則[11]（法法11条、所法12条）によって、法人・個人間における所得の帰属を判定することが考えられる。実質所得者課税の原則の理解の仕方として通説的地位を占めている法律的帰属

---

[9] たとえば不動産所得等の資産所得であれば、それを得ている者でも事業主の事業に「専ら」従事するという青色事業専従者および事業専従者の要件に該当しうると解される。

[10] 金子宏『租税法〔第23版〕』149頁（弘文堂・2019）参照。経済的実質主義については、谷口・前掲注[1]【57】参照。

[11] 実質所得者課税の原則に関する以下で述べる見解については、谷口勢津夫「所得の帰属」金子宏編『租税法の基本問題』179頁、特に194～197頁（有斐閣・2007）参照。

説について、ここでは、以下の2つの点に注意しておく必要がある。

1つには、「資産から生ずる収益」すなわち資産所得の場合は、所得の基因となる資産の真実の権利者がその所得を享受すると考えられる（所基通12−1参照）ので、資産所得の帰属の判定結果は法律的帰属説によってうまく説明することができるのに対して、「事業から生ずる収益」は資産勤労結合所得としての性格をもつので、特に個人事業においてそれが事業主に帰属すると判定される場合（所基通12−2参照）、法律的帰属説ではこれをうまく説明することができないのではないかと疑問に思われるかもしれない。この点について次の叙述は示唆的である。

> 「事業所得は、いわば勤労と資産との共同所得であるわけですね。ところが日本の個人事業の実情からいえば、たとえば店舗や敷地は父の名義になっているが、その事業は長男がやっているという場合があります。親子のあいだの権利関係はルーズですから、税の上でも、父親の店舗を無料で長男が借りて営業している場合にも、別にその点はせんさくしない。その事業所得は、事業を経営している長男に帰属するものと考えられます。そして私法上の法律関係からいっても、その事業の流動資産等事業所得を生み出す直接基因となっている財産やその事業活動の結果取得される財産は、事業の経営者である長男に帰属するものと考えられます。ここでも店舗やその敷地は親子の間で無償で借りているというだけで、所得の帰属者は、右のような事業上の財産（流動資産）などの権利者と一致します[12]。」

この叙述からは、事業所得の直接基因となる財産について私法上の真実の法律関係を認定し、それに即して事業所得の帰属を判定するという考え方を読み取ることができるが、この考え方をさらに展開すれば、資産所得であれ事業所得であれおよそ所得は、自己の財産および労働力（雇用により手に入れた労働力を含む）を市場に供給し市場取引の対象にした私法上の真実の取引主体に帰属すると考えることができる[13]。この考

---

[12] 塩崎潤ほか『所得税法の論理』159〜160頁（税務経理協会・1969）参照。

[13] この考え方を「取引主体帰属説」と呼ぶとすれば、私法上の真実の取引主体は、通常、「事業活動の基本となる出店契約の締結、開業資金の調達、営業内容、店舗設備の決定、仕入れ、売上の管理、従業員の雇入れ等」をすべて自己の計算と危険において行う者（広島地判昭和61・11・27税資154号738頁）と一致すると考えられ、しかもそのような者こそが、その事業の経営主体ないし経営に支

え方は、いわゆる人的役務提供事業（所令282条参照）から生ずる所得についても[14]、また、法人事業から生ずる所得についても、法律的帰属説による説明を可能にするものである。実質所得者課税の原則を法律的帰属説によってこのような意味に理解する場合、私法上の真実の取引主体に所得が帰属すると判定されることになる[15]。

　もう1つ注意すべきは「収益を享受する」という文言の意味である。実質所得者課税の原則は「収益を享受する」個人・法人にその収益が帰属するものとしている。「収益の享受」という文言は、確かに、一見すると、経済的な表現であり法律的帰属説になじまないように思われるが、ただ、法人についても用いられていることからすると、収益の消費を意味するものでないことは確かである。この文言を法律的帰属説の説くところと整合的に解釈しようとすれば、それは収益の処分権の取得を意味すると解すべきである。つまり、私法上の真実の取引主体であれば、取引から得られる収益を自由に処分することができると考えるのである。

　以上で述べたことからすると、設問の事案においては、SE社は自己の名（法人格）でネット市場における出店および取引を行っており、かつ、その利益を全額「益虫農法損失準備引当金」として社内に留保しているので、SE社が私法上の真実の取引主体として収益を享受する、したがって、同社にネット販売業からの所得が帰属する、と判定すべきであろう。

配的影響力を有する者（事業主）であるから、取引主体帰属説は、事業主を事業所得の帰属者と判定する考え方（「事業主帰属説」）といってもよかろう。両説は、同じ問題（所得の帰属の判定）にアプローチする場合の観点を異にする考え方として、相互補完的関係にあると位置づけているところである。以上の点については、谷口・前掲注[1]【236】参照。

[14]　なお、所得税法12条の文言からすると、労務の提供による給与所得等にはこの規定の適用がないことになるが、法律的帰属説を本文のように理解すれば、実質所得者課税の原則は給与所得等についても適用されると解される。同じ結論を述べるものとして、清永敬次『税法〔新装版〕』70～71頁（ミネルヴァ書房・2013）参照。

[15]　所得の帰属の判定において取引に着目する考え方は、所得税法158条が法人の個々の事業所の所得をそこでの事業の主宰者に帰属するものと推定する場合の例外として「その法人の各事業所における資金の預入及び借入れ、商品の仕入れ及び販売その他の取引のすべてがその法人の名で行なわれている場合」を定めているところにも現れているように思われる。この規定は一見すると取引について形式（「法人の名」）を重視しているかのようであるが、それは法人の法人格ないし私法上の独立性を尊重する考え方に基づくものと理解すべきである。法人の法人格は事業遂行上の単なる名義とみるべきものではない。

③「隠れた利益処分」的な処理

　第3に、法人への所得の帰属を前提にして、課税上その所得を何らかの形で構成員に移転したものとして取り扱うことが考えられる。設問の事案に即していえば、1つには、SE社の購入した高額な実験装置・機材の利用からTが受ける経済的な利益を、Tに対する給与と認定し給与所得として課税すること（所法28・36条）が考えられる。もう1つには、SE社による「益虫農法損失準備引当金」の会計処理が「これを容認した場合にはその株主若しくは社員である居住者……の所得税の負担を不当に減少させる結果となると認められるもの」に該当するとして、同族会社の行為計算の否認規定（所法157条）に基づきTに対して課税処分を行うことが考えられる。これらの処方箋の相互関係については、通常の課税要件規定の適用を内容とする前者が、租税回避の否認規定の適用を内容とする後者に優先すると考えられる。[16]

解答例

❶ 第1期

　第1期において現行所得税法上はTに課税問題は生じない。確かに、Tは趣味で栽培した野菜を自家消費し、その経済的利益を家族とともに享受しているので、帰属所得の存在を観念することはできる。さらにいえば、Tの余暇それ自体についても同様である。帰属所得とは自己の財産の利用および自己の労働ないし役務の提供から直接得られる経済的利得をいい、これも個人の担税力を増加させるので、包括的所得概念のもとでは所得を構成すると考えられているが、しかし、帰属所得についてはその範囲の無限定さ、把握・評価の困難さ、少額のものが多いこと等の税務執行上の理由から、どの国でも原則として課税されていない。わが国の所得税法は課税所得を収入金額（所法36条）としてとらえているので、その点から

---

[16]　清永敬次『租税回避の研究』408頁、417～419頁（ミネルヴァ書房・1995［初出1985]）参照。

しても、帰属所得が課税されることはない。

　もっとも、所得税法は、一定の資産が自家消費された場合に、当該資産の時価に相当する金額を事業所得の金額の計算上総収入金額に算入する旨の規定を定めている。棚卸資産の自家消費に関する規定（所法39条）はそのような規定の1つであるが、趣味で作った作物の自家消費はこの規定の対象とされていない。農作物の自家消費の場合も、収穫高主義（所法41条1項）の適用の結果、その収穫時の時価（収穫価額）が課税されることになるが、これは農業を営む者が収穫した農産物を対象にするものであって、Tが趣味で栽培した野菜はその対象外である。また、「乙女の部屋」の名物おばちゃんへの野菜のお裾分けも法律的には贈与に該当するが、仮に社会的儀礼の範囲内にとどまるような贈与についても課税を考えるとしても、設問のような事案において資産の贈与について贈与者の側に所得を認めて課税する規定はない。所得税法40条は、趣味で栽培した野菜のような資産は対象にしていないし、所得税法59条は、個人への贈与には適用されないからである。

❷ 第2期

　第2期には、Tの野菜栽培は、「乙女の部屋」やそこの常連客への定期的・継続的な売却を前提にして、貸し農園だけでなく一般の農地をも賃借し、若干の利益を見込んで行われるようになった。そのような活動は、事業と称するにはなお至らない程度の経済活動ではあるが、しかし、営利性が認められる以上、純粋な趣味とはもはやいえない。いわば「趣味と実益」を兼ねた活動であるといってよかろう。これは所得税法では雑所得を生ずべき業務に該当すると解される。そうすると、「乙女の部屋」や常連客への野菜の売却でTには50万円ほどの雑所得に係る総収入金額があることになる。他方、Tは貸し農園で栽培した野菜を依然として自家消費しているが、自家消費分以外は売るようになったので、貸し農園で栽培する野菜もいわゆる準棚卸資産に該当することになったと考えるべきである。そうすると、所得税法39条によって、野菜の消費時の時価相当額が雑所得の金額の計算上総収入金額に算入されることになり、結局のところ、50万円ほどの現金収入との合計額がTの雑所得の総収入金額ということになる。設問では、自家消費時の時価や必要経費については具体的な事実が書かれていないので、Tの雑所得の金額がいくらになるかはわからないが、仮にそれが20万円以下

である場合は、給与所得者であるTには雑所得も含めて確定申告書を提出する義務はない（Tの給与年収が2000万円以下であるとの想定による（所法121条1項参照））。

❸ 第3期

第3期において、Tはサラリーマンとの兼業とはいえ、いよいよ農業を営むようになったとみてよい。TはSとともに夫婦で野菜を栽培し販売しているが、野菜栽培はT独自の益虫農法によって行われていること、SはTの指図に従って簡単な農作業を行っているにすぎないこと、野菜の契約販売はTの「乙女の部屋」人脈をフルに活用して行われていることなどの事実を総合すると、Tが農業経営に支配的影響力を有する事業主であり、農業収入はTに帰属すると判定される。農産物については収穫高主義が採用されている（所法41条1項）ので、野菜の自家消費分は収穫時に課税されることになるが、販売された分については収穫価額を取得価額として事業所得の金額が計算される（同条2項）。設問の事案では野菜販売による収入が300万円ほどであることしか書かれておらず、収穫価額や必要経費に関する叙述がないので、事業所得の金額は計算できない。もっとも、Sに対する報酬の支払いはTの事業所得の金額の計算上必要経費に算入されることは確かである（所法57条）。設問では、Tが青色申告者であるか白色申告者であるかも述べられていないが、青色申告者であれば、Sが近所の農家から雇った人と同程度の作業をしている以上、100万円は「労務の対価として相当であると認められる」から、全額が必要経費に算入されることになる（所法57条1項）のに対して、白色申告者であれば、Sは配偶者であるから最高86万円が必要経費に算入されることになる（同条3項）。

なお、この時期、Tには農業収入以外に印税や講師報酬等の副収入があることに注意しておかなければならない。これらの副収入は、Tが益虫農法を研究開発し野菜栽培で実践しているからこそ得られた収入であるから、T農業に付随する収入であり、社会通念上Tの事業所得に係る総収入金額に算入するのが相当であると考えられる。

❹ 第4期

第4期において、Tは農業およびその付随活動を法人形態で営むようになった。Tは仕事の内容からするとSE社の使用人兼務役

員（法法34条6項）に該当することになりそうであるが、Tは実質的には一人会社の代表取締役であり社長に該当することから、使用人兼務役員には該当しない（同項括弧書）。しかし、そのことはTに対する賞与・報酬等のSE社側での取扱いにおいて重要ではあるが、T自身に対する所得課税にとっては重要ではない。SE社からのTに対する賞与・報酬等はその名目のいかんにかかわらず、すべて給与所得として課税される（所法28条1項）。TはSE社から同社設立前の年収とほぼ同額の報酬を受けているので、それが給与所得として課税されることは明らかである。

　問題は、SE社設立後に始めた益虫農法野菜のネット販売業からの所得をSE社の所得とみるべきか、またはT自身の事業所得とみるべきかである。設問の事案において、SE社は出資関係からみても、事業の実態からみても、Tの個人会社ないし一人会社とみられるから、法人格否認の法理の適用によって、ネット販売業からの所得がTに事業所得として直接帰属すると判定することも考えられなくはない。しかし、国が私法上SE社に法人格を認めながら、課税主体として課税上その法人格を否認することは、課税要件事実を私法上の真実の法律関係から離れて認定することになり、租税法律主義のもとでは許されない。むしろ、SE社は自己の名でネット市場における出店および取引を行っており、しかもその利益を全額「益虫農法損失準備引当金」として社内に留保しているのであるから、同社は収益の基因となる私法上の真実の法律関係を他者との間で形成し、かつ、その収益を自由に処分することができる地位にあると認められる。したがって、実質所得者課税の原則（法法11条）によれば、ネット販売業からの所得は同社に帰属すると判定されるべきである。

　このようにネット販売業からの所得はSE社に帰属すると考えられるが、それが全額「益虫農法損失準備引当金」名目で社内に留保され（この引当金は企業会計上も引当金に該当せず、いわゆる利益留保性の引当金にすぎないと解される）、Tの趣味であるスーパー益虫の研究に費消されていることからすると、その所得は経済的にはTが享受していると認められるから、この認定に基づき課税関係をどのように構成するかが次に問題になる。1つの法律構成としては、SE社の購入した実験装置等の利用による経済的利益を、Tに対する給与と認定し給与所得として課税することが考えられる

（所法28・36条）。もう1つの法律構成としては、SE社が同族会社（法法2条10号）に該当することは明らかであるから、同族会社の行為計算の否認規定（所法157条）の適用により、同社による上記引当金処理を否認して課税処分を行うことが考えられる。租税回避は、通常の課税要件規定の解釈適用の限界を超えたところから問題になることからすると、これらの法律構成のうち、租税回避の否認規定ではなく、通常の課税要件規定の適用を内容とする前者の法律構成によるべきであろう。

関連問題

1. 帰属所得と市場所得

(1) 解説 2 (2)で引用した叙述の最後で「わが国では資産やサービスの生む利益は所得と考えない反面、以上のように目にみえる物質的増加をもたらすものは広く所得と考える傾向が強かったものといえよう。」と述べられているが、そのような傾向はどのような考え方に基づくものであるか検討しなさい（参照、岡村忠生「所得分類論」金子宏編著『所得税の理論と課題〔2訂版〕』45頁、48〜50頁（税務経理協会・2001））。

(2) 帰属所得について総額（gross income）と純額（net income）との区別を観念することができるかどうか、もしできるとしてそれは理論的に正当なことかどうか、また、どのような前提ないし条件のもとでできるのか検討しなさい。

2. 法人成りのメリットとデメリット

設問の❹第4期の初めの家族会議の場にあなたが出席していたとすれば、税法の観点から、SE社の設立についてどのようなアドヴァイスをするか。

3. 研究開発の成功に伴う課税問題

本問の事案には書かれていないが、Tが将来スーパー益虫の開発に成功した場合にはどのような課税問題が生じるか検討してみなさい。

参│考│文│献

金子宏『所得概念の研究』1頁（有斐閣・1995［初出 1966〜1975］）

植松守雄「所得税法における『課税所得』をめぐって」一橋論叢 77 巻 2 号 133 頁（1977）

碓井光明「法人とその構成員をめぐる所得の帰属」自治研究 51 巻 9 号 43 頁（1975）

岩﨑政明「租税実体法をめぐる問題(2)――法人格否認」小川英明＝松澤智編『裁判実務大系 20／租税争訟法』466 頁（青林書院・1988）

（谷口勢津夫）

5. カリスマ料理人の引き際★★

設問　Zは戦後の混乱期に屋台のラーメン屋から起業し、「ラーメン町内一」の店名で全国に店舗を展開する、株式会社「ラーメン王国」（P社）の代表取締役社長、および、「ラーメン町内一」の「総店長」として君臨した人物であったが、昭和53年に突然死去した。

　Zの死後、息子のXがP社の代表取締役社長の地位を継ぎ、二代目「総店長」の地位に就いた。

　亡Zはトンコツ醤油味一筋でラーメンの味をきわめようとしていたが、全国の有名ラーメン店をめぐって修業した経験があるXは、「これからは豪華なラーメンこそお客様に喜ばれる」と確信し、「ラーメン賓館」のブランドを社内に立ち上げた。「ラーメン賓館」はXの創案に係る「焼き伊勢海老出汁のフォワグラ入りトマトスープ味ラーメン」が爆発的なヒットとなったことをきっかけにブレイクし、徐々に「ラーメン町内一」を「ラーメン賓館」に転換することによって、P社の業績は安定的に伸びていった。

　Xは、P社の代表取締役社長として経営の重要事項に関わりつつ、それ以外のほとんどの時間を、同社の本社を兼ねる「ラーメン賓館本店」の総料理長として、新しいラーメンの創作や、アルバイト社員でも美味しく作れる料理法などの研究に費やしていた。Xのこれらの創作・研究が長年にわたる「ラーメン賓館」の成長を支えてきたことは、関係者すべてが認めるところであり、P社内でその実績は尊敬の対象であった。

❶　Xは65歳を迎えた平成22年に、P社の代表取締役社長、および、「ラーメン賓館本店総料理長」の地位を退いた。Xに残ったのは「総店長」の地位と職務であるが、これは、年2回開かれる店舗の全国大会において式辞を述べ、優秀な社員を表彰するなど、儀式的な役割を担うものである。

　平成22年まで、XはP社の代表取締役社長兼ラーメン賓館本店総

料理長として月額 300 万円の給与とこれに加えた賞与を、「総店長」として月額 10 万円の給与を得ていたところ、平成 23 年からは、「総店長」としての従前どおりの月額 10 万円の給与を得るにとどまることとなった。

平成 22 年に、P 社は X の長年の功績を讃えて 1 億円の退職金を支払おうとしたが、X は、退職金を 7000 万円に減額する代わりに、以下のような希望をかなえて欲しいと申し出て、P 社側がそれを受け入れた。これに関わる事情は以下のとおりである。

実は X は、若年者の職業教育への関心から、P 社引退後は、無職の若者がラーメン料理人として自立できるように、無料の料理講習会を開催するなどの就職支援活動を行ないたいと考えるに至った。そこで、

　　㋐ P 社の費用で X の自宅の一部を、就職支援活動（料理講習会等）に使えるように改装する。

　　㋑ X は、この場所を用いて、この就職支援活動を P 社の嘱託社員として行ない、活動の広告宣伝にも P 社の名前を用いることができる。

　　㋒ P 社は、X への嘱託費と X の自宅のスペースの賃料として、総額毎月 50 万円を、今後 5 年間にわたって支払う。

ということを希望したところ、P 社側がこれに応じたものである。

なお、㋐の改装には約 1000 万円程度を要するものと見込まれ、また、㋒の嘱託費・賃料の月額 50 万円は、材料費等の実費をほぼ賄える金額として計算された金額である。

平成 22 年における退職金の支払いにともない、P 社が 7000 万円について退職所得としての源泉徴収を行なったところ、P 社の所轄税務署長 S は、X に 8000 万円の役員給与が追加的に支払われたことを前提とする納税の告知を P 社に対して行なった（なお、P 社は、㋐の改装に要した 1000 万円を費用として損金に算入していた）。

S の納税の告知に不服がある P 社は、この処分を争う争訟の中でどのような主張をすべきか。

❷　X には糟糠の妻ともいうべき妻 A がいたが、50 代半ばに知り合った女性 B と深い仲になり、平成 15 年 5 月に B との間に娘の C が生まれた。C 誕生後、B は職を転々とするなど経済的に不安定だっ

たので、X は C の養育費として月額 15 万円を毎月、A に隠れて送金していた。また、平成 20 年に A が急死した後には C を認知し、平成 22 年の引退後は B を説得して 2 人を自宅に迎え、一緒に暮らすようになった。

　平成 15 年以降の各年について、X が C について扶養控除を受けられるかどうかを検討せよ。

解　説

1 ……………概　観

(1)　設問のねらい

　退職所得はこれまで、給与所得者が得る最後の給与であり、「老後の糧」であるとされて、非常に軽い課税にとどめられてきた。この結果、ある収入が退職所得に該当するか否かで税負担に大きな差が生じるため、退職所得の範囲は重要な問題となる。本問の前半ではこの問題を取り上げる。

　本問の後半では、人的控除のうち扶養控除の要件や判断基準について検討する。政策論的な観点からの議論の対象となりやすいが、人的控除は所得税の解釈・適用においても、重要な一要素と考えられるからである。

(2)　取り上げる項目

▶勤務が継続していると見られる場合の退職所得の判断基準

▶人的控除の判断基準

▶人的控除の要件としての「生計を一にする」の内容

2 …………退職所得の判断基準

(1)　引き続き勤務する従業員と退職所得

　周知のように 5 年退職事件最高裁判決（最判昭和 58・9・9 民集 37 巻 7 号 962 頁）は、退職手当等について勤続報償と勤務の対価の一部の一括後払いの性質を持つとともに「老後の生活の糧」となる機能を持つと判

示し、退職所得に該当する「退職により一時に受ける給与」とは、名義
に関係なく、「(1)退職すなわち勤務関係の終了という事実によつてはじ
めて給付されること、(2)従来の継続的な勤務に対する報償ないしその間
の労務の対価の一部の後払の性質を有すること、(3)一時金として支払わ
れること」の3要件を満たす必要があり、また、「形式的には右の各要
件のすべてを備えていなくても、実質的にみてこれらの要件の要求する
ところに適合し、課税上、右『退職により一時に受ける給与』と同一に
取り扱うことを相当とするものであることを必要とする」ものが所得税
法30条1項にいう「これらの性質を有する給与」に該当すると判断し
た。退職所得には、退職所得控除、2分の1課税、および、分離課税の
3つの効果が与えられ、その税負担が非常に軽いことから、ある給与が
退職所得に該当するか否かは、納税者に大きな影響を与える問題となる。

　この判示に関連して裁判例および課税実務においてしばしば争われて
きたのは、ある支払いの前後で「使用者（会社）」と「従業員（役員を含
む）」の関係が完全には「切れて」いない場合に、その支払いがこの
「これらの性質を有する給与」にあたるかどうかという点である。この
場面での判断は、抽象的には、その支払前後で勤務関係の性質が変わっ
たか、別の言い方をすれば、その支払いがあった後の勤務関係等が、そ
の支払前の勤務関係等の単純な延長と評価されるかどうか（単純な延長
と評価されればその支払いは給与所得に該当し、単純な延長と評価されなけ
ればその支払いは退職所得に該当しうる。最判昭和58・12・6訟月30巻6号
1065頁［10年退職事件］参照）という点によることになるが、実際にど
のような事情があれば支払前後の勤務関係の性質が変わったと言えるか
の判断は、容易ではない。

　特に問題となるパターンの第1は、使用人であった従業員が定年に達
したり役員等に昇進したりした時に、それまでの従業員時代の勤務につ
いて、いったん退職金を受け取る場合である。このパターンについては、
課税実務も、比較的緩やかにここで支払われる退職手当等が退職所得に
該当することを認めている（参照、所基通30-2(2)(4)・30-2の2）。

　ただし、課税実務は、退職手当等が支払われる時点で、この退職手当

の計算の基礎となった勤続期間が、さらにその後の勤務について支払われる退職手当等の計算において、計算の基礎とされないこと（いわゆる「打ち切り支給要件」）を厳格に求めている。たとえば、入社後30年を経て部長から取締役に就任する際に「退職手当」が支払われた場合、この「退職手当」が退職所得として扱われるためには、この人が将来、取締役を辞める時に受ける役員退職給与が取締役として働いた期間のみを基礎として計算される（部長までの30年分は含まれない）ことが、取締役就任の時点で明らかである必要があるとするのが、課税実務の取扱いだということである。

しかし、この点については、打ち切り支給が明示されていない場合でもなお、支払われた退職手当が退職給与に該当しうるとした下級審裁判例がある（従業員が執行役に就任した事例として、大阪高判平成20・9・10裁判所Webサイト、第一審：大阪地判平成20・2・29判タ1267号196頁）。いうまでもなく通達は法ではないから、通達の求める要件をすべて満たしたものは課税実務において退職所得として扱われるほか、その要件の一部を欠いたものについては、通達の内容とは関係なく、関係法令の解釈適用として、当該事案の退職手当等の退職所得該当性が判断されるものと理解すべきであろう。

(2) 引き続き何らかの地位を有する役員と退職所得

(1)で検討したのと同様のことは、役員の役職や職務内容に変更が生じた場合にも、問題となりうる。これが第2のパターンである。この場合も抽象的な判断基準は、第1のパターンと変わりはない。そして、具体的な適用にしばしば困難がともなうことも、第1のパターンと同様である。

課税実務は、「例えば、常勤役員が非常勤役員（常時勤務していない者であっても代表権を有するもの及び代表権は有しないが実質的にその法人の経営上主要な地位を占めていると認められるものを除く。）になったこと、……報酬が激減（おおむね50%以上減少）したことなどで、その職務の内容又はその地位が激変した者に対し」て役員としての勤続期間について支払われるものを退職所得と扱っている（所基通30-2(3)。(1)で触れ

た通達と同様に、打ち切り支給要件が課されている）。しかし、実際には有力な役員等が、「退職」後も何らかの役職や地位を引き続き有している例はしばしばあり（上記通達の最初の括弧書参照）、他方でこのような有力な役員に対して支払われる「役員退職給与」はときに多額であることから、裁判所の判断が求められる事例は少なくない。

　ここで参考となる下級審裁判例を2件あげておこう。第1に、学校法人Aの理事長X男が、Aが設置する中学・高校の校長を退職してAが設置する大学の学長に就任する際に、中学・高校の教諭や校長としての勤続期間に対して支払われた退職手当につき、裁判所がこれを退職所得に該当すると判断した事案がある（大阪地判平成20・2・29判タ1268号164頁）。この事案ではX男は、校長退職前後を通じて理事長（月額報酬39万円）、学園長（名誉職で報酬なし）、幼稚園長（非常勤で月額報酬5万円）の職にあり、同一学校法人内での役職の変更（中学・高校の校長から大学学長へ）にすぎないともみる余地があったし、また、月額の給与総額が学長就任により約21％減少（学長としての職務に対する給与は校長としての職務に対する給与に比べて約30％減少）したにすぎない事案であった。しかし、裁判所は、学校教育法上の中学・高校の校長と大学学長との職務内容の違いや、常勤から非常勤に勤務形態が変更したことなどを捉えて、X男に支払われた退職手当は「実質的に見て」（最高裁の判示する）「要件の要求することに適合し、少なくとも、課税上、これと同一に取り扱うのが相当」であるとした。

　第2に、複数のコンピュータ学院（C学院）の実質的な創立者Bの妻で、B没後約18年間にわたり「（旧）学院長」としてこれらの学院を中心的に経営してきたX女が、この「（旧）学院長」から引退し、新たに「創立者に専属する象徴的な地位」とされた「（新）学院長」（無報酬）の地位に就いた際にX女に支払われた退職手当を、裁判所が、退職所得に該当すると判断した事例がある（京都地判平成23・4・14裁判所Webサイト）。この事案では、X女が引退前後を通じてC学院の理事長（無報酬）であったため、X女がC学院を形式的に退職したとは言えない事情があったとされたほか、前述の「（新）学院長」とは別に、X女が自

らの人脈等を用いて行なっていた国際交流活動を「(旧)学院長」引退後もＣの嘱託として、Ｃが賃借したＸ女所有の建物内で行ない、月額70万円の報酬が支払われていた(「(旧)学院長」時代の報酬は月額160万円)などの事情があったが、裁判所は「従前の勤務関係の延長ないし単なる原告内における内部異動ということはできない」とし、Ｘ女が受けた退職手当を退職所得と判断した。

大阪地判が、先に引用した結論部分の判示に加え、「社会通念上は、本件高校及び本件中学における教育の現場から引退したというほかない」と判示していること(別の箇所では、Ｘ男の高校における勤続期間が52年間に及んだことを指摘している)、京都地判が、Ｘ女が71歳と高齢で脳梗塞等の診断を受け糖尿病などを患っていたことに言及していることなどからすると、これらの裁判例は、前掲5年退職事件最高裁判決の判示を「『課税上、退職所得として扱うことを相当とするもの』は退職所得に含める」というように受け止め、特定の数値や役職等の形式にこだわらず、社会通念に照らした判断を目指しているものと理解することができよう。

なお、ここで紹介した京都地裁判決は、Ｘ女が「(旧)学院長」引退後も無報酬・非常勤の理事長職を継続していたことをもって、「形式的にＣを退職したとはいえない」と判断しているが、そもそもその程度の仕事を「続けて」いるだけで「形式的に退職したとはいえない」と判断すべきであるかどうかには、疑問の余地がある。この問題は、いかなる関係があれば「勤務関係が(形式的には)継続している」と判断されるか、という一般論として捉え直すことが可能であろう。

3⋯⋯⋯⋯人的控除の適用をめぐる法律問題

(1) 概観

課税所得の計算過程において、さまざまな考慮から所得のある部分を課税対象から除く法技術を「所得控除」という。この所得控除の中でも、人が最低限度の生活を送るために必要な所得には課税すべきではないという考慮から設けられた控除が人的控除と呼ばれる。人的控除は、要件

を満たす人1人につき、特別な支出の事実などがなくても、当然に控除される。人的控除の中でも、「基礎控除」「配偶者控除」および「扶養控除」は基礎的な人的控除とされる。これは納税者自身、および、その納税者が扶養している配偶者や扶養親族が最低限度の生活を送るために必要な所得に対しては所得税を課すべきではないとの判断に基づくものと考えられる[1]（人的控除については、参照、「**7. さやかの幸せ**」）。

ただし、配偶者控除や扶養控除の対象となる者は、原則的には、㈡居住者の「配偶者」または「親族」であること、㈣居住者と生計を一にすること、㈥合計所得金額が48万円以下であること、の3つの要件を満たすことが必要とされているにとどまり、居住者がこれらの者を扶養していることが、直接、法律上の要件とされているのではない点には、注意が必要である。ここでは、㈡㈣の点について、設問との関係で簡単に問題点を見ておこう[2]。

なお、平成23年以降は、扶養控除の対象は控除対象扶養親族に限られ（所法84条1項）、この範囲からは、扶養親族のうち年齢が16歳未満のものが除かれている（所法2条1項34号の2）。これには、16歳までの子どもには「子ども手当」が支給されることになっていたこととの関係で改正されたという事情がある。

(2) 「配偶者」「親族」の要件

人的控除の対象については、まず、ここでいう「配偶者」や「親族」とは、民法上、それらに該当するものに限定されるかという点が問題となる。この点については、前述した人的控除の趣旨を重視すれば、それらの人を納税者（居住者）が実質的に扶養しているか否かを重視すべきだという考え方も、成り立つ余地がある。しかし、判例は、配偶者についても（事実婚「配偶者控除」訴訟、最判平成9・9・9訟月44巻6号1009頁）、親族についても（最判平成3・10・17訟月38巻5号911頁）、控除対象配偶者や扶養親族であるためには、「法律上の婚姻関係」または「民

---

[1] ここで述べた「最低限度の生活」を「健康で文化的な最低限度の生活」と理解すれば、これらの規定は憲法25条の法意を所得税法において具体化するものとされることになる。

[2] ㈥に関し、合計所得金額については、所得税法2条1項30号イ⑵に定義がある。

法上の親族」であることを必要とするとしている。「配偶者」や「親族」という用語がいわゆる借用概念である点を重視したものと言えるが、この結果、控除対象配偶者や扶養親族に該当しうるか否かは、民法に従い形式的に決定されることになる。

次に、ある者が納税者の「配偶者」や「親族」にあたるかどうかは、いつを基準にするのであろうか。この点については法律に規定があり、ある年の 12 月 31 日（この日までに死亡している場合は死亡の日）の現況によって、その年の控除対象配偶者や扶養親族に該当するかどうかを判断することとされている（所法 85 条 3 項）。この判断基準日については、それを形式的に適用した結果、12 月 30 日に結婚または出産した場合、1 日しか扶養していなくても、いわば 1 年分の人的控除が受けられることになるから、実質的に考えるとこの結論は不当であるという批判も考えられる。

また、この基準日の決め方と、民法における認知の遡及効（民 784 条）との関係には検討の余地がある。この点については、民法の定める遡及効は所得税法の適用には及ばず、毎年の 12 月 31 日に民法上の親族であるか否か（すなわち、その日までに認知がなされたどうか）で、その年々の扶養控除の適用関係が定まるとした下級審裁判例がある（名古屋地判平成 7・9・27 訟月 44 巻 6 号 1015 頁）。

このように、人的控除の対象については、その適用数が膨大にのぼる点も重要な考慮要素とされ、実質的な要素よりも、形式的に課税関係を画一的に早期に安定させる必要性が重視される傾向が強いということができよう。

(3) 「生計を一にする」要件

控除対象配偶者や扶養親族には、納税者（居住者）と「生計を一にする」という要件が課されている。この「生計を一にする」とは、人的控除に限らず、ほかの重要な規定にも用いられる要件である（たとえば、所法 56 条、72 条参照）。これは生活費を共通にしている、1 つの財布で暮らしている、というイメージの要件であって、「生計を一にする」とは、家族が「有無相扶けて日常生活の資を共通にしてい［る］」ことと

75

解した最高裁判決がある（最判昭和51・3・18訟月22巻6号1659頁）。課税実務も、必ずしも同居していることを必要とはせず、単身赴任や療養・勉学のために別々に暮らしている場合でも、生活費の送金や休暇中の同居などの事実があれば「生計を一にする」ものとして扱っている（所基通2-47参照）。

　なお、課税実務は、夫婦が離婚して母（または父）が子どもを養育している場合に、父（または母）が子どもの生活費を定期的に送金しているならば、この子どもが送金している父（または母）の扶養親族にあたりうることを認めており[3]、かなり柔軟な扱いがなされていることを伺わせる。

　ところで、共稼ぎ夫婦に高校生の子どもがいる場合には、この子どもは父母両方の扶養親族となる要件を満たしていることが通常であろう。このように、1人の人間が複数の納税者の控除対象配偶者や扶養親族となる要件を満たしている場合には、おおむね納税者の選択を尊重しつつ、1年について誰か1人の所得から1回分だけ控除されるように形式的に振り分けるルールが比較的詳細に定められている（所令218～220条）。前述した離婚の事例で、この子どもは送金している父（または母）だけではなく、一緒に暮らしている母（または父）とも生計を一にしていると考えられる場合が多いであろうから、この子どもを父母のどちらの扶養親族とするかについては、当事者（父母）間で争われる余地がある。

(4)　控除される金額

　基礎的な人的控除の額は、原則として、基礎控除が48万円、配偶者控除と扶養控除がそれぞれ38万円である。ただし、基礎控除の額は、控除が適用される納税者の合計所得金額に応じて32万円または16万円に減額され、合計所得金額が2500万円を超える場合には適用されない（所法86条1項）。配偶者控除の額も、納税者（配偶者ではない）の合計所得金額に応じて26万円または13万円に減額され、合計所得金額が1000

---

[3]　https://www.nta.go.jp/law/shitsugi/shotoku/05/65.htm、西野克一編『回答事例による所得税質疑応答集〔平成22年2月改訂〕』994頁（大蔵財務協会・2010）。この取扱いの検討については、佐藤・後掲参考文献参照。

万円を超える場合には適用されない（所法83条1項、2条1項33号の2）。

　なお、これらの控除額は、配偶者や控除対象親族の年齢によって増額される（所法83条1項各号括弧書、2条1項33号の3、84条1項括弧書、所法2条1項34号の3・34号の4）。

解答例

❶　本件の争点は、P社のXへの「退職金」（本件退職金）の支払いが、所得税法183条にもとづいて源泉徴収される「給与等」にあたるか、同法199条にもとづいて源泉徴収される「退職手当等」にあたるかということである。P社はXへの支払いが退職所得に該当するものとして源泉徴収している（所法199条）。これに対して、Sの納税の告知は、Xへの支払いが賞与、すなわち、給与等にあたるものという前提で源泉徴収税額が計算されている（所法183条）。退職所得には、退職所得控除（所法30条1項、3項）、2分の1課税（同条2項）、および、分離して累進税率の適用があること（所法89条）などの点で税負担が軽減されており、退職所得としての源泉徴収は、給与等としての源泉徴収よりも、はるかに金額が少ないので、差額が生じるものである。

　この問題は結局、本件退職金が給与所得（所法28条1項）に該当するか、退職所得（所法30条1項）に該当するか、という問題である。

　退職所得の意義については、判例により、(ア)退職すなわち勤務関係の終了という事実によってはじめて給付されること、(イ)従来の継続的な勤務に対する報償ないしその間の労務の対価の一部の後払いの性格を有すること、(ウ)一時金として支払われること、の3つの要件をすべて満たすものに加え、形式的にはこの3要件のすべてを満たしていなくても実質的にその要求するところを満たしていて、退職所得として軽課するのが相当な支払いは、退職所得として課税されることとされている。

　本件では、Xは昭和53年から平成22年まで約32年間にわたってP社の代表取締役等の地位にあって勤務していたから(イ)の

要件を満たしていると考えられるし、一時金として支払われているから(ウ)の要件も満たしている。他方、Xは本件退職金支払いの後も「総店長」の地位を有して報酬を受け取っており、また、退職にあたってP社との間で新たに嘱託契約を結んで、この契約にもとづいて金銭の支払いを受けていることから、前述したうち、(ア)の要件を、形式的には満たしていないと判断されうる。Sが本件退職金を追加的な「役員給与」と判断したのはこの点を捉えたものと考えられる（金額が1000万円増えているのは、Xの自宅の改装費用P社が負担したことが、Xへの利益の供与で役員給与にあたると評価されたものであろう。法法34条4項参照）。

しかし、「総店長」の地位は儀式的なものにとどまるものであり、その報酬額が月額10万円と少額であることもそのことを裏づけていると言えよう。「総店長」としては年2回の全国大会に出席するのみだとすると、これまでの代表取締役として常勤の立場にあったものが非常勤に変更されたと言える。また、月額報酬も300万円から10万円へと激減している。

もう一点の嘱託契約については、若年者職業教育という、これまでの代表取締役兼本店総料理長としての職務とほとんど関係のない仕事を、ほぼ無報酬で始めるのに等しい（月額の嘱託料等は実費補填程度である）ことを考えると、従来の代表取締役等としての勤務の延長線上にあるものとは言い難い。

これらの事情に、Xが65歳と、一般に現役引退に適当な年齢に達していることを考え合わせると、Xが引き続き「総店長」の地位にあり、事実上のかなり強い影響力をP社社員たちに対して持ち続けているとしても、本件退職金は、形式的に退職所得の要件をすべて満たすものと同様に扱うことが相当であり、退職所得として課税関係が決定されるべきである。この判断は、最近の下級審裁判例の傾向とも一致すると言いうる。

❷　XがCについて扶養控除の適用を受けうるためには、(ア)CがXの「親族」であること、(イ)Xと生計を一にすること、および、(ウ)Cの合計所得金額が48万円（令和元年以前は38万円）以下であること、の3つの要件を満たすことが必要である（所法2条1項34号）。これらの要件は、毎年末日の現況で判断される（所法85条3項）。ここで、平成15年生まれのCは年少なので、自分で所得を稼いでいるとは考えがたいため、出生後の毎年につき

(ウ)の要件は満たされていると考える。

(ア)について、判例は、この「親族」とは民法上の「親族」をいうと解している。したがって、Xの非嫡出子であるCは、未認知の間はXの親族とはいえず、出生後Xが認知するまでの間は(ア)の要件を満たさない。

XはCを平成20年中に認知しているので同年末時点でCはXの民法上の親族であるといえる。ただし、民法上は認知の効力がCが生まれた時に遡及し（民784条）、Cは生まれた時からXの子だったことになるが、所得税法上は画一的な判断により法律関係を早期に安定されることが重視されるため、毎年末の現況で扶養親族にあたるか否かの判断がなされ、認知してもそれ以前の年について「親族」であったと扱われるのではない。

平成22年に同居するまでCは母親Bと暮らしており、Xと同居していないが、Xは、Cの養育費として、毎月15万円という幼児の養育には十分と考えられる金額を定期的に送金しているので、この期間中Bが経済的に不安定だったことを考慮すると、Cの生活はXによって支えられていると評価され、現在の課税実務の考え方の下では、CはXと生計を一にしていると判断される余地がある。このように判断されれば、平成20年から平成22年までの期間については、CについてXが扶養控除の適用を受けることができる。

法改正により平成23年から16歳未満の子どもが控除対象扶養親族の範囲から外れたため（所法2条1項34号の2）、Xは、平成23年以降は再び、Cについて扶養控除を受けられない状態となっていたが、Cが16歳に達した令和元年から、ふたたびCにつき扶養控除を受けられるようになった。

関連問題

1．設問におけるP社の課税関係

設問において平成22年頃はラーメン店業界の状況が日本全国で思わしくなく、この頃退職したラーメン店チェーンの役員の退職給与はすべてかなり低額であったため、Xの受け取る7000万円は、仮にそれが退

職給与にあたるとしても、突出した金額であるように思われた。

　この状況下で、P社は、設問❶の納税の告知に加え、自社の法人税に関してどのような課税処分を受ける可能性があるか。また、P社がその処分を争う場合に、どのような主張をすることが考えられるか（参照、**「14. ファミリービジネス始めました」**）。

２．Ｂへの仕送りの課税関係

　設問とは少し事実関係が異なり、もし、Ｘが、Ｂと深い仲になって以来、Ｂに対して毎月15万円を与えていたという場合、この事情は、各年のＸとＢの課税関係において、どのように扱われるか。

３．人的控除をめぐる立法論の検討

　(1)　共稼夫婦に控除対象扶養親族がいる場合、扶養控除を半額ずつ適用するという立法提案があったとする。その利害得失を検討せよ。

　この提案と整合的に考えると、三世代同居で生計を一にしている場合は、どのような扱いがなされるべきか。祖父（収入あり）、祖母（収入なし）、息子（収入なし）、嫁（収入あり）、高校生の孫（収入なし）の5人暮らしの場合を例にとって考えてみよ。

　(2)　同性婚を認める外国で「結婚」し、日本に帰国した日本人の同性カップルが異性婚の片稼ぎ夫婦と同様の生活を送っている場合にも、所得を得ている者に「配偶者控除」の適用を認めるという立法提案があったとする。その利害得失を検討せよ。

参 | 考 | 文 | 献

田中治「扶養控除等の法的性格とその適用の可否」税務事例研究23号31頁
　（1995）
谷口勢津夫「個人所得課税の基本概念 人的控除」税研146号86頁（2009）
佐藤英明「人的控除をめぐるいくつかの問題」税務事例研究121号25頁
　（2011）

（佐藤英明）

6. 隣人訴訟★

設問 | 次の事例につき、Xはどう課税されるか。

（事例）

❶ S市には古くから農業用灌漑ため池があり、その周りが新しい団地になっている。団地から少し離れたところに、XさんとYさんの家があった。Xには、3歳4ヶ月の子どもAがいた。Aは、Yの子どもBと同じ幼稚園に通っており、一緒に遊ぶことが多かった。

❷ 事故が起きたのは、2019年5月11日午後のことである。

その日、Yの家では、夫婦で大掃除をしていた。5月にしては気温が高く、汗ばむほどの陽気だった。午後2時半すぎ、AはBと一緒に、Yから氷菓子をもらって、玄関口や門前付近でこれを食べたりして遊んでいた。そのころ、買い物に出かける途中のXがY方を訪れ、Aを連れていこうとした。しかし、Aがこれを拒んだことから、XはYに対し「お使いに行ってくるのでよろしく頼みます」と告げた。Yも、「子どもたちが2人で遊んでいるから大丈夫でしょう」と言ってこれを受けた。

Xが立ち去った後、10分から15分位の間は、AとBが幼児用自転車を乗り回して遊んでいるのを、Yは仕事の合間合間に視認していた。Yがその後屋内へ入り7、8分後、次の仕事にとりかかろうとしているところにBが戻ってきて、「Aが泳ぐといって池にもぐったまま帰ってこない」旨を告げた。これを聞いたYは、ため池にかけつけ、池中に入って捜索した。そして、水際から5メートル沖の水深4メートルのところに沈んでいるAを発見して引き上げ、救急車で病院に運んだ。しかし、Aはすでに死亡していた。死亡原因は溺死と診断され、死亡時刻は同日午後3時半頃と推定されている。

❸ 2019年10月、XはYを被告として訴訟を提起し、不法行為によ

る損害賠償を請求した。Ｘの主張する損害の内容は、以下のとおりである。これらのうち、㋐と㋑については、Ａから相続したと主張している。

　　㋐　Ａの逸失利益　　　5000万円
　　㋑　Ａの慰謝料　　　　1000万円
　　㋒　Ｘの慰謝料　　　　 500万円
　　㋓　弁護士費用　　　　 400万円

❹ 2020年4月に、裁判所は、Ｘの請求を一部認容した。損害額の算定についてはＸの主張をそのまま認めたうえで、事故により生じた損害の分担割合を過失相殺により原告側7：被告側3としたものである。この判決の確定を受けて、同年5月、ＹはＸに対し損害賠償金2070万円（＝6900万円×30％）を支払った。

解　説

1 ……… 概　観

(1)　設問のねらい

損害賠償金を受け取った場合の所得税法の適用関係を学ぶ。

事例は、隣人訴訟を素材としている。事例に即して課税関係を考える作業を通じて、人の暮らしの広範な側面に所得税が関係することを実感していただきたい。

(2)　取り上げる項目

►隣人訴訟における法の役割
►所法9条1項17号、所令30条の趣旨
►自分自身の損害と子どもの損害との区別
►民事上の紛争において課税問題を意識することの重要性

2 ……… 隣人訴訟における法の役割

この事例のモデルは、津地裁隣人訴訟事件として著名な、津地判昭和58年2月25日判時1083号125頁である。[1] 現実の事案では、原告側は、市・県・国・土木会社のそれぞれの責任をも追及している。実際に事故

が起きたのは 1979 年のことであり、現在ではすでに 40 年以上経過していることから、この事例では請求金額も変えてある。

　津地裁隣人訴訟事件とこの事例との間の最も重要な違いは、次の点にある。それは、津地裁の事件においては、原告が一部勝訴しながらも、訴えを取り下げざるをえなくなったことである。というのも、原告と被告のもとに、訴えを提起したこと自体やその後の訴訟上の対応などを非難した多数の侮辱的ないし脅迫的な内容の投書や電話が殺到したからである。1983 年 3 月 9 日の朝日新聞社説によると、「原告夫婦へのいやがらせは判決直後からはじまり、電話は 600 本、はがきや手紙は 50 余通にのぼった。長女は学校でいじめられ、父親は電気工事の仕事を打ち切られ、転職を余儀なくされた」という状況であった。こうして、津地裁隣人訴訟事件で一部勝訴したにもかかわらず、原告は訴えを取り下げざるをえなかった。また、一部敗訴し控訴していた被告も、原告の訴えの取り下げに同意せざるをえなくなった。

　この事態を「裁判を受ける権利」の侵害と見て、法務省は、1983 年 4 月 8 日に次の見解を出した。

　　「いうまでもなく、裁判を受ける権利は、どのような事実関係であっても、自己の権利または利益が不当に侵害されたと考える場合には、裁判所に訴えを提起してその主張の当否についての判断及び法的救済を求めることができるとするものであり、国民の権利を保障するための有効かつ合理的な手段として近代諸国においてひとしく認められている最も重要な基本的人権のひとつであるところ、前記のような多数の者の行為により、これが侵害されるに至ったことは人権擁護の観点からは極めて遺憾なことというほかはない。」

　このように、津地裁隣人訴訟事件は、日本社会において裁判が生活から遠いものとして捉えられているのではないか、裁判制度や法律家に対する不信感が存在するのではないか、という根本的な問題を投げかけた。

---

[1]　星野英一編『隣人訴訟と法の役割』204 頁（有斐閣・1984）に収録されている。さらに参照、大村敦志「無償契約―近隣関係とヴォランティア」法学教室 299 号 60 頁（2005）。

3 ‥‥‥‥‥ 損害賠償金の受け取りと所得税法

(1) 比較法

さて、この事例では、X の請求が裁判所によって一部認められ、し
かも、損害賠償金の支払いが履行されている。その場合に、損害賠償金
を受け取った X 個人の課税がどうなるかが、ここでの問題である。

比較法的にみると、個人が損害賠償金を受け取った場合に所得税を課
すかどうかについて、人損と物損を分ける立法例が多い。日米欧中印
11 ヶ国の所得税制を比較した研究は、損害賠償金を偶発的利得（wind-
fall gains）の1つと位置づけた上で、次の傾向を明らかにしている。[2]

> ＊一般的に、分類所得税（schedular system）の下では、課税資産や
> 課税事業に関連する範囲で損害賠償金が課税される。
>
> ＊資産損害の賠償金は、受け取り額が資産の取得費を超える範囲で
> 課税される。
>
> ＊人的損害の賠償金は、逸失利益や稼得能力を基礎にして損害が算
> 定されている場合においても、非課税とする。

(2) 所得税法9条1項17号

日本の所得税法も、人損と物損とを区別し、所定の非課税規定を設け
ている。すなわち、損害賠償金で、心身に加えられた損害に基因して取
得するものまたは突発的な事故により資産に加えられた損害に基因して
取得するものその他の政令で定めるものには、所得税を課さない（所法
9条1項17号）。

法律の委任を受け、政令は、非課税となる損害賠償金として、次の3
つを列挙している（所令30条）。

1号は、心身に加えられた損害につき支払いを受ける慰謝料その他
の損害賠償金である。給与や収益の補償として受けるものを含めて非課
税とされる（所令30条1号括弧書）。

2号は、資産の損害に基因して支払いを受けるものである。「不法行
為その他突発的な事故により」という要件になっている。収益補償とし

---

[2] Hugh J. Ault et al., Comparative Income Taxation, 314 (4th edition, 2019, Kluwer Law International).

て事業所得などの収入金額にあたるものが除外される（所令30条2号括弧書、所令94条）。

　3号は、心身または資産に加えられた損害につき支払いを受けた相当の見舞金である。収益補償として事業所得などの収入金額にあたるものその他役務の対価たる性質を有するものが、非課税所得の範囲から除外される（所令30条3号括弧書、所令94条）。

（3）　立法趣旨

　現行所得税法は、どのような考え方に基づいて立法化されたか。

　簡単に沿革をたどると、昭和22年11月の第2次改正で、一時所得が新たに所得類型に加えられたとき、当時の所得税法6条5号は、「損害賠償により取得したもの、慰謝料その他これらに類するもの」を非課税とした。同じ規定は、昭和25年のシャウプ税制にも引き継がれた。

　そして、昭和37年所得税法6条13号において、現行法とほぼ同じ文言が採用された。この改正の趣旨につき、昭和36年12月の税制調査会答申は、次のように述べている。

　「当調査会は、以上のような問題点について補償金等を受ける原因、損害の種類等に応じ、各種の態様を区分し、総合的な検討を行なった。この種の問題に対する取扱いは、その性質上、あまり理論にのみはしることは適当ではなく、常識的に支持されるものでなければならない。検討の結果、この問題については、次のような方向で整備を行なうことが適当であると認めた。

　　(イ)　人的損害に対する補償

　　人的損害により受ける補償金等は、精神的損害に対する慰しゃ料、肉体的損害に対する医療費等のみならず、現在給与所得者が業務上の災害に基づいて受ける休業補償費等を非課税とする考え方を拡張して、人的損害に基因して失われた利益の補償であるかぎり、非課税とすることが一般の常識にも合致し、適当であると認めた。

　　もっとも、このような取扱いとする反面、休業中に要した従業員の給料等補償された収入金額に見合う経費となるべき金額は、事業所得等の計算上必要経費としないこととする必要がある。

　㈥　物的損害に対する補償

　物的損害に対する補償については、それが不法行為その他突発事故による損失であるか、それ以外の損失、すなわち契約、収用等による資産の移転ないし消滅に基づく損失であるかによって区分するとともに、さらに、その対象となる資産が生活用資産であるか、又はそれ以外の資産であるかどうかによって区別してその取扱いを定めるのが適当である。

　すなわち、不法行為その他突発事故による損失はまさしく災害による損失であり、そのような損失の補償と、契約、収用等の場合のように当事者の合意に基づくか、あるいは強制的な要素があるにしても社会的に合意が要請されている場合の損失の補償とは、事情が異なるし、また、補償の対象が収益を目的としない生活用資産である場合と、なんらかの形の収益をあげることを目的として保有されるそれ以外の資産である場合とでは、その取扱いを異にして考えるのが適当である。

　このような見地から、次のように区分して、その取扱いを異にして考えるのが適当であると認めた。

　①不法行為その他の突発事故によるもの

　　生活用資産に関する損害に対する補償金等については、これによって補てんされる利益は、もし、その損害がなかったならば課税されなかったはずである資産の評価益又は自家家賃等のいわゆるインピュテッド・インカムとしての性質をもつものであるから、その補償が資産の滅失又は価値の減少等の資産損失に対するものであるか、資産の使用料相当額等の補償であるかを問わず、非課税とする。ただし、たとえば居宅が不法占拠されたような場合でも、示談が成立して通常の契約関係が成立したと認められるときは、それ以後の補償は課税所得とする。

　　次に、生活用資産以外の資産に関する損害に対する補償金等については、資産損失に対する補償金は、たとえそれが事業用建物のようなものの損失に対するものであっても、もしその損失がなかったならば、その評価益には課税されなかったはずであるから、生活用資産と同様非課税とし、一方たな卸資産に対する補償、休業補償等のような収益補償は、本来課税されるべき所得に代わるべき性質のものであるから、課税所得とする。

　②契約又は収用等の行政処分等①以外の事由によるもの

契約又は収用等の行政処分等①以外の事由による損失補償は、損害
を受けた者の合意があるか、又は社会的に合意が要請される性質のも
のであるから、現行どおり課税所得とし、収用等の場合は、租税特別
措置による軽減等を認めることとする。

(ハ) 労働争議に関連し、給与所得者が給与所得又は退職所得に代わるも
のとして労働組合等から受ける所得は、現在雑所得とされているが、これ
は、その性質に即して給与所得又は退職所得として取り扱うのが適当であ
る。もっとも、これらの所得は、その性質からみて、源泉徴収の対象とす
るのは不適当であると考える。」

こうして設けられたルールが、現行法に至っている。

なお、昭和40年全文改正の審議の過程では、固定資産の損失につい
て受けた損害賠償金や損害保険金につき、資産について生じていたキャ
ピタル・ゲインの扱いが問題とされた。しかし、「個人については、当
該収入の性質のほか、その記帳能力並びに損害を受けた者の人的、主観
的な事情を勘案するときは、現行のように、しいて圧縮記帳を行なうこ
となく収入金の全額を非課税とすることはやむをえないと考えられる」
とされた経緯がある[3]。

支払いを受けた損害賠償金が非課税とされる趣旨について、大阪地判
昭和54年5月31日行集30巻5号1077頁は、次のように述べている。

「所得税法9条1項21号［現行法では17号］、同法施行令30条が損害賠
償金、見舞金、及びこれに類するものを非課税としたわけは、これらの金
員が受領者の心身、財産に受けた損害を補塡する性格のものであって、原
則的には受領者である納税者に利益をもたらさないからである。」

(4) 事例へのあてはめ

以上を踏まえ、Xの課税関係を考えてみよう。

前提として、現行法の下では、一時的・偶発的な利得も所得として課
税する建前になっている。もしXが課税されるとすれば、所得類型は

---

[3] 税制調査会『所得税法及び法人税法の整備に関する答申』5頁 (1963)。

一時所得ということになるだろう。しかし、これまで述べてきたように、損害賠償金については、非課税規定がある。そして、所得税法9条1項は、「次に掲げる所得については、所得税を課さない」としており、この規定の適用があれば、何所得であれ、所得税がかからない。したがって、考察の順序としては、まず非課税規定の適用があるかどうかを検討するのが適切である。

　本件の損害は、子どもの溺死によって発生したものである。よって、心身に加えられた損害に基因して支払われる損害賠償金にあたるかどうかが問題になる（所法9条1項17号、所令30条1号）。

　Xの主張する損害のうち、(あ)Aの逸失利益と(い)Aの慰謝料については、Xが子どもの損害賠償請求権を相続したと構成している。これに対し、(う)Xの慰謝料と(え)弁護士費用は、Xにとって、自分自身の損害に基因する損害賠償請求権によるものである。

　裁判所は、損害額の算定についてはXの主張をそのまま認めたうえで、事故により生じた損害の分担割合を過失相殺により原告側7：被告側3とした。したがって、Xの受け取った損害賠償金2070万円の内訳は次のように整理できる。

　　(あ)　Aの逸失利益　　1500万円（＝5000万円×30%）
　　(い)　Aの慰謝料　　　　300万円（＝1000万円×30%）
　　(う)　Xの慰謝料　　　　150万円（＝　500万円×30%）
　　(え)　弁護士費用　　　　120万円（＝　400万円×30%）

　以下、非課税規定の適用関係が複雑な(あ)と(い)については後述することにして、先に(う)と(え)について検討する。

(5)　X自身の損害

　(う)は、Xの「心身に加えられた損害につき支払を受ける慰謝料」（所令30条1号）そのものである。よって、この150万円が非課税とされることに疑いの余地はない。

　(え)はどうか。Xが弁護士費用の支出を余儀なくされたのは、Yに対して損害賠償を請求するためであり、この120万円はいわゆる積極損害である。非課税規定の文言を見ても、損害に「基因して」支払いを受け

るもの（所法9条1項17号）、あるいは、損害「につき」支払いを受けるもの（所令30条1号）とされている。事例の弁護士費用は、損害に「基因して」あるいは損害「につき」支払いを受けたものとして、非課税になる。

(6) Aの損害

これらに対し、㋐と㋑については、Aの損害賠償請求権をXが相続したと構成されている。そこで、相続を介在させて考えるのが、私法上の法律構成に忠実である。こう考える場合には、相続税法は被相続人の損害賠償請求権を非課税財産として列挙していないから（相法12条）、相続人たるXに相続税が課される可能性が出てくる。もっとも、遺産に係る基礎控除が比較的高額であるため（相法15条）、この事例ではXに相続税がかからないことになろう。なお、Aはすでに死亡しており、実際には損害賠償金を受け取ったわけではないが、仮にAが損害賠償金を受け取ったとしても、自分自身の人身損害に基因する損害賠償金として所得税が非課税となったはずである（所法9条1項17号）。

これに対し、相続を介在させることなく、端的に損害賠償請求を起こしたXについて所得税の非課税規定を適用する考え方も成立しうる。すなわち、Xは㋐と㋑の損害をAから相続したと構成しているけれども、それはあくまで観念的な構成であって、実際に損害賠償金の支払いを受けたのはXである。法令の規定振りは、「心身に加えられた損害につき支払を受ける慰謝料その他の損害賠償金」（所令30条1号）となっており、少なくとも文言上は誰の「心身」に加えられた損害かを問うておらず、むしろ、「支払を受ける」ことに着目している。とすれば、実際に支払いを受けたXについて所得税の非課税規定を適用すればよい、と考えるのである。この考え方の下では、相続を介在させないから、Xに相続税が課される可能性はそもそも存在しない。

この事例では相続税の基礎控除以下の金額をXが受け取っているがゆえに、いずれの説を採ってもXに相続税は課されないという同じ結論になる。しかし、金額が大きくなると結論が異なってくる。相続を介在させる場合に相続税の問題が生ずるのは、Aの人損を塡補するもの

として損害賠償金が支払われているのに、人損そのものは相続財産の減額要因にならないからである。

解答例は相続を介在させない説を押し出しており、ひとつの考え方を示したものである。幼児の死亡に伴いその親が損害賠償金を受け取っているという本事例特有の事情も、この説に説得力を与える。これに対し、相続を介在させる説にも相応の理由があることに留意されたい。被害者が自ら損害賠償金を受け取った後に死亡して相続が開始した場合であれば、当該損害賠償金は相続財産に含まれて相続税の対象となる。相続構成はこの場合と平仄をとっている。

(7) 逸失利益に関する補説

なお、あの逸失利益については、もしAが生きていれば毎年毎年その稼得時に所得税がかかっていたはずのものである。そこで、逸失利益を損害の内容とする賠償金を受け取った場合に非課税とすることに疑問をもつ人がいるかもしれない。

この疑問には、次のように答えるべきであろう。この事例では、もしAが生きていたらという仮定の話をしているのではなく、不幸にもAが亡くなってしまった場合の損害を問題にしている。そして、立法趣旨から明らかなように、現行ルールは、人損については収益の補償分も含めて非課税とすることにしたのである（所令30条1号括弧書参照）。

現行法の扱い自体はこのように明らかであるが、上の疑問は、なかなか深いところを衝いている。所得税は、労働の対価を課税の対象とし、労働を生み出す人的資本（human capital）を課税の対象外としている。この断層を鋭く問うていることになるからである。

4………民事上の紛争において課税問題を意識することの重要性

現在の日本では、租税を専門とする法律家は、まだそれほど多くない。しかし、法律家が一方当事者の代理人として損害賠償請求に関係することは、かなり頻繁である。そして、すでにしてそのような場合、課税関係がどうなるかが大きな意味をもつ。原告が最終的に手にするのは、あくまで税引後の金額だからである。東京弁護士会の言葉を借りれば、

「必要な税務知識を持ち合わせていなければ、弁護士は依頼者の期待に充分に応えることができない」ものといえよう。依頼人の利益を考えるべき弁護士にとって、課税関係を無視した仕事は危険でさえある。

同じことは、裁判官についてもあてはまる。財産上の紛争をめぐって落ち着きのよい解決を目指すならば、税引後の帰結をにらんで考えることが望ましい。その意味で、民事紛争処理にあたり課税ルールの存在を意識することができるかどうかは、日本の司法が人々のためのものになっているかにとって、かなり重要な意味をもつ事柄ではないだろうか。

民事紛争の処理にあたり課税ルールを意識すべきことは、弁護士や裁判官などの狭い意味の法曹に限った話ではない。世の中には、法曹資格をもたないまま、法務に携わって重要な貢献をしている人が、多数存在する。そして何よりも、自分が紛争に巻き込まれたときには、まさに自分を守るために考えをめぐらさなければならないのである。その意味で、民事紛争に伴う課税関係を理解することは、私たち全員にとって、きわめて大切なことであるといわなければならない。

解答例

現行所得税法の下で、個人の受け取る収入は、源泉や発生態様を問わず、原則として所得として課税される。しかし、損害の回復に相当する部分は、純資産の増加をもたらさないから、課税所得の範囲から外れる。本件のXは損害賠償金の支払いを受けているから、所得税法上の非課税規定の適用が問題となる。

Xの主張する損害は、Aに加えられたものとXに加えられたものに分かれ、いずれも心身に対するものである。裁判所は損害の算定に関するXの主張を認めているから、Xの主張に従って損害の内容を検討し、それぞれについて非課税規定をあてはめる（所法9条1項17号、所令30条1号）。

---

[4]　東京弁護士会編著『新訂第6版 法律家のための税法〔会社法編〕』序文 i 頁（第一法規・2011）。

　　まず問題になるのは、(あ) A の逸失利益と(い) A の慰謝料について、X が A から損害賠償請求権を相続したと構成していることである。そのため、これらについては、いったん A の所得税の課税関係を論じ、しかるのちに、X が A から相続した損害賠償請求権につき相続税の課税を論ずる、というのが、私法上の法律構成に忠実な考え方である。この考え方によると、A 自身については非課税規定の適用があったとしても、X の段階で相続税の課税が問題となる。もっとも、遺産に係る基礎控除が損害賠償金を上回ることから、結果的に相続税はかからないであろう。

　　しかしながら、この考え方はやや技巧的な法律構成にとらわれている感があり、むしろ端的に X について所得税の課税関係を論ずるべきではないか。非課税規定の文理をみても、「心身に加えられた損害につき支払を受ける慰謝料その他の損害賠償金」（所令30条1号）が非課税所得とされているから、A の「心身に加えられた損害」につき「支払を受け」た X に対して直接に、この規定をあてはめるべきである。そうすると、(あ)と(い)の両方につき、A の心身損害につき X が損害賠償金の支払いを受けたことになるから、非課税という結論になる。

　　次に、(う) X の慰謝料については、X 自身の慰謝料として、非課税所得となる（所令30条1号）。

　　最後に、(え)弁護士費用については、損害賠償を請求したことに基因して生じた積極損害であることから、「損害につき」支払いを受ける損害賠償金（所令30条1号）にあたる。

　　以上から、X の受け取った損害賠償金はその全額が非課税所得に該当する。

関連問題

1. 設問の事例に関する派生的問題

　(1)　損害賠償金を支払った Y の課税関係はどうなるか。仮に Y が託児業務を営んでいたらどうか（所法45条1項8号、所令98条2項）。

　(2)　X が、Y との間に準委任契約が成立していたとして債務不履行による損害賠償を請求し、裁判所がこの請求を認めた場合、X の課税

関係について結論は異なってくるか。

(3) 訴訟上の和解が成立して Y が X に示談金を支払った場合、X の課税関係を検討するためには、どのような事実を認定することが必要になるか。

(4) 生命保険契約の保険金が相続財産とみなされる（相法 3 条 1 項 1 号）のに対し、不法行為に基づく損害賠償金について同様の規定がないことは、どう説明できるか。

2．損害額の算定

一般的に、民事事件における損害賠償請求において、損害額の算定の基礎とされる資料、たとえば逸失利益の算定に使われる月額平均賃金は、税引前の数値と税引後の数値のいずれを用いているか。また、将来賃金を現在価値に割り引くときの割引率は税引前のものか税引後のものか。損害算定にあたって税引前の数値を使うか税引後の数値を使うかは、損害賠償金を授受した当事者の課税のあり方を論ずる際に、どのような意味をもつか（参照、玉国文敏「逸失利益の算定と所得税額控除の必要性——米国連邦裁判例を中心として」金子宏編『所得課税の研究』493 頁（有斐閣・1991）、神山弘行「法定利率・延滞税等の法的構造と課題——利率を通じたリスクの配分と所得の再分配」金子宏＝中里実編『租税法と民法』226 頁（有斐閣・2018））。

参 考 文 献

髙橋祐介「税は自ら助く消費者を助く？——投資家の受領した損害賠償課税を中心として」NBL984 号 90 頁（2012）

（増井良啓）

7. さやかの幸せ☆☆

設問

「初めて結婚したのは、16 のときでした。相手は、海上自衛隊の航空士官でした。私の父がやはり海上自衛隊の医務官だったので、知り合いました。母も賛成してくれましたし。それで、すぐにさゆりができきました。でも、長続きせず、7 年で離婚をしました。

「そのころ、今の夫と会いました。先生もご存知かと思いますが、瑞樹鋼管の御曹司って言われてる、瑞樹鶴男です。鶴男は一人っ子ですが、会社を継いではおりません。大学に行くのも嫌だったようで、その代わりだとか言って、両親から帆船を買ってもらっていました。全長 140 フィートもある船で、世界中を航海して回っていました。何しろ、そのためのクルーを 26 人も雇ってあるくらいで、とてもお金持ちでした。はじめは、毎日が本当に楽しかった。それに、さゆりが、鶴男になついてくれたし。それで、その年、鶴男と結婚しました。私が 23、さゆりが 7 つでした。鶴男は、私より 2 つ年上です。

「結婚してしばらくは、世界中をその船で回りました。ちょうどカリブ海のクルーズをしていた時、私のお誕生日が来て、たまたま立ち寄ったバミューダで、26 エーカーの島を 1 つ買ってくれたわ。

「でも、そのうち、鶴男は、だんだんと考古学や人類学に興味が出てきて、発掘に夢中になっていきました。アフリカの発掘現場なんて、私は苦手だし、それにさゆりのこともあって、いつもお留守番でした。鶴男とは子どももなかったし、気がつくと、私たち、もう夫婦ではなくなっていました。

「別居したのは、結婚から 7 年後でした。離婚しようかと鶴男に持ち掛けましたけれど、強く引き止められました。何でも好きにしていいから、この家に居てくれって。確かに、鶴男は、私やさゆりに、お金のことは何 1 つ不自由させませんでした。けれど、航海と人類学のことに頭がいっぱいで、私と過ごす時間なんてありませんでした。

「私は声楽が趣味で、別居後も瑞樹財団の事業のお手伝いを続けて

いました。別居から1年半後の夏、ニューヨークで開いた慈善コンサートに出演させていただいた後、楽屋で私が座っていたお隣に、1人の方が来られました。しばらくすると、ちょっと照れくさそうに、私の素描をさせて欲しいっておっしゃいますの。で、どうぞ、って言いました。お絵描きさんでした。最初は老けた方に見えましたけれど、不思議なことに、その方といると気持ちが落ち着いて……。

「その後、メールのやり取りがあって、冬には日本に来られたりして……。私も女ですから、男の人のことは、判断ができるつもりです。鶴男とは別れようって、その日、本当に決心がつきました。

「私の父は、代々が医家で、多少の財産がありました。母の家も裕福で、それに母には投資の才がありました。それで、鶴男に嫁ぐ時に時価で1億ほど持たせてもらいました。大部分が公社債と株式だったと思います。それまでは、母が運用してくれていました。私、母とは全然違ってお金に弱く、苦労したことがないから、あるだけすぐ使ってしまうのね。だから、持たせてもらったものは、鶴男の金庫番で、瑞樹鋼管の財務も担当している井口に任せてありました。私の名義で適当に取引してくれていたらしく、それに瑞樹家からの贈与もあって、時価で3億位に増えていました。

「離婚となって、鶴男は、私とさゆりになるべくたくさん渡すようにって、井口に言ってくれました。井口が計算したところ、鶴男の自由になる財産が20億ということでした。10年間結婚していたから、その3分の1を私とさゆりのものにすることでどうかって言われました。私は、それでいいと返事しました。ただ、一度にまとまったものをもらってもすぐ使ってしまうし、だけど、たびたびお金をもらいに来るのも嫌だからって、井口に相談しました。井口は、こんなメモをくれました。その税金のことで、先生のところにあがったわけです。どうなるでしょうか。

❶鶴男は、さやか（私の名前）を被保険者かつ受取人とする35年の確定年金保険を、新たに3億円、一時払いで購入する。年金の支払いは、払込後、直ちに開始する。なお、年金支払期間中に被保険者が死亡した場合、年金原価（未払年金の原資）が相続人に支払われる。

❷鶴男は、さゆりを被保険者および受取人とする終身年金保険を、新たに2億円、一時払いで購入する。年金の支払いは、払込完了により、直ちに開始する。被保険者が死亡した場合、支払いは打ち切られる。

❸鶴男を被保険者および契約者とし、さやかを受取人とする終身死亡保険（払込期間20年、年間保険料500万円）で、結婚と同時に払い込みを開始しているものについて、鶴男が払い込みを継続しながら、毎年1000万円ずつ9年間一部解約をし、10年目に残余全部を解約する。これらによる払戻金等はさやかのものとする。

「20億の3分の1って言っても、毎年にするとこれだけです。これまでとは全然違う、つつましい生活になります。それに、絵が売れるようになるまで、私の彼を養ってあげないと。

「えっ、バミューダの島ですか。最近、鶴男が売ったみたい。きっと、思い出したくないのでしょう。たった250万円、買値の10分の1だったと、井口があきれてました。

「それから、鶴男は、さゆりを養子にするって言うんですけど、関係あるでしょうか。

「私、この12月に離婚をして、すぐにさゆりとニューヨークに行き、彼と結婚をするつもりです。再婚禁止期間なんて、馬鹿なものはないし。私の彼の名前は、Rudolf Anton Bernatschke。[1]」

以上について、課税が問題となる点を挙げ、検討をしなさい。

---

[1]　http://www.senate.gov/artandhistory/art/common/image/Painting_32_00030.htm
なお、本問は、Bernatschke v. United States, 364 F2d 400 (Ct. Cl. 1966) を脚色したものである。

解　説

1 ……………概　観

(1)　設問のねらい

　本設問のねらいは、大きく分けて2つある。離婚では、税負担に関する誤解や紛争がしばしば生じてきた[2]。その課税のあり方を理解することが第1である。離婚に伴う財産の移転において、当事者のどちらにどのような課税があるかを、所得概念の問題として考えよう。

　第2は、原資の回収という考え方を理解することである。そのため、私的年金が素材とされている。やや難しいのは、年金、保険では、掛金または保険料の払込者（契約者）、被保険者、受取人という3者が登場することである。本問では、これらが異なる。

　本問は、以上2つの問題を絡ませているので、切り分けて整理する必要がある。そのとき重要なのは、年金や保険という一種の投資資産が誰のものか、それがいつ移転しているのか、またはしていないのかである。

　この種の問題では当然であるが、問題文から税負担に関係する事項を落とさずに指摘し（本問ではメモ以外の部分も注意すること）、どのような可能性があるかを根拠規定を挙げて説明することが大切である。

(2)　取り上げる項目

►法令上の非課税（損害賠償、扶養義務を履行するため給付される金品、贈与）

►所得概念（財産分与による取得）

►原資の回収（取得費、収入を得るために支出した金額）

►資産の保有と収益の帰属

►扶養親族、控除対象配偶者

---

[2]　たとえば、最判平成元・9・14 裁判集民 157 号 555 頁。

2 …………離婚と課税

(1) 検討の方針

　離婚に関する課税関係の理解が、本問の第1のねらいである。これまででこの種の問題では、後述する最高裁判決を中心に、財産を分与した側に対する課税（譲渡所得課税）が論じられてきた。本問でも分与者への課税に触れる必要はあるが、検討の中心は分与を受けた側に置かれるべきことになる。分与を受けた者は、所得を獲得したといえるのか、また、実定法上の非課税規定に該当する可能性はないかを、まず検討しよう。

　離婚に伴う財産の取得には、主に財産分与によるものと慰謝料によるものとがある。財産分与の中に慰謝料を含める場合も多いが、課税との関係から、ここでは区別をする。また、離婚後の扶養料と呼ばれるものもあり、その中味は、親族に対する法律上の扶養義務を履行するためのものと、元配偶者の離婚後の生活に配慮したものがある。やはり課税との関係から、ここでは前者のみを扶養料とし、後者は財産分与に含める。なお、離婚に伴い、贈与が行われる可能性もある。

　ある取引（本問では財産の取得）に対する所得課税の可能性を検討する場合、理論的には、①所得とされる範囲（所得概念）に含まれるか、②実定法上非課税とされていないか、③実定法上の控除により課税の対象から除外されていないかを、この順序でみるべきであろう。しかし、②と③は実定法に基づくので、先に検討をした方が実際的である。

(2) 実定法上の非課税

　所得税法は、心身に加えられた損害に対する損害賠償金を非課税としている（所法9条1項17号）。したがって、離婚に伴い有責配偶者から受ける慰謝料は、非課税である。理由はいくつか考えられるが、たとえば、人間の心や体を育成するための支出はほとんど控除できない（基礎控除等はごく一部である）から、その損傷を補塡する収入は課税の対象とすべきではないと考えることも可能であろう。

　なお、事業活動により生ずべき収入金額に代わる性質を有する一定の損害賠償金等は、収入金額に算入される（所令94条）。また、損失金額の算定では、損害賠償金等が控除される場合がある（所法51・62・70・

72 条等）。

　立法政策論として、離婚の慰謝料をはじめ、名誉毀損その他人権侵害一般での精神的損害に対する賠償が非課税とされていることを疑問とする余地はある。米国では、このことで非課税が拡大しすぎることが懸念され、1996 年から賠償等が非課税とされる損害の範囲に "physical" の限定が加えられた（内国歳入法典（以下「IRC」という）104 条）。

　所得税法はまた、扶養義務を負う親族に対してその履行のため給付される金品を非課税としている（所法 9 条 1 項 15 号）。したがって、離婚後も法律上の扶養義務があるなら、その履行としての財産の移転を非課税とすることができる。贈与税でも、類似した非課税が認められている（相法 21 条の 3 第 1 項 2 号）。さゆりを養子とすることは、これらの非課税のために意味がある。なお、学資は、親族以外から給付を受けても所得税は非課税である（所法 9 条 1 項 15 号）。

　所得税法は、個人からの贈与により取得するもの（相続税法の規定により贈与により取得したものとみなされるものを含む）を非課税としている（所法 9 条 1 項 16 号）。贈与による取得とみなされるもの（みなし贈与）とは、一定の信託行為や生命保険、定期金給付契約による取得、著しく低い対価による財産や利益の取得である（相法 4 〜 9 条の 5）。これらには、原則として贈与税が課される。所得税に関して、贈与により取得した財産は、贈与者の取得費および保有期間を引き継ぐ（所法 60 条 1 項 1 号）。ただし、対価を支払った場合については、著しく低い価額の対価（時価の 2 分の 1 未満。所令 169 条）で取得され、かつ、その対価が譲渡人の控除する必要経費または取得費および譲渡費用の合計額に満たないときに限り、この引継ぎがある（所法 60 条 1 項 2 号）。なお、贈与税の課税に関してみなし贈与とされる要件である「著しく低い対価」には、時価の 2 分の 1 未満の限定はない。

　さやかの有価証券の増加で贈与による部分も、所得税は非課税であり、離婚までに贈与としての課税を受けていたはずである。また、鶴男における取得価額と保有期間を引き継ぐとともに、贈与の時より前の期間に対応する利子や配当も、さやかが取得したものは、さやかに所得税の課

税が行われる（所法 67 条の 4）。

　もっとも、贈与の時期については、課税庁と納税者の見解がしばしば対立し、紛争の原因となってきた。本問でも、特に贈与税の申告が行われていなかった場合、増加分はなお鶴男の財産とされ、離婚時にまとめて贈与税が課される可能性がある。逆に、さやかとしては、それを財産分与による取得と主張する余地がある。

　井口メモによる取得財産については、贈与とみなされるものがないかを確認する必要がある。この点は、財産分与についても、また保険や年金という財産移転の方法に関しても問題となるため、後に論じる。ここでは、慰謝料や扶養料の支払いについては、過大な部分があればそれは贈与とみなされる可能性を指摘しておく。

（3）　財産分与と所得概念

　所得税法には、財産分与を非課税とする明文の規定はない。したがって、財産分与を受けた者については、それが所得概念に包摂されるか、つまり実定法上の「収入すべき金額」（所法 36 条 1 項）に該当するかが問題となる。

　そのために検討しなければならないのは、財産分与の法的性質である。最高裁は、離婚により財産分与をした者に対する分与財産値上がり益への譲渡所得課税が争われた事件で、分与者は財産分与義務の消滅という経済的利益を享受したと述べ、課税を認めた（最判昭和 50・5・27 民集 29 巻 5 号 641、644 頁）。財産分与義務の評価額は、分与財産の時価とされている。つまり、分与者は、分与財産を時価で譲渡したとして課税を受ける（所基通 33-1 の 4 参照）。

　ここで注目されるのは、判決が財産分与義務を分与財産の時価で評価し、両者のいわば等価交換と構成していることである。そのための明文の根拠規定は存在しないので、ここに判決の先例としての重要な意味が認められる。

　これを被分与者側からいうと、被分与者は財産分与請求権を対価として分与財産を取得（購入）したことになる。金銭等の対価を支払って資産を取得しても、それ自体では収入金額は発生しない。資産の取得費は、

時価である（所基通38-6）。

　この構成は、被分与者に財産分与請求権が原始的に発生していることを前提としており、それが財産分与時に分与財産の時価で実現（権利確定）したと考えられるので、その課税が問題として残る。素直に考えれば、原始的に発生した財産分与請求権の取得費はゼロであり、その行使によりその時価が収入金額として実現されるから、結局は取得した分与財産の時価が、おそらく一時所得または譲渡所得として課税を受けることになるはずである。

　しかし、実務では、被分与者に対する所得税の課税はないとされてきた。この非課税は、確立されたものとみて間違いない。そこで、これを裏付ける理論を工夫してみよう。たとえば次のような説明がありうる。夫婦が共同生活を営むにつれ、潜在的な分与請求権が徐々に発生するが、その対象たる財産は夫婦いずれかにおいて課税済みの所得により取得されたものであるから、それが投射された影にすぎない潜在的財産分与請求権の発生も課税済みとみるべきである（そうでなければ二重課税となる）。取得費は時価である。そうすると、それが実現する（財産分与請求権として権利確定する）時である離婚においても、課税を受けることはない。ただし、ここまでの論理展開では、未課税の部分（たとえば財産に生じた購入後の値上がり益に対応する部分の分与請求権）について、非課税を説明することができない。そこで、財産分与において分与者への譲渡課税があるため、その反射である分与請求権の取得費も、その時に時価となり、これによって二重課税が防止されるという理論が考えられる。

（4）　財産分与と贈与

　贈与税についても、①民法上、財産分与は贈与ではないこと、②前述の最高裁判決の理論では、財産分与請求権が分与財産の時価で評価され、両者がいわば等価交換されているので、著しく低い価額による財産の取得とされる部分（みなし贈与）は存在しえないことから、課税はないと考えられる。この最高裁判決からは、慰謝料や扶養料についても、おそらく②の理論構成がとれると考えられる。

　これに対して、通達は、財産分与のうち「婚姻中の夫婦の協力によっ

て得た財産の額その他一切の事情を考慮してもなお過当であると認められる……部分」を、贈与とみなすものに含めている（相基通9-8）。しかし、贈与としての課税をした場合、等価交換による譲渡所得課税という最高裁判決の理論やこれに基づく所得税通達（所基通33-1の4・38-6）との関係で、所得課税に問題が生じる。たとえば、取得費6、時価10の財産が分与され、「過当であると認められる部分」が3あった場合を考えよう。第1の考え方は、財産分与請求権を7とし、対価7による個人間の低額譲渡とする構成である。この場合、分与者は対価7と取得費6の差額1に所得課税を受け、被分与者は分与財産を取得費7で受け入れるとともに、時価と対価との差額3に贈与税を課される。この課税は、通常の低額譲渡と同様である。しかし、これは財産分与を分与財産の時価譲渡とした最高裁の判決理論に抵触する。第2の考え方は、分与者は時価と取得費の差額4に所得課税を受け、被分与者は取得費10で資産を取得するが、これらとは別に、時価と対価との差額3に対する贈与税があるとする構成である。しかし、この構成では、所法60条2項のような別段の定めなしに被分与者が贈与を受けたとされる金額を取得費に算入しており、「取得に要した金額」（所法38条1項）という取得費の概念に反すると思われる。このようにいずれにも問題があるので、贈与税の課税は、最高裁の判決理論との整合性を保てないと思われる。

(5) 分与者への課税

財産分与をした者は、上述の最高裁判決に従い、分与財産の時価を収入金額とする譲渡所得課税を受ける。この譲渡所得課税は、慰謝料や扶養義務の履行として移転される財産に対しても同様に行われると考えられる。なお、もし贈与や低額譲渡とされる財産の移転があったとすると、それにはこのような時価を収入金額とする課税はない（所法59条1項）。これらの移転による財産の減少には、何らの控除も認められていない。

これに対して、米国では、離婚による財産移転を時価譲渡とする課税は行われず（IRC 1041条）、取得費が引き継がれる。また、法律上の離婚または別居後の配偶者に対する扶養義務が存在しており、その履行のための給付（alimony or separate maintenance payment）は、支払った側

で控除され（IRC 215条）、受け取った側で所得となる（IRC 71条）。これらは、日本でも立法政策として検討されてよい。

3 ……… 保険金と課税

(1) 課税方法と課税繰延

　保険金に関する所得計算は、他の所得と同様、収入金額から費用を控除して行う。ただし、収入金額が一時に実現する場合（一時金として支払われる保険金）は一時所得、反復継続的である場合（年金として支払われる保険金）は雑所得となり、所得計算方法は異なる。一時所得となる場合の特別控除（所法34条3項）、2分の1課税（所法22条2項2号）は大きなメリットであり、かつて一時払いの養老保険・損害保険等で乱用されたため、一定の商品には利子所得同様の課税を行うこととされた（所法174条8号、措法41条の10）。なお、生命保険料控除（所法76条）や地震保険料控除（所法77条）は優遇措置としての性質を伴うため、以下の検討では考慮外に置く。

　一時所得となる場合、払い込んだ保険料の全額を収入を得るために支出した金額として控除する。しかし、この課税方法では、保険期間中の被保険者の死亡に支払われる保険金のための費用までが控除されてしまう。さらに、保険料払込期間にわたり大きな課税繰延が発生する。課税繰延が生じる理由は、払い込まれた保険料は保険会社が保険金支払時まで運用するが、この間は累進所得税の課税はなく、せいぜい法人税の課税を受けるにとどまるためである（商品によっては非課税）。この課税繰延は、長期の一時払保険で顕著であり、前述の利子所得同様の課税においても発生する。

　雑所得となる場合、毎回の収入金額にどれだけの保険料を対応させて必要経費控除するかが問題となる。その方法にはいくつかの選択肢がありうる。第1は、所得課税の原則に忠実に、所得（利益）は、必要経費の総額を超えた収入金額を得ることができて初めて発生するとみて、保険料総額を超えるまでの年金は非課税とし、その後の収入金額についてはその全額を所得として課税をする方法である。これは、おそらく保険

会社における計算の実態には合致しているであろう。この場合、終身年金において、早期の死亡等により年金が終了しても、いわゆる税金の取られすぎ（原資未回収であるのに課税を受けること）は生じない。

　第2は、受領できる年金の総額に対するその年度の受領額の割合を、保険料に乗じたものを、その年度の必要経費とする方法である。これは、延払条件付販売（所法65条）と同様の方法である。終身年金で受領される年金総額がわからない場合は、平均余命を用いることとなろう。これは、保険料の負担者と年金の受取人が一致する場合に、現行法の採用する方法である（所令183条1項2号）。

　しかし、この方法には重大な問題がある。それは、終身年金において、上記のように計算された毎年度の必要経費割合が固定されてしまうため、平均余命よりも長く生きれば実際には支払っていない保険料についても必要経費控除が認められ、逆に平均余命より早く死ねば支払保険料が控除し切れないことである。これを解決するには、支払保険料を回収し終えた場合にはその後の年金を全額課税の対象とし、回収し終えずに死亡した場合には調整を行うべきことになる。米国は、1986年にこの調整を導入した（IRC 72条(b)）。

　なお問題はある。それは前述した課税繰延が、保険料払込期間だけでなく年金の支払期間にも発生することである。簡単な例で示そう。3年間支払いが行われる確定年金で、運用利回りを5％とする。計算は表のようになる。

期間	期首元本金額	年金支払額	期末利益（5％）	支払年金中の元本金額
1	50,000,000	18,360,430	2,500,000	15,860,430
2	34,139,570	18,360,430	1,706,980	16,653,450
3	17,486,120	18,360,430	874,310	17,486,120
計		55,081,290	5,081,290	50,000,000

　この表から明らかなように、年金額が一定である場合、支払期間中の早い時期ほど含まれる利益部分は大きい。したがって、本来であれば、

早い時期ほど必要経費控除の額を小さくすべきである。にもかかわらず、一定割合の必要経費を認めた場合には、課税繰延が生じることになる。井口メモ❶❷では、これが利用される。

　税負担軽減の可能性をさらに探ろう。保険料は払込後、直ちに収益獲得に貢献し、利益を発生させているはずであるが、上述の所得計算では、払込額を超える収入があるか、または、年金として支払われるべき時まで、課税は生じない。つまり、払込額を超えない金額を、支払われるべき時期以前に引き出しても、課税はない。そこで、払込中の保険を一部解約することを思いつく。これが非課税であることは、払込期間中の配当は収入金額を構成せず、ただ払込額を減額するものとされていることにも窺われる（所法76条1項1号イ括弧書・2項1号イ括弧書）。

　たとえば、100歳の誕生日から支給が開始される終身年金を1000万円購入することを考えよう。購入後直ちに解約した場合の価値を990万円とし、それは1年間に70万円増加するとする。そこで、毎年70万円ずつ解約していけば、14年余りの期間、非課税で収益を受け取ることができる。ただし、その後に受け取るものは全額が所得の金額となる。米国では、1982年にこの問題に対処する法改正が行われた（IRC 72条(e)）。日本にはまだそれがないため、この方法による税負担軽減が可能とみられる。井口メモ❸は、これを試みている。

(2) 生命保険の関係者と課税

　生命保険では、保険料の負担者と、保険金の受取人が異なる場合がある。所得税の課税の理論からは、次の2つの可能性がある。なお、被保険者が誰であるかは、ここでの検討には関係がない。

　第1は、負担者が保険料を支払った時点において、受取人がその経済的利益を収入したとして受取人に所得を認識し（ただし、贈与であれば所得税は非課税）、その後は保険を受取人の資産とみて、(1)で述べた所得課税を受取人に対して行う考え方である。負担者に対する課税は一切ない。

　第2は、一時金の支払時または年金受給権の確定的な取得時までは保険を負担者の資産とし、(1)で述べた所得課税を負担者に対して行った

上で、受取人は受取時に所得を認識する（ただし、贈与であれば所得税非課税）という考え方である。

　どちらが適切かは、保険という資産がどちらのものか、それを保有あるいは支配している者がどちらかによって決まると考えられる。生命保険において、負担者は保険契約者の立場にあり（保険料支払義務は保険契約者にあり、他の者が負担した場合、負担時における贈与等とされる）、通常の契約では、保険の解約、解約払戻金の受け取り、受取人の変更（ただし、被保険者の同意を必要とする場合がある）をすることができる。受取人は、契約上受取人とされただけでは法的に確定した権利は得ていない。このことから、第2の考え方が採られるべきこととなろう。そうすると、負担者（以下契約者と同一）を被保険者、保険事故を死亡とし、受取人を親族等とする典型的な生命保険では、死亡保険金（一時金）はいったん負担者の所得となり、死亡時の確定申告（所法125条）において所得課税を受けた後、相続財産として相続税の課税を受けるはずである。

　ところが、負担者に対する死亡保険金の所得課税は行われていない（死亡者の給与について所基通9－17参照）。この非課税は、死亡保険金だけにとどまらず、保険金が負担者以外の者に支払われた場合、負担者が生存していても負担者に対する所得課税はない。こうした非課税の理由として、負担者には収入の権利確定がない（負担者は保険金を受け取る権利をもっていない）という立論が一応は考えられる。

　しかし、さらに問題であるのは、保険金を一時金として受け取る限り、受取人に対する所得課税も行われないことである（所基通9－18参照）。つまり、現在の実務では所得課税がまったくない（相続税・贈与税は課される。相法3条1項、5条）。これは、所得課税のあり方として根本的に疑問であり、立法政策論として見直すべきであろう。その1つの方法として、保険（保険金受給権）という資産が相続または贈与により受取人に移転したと構成し、取得費引継（所法60条1項1号）を導入することが考えられる。この課税方法は、保険以外の資産の扱いと均衡が取れている。その場合、所得課税は受取人に対して行われるので、上記第1

106

の考え方に近いことになる。

　保険金を年金として受け取る場合も、受取人が負担者と異なれば、負担者に対する課税がないのは同様である。しかし、受取人は、受け取った年金を雑所得の収入金額とし、負担者が払い込んだ掛金の対応部分（所令183条1項2号）を必要経費とする課税を受けてきた。この方法では、受取人は、年金受給権を取得する前に生じた所得（受給権の価値増）で、取得時に相続税または贈与税の対象とされたものにも、所得税の課税を受けることになる。

　このことが争われた生命保険年金二重課税訴訟判決（最判平成22・7・6民集64巻5号1277頁）において、最高裁は、所得税法9条1項16号の趣旨を「相続税又は贈与税の課税対象となる経済的価値に対しては所得税を課さないこととして、同一の経済的価値に対する相続税又は贈与税と所得税との二重課税を排除したもの」と述べ、第1回の年金給付額を雑所得の収入金額とした課税処分を取り消した。初回の給付額は、年金受給権取得前に生じた価値のみからなり、その全部が相続税の対象となっていたとの考え方からである。しかし、この考え方は、支払時期が早いほど利益部分は大きい、という前述の事実から乖離しており、課税時期を遅らせるおそれがあった。

　この判決に対して、国会は、平成23年6月の税制改正で、所得税法67条の4を制定し、判決の射程を、単純承認の相続や贈与については同条にいう「別段の定め」のある場合に限定した。

　しかし、政府は、平成22年10月、相続や贈与により受給権の取得があった一定の年金について、この判決に沿う政令改正を行った（所令185・186条）[3]。政令が規定する課税方法は、**図1**に見るように、著しく課税時期を遅らせるものである。また、被相続人などの負担した保険料

---

[3]　課税方法は、おおむね次のとおりである。
　①相続税または贈与税の課税対象となった部分（保険年金の相続税評価額）を除いた部分（相続税の評価方法改正後のものはさらに減額）を、雑所得の収入金額の総額とする。
　②①の金額に、受取年金総額に支払保険料総額の占める割合を乗じた金額を、必要経費の総額とする。
　③（支払期間年数）×（支払期間年数−1）÷2を課税単位とする（**図1**では個々のマス目）。
　④年金支払いの初年はゼロ、2年目以降は、①または②の金額を課税単位で除し、経過年数を乗じた金額を、雑所得の収入金額または必要経費とする。

図1

支払期間	初年	2年目	3年目	4年目	5年目	6年目	7年目	8年目	9年目	10年目
経過年数		1年	2年	3年	4年	5年	6年	7年	8年	9年

が必要経費となることも、理解困難である。

　この課税方法は、年金受給権の取得が相続税または贈与税の対象であることを前提としている。しかし、本問の年金受給権は、贈与により取得されたものではない。さやかの年金は財産分与請求権を対価とする取得であるし、さゆりの年金も扶養義務に基づく請求権を対価とする取得であり、実質的にはさやかへの財産分与の一部とも考えられる。つまり、対価を伴う取得である。

　年金は、負担者が受取人と異なると、みなし贈与とされる可能性がある（相法5・6条）。井口メモ❶❷は、年金を生命保険（相法3条1項1号）とし（相法6条不適用）、かつ、保険料払込完了を支給開始事由とすることで（保険事故ではないとすれば相法5条不適用）、これを回避しようとしている。もっとも、本問の年金受給開始は、被保険者の生存という保険事故によると考えることはできる。

　しかし、そうだとしても、対価を伴う年金受給権の取得は、みなし贈与に該当しないと解すべきである。実際、たとえば、個人事業者が従業員を受取人とする年金の保険料を負担した場合には、その保険料を給与所得とする課税があることから（所令65条）、みなし贈与とされないことがわかる。本問の場合、保険料の実質的な負担者は、財産分与請求権の行使により受給権を取得したさやかである、との立論もできる。

　このことから、所得税については、上述の課税方法は適用されないことになる。さやかもさゆりも、この課税方法の対象となる「保険金受取人等」に該当しないからである（所令185条3項1号）。そうすると、自ら保険料を負担したときの課税方法（所令183条）が適用されると解される。

4…………**配偶者控除、扶養控除、ひとり親控除、寡婦控除**

　配偶者控除の対象である控除対象配偶者（所法2条1項33号）における「配偶者」および扶養控除の対象となる扶養親族（同条項34号）における「親族」の意義は、法律上の配偶者（最判平成9・9・9訟月44巻6号1009頁）、親族（最判平成3・10・17訟月38巻5号911頁）に限定され、内縁の妻や未認知の子は含まれないものとされている。所得控除の趣旨である担税力の考慮（生存権の保障に言及されることもある）からは疑問の余地もあるが、これらを含めるためには法改正が必要である。なお、令和2年度改正による「寡婦」と「ひとり親」の要件では、一定の「事実上婚姻関係と同様の事情にあると認められる者」がいれば控除の対象から除外するという方向で、事実上の婚姻関係が考慮されている（所法2条1項30号イ(3)・31号ハ）。

　本問の場合、さやかは、鶴男と離婚をする年の12月31日において（所法85条1項）、Rudolfと再婚をしていない場合、ひとり親または寡婦に該当する可能性がある。その判定では、まず、ひとり親に該当するか否かが判断され、該当しない場合に、寡婦に該当するかが判断される（所法2条1項30号柱書の「ひとり親に該当しないもの」からそのように解釈される）。もっとも、本問では、どちらについても、合計所得金額500万円以下という要件（所法2条1項30号イ(2)・31号ロ）が問題となるが、これが充足されれば、寡婦控除の対象となる（所法80条）。「事実上婚姻関係と同様の事情にあると認められる者」は、住民票への記載によって判定されるが（所規1条の3）、Rudolfがさやかの住民票に記載されていることはないであろう。

　さゆりが養子となれば鶴男の扶養親族とすることができる。扶養親族

とされる要件には「生計を一にする」ことがあるが、必ずしも同居をいうものではなく、生活費や学資の送金があればよい（所基通2-47）。さゆりは、その合計所得金額が48万円以下であれば、その年齢により、鶴男の控除対象扶養親族または特定扶養親族として、鶴男が扶養控除を受けることができる（所法2条1項34号の2・34号の3、84条）。ただし、その場合はさやかの扶養親族には該当しないことになる（所法85条5項）。したがって、さやかは、扶養控除を受けられないだけでなく、ひとり親にも寡婦にも該当しないこととなる（所法2条1項30号イ(1)・31号イ、所令11条の2第2項）。養子は主に、鶴男からの相続とその相続税を考慮したものと考えられる。

　Rudolfをさやかの控除対象配偶者とすることが可能かは、前述のように私法の問題であり、ここでは国際私法の検討が必要である。まず、婚姻の実質的成立要件は、さやかについては日本法、Rudolfについてはその属する州の法となる（法の適用に関する通則法24条1項・38条3項）。そして、この要件を双方要件（日本法も米国州法もクリアしなければならない）とすると、日本では取消可能な婚姻となる（民733・744条）。取り消されるまでは有効であり、その提訴権者に税務署長は含まれていない。なお、婚姻の形式的成立要件（＝方式）は行為地法（米国州法）に従うことができ（法の適用に関する通則法24条2・3項）、問題は生じない。ただし、さやかの合計所得金額によっては、配偶者控除は認められないことになる（所法83条1項）。なお、人的控除について、参照、「**5. カリスマ料理人の引き際**」。

5　　　　その他

　バミューダの島に係る譲渡損失が誰に帰属するかが問題となる。日本の不動産であれば、課税実務ではさやかに帰属すると思われる。これは登記に依拠して調査が行われることが影響しているが、課税庁は民法177条にいう第三者にあたるわけではない。本問の場合、さやかは「単なる名義人」（所法12条）にすぎなかったと主張することは可能であろう。

　島の譲渡損失は、所有期間5年超であるから、土地建物等の分離課税の対象である長期譲渡所得に区分される（措法31条1項）。「長期譲渡所得の金額の計算上生じた損失の金額があるときは、……損失の金額は生じなかつたものとみなす」と定められているので、島の損失は、長期譲渡所得の計算上損失が生じるまでは、他の長期譲渡所得の金額と通算できることに注意すべきである。なお、この分離課税がない場合には、島は生活に通常必要でない資産（所法62条、所令178条1項2号）に該当し、その譲渡損失により譲渡所得の金額がマイナスとなっても、損益通算はできない（所法69条2項）。言い換えれば、譲渡所得の範囲内で通算ができる。

解答例

　税負担に影響を与える事項と税負担の内容を順次検討する。
　バミューダの島の取得および譲渡については、さやかが法律上真の所有者といえるかが、まず問題となる。さやかが「単なる名義人」にすぎない場合、損失は鶴男に帰属する（所法12条）。いずれの場合も、島は生活に通常必要でない資産に該当するため（所法62条、所令178条1項2号）、損失が他の譲渡所得から引ききれなかった場合は、他の所得種類との間で通算はできない（所法69条2項）。ただし、これらは所得税法上の課税であり、実際には租税特別措置法の定めが優先する（措法31条）。
　さやかが贈与により取得した有価証券は、贈与の時点で贈与税の課税を受けていたはずである。贈与者における取得費と取得時期を引き継ぐ（所法60条1項1号）。
　鶴男は、さゆりを養子とすることにより、扶養親族（所法2条1項34号）とすることができる。ただし、その場合は、さやかの扶養親族とすることはできない（所法85条5項）。
　離婚に伴い、さやかとさゆりが受ける経済的利益（井口メモ❶〜❸）は、さやかとさゆりに対して原則として非課税と考えられる。すなわち、まずさやかについて、離婚に伴い受ける財産は、財産分

　与または慰謝料と考えられる。慰謝料は実定法規定により非課税である（所法9条1項17号）。

　財産分与により取得した財産も、実務では所得税は非課税とされている。財産分与による財産の移転は、財産分与義務の履行として行われるもので贈与ではないから、贈与による非課税（所法9条1項16号）の対象ではない。そこで、非課税は、収入金額（所法36条1項）がないことから根拠づけざるをえない。その実質的な理由は、分与を受ける財産がすでに相手方配偶者において課税済みであるからということになろう。しかし、この考え方は夫婦を単位とみており、疑問がある。そうすると、一時所得または譲渡所得（潜在的に発生していた財産分与請求権の実現）として課税を行うことが、法文からは正しいと思われる。

　なお、財産分与や慰謝料支払の義務を超える財産の移転をすれば、超える部分は贈与とみなされるはずである（相法9条）。しかし、分与者（鶴男）は分与財産を時価で評価する譲渡所得課税を受けており、その理由づけとして最高裁判決は、財産分与により財産分与債務が消滅し、その経済的利益が収入金額となると述べたから、財産分与債務と分与財産とは等価であることになる。したがって、最高裁判決に従う限り、財産分与により贈与とみなされる部分は発生しない。慰謝料についても同様と考えられる。なお、たとえ贈与とみなされても、所得税は非課税である（所法9条1項16号）。

　次にさゆりについては、鶴男の養子とすれば、鶴男に法律上の扶養義務が発生し、その履行のため給付される金品は非課税である（所法9条1項15号）。また、学資に充てる金品であれば、養子としなくても非課税である（同号）。取得する財産がこれを超えれば贈与税の対象となるが、所得税は非課税である（同項16号）。

　しかし、財産分与等による取得の後にその財産に発生する所得は、分与を受けた者に帰属し、課税が行われる。そこで問題となるのは、井口メモ❶❷の年金に発生する所得がどちらに帰属するかである。

　あらかじめ年金に対する課税をみる。支払いを受ける私的年金は、雑所得の収入金額とされる（所法35条2項2号）。年金総額に対するその年度の受領額の割合を、保険料に乗じたものが、その年度の必要経費とされる（所令183条1項2号）。終身年金では、平均余命に基づいて年金総額を算出するので（同号イ(2)）、平均余命より長生きをすれば実際に支払った保険料を超える額が必要経費控除され、

早く死亡すればその逆となる。死亡時の調整は行われない。

　本問で所得課税が誰に行われるかの決め手となるのは、さやか、さゆりが年金に対する確定的な権利を、鶴男からいつ取得するかである。それが離婚時（財産分与等）であるとすれば、年金に対する所得課税は、さやか、さゆりが受けることになる。なお、年金受給権がみなし贈与財産に含まれると受取人に贈与税が課されるが（相法5・6条）、本問での権利の移転は、対価を伴うから、贈与税の課税はないと考えられる。

　井口メモ❸の保険の部分解約については、所得税法に別段の定めがないので、所得課税の原則に立ち返り、投資額（原資）を超える収益を所得とすることになる。したがって、鶴男の払込額を超える金額の払戻しを受けるまで、所得課税はない。その後は所得が発生し、一時所得とされるものと思われる（雑所得の可能性もある）。所得の帰属が問題となるが、この保険を解約することができるのはさやかではなく鶴男であり、保険に対する権利を有するのは鶴男であるから、鶴男に帰属する。なお、前述のように財産分与は贈与ではないから、さやかに贈与税が課されることはないと思われる。ただし、この場合もみなし贈与財産とされないよう、注意が必要である（相法5条2項）。

　さやかとRudolfとの婚姻は米国で有効と仮定する。日本では取消しの瑕疵があるが（民733・744条）、税務署長に取消権はないから、他から取り消されない限り、Rudolfをさやかの控除対象配偶者（所法2条1項33号）とすることができる。

関連問題

1. 損害賠償非課税

　損害賠償非課税は、人間資本（human capital）（人の所得獲得能力、労働能力）の考え方から正当化できるか。未実現利益に課税をする税制は、人間資本の増減も課税の対象とすべきか。なお、「**6. 隣人訴訟**」を参照。[4]

---

[4]　William D. Andrews, *A Consumption-Type or Cash Flow Personal Income Tax*, 87 Harv. L. Rev. 1113, 1145-1146 (1974).

２．信託

さやか、さゆりに定期的収入をもたらす方法として、信託はどうか。

 参 考 文 献

佐藤英明「私的年金の課税」日税研論集 37 号 143 頁（1997）

カール・マルクス『資本論』1 巻 2 編 6 章、3 巻 5 編 29 章 9 段落

佐藤英明「財産分与と alimony trust をめぐる課税問題（上）（下）——研究
ノート」ジュリスト 1102 号 110 頁、1103 号 134 頁（1996）

増井良啓「債務免除益をめぐる所得税法上のいくつかの解釈問題（上）
（下）」ジュリスト 1315 号 192 頁、1317 号 268 頁（2006）

（岡村忠生）

8. タヒチの黒真珠 ✰✰

設問　タヒチの黒真珠は、養殖して生産する。牡蠣の内部に麻酔手術で核を埋め込み、18 ヶ月から 24 ヶ月かけて育てる。その作業には苦労が多い。こまやかな温度管理が必要である。エサとなるプランクトンは海面に近い部分に多いのだが、台風のときは牡蠣を深く沈めないと波にやられてしまう。黒真珠がとれるのは全体のうちせいぜい 5 割程度、その中で商品となるのは 1 割にすぎない。

　Ｚ社は、黒真珠を輸入し、日本国内で加工し販売する内国法人である。Ｚ社は、黒真珠の輸入価格の急激な変動に悩まされ、価格変動をヘッジするために国内の資産家に助力を求めていた。

　2018 年 12 月、黒真珠をこよなく愛好する A さんが、Ｚ社との間で、次の取決めを行った（【本件取決め】）。本件取決めの有効期間は 2019 年 1 月 1 日から 1 年間である。

【本件取決め】

① 2019 年中に Z 社の輸入した黒真珠の年間平均輸入価格が、2019 年 1 月 1 日時点の輸入価格を上回った場合、所定の算式に基づいて計算する金銭を A さんが Z 社に支払う。支払金額の上限は 1000 万円とする。

② 2019 年中に Z 社の輸入した黒真珠の年間平均輸入価格が、2019 年 1 月 1 日時点の輸入価格を下回った場合、所定の算式に基づいて計算する金銭を A さんが Z 社から受け取る。受取金額の上限は 1000 万円とする。

③ A さんは、Z 社から、Z 社の加工に係る黒真珠製品を一般販売価格の 50% の価格で購入することができる。ただし、A さんは、第三者への転売目的で黒真珠を購入してはならず、2019 年の年間購入額の上限は 500 万円とする。

　2019年3月、Aさんは、本件取決めの③に基づき、Z社が一般に800万円で販売していた黒真珠のネックレスを400万円で購入した。

　2019年6月、Aさんが死亡し、唯一の相続人であるBさんが、本件取決めに係る契約上の地位、および、上記ネックレスを相続した。これは単純承認による相続である。

　2019年末の時点で、Z社における2019年中の黒真珠の年間平均輸入価格は、2019年1月1日時点の輸入価格を下回っていた。そこで、2020年1月、Bさんは、本件取決めの②に従い、所定の算式に基づいて計算した100万円をZ社から受け取った。

　Aさん、Bさん、Z社の課税関係を考える上で、どのような点が問題となるだろうか。想像力を十分に働かせて、主要な問題点を指摘せよ。なお、AさんとBさんは、非永住者以外の居住者であるものとして考えること。

解　説

1 ………… 概　観

(1) 設問のねらい

　みなさんの知性と思考力に挑戦する応用問題である。本件取決めの経済的性質を大局的に理解することが、法令適用のための出発点になる。

(2) 取り上げる項目

►実現原則

►所得の意義

►所得区分

►課税のタイミング

►契約上の地位の相続

(3) 解説のスタイル

　この問題についても、第2問と同じ学生 O（＝Optimist）と P（＝Pessimist）に登場してもらおう。例によって、放課後に2人で仲良く勉強しているという設定である。

116

2⋯⋯⋯⋯本件取決めの経済的性質を大局的に理解する

(1) 見かけにまどわされないこと

P　何この問題。わけわかんない。

O　想像力を働かせるんだよ。

P　タヒチは南半球の島だよね。

O　そうそう、ゴーギャンが住んでたところ。

P　黒真珠って、真珠の一種なのかな。

O　そうだろうね。でも、第1段落に書いてあることは、それらし
　く場面を設定してるだけでしょ。本件取決めの対象は、タヒチの
　黒真珠だろうが、南アフリカのダイヤモンドだろうが、それ自体
　はたいしたことじゃない。

(2) 価格変動のヘッジ

P　何だか自信あるね。

O　僕のおじさんが商社マンで、輸入品が値上がりしたり値下がり
　したりして困るっていつも言ってるからね。それで、価格変動の
　ヘッジをするわけだ。

P　ヘッジかあ。問題文にも出てくる言葉。

O　輸入品の価格がいろんな理由で変動すると、ビジネスをやって
　くときに困る。だから、値上がりしたら資金を受け取り、値下が
　りしたら資金を支払うようにしておけば、変動幅をおさえられる。

P　そんな魔法みたいなことができるの？

O　それが不思議なんだよ。世の中広いから、価格変動を嫌う人も
　いれば、価格変動を好む人もいる。だから、その人たちの間で取
　引が成り立つわけ。

P　そんなにうまくいくかな。

O　実際、本件取決めの①と②は、AさんがZ社から黒真珠の輸入
　価格変動リスクを引き受けてるっていうことでしょ。

P　リスクを引き受けてる？　説明してよ。

O　①をよく読んでみよう。Z社が黒真珠を輸入するとき、輸入
　価格が高くなったら、それだけ原価が増えるよね。その分だけ販

117

売価格を値上げできればいいけれど、できなければ販売利益が減っちゃう。それを補う意味で、Aさんが金銭をZ社に支払ってくれる。

P　Aさんが支援してくれるってことか。それにしては「所定の算式に基づいて計算する」っていうのがあいまいだけど。

O　そこはAさんとZ社が話し合って、納得のいく算式で合意したんだろうね。

P　じゃあ輸入価格が値下がりしたらどうなるの？ 輸入してるZ社は、原価が減る分だけ販売利益が増えて、得になることもあるはずだけど。

O　その場合は②があるから、さっきと逆のことになって、今度はZ社のほうがAさんに対して金銭を支払う。

P　そうか。その分だけZ社の取り分は減るけど、①と合わせると、輸入価格のブレから受ける影響は小さくなってる。

O　Aさんにとってみると、輸入価格が上がれば損をして、輸入価格が下がれば得をする。バクチみたいなもんだね。

P　Aさんって、意外に賭け事が好きだったのかも。でも、いくら黒真珠の愛好家だからって、わざわざそんなことするかしら？

O　だから③があるんだよ。

P　どういうこと？

O　普通の人はたいていリスクを嫌うから、ただでは価格変動リスクを引き受けてくれない。だから、助力を求めるために、Z社がAさんに値引き購入の権利を与えたんだよ。それが③の意味さ。

(3)　実現原則

P　でもちょっと待って。本当にこんな取決め、成り立つのかな。

O　成り立つも何も、設問に書いてあることじゃん。

P　2018年12月に本件取決めを行うだけで、何か課税関係が生じそうで怖い。

O　その時点では契約を締結しただけで、まだお金が動いていないって。

P　お金が動かなくても、①②でAさんがリスクを引き受けるのと、③でAさんが値引き購入できるのが、入れ替わってる気がする。

O　入れ替わってるって、何と何が？

P　うまく言えないけど、リスクを引き受けることによる経済的利益と、値引き購入する権利とを、交換してるみたい。

O　そういうの、交換って言うのかな。

P　民法で言う交換とはちょっと違うかも。互いに「金銭の所有権以外の財産権」を移転する（民586条1項）って言うには、AさんとZ社の間で移転する対象が、なんだか漠然としてる。

O　それに、この段階で課税しちゃったら、取引がおじゃんになるよ。

P　だから怖いんだよ。

O　怖くないって。所得税法は実現原則をとってるでしょ。取決めをしただけの段階では、AさんやX社の経済的ポジションがいくらかは、なかなか金銭評価できないよね。納税資金があるかも疑問だし。

P　そうか。

O　実際に資金の動きがあった段階で課税を考えたほうが、簡単だよ。

P　まあそうかな。

(4)　論述の順序

O　そうと決まれば、起こったことの順に見ていこう。

P　それでいいけど、問題文は、「Aさん、Bさん、Z社の課税関係を考える上で」って書いてあるよ。登場人物ごとに見ていくのじゃ、どこかまずいのかな。

O　あまりうまくないと思うよ。同じことが違う場所で何度も出てきちゃうから、わかりにくくなる。

P　じゃあ、時系列でいこう。順番に並べると、ネックレスを買う、相続が開始する、100万円を受渡しする、っていうことか。

O　そうだね。

3⋯⋯⋯⋯ネックレスの購入

(1) 問題の所在

P まず、Aさんがネックレスを買ったところから。問題文でいうと、「Aさんは、本件取決めの③に基づき、Z社が一般に800万円で販売していた黒真珠のネックレスを400万円で購入した」っていうところ。

O このネックレス、普通に買えば800万円もするのか。Aさんはやっぱりお金持ちだね。

P でも半額で買ってるでしょ。結構ケチかも。

O 差額の400万円分だけ得してる。

(2) 所得の有無

P ということは、得した分が所得になるんだね。

O うーん、どうかな。本件取決めの①②が、③の見合いだとすれば、実はAさんは得してないんじゃないか。

P それ、さっき私の言ったことと同じだよ。人の話聞いてないなあ。①②と③とが入れ替わってるって言ったでしょ。

O そうか。そうだったね。だけど、さっきの話だと、取決めの時点では課税関係が生じないってことになった。だとすると、③だけを独立に考えていいんだよ。

P 独立に考えるとどうなるの？

O ネックレスを安く買って得した400万円が、Aさんの収入金額になるってことだよ。

P でもこれ、取引の単位はどう考えるんだろう。2本の売買か1本の交換かが問題になった裁判例があったよね。[1]当事者が売買という法形式を選んだ以上、課税庁が交換に引き直して課税することができないってやつ。

O あったあった。

P 本件取決めは、当事者が3本の契約を選んだと言えるかな。

---

[1] 東京高判平成11・6・21高民集52巻1号26頁。

O　うーん。難しいね。

P　1本の無名契約なのかな。

O　難しいから、設問の問いかけにあるとおり、主要な問題点として指摘しておけば十分だよ。

P　例によってお気楽だねえ……。

(3)　所得区分

P　(気を取り直して) じゃあ、A さんの所得になるとしたら、何所得？

O　一時所得かな。ネックレスを買ったのは一回だけだし。

P　一時所得じゃなくて雑所得かも。①②と見合いで③があるんだとすれば、「労務その他の役務又は資産の譲渡の対価としての性質」(所法 34 条 1 項) があることにならないかな。

O　またその話か。③は、①②と切り離して考えることにしたはずだよ。

P　しつこくてごめん。

O　いいよ、P さんが悪いわけじゃないって。

P　どうも「対価」って言えるかが、ひっかかるんだよね。

O　これって難しいけど、③を独立のものとして考えることにしたんだから、「対価」として 400 万円分をもらったって言いにくいよ。それに、A さんは①②によってリスクを引き受けてるけど、それって「労務その他の役務」じゃないと思う。

P　ふうん……。でも、契約上は何度購入してもいいわけだよね。そうなると継続性が出てくるんじゃないの？　取決めを何回も更新して何年も連続してネックレスを買ったとしたら、ますますそうなる。

O　それはそうかもしれないね。だけど、この事例でネックレスを買ったのは一回だけだし、一時所得でもいいんじゃないか。考え方が分かれるかもしれないけれど。

(4)　タイミングなど

P　いつの年の所得になるんだっけ。

O ネックレスを購入したのが2019年3月。だから、400万円の経済的利益を受けた2019年分の収入金額に計上すれば良さそうだ。

P それはそうだね。

O うん。

P ……。（考え込む）

O 何か問題ある？

P ちょっと戻るけど、本当にこんな値引き販売を受けるだけで、一時所得に課税されちゃうのかな。スーパーで半額値引きセールをやってても、値引き分が消費者の所得になるわけじゃないでしょ。

O そんなこと言ってたら、Aさんは400万円も得をして、全然課税されないことになっちゃうよ。

P そうか。

O だいたい半額っていうのは、あやしいよ。所得税法59条なんかでも、「著しく低い価額の対価」は、時価の2分の1ってなってる（所令169条）。これは譲渡する側の個人の話だけどね。

P そう言えば、販売する側の個人事業者の話で、棚卸資産の値引き販売だったら、通常販売価額のおおむね70%で著しく低額かを判断するって通達がある（所基通40‐2）。本件取決めの③でも、黒真珠の販売価格の50%じゃなくて、70%くらいにしとけばよかったんじゃないかな。

O そうかもね。でも、所得税法の中に、売値の70%で買うのだったらAさんは課税されない、なんて明文の規定はないでしょ。そういう仮定の話は時間があれば考えることにして、早く次の問題にいこう。

(5) Z社の法人税

P まだある。Z社の法人税はどうなるの？

O あ、Z社のこと忘れてた。これも主要な問題点だね。

P 資産の低価販売だとすれば、法人税法22条の2の適用がある。

O 適正時価で益金を計上するってやつか。

P 4項で「資産の引渡しの時における価額」に相当する金額とあ

るから、800万円を益金に算入する。

O　そうだね。損金のほうでは、原価が損金算入される。それに、時価と対価の差額400万円が寄附金に当たるから、限度額を超える部分が損金不算入になる。

P　えーっと、寄附金の条文はどうだっけ。

O　法人税法37条8項。簡単さ。

P　ちょっと待って。条文には「実質的に贈与……をしたと認められる」って書いてあるけど。

O　50％も値引きしてるんだから、実質的に贈与したと認めていいよ。

P　蒸し返すようだけど、①②との見合いでZ社が値引き販売をしてあげてるんだったら、本当にそう言えるかな。

O　どういうこと？

P　輸入価格の変動リスクを引き受ける意味で、本件取決めの①と②が合意されたわけだよね。それって、③の対価じゃないの？Z社がAさんから対価を受け取ってるんだったら、実質的に贈与したなんて認められないよ。

O　それこそさっきの議論の蒸し返しだと思うよ。この際、③は独立のものとして考えたほうが、すっきりするって。それに、設問の事例だと、輸入価格が低くなったから、Aさんの側が丸もうけしているわけだし。

P　③だけを独立に考えても、そんなにストレートに寄附金になるとは思えないけど。Aさんという大事な顧客に対する交際費とか、将来の販売のための広告宣伝費とか、他の可能性もあると思う。

O　考えすぎだって。問題文からそこまでは読み取れないよ。

P　考えすぎかもね。でも、もっと難しい問題があるよ。Z社の法人税がらみで、本件取決めはデリバティブ取引に該当するんだろうか。

O　該当しちゃうと、どうなるんだったっけ。

P　みなし決済で時価評価して、事業年度ごとに損益計上する（法法61条の5）。

O　それは大変だ。ちょっと広すぎるんじゃないの。

P　法律の定義は広いけど（法法61条の5第1項）、規則はもう少し限定してるし（法規27条の7）、通達は限定的に考えてるみたい（法基通2-3-35）。

4⋯⋯⋯相続の開始

(1)　問題の所在

O　そろそろ相続の問題にいこう。

P　問題文は、「2019年6月、Aさんが死亡し、唯一の相続人であるBさんが、本件取決めにかかる契約上の地位、および、上記ネックレスを相続した」って書いてあるね。Bさんは単純承認してる。

O　とりあえず、契約上の地位と、ネックレスを、分けて考えようか。

(2)　契約上の地位は相続財産か

P　契約上の地位を相続した、っていうところがよくわからない。

O　民法で勉強したじゃん。

P　民法は、相続があっても本件取決めが生き延びることがはっきりすればいいわけでしょ。わからないのは、相続税との関係で、契約上の地位が独立の相続財産って言えるか、ってこと。

O　そういう疑問か。

P　実は、先物取引の取引委託上の地位も相続財産に含まれる、っていう下級審の判決があるんだよ。[2]

O　勉強してるねー。でも、本件取決めの契約上の地位を、どうやって金銭評価するの？

P　そうねえ。相続が開始したのは6月だから、6月の時点でいくらの価値があったかを評価しなくちゃ（相法22条）。

O　①も②も、12月末になってみないといくらになるかわからないし、もしかしたらマイナスになるかもしれないよね。③のほうは、何だかプラスの価値があるみたいだけど。

---

[2]　釧路地判平成13・12・18訟月49巻4号1334頁。

P　これじゃ、相続開始時にいくらだったか、金銭評価できないね。

O　もともと相続財産だっていうところに無理があるんじゃないか
　　な。主要な問題点として指摘しておかないと。

P　取決めがもっと詳しくて、Aさんの死亡とともに契約がどうな
　　るかを決めてあれば、もうすこし手がかりがあるのにね。本件取
　　決めを作るとき、弁護士さんは関与してなかったのかしら。

(3) ネックレスの相続

O　やれやれ。どうやらネックレスのほうが簡単そうだ。Bさんに
　　とって相続税の課税対象になって、受け取っても所得税は非課税。

P　非課税の根拠規定は所得税法9条1項16号だね。所得税じゃ
　　なくて相続税の問題になる。

O　あと、譲渡所得のことがある。個人間の相続だから、基本的に
　　はAさんに譲渡所得課税はなくって、BさんはAさんの取得費
　　を引き継ぐ。

P　所得税法59条と60条の話[3]ね。

O　そうそう。典型論点だから、これはもうおさえてるよね。

P　ちょっと自信ないんだけど、所得税法9条1項9号は関係ない
　　のかな。

O　何の規定だっけ？

P　生活用動産の譲渡で非課税にならないかってこと。

O　それって誰の話してるの？　今、AさんからBさんに相続でネ
　　ックレスが移転することを考えてるんだよね。それってAさん
　　が生活用動産を譲渡したとは言えないよ。

P　そうか。場面が違うか。

O　だいたい、このネックレス、800万円もするじゃん。30万円を
　　超えるものを除外してるから（所令25条）、やっぱり適用されな
　　いよ。

P　そうね。もし問題になるとすれば、後でBさんがネックレスを

---

[3]　「1. 土神家の一族」参照。

誰かに売るときかもね。

O　800万円で売れるんなら、それでも問題にならないって。

(4)　申告手続

P　あと、Aさんの所得税については、相続人のBさんが代わりに確定申告をして（所法125条）、納付することになる（所法129条）。

O　準確定申告だね。こういう手続は大事だけど、設問のボリュームからして、それほど主要な問題点とは思えないけど。

5 ⋯⋯⋯⋯100万円の授受

(1)　問題の所在

P　じゃあ最後に、100万円の受け渡し。「2020年1月、Bさんは、本件取決めの②に従い、所定の算式に基づいて計算した100万円をZ社から受け取った」。

O　今度はZ社の法人税を忘れないようにしようっと。

P　いい心がけだね。

(2)　Bさんの所得税

O　100万円受け取ってるんだから、何所得になるかは別として、明らかにBさんの所得だ。

P　最高裁の年金二重課税事件[4]は、関係しないのかな。所得税法9条1項16号の非課税規定が気になる。

O　あの事件は、相続税の対象になる場合に、後で受け取る年金に所得税がかからないって言ったんだよね。この設問とは事案が違う。

P　そうか。

O　そうだよ。これ、懸賞金がたまたま当たったみたいなもんだから、一時所得だよね。

P　それとも、取決めの②と③が見合いになってると考えれば、雑所得かな。あ、さっきの議論がまた出てきたみたい。

O　見合いでも対価じゃないんだとすれば、ここでも一時所得にし

---

[4]　最判平成22・7・6民集64巻5号1277頁。

ておかないと、さっきの議論と整合しないよ。

P　うーん、とりあえず了解。もし1年限りの取決めじゃなくて、毎年繰り返してたら継続性が出てきて、雑所得になるかもしれないけどね。

O　所得計上のタイミングは、100万円を受け取った2020年分でいいんだよね。

P　そうかな。権利が確定したのは、2019年末に平均輸入価格が確定したときだよ。

O　だったら、2019年分の所得か。あれ、誰の所得かわかんなくなってきた。

P　2019年6月に相続が開始して、Bさんが契約上の地位を承継したんだよね。それで2019年12月末にBさんに100万円を受け取る権利が確定する。だから、この100万円はBさんに人的に帰属する。

O　Bさんの所得でいいわけか。これでよしっと。

(3)　Z社の法人税

P　何か忘れてない？

O　え？

P　Z社の損金処理。

O　あ、また忘れそうになった。問題は、Z社がBさんに100万円を支払うのが、費用として損金に算入できるか。まさか寄附金にはならないよね。

P　リスクを引き受けてもらって、1年たった結果として精算してるからね。でも、どういう費用なんだろう。リスク引受けの対価かしら。

O　Z社は価格変動リスクをヘッジしたいからこういう取決めをしたんで、まっとうな事業活動に伴って生ずる費用だから、損金算入を認めていいはずだよ。

P　ふうん。さっきから同じことばかりで悪いけど、O君は、①②と③は独立に考えてるんだよね。

O　まあそうだけど。

P　じゃあ②も、それ自体として独立に考えて、100万円の支払いに費用性があるってことね。

O　①②はセットになってるんだろうけどね。こうして考えてくると、本件取決めの①②と③をどの程度一体のものと見るかが、よっぽど重要なんだろうね。これ、答案できっちり指摘しておかないと。

P　今日はO君、何だか頼りがいある感じ。

O　おだてないで。損金算入のタイミングは、債務が確定した事業年度で考えればよさそうだ。

6………作業分担の確定

P　それにしても、つかみどころのない問題だなあ。

O　いやいや、もうポイントは押さえたよ。本件取決めからリスクの引受けが読み取れた時点で、こっちの勝ちさ。

P　（にこにこして）じゃあO君、解答例はお願いね。

O　えー、僕がやるの？

P　応能負担原則だよ。

O　この役務の対価は、後で高くつくぞ。

P　役務の対価としての性質は認められません。

解答例

(1)　本件取決めでは、Zが輸入品の価格変動リスクをヘッジするために、Aの助力を得ている。①②によって、AはZから黒真珠輸入価格の変動リスクを引き受ける。その代わりに、本件取決めの③で、ZがAに値引き購入の権利を与える。このように、①②と③とは見合いの関係にある。この設問の最大の問題は、これらが相互にどの程度密接な関係にあると見るかである。これを

どう理解するかによって、課税関係も変わってくる。

2018 年 12 月に本件取決めを行った時点では、課税関係は生じないと考える。たしかに、①②により Z には何がしかの経済的利益が生じており、③により A は値引購入権を取得している。しかし、所得税法は実現原則を採用しているから、この時点でA に課税することはできない。現実にも、2018 年 12 月の段階で収入金額などを金銭評価することはきわめて困難である。

以下、ネックレスの購入、相続の開始、100 万円の授受、というポイントごとに主要な問題点を指摘する。

(2) まず、ネックレスの購入について。

A は、Z が一般に 800 万円で販売していた黒真珠のネックレスを、400 万円で購入している。そこで、差額の 400 万円分が A の所得になるかどうかが問題となる。A が経済的利益を得ている以上、所得となると考えるのが自然である。もっとも、これに対しては、2 つの反論が予想される。

第 1 の反論は、本件取決めの①②が、③と見合いになっている以上、本件取決めを全体的に観察すれば A に所得はないというものである。しかし、A の助力を求めるために Z が③を提供してはいるものの、①②と③との間で厳密な意味で対価の均衡があるわけでない。むしろ、本件取決めの個々の要素を独立に考えたほうが、課税関係の処理として簡明である。

第 2 の反論は、値引き販売からは所得が生じないというものである。しかし、本件取決めのように、一般販売価格の 50% の価格で A が購入できることにしているのは、著しく低い価額による譲渡である。現実に 400 万円相当もの経済的利益を得ている以上、A に所得ありと考えないと、課税の公平に反する。

それでは、A に所得ありと考える場合、何所得に区分されるか。可能性のあるのは、一時所得か雑所得かである。この事例におけるネックレス購入は一回きりで、所得税法 34 条 1 項の「営利を目的とする継続的行為から生じた所得」とはいいがたい。また、①②と③との相互関係は上述したとおりであって、この 400万円には「労務その他の役務又は資産の譲渡の対価としての性質」もない。それゆえ、一時所得と考えてよさそうである。

400 万円の経済的利益を受けたのは 2019 年 3 月であるから、総収入金額は 2019 年分として計上すべきであろう（所法 36 条 1 項）。

　　Ｚの法人税については、ネックレスを低価販売しているから、法人税法22条の2第4項により適正時価800万円を益金に計上する。ここで、50%の値引きを行っていることから、法人税法37条の寄附金に該当するかどうかが問題となる。資産の低額譲渡にあたり400万円をＡに「実質的に贈与をしたと認められ」（法法37条8項）れば、寄附金に該当し、損金算入限度額を超える部分で損金不算入とされる（法法37条1項）。

　　なお、順序が前後するが、本件取決めはデリバティブ取引に該当しないと考える。

(3)　次に、相続の開始について。

　　相続財産は、契約上の地位とネックレスである。契約上の地位については、それが独立の相続財産を構成するかが主要な問題である。これは難問であるが、仮に構成すると考えた場合には、さらに財産評価の問題が生ずる。①や②の経済的価値は年末になって初めて確定するから、2019年6月の相続開始時にはその金銭価値を見積もることが困難である。同様にして、③の経済的価値も、相続開始時には金銭評価が難しい。

　　ネックレスの相続については、Ｂにとって相続税の課税対象とされ、所得税は非課税となる（所法9条1項16号）。また、Ａに対して譲渡所得課税は生じず（所法59条1項1号参照）、ＢはＡの取得価額と保有期間を引き継ぐ（所法60条1項1号）。

(4)　最後に、100万円の授受について。

　　2020年1月、Ｂは、本件取決めの②に従い、所定の算式に基づいて計算した100万円をＺから受け取った。これは、価格変動という予測できない事象について賭けをして、賭けに勝ったようなものであるから、一時所得に区分すべきである。というのも、ＢはＡから本件取決めの契約上の地位を承継しており、①価格が上がればＺ社に金銭を支払い、②価格が下がればＺ社から金銭を受け取る、という地位にあった。そして、この事例では②に従い、Ｚ社から金銭を受け取っているからである。

　　金銭を受け取る権利が確定したのは2019年末に平均輸入価格が確定した時点であるから、Ｂの2019年分の所得に計上すべきである。

　　Ｚの法人税については、リスクヘッジのために必要な事業遂行上の費用であり、損金に算入できると考える（法法22条3項）。

損金算入のタイミングは、債務が確定した事業年度、つまり、2019 年末日の属する事業年度である。

関連問題

１．設問の事例に関する派生問題

⑴　設問の事例と異なり、輸入価格が高騰して本件取決め①によりBさんがZ社に支払いを行う場合には、どのような課税関係になるか。

⑵　設問の事例と異なり、Aさんからの相続にあたりBさんが限定承認をしたとすれば、Aさんに対する所得税法 59 条 1 項 1 号の適用はいかなる結果をもたらすか。

⑶　設問の事例と異なり、本件取決め③の本文が、「Aさんは、Z社から、Z社の加工に係る黒真珠製品を一般販売価格の 70% の価格で購入できる」というものであった場合、結論に違いは生ずるか。

２．取引の単位

売買か交換かが問題となった東京高判平成 11 年 6 月 21 日高民集 52巻 1 号 26 頁を読み、本件取決めの法的性質について考えるために手がかりが得られるかどうかを検討してみよう。

３．相続時に内容が未確定である権利の扱い

相続時には内容が未確定である場合の課税について、現行法上はどのような工夫がなされているか。局面を異にする次の例を比較してみよう。訴訟中の権利（財産評価通達 210）。裁判確定前の相続分（相基通 11 の 2 -4）。所得税の還付請求権（最判平成 22・10・15 民集 64 巻 7 号 1764 頁）。

参｜考｜文｜献

租税法学会編「リスク社会と税制」租税法研究 41 号（有斐閣・2013）

（増井良啓）

9. フリーはつらいよ*

設問　Ａさんは X テレビのアナウンサーだったが、ハードワークと局内の人間関係に疲れ果てて退職し、今後はフリーランスのアナウンサーとして活動することにした。知名度やアナウンス技術にはいささか自信があり、Y テレビのワイドショーのキャスターにも決まるなど、当面のスケジュールも埋まっている。独立を考えた当初は、フリーアナウンサーのマネジメント業務で有名な事務所フォント・センスに所属しようかとも考えたが、当面は個人事業主として、マネージャーも置かずに、自分で仕事を取ることとした。これまで、Ａさんは X テレビの社員であり、会社が税金を天引きしていたために、今後どのように所得税を支払ったらよいのかよくわかっていなかった。独立したばかりの Ａさんに、以下の諸点につき、アドバイスをして欲しい。

❶(1)　個人事業者としての Ａさんは、いつ所得税について申告し、納税したらよいのか。

(2)　職業柄、Ａさんは青色申告をすると税金が安くなるということについて、聞き及んでいた。その制度とはどのようなものであり、どうしたら利用できるか。

❷ Ａさんは、確定申告書を提出し、税額を納付した。その後、確定申告書上で、所得計算を誤り、税額を多く支払っていることに気がついた。Ａさんが、間違いを訂正し、多く払いすぎた税額を取り戻すにはどうしたらよいか。また、先に提出した申告書を錯誤により取り消したうえで（民 95 条参照）、再度提出することはできるか。

❸(1)　Ａさんは、かねて親から甲土地（空き地）を相続していたが、現在の住所と甲土地の所在地があまりに離れていて管理ができず、固定資産税の負担もあること、また独立後にも何か資金が必要かもしれないと思ったことから、令和元年 11 月に甲土地を、その隣地に住む Ｂさんに売却し、その代金の半額を受け取り、所有権移転

登記を行うとともに、翌年6月に残りの代金を支払ってもらうことにした。しかし、Bさんの資金繰りがうまくいかないことから、BさんはAさんに事情を説明して取引をなかったことにする旨お願いし、令和2年7月、売買契約を合意解除し、受領済みの代金をAさんがBさんに返還するとともに、所有権移転登記の抹消を行った。Aさんは、すでに甲土地の売却益について、令和2年3月1日に確定申告をし、同日に納税もしているが、税法上どのように処理すべきか。

(2) (1)の事例で、Bさんは、甲土地の売買契約を結ぶ際に、自らの意思表示に重要な錯誤があるとしてそれを取り消し、契約を無効にしたうえ、所有権移転登記を抹消して、支払済み代金を返還するよう、令和2年6月にAさんに申し入れた。Aさんが知り合いの弁護士に相談したところ、Bさんの主張が正しいという助言を受けたため、Bさんからの申し出どおり、翌7月にAさんは受領済み代金をBさんに返還し、所有権移転登記が抹消された。(1)同様、Aさんは、すでに甲土地の売却益について、令和2年3月1日に確定申告をし、同日に納税もしているが、税法上どのように処理すべきか。

❹仕事の獲得に熱心なAさんは、来る仕事は拒まずとばかりに、依頼を全部受けることをポリシーとしている。令和元年12月24日に開催された、とあるイベントの司会依頼をしてきた怪しげな顧客Cは、翌月（令和2年1月）20日に支払うと約束した20万円の報酬を支払わずに、所在をくらませ、連絡が取れなくなった。イベント関係者に話を聞いても、Cの行先を誰も知らず、Aさんと同様、報酬や立替金を踏み倒されたという被害に遭っていた。結局、Aさんは報酬を回収できなくなったが、この回収できなくなった報酬について、税法上どのように処理すべきか。

＊なお、いずれの問題も、新型コロナウイルス感染症の影響（申告・
　納付等の期限延長）を考慮しないで解答すること。

解　説

1 ⋯⋯⋯⋯概　観

(1)　設問のねらい

　本設問では、青色申告を含む申告納税制度および申告の訂正手続について学ぶ。税額の計算を中心とする租税実体法はもちろん重要であるが、計算された税額をいつ、どのように申告し、また納付するのか、そして申告や納付が誤っているときに、それをどのように訂正するのかという手続的側面は、その納税者が最終的にいつ、いくらの税額を支払うべきかに影響を与えるという意味で、実体法に劣らず重要である。また、ある手続ができるかどうかは、実体法がどのように所得計算を行うかに左右される側面がある。本設問では、申告納税制度の基本的論点を、実体法との関係を踏まえつつ理解できることを目指す。

(2)　取り上げる項目

- ►所得税の納税方式（確定申告と納付）
- ►青色申告制度
- ►申告書の訂正方法（申告の無効含む）
- ►更正の請求

2 ⋯⋯⋯⋯事業所得者の申告納税と青色申告制度

(1)　事業所得者の申告と納税

　所得税は、納付すべき税額がまず納税者の申告（確定申告）により確定され、確定申告がない場合やそれが誤っている場合にのみ、税務署長が更正や決定（課税処分と総称される）により確定を行う申告納税方式（税通16条1項1号）を採用する。納税者の多くを占めるサラリーマン（給与所得者）は、実際には確定申告を行う必要がほとんどなく（所法121条1項参照）、また納税も源泉徴収と年末調整により、サラリーマンの雇い主である源泉徴収義務者が行う（所法183条以下）。これに対して、事業所得者は、確定申告と納税を行う必要があり、その意味で所得税の典型的納税者である。個人事業者である本問のAさんは、この事業所

得者に該当する。

事業所得者の申告と納付の義務をみておくと、毎年、原則として翌年2月16日から3月15日までに確定申告書を所轄税務署長に提出しなければならず（所法120条1項）、また同期間に納付税額を納付しなければならない（所法128条）。ただし、国庫収入の平準化や分割納付による納税者の便宜の観点から、前年の所得税額からその年の源泉徴収税額を控除した予定納税基準額が15万円以上であれば、予定納税基準額の3分の1相当額を、7月中および11月中にそれぞれ納付しなければならない（予定納税制度。所法104条以下）。予定納税に係る所得税は、その成立と同時に確定が行われるいわゆる自動確定方式の税であるが（税通15条3項1号）、6月30日または10月31日の現況における申告納税見積額が予定納税基準額に満たないと見込まれる場合、納税者はその減額を申請できる（所法111条1・2項）。税務署長は、この申請を承認し、または却下する（所法113条1項）。このうち減額申請承認処分は、予定納税額の確定を変動させる課税処分と考えられる。予定納税基準額と7月、11月に納付すべき予定納税額は、6月15日までに、所轄税務署長から通知される（所法106条1項）。

(2) 青色申告制度

申告納税制度が適正に機能するためには、正確に記録された帳簿に基づき申告が行われなければならない。そのため、一定の帳簿書類の備付け、記録および保存が行われている納税者については、所轄税務署長の承認を受けて青色の申告書の提出[2]を認め、それ以外の申告書（白色申告）には認められていない「納税上の種々の特典」（最判昭和49・6・11訟月20巻9号170頁）を与えることとされている。この制度を、青色申

---

[1] 新型コロナウイルス感染症の影響のため、令和元年分の所得税については、一律に申告納付期限が令和2年4月16日までに延長され（税通11条参照）、その後の申告納付についてもかなり柔軟な対応がなされている。期限延長に関する情報につき、国税庁HP（https://www.nta.go.jp/）参照。

[2] 条文には「青色の申告書」（所法143条）と規定されており、かつては文字どおり青色の申告用紙が使用されていたが、現在では青色申告の欄にチェックを入れるだけであり、また用紙の色の観念のない電子申告（いわゆるe-Tax）も認められている。なぜ他の色ではなく「青色」なのかについて諸説あるが、青色に対する印象のよさが大きな決め手になったとされる。日野雅彦「青色申告制度の意義と今後の在り方」税務大学校論叢60号315頁、342〜343頁注36（2009）。

告制度という（所法143条、法法121条）。所得税の場合、青色申告ができるのは、不動産所得、事業所得または山林所得を生ずべき業務を行う居住者に限られている。

　青色申告が認められる記帳方法は、①仕訳帳、総勘定元帳などにより細かく取引を把握し、貸借対照表および損益計算書を作成する方式（正規の簿記による方式。所規56条1項第1文）のほか、②現金や売掛金・買掛金、減価償却資産などのみ記録する方式（簡易な帳簿による方式。所規56条1項但書）、さらに③前々年の事業所得および不動産所得が300万円以下の小規模事業者に認められている帰属時期の特例（所法67条）の適用がある場合には、現金出納と減価償却資産のみを記録する方式（現金主義。所令196条、所規56条2項）がある[3]。

　青色申告を行うと、ⓐ 65万円（上記の①の場合で電子申告帳簿保存や電子申告を行う者）、55万円（その他の①の場合）または10万円（②と③の場合）を所得金額から控除する青色申告特別控除（措法25条の2）、ⓑ事業専従者への支払給与が事前届出の範囲内で必要経費に算入される（事業専従者は給与所得課税を受ける）青色事業専従者給与（所法57条1項。白色申告の事業専従者と異なり、上限が86万円・50万円に限定されていない。個人事業者の所得分割について、参照、「**4. 趣味と実益参照**」）、ⓒ純損失の繰越控除（所法70条）など、各種の措置の適用が認められ、税額が少なくなるほか、ⓓ帳簿書類の調査のない更正の原則的禁止（推計課税の禁止。所法155条1項）や、ⓔ更正通知書への理由附記（同2項）[4]といった、手続的な保護も与えられている。

3 ………… 修正申告と更正の請求

　確定申告が誤っている場合、正しい税額に確定を変更し、それに合わ

---

[3] 「所得税法施行規則第五十六条第一項ただし書、第五十八条第一項及び第六十一条第一項の規定に基づき、これらの規定に規定する記録の方法及び記載事項、取引に関する事項並びに科目を定める件」（昭和42年8月31日、大蔵省告示第112号）。
[4] 白色申告者に対する更正処分についても、理由附記が要求されるが（税通74条の14第1項、行手法14条1・3項）、これは増額更正、すなわち納税者にとって不利な場合のみである。しかし、青色申告者に対しては、納税者に有利な減額更正の場合にも理由附記が要求されている。

せて税額を納付するか、また過大に支払った税額を還付する必要がある。税額を過少に申告してしまった場合のように、納税者が自分にとって確定を不利に変更するためには、修正申告を行う（税通 19 条）。他方、自分にとって確定を有利に変更するための手続としては、更正の請求（税通 23 条）がある。①修正申告は、それだけで納税義務の確定が変更されるが、更正の請求は、それを提出し、課税庁が調査の上、（減額）更正（処分）を行って確定が変更されること、②後述するように、修正申告については期間制限の定めはないが（ただし納税義務が時効により消滅すれば、納税義務自体が存在しないので修正申告を行う意味はない）、更正の請求には期間制限が設けられていること、の 2 点の違いがある。更正の請求につき、このようないわば厳格な手続的規制が行われているのは、自動的に確定が変更されると、実質的な申告期限の延長になってしまうため、さらに悪質な納税者による逋脱（脱税）や滞納処分免脱の手段として使われる可能性があるためと説明されている。納税者が修正申告や更正の請求を行わない場合にも、課税庁は、職権で、（増額または減額）更正を行うことができる（税通 24 条）。

　以上のように、誤った確定申告を訂正する手続として、修正申告と更正の請求という手続が設けられている以上、納税者は、申告書が誤っていることを理由として、民法 95 条により申告書に錯誤があったことを理由としてこれを取り消し、改めて提出し直すことは、原則としてできないと考えられる。[5]

[5]　かつて錯誤が無効原因であった時代の事例であるが、最判昭和 39・10・22 民集 18 巻 8 号 1762 頁は、「そもそも所得税法が右のごとく、申告納税制度を採用し、確定申告書記載事項の過誤の是正につき特別の規定を設けた所以は、所得税の課税標準等の決定については最もその間の事情に通じている納税義務者自身の申告に基づくものとし、その過誤の是正は法律が特に認めた場合に限る建前とすることが、租税債務を可及的速かに確定せしむべき国家財政上の要請に応ずるものであり、納税義務者に対しても適当な不利益を強いる虞れがないと認めたからにほかならない。従つて、確定申告書の記載内容の過誤の是正については、その錯誤が客観的に明白且つ重大であつて、前記所得税法の定めた方法以外にその是正を許さないならば、納税義務者の利益を著しく害すると認められる特段の事情がある場合でなければ、所論のように法定の方法によらないで記載内容の錯誤を主張することは、許されない」と判示している。実際にも申告の錯誤無効が認められた裁判例はごく少ない。税務署員の誤指導による修正申告の無効が認められた事例として、東京地判昭和 56・4・27 行集 32 巻 4 号 661 頁が、税務署員の勧奨をきっかけに錯誤に陥った場合に修正申告の無効が認められたものとして、札幌地判昭和 63・12・8 訟月 35 巻 5 号 900 頁がある。民法上、錯誤が取消原因とされた現在でも、申告の錯誤による取消しが認められる余地は従前同様少ないと考えられる。

　後に取り扱うように、これまでしばしば問題になってきたのは、更正の請求の可否である。更正の請求は、法定申告期限から原則として5年以内になしうる通常の更正の請求（税通23条1項）と、それ以外のいわゆる特別の更正の請求（税通23条2項、所法152条など）の2種類に大別できる。特別の更正の請求は、確定申告書を提出した者や決定を受けた者などで、ⓐ所得の帰属が誤っていたなど、当初から申告が誤っている一定の場合、およびⓑ無効な行為で受け取った所得を後に返還したなど、申告後等に課税標準等または税額等に影響を及ぼす一定の事由が生じた場合で、通常の更正の請求ができないときに、納税者の有利に確定を変更するために認められるものである[6]。したがって、特別の更正の請求は、通常の更正の請求ができない期間等において更正の請求を認める、いわば救済拡大措置と捉えられる。しかし、通常の更正の請求期間が原則として5年であること（税通23条1項柱書）からすれば、特別の更正の請求が実際に行われる件数はそれほど多くなく、後述するように、むしろ通常の更正の請求ができる事由を明確（あるいは限定）にする点に、特別の更正の請求の意義があるのかもしれない。

　前述のように、更正の請求には、通常の更正の請求以外に特別の更正の請求があり、後者は通則法のみならず各法律に点在する。また、通常の更正の請求ができる者は確定申告書提出者のみに限られているが、特別の更正の請求ができる者には確定申告を提出せずに決定を受けた者も含まれるなど、更正の請求ができる者の範囲も統一されていない。以上のことから、どの規定のどの理由に基づき更正の請求ができるか（更正の請求以外の救済が認められないか）を判断することは、なかなか難しい問題である。

　なお、前掲最判昭和39・10・22の「錯誤が客観的に明白且つ重大」という要件につき、明白性の基準は不要という見解もある（金子宏『租税法〔第23版〕』933頁（弘文堂・2019））。課税処分の無効判断に関し瑕疵の明白性を要求しなかった、最判昭和48・4・26民集27巻3号629頁を踏まえての見解であろう。

[6]　税制調査会『税制簡素化についての第三次答申』（昭和43年7月）第3・67(1)②は、（通常の更正の請求の期限を）「延長しても、なお、期限内に権利が主張できなかつたことについて正当な事由があると認められる場合の納税者の立場を保護するため、後発的な事由により期限の特例が認められる場合を拡張」する、と述べている。

4 ………… 実体的違法と更正の請求

(1)　合意解除の場合

　設問❸が実体法上どのように扱われ、また更正の請求が認められるか をみていこう。まず、(1)の合意解除された場合を念頭に、説明を行う。

　通常の更正の請求は、「申告書に記載した課税標準等若しくは税額等 の計算が国税に関する法律の規定に従つていなかつたこと又は当該計算 に誤りがあつたこと」(税通 23 条 1 項 1 号)を理由になしうる。単純に いえば、申告書に(実体法上の、つまり課税標準等や税額等の)違法や計 算ミスがあり、それを納税者に有利に訂正する場合に、なしうるもので ある。特別の更正の請求のうち、国税通則法 23 条 2 項は、違法を明示 していないが、2 項柱書が、2 項列挙事由を「理由として [1] 項の規定 による更正の請求をすることができる」と定めているところからすると、 通則法 23 条 2 項列挙事由のいずれも、申告書が実体法的に違法である ことを前提にしていると考えられる[7]。所得税法 152 条や法人税法 80 条 の 2 などが規定する特別の更正の請求も、一定の事由が生じたときに、 通常の更正の請求をなしうると定めているから、それら事由により申告 書が実体的に違法になることを前提としているであろう。

　以上のことから、更正の請求ができるかどうかは、まずその事由が実 体法的な違法を生じるかどうかを判断し、その次に期間制限などの手続 的な要件に合致しているかどうかを判断するという、二段階のプロセス を踏まなければならないことになる(東京高判昭和 61・7・3 訟月 33 巻 4 号 1023 頁など)。単純な適用条文の見落としや計算ミスならば、違法か どうかの判断は比較的簡単であるが、本設問❸や❹のように、申告書提 出後に一定の事由が生じた場合には、まずその事由が所得税法上のどの ように取り扱われるかを検討しなければならない。しかも、所得税法 63・ 64 条と同 152 条のように、前者が所得計算上の取扱いについての実体 的規定で、後者がそれを受けての更正の請求の手続的規定が分かれてい れば、二段階プロセスが明らかであり、申告書の違法も理解しやすいけ

---

[7]　相続税に関する事例であるが、神戸地判平成 19・11・20 訟月 55 巻 4 号 1933 頁参照。

れども、設問❸のように、条文に定められた特別の更正の請求可能理由がそのまま一定の所得計算を前提としている場合には、いわば手続的規定が一定の実体法上の処理をも示唆するという意味で、1つの条文で二段階のプロセスが処理される側面があり、理解がしにくい。

設問❸(1)について、令和2年3月1日の確定申告書提出当時、令和元年の甲土地の譲渡所得計算には違法がなかったが、令和2年7月に甲土地の売買契約につき合意解除されているため、令和元年の譲渡所得課税が過大違法となり、更正の請求ができるかが問題となる。国税通則法23条2項3号を受けた同法施行令6条1項2号は、申告に係る課税標準等・税額等の計算の基礎となった事実に係る契約が、解除権の行使により解除され、もしくはその契約の成立後生じたやむをえない事情によって解除され、または取り消されたことを更正の請求可能事由とする。したがって、甲土地売買契約の合意解除が契約成立後のやむをえない事情による解除に該当すれば、令和元年の譲渡所得がいわば遡及的に失われることを前提に（ただし、このことは所得税法上明示されていない）、同年の申告書上の税額に過大の違法があるとして、更正の請求をなしうる（遺産分割の合意解除と更正の請求につき、参照、「**17. 財産隠しの結末**」）。この場合の更正の請求は、令和元年の確定申告書の法定申告期限から5年以内という通常の更正の請求可能期間に行われ、国税通則法23条2項の特別の更正の請求はできないから（2項柱書第3括弧書参照）、同1項の通常の更正の請求として行うべきである。なお、令和元年の譲渡所得が遡及的に失われるためには、合意解除に伴い原状回復（経済的成果の喪失）が必要であることにも注意すべきである（判決により合意解除が確定したが経済的成果が失われていないことから更正の請求を認めなかった東京地判平成14・5・24税資252号順号9126参照）。

次に、合意解除について更正の請求が認められるべき「やむを得ない事情」とは、「法定の解除事由がある場合、事情の変更により契約内容に拘束力を認めるのが不当な場合、その他これに類する客観的理由のある場合を指すもの」（東京地判昭和60・10・23行集36巻10号1763頁等）と一般に解されている。本件で合意解除が行われたのは、Bさんの資金

繰りがつかず、これ以上売買契約に拘束力を認めるのが不当だからであり、その意味で、やむをえない事情による合意解除である。結局、Aさんは、甲土地売買契約の合意解除により、令和元年の甲土地の譲渡所得がないものとされ、したがって同年の確定申告に過大の違法があるから、国税通則法23条1項の通常の更正の請求ができる。

以上の説明について、3点注意が必要である。第1に、国税通則法施行令6条1項2号がやむをえない事情による解除を更正の請求可能事由に挙げているが、やむをえない事情による解除であれば必ず所得が遡及的になくなるわけではなく、それは実体法規定によるということを、繰り返し強調しておこう。[8]しかも、設問❸自身（(1)のみならず、後述する(2)も）が明らかにしているように、所得税法では、63・64条のような実体的規定が必ずしも設けられているわけではなく、解釈による部分も大きい。たとえば、事業所得や不動産所得のように、恒常的な所得種類については、合意解除により損失が生じたものとして損失が生じた年度に必要経費が計上されるから（所法51条2項、所令141条1号参照）、売買契約による売上計上年度の収入金額および所得金額自体は変更されず、したがって売上計上年度の所得について更正の請求ができない、と一般には解されている。[9]他方、損失控除規定がなく、また損失控除が認められても控除されるべき所得がほとんどない一時的な所得種類については、合意解除により売買契約前の状況に戻り、売買契約から生じる収入金額自体がなく、課税されるべき所得もない、と一般には解されている。[10]設問❸(1)は、一時的な所得種類である譲渡所得に関する合意解除であるこ

---

[8] 法人税の事例ではあるが、東京高判昭和61・11・11行集37巻10＝11号1334頁は、代金未払いによる合意解除につき、解除日の属する事業年度の損失として計上すべき旨、判示している。

[9] また、たとえば、事業所得や事業規模の不動産所得は、所得税法64条1項が規定する、遡及的な収入金額の消滅の対象外になっている。これは事業所得や事業規模の不動産所得では、総収入金額の回収ができなくなった段階で、貸倒損失の必要経費算入が認められていること（所法51条2項）を受けて、収入金額がなかったものとみなす必要がないことを示している。なお、最判昭和53・3・16訟月24巻4号840頁も参照。

[10] 譲渡の無効に関してではあるが、最判平成2・5・11訟月37巻6号1080頁は、「個人がその有する資産の譲渡による譲渡所得について所定の申告をしなかったとしても、当該譲渡行為が無効であり、その行為により生じた経済的成果がその行為の無効であることに基因して失われたときは、右所得は、格別の手続を要せず遡及的に消滅することになるのであって、税務署長は、その後に右所得の存在を前提として決定又は更正をすることはできないものと解される」と判示している。

とから、収入金額が遡及的に消滅したと考えられる。

　第2に、国税通則法23条1項の通常の更正の請求ができるかどうかを、同2項の特別の更正の請求の要件（事由）該当性で判断している点である。これは、特別の更正の請求とは、通常の更正の請求についての請求期間についてのみ、納税者に有利な特例を定めただけであり、通常の請求が可能な期間内に特別の更正の請求可能事由が生じた場合には、通常の更正の請求をなしうる、という理解に基づく。なお、この場合に着目すべきは、通常の更正の請求が可能であるために、2項の特別の更正の請求の要件を満たさなければならない、と裁判例（前掲東京高判昭和61・7・3）が理解している点である。たとえば、通常の更正の請求が認められるためには、国税通則法施行令6条1項2号に定める「やむを得ない」合意解除がなければならず、合意解除の理由を問わずいかなる合意解除であっても更正の請求ができる、と理解されているわけではない。その意味で、特別の更正の請求は、通常の更正の請求可能事由を明らかにしているし、言い方を変えれば、事由を限定しているといえる。

　第3に、設問❸(1)において、Aさんの更正の請求ができるとしても、それがいつまでか、が問題となる。国税通則法23条1項の通常の更正の請求は法定申告期限（新型コロナウイルス感染症の影響により令和元年度分の所得税の法定申告期限は令和2年4月16日[11]とされたが、設問末尾で示したように、この影響を考えないので、以下では、令和2年3月16日を法定申告期限と考えよう）から5年間（同7年3月17日まで。16日は日曜日）可能なこと、通常の更正の請求が可能な期間には、同2項の特別の更正の請求ができないこと（税通23条2項柱書第3括弧書）から、Aさんの更正の請求は同1項の通常の更正の請求であり、法定申告期限から5年間、つまり令和7年3月17日まで可能と考えられる。

---

[11]　前掲注[1]で述べたように、令和元年分所得税の申告期限は、国税通則法11条により、全国一律に1ヶ月延長された。同条による申告期限の延長があったときは、延長された期限が法定申告期限となる。志場喜徳郎ほか共編『国税通則法精解（平成31年改訂）』142〜143頁（大蔵財務協会・2019）。なお、期限が日曜日や休日などである場合には、その翌日が期限とみなされる（税通10条2項）。

(2) 錯誤による意思表示取消しの場合

　次に、設問❸(2)の、錯誤により意思表示が取り消され、結果として売買契約が無効とされ[12]、その経済的成果が失われた場合を考えよう。基本的には(1)と同様に考えることができる。錯誤によりBさんの意思表示が取り消されたため売買契約が無効となり、経済的成果が失われたことは、所得税法152条を受けた所得税法施行令274条1号に該当するが[13]、これにより令和元年の甲土地の譲渡所得が遡及的に消滅し、同年の所得計算に違法が生じて、納付税額が過大となる。これを受け、Aさんは、所得税法152条の要件を満たすことから、同規定による特別の更正の請求を、意思表示の取消しと売買契約無効を受けた原状回復（経済的成果喪失）の生じた時点（令和2年7月）から2ヶ月の間になしうる、と一応は解される（所得税法施行令274条2号の取消しも、1号と同様、経済的成果の喪失が前提とされていると思われる）。

　もっとも、錯誤による意思表示の取消しにより売買契約が無効とされたこと自体、国税通則法23条2項3号を受けた同施行令6条1項2号の「契約が、……取り消されたこと」に該当するから、同規定による通常の更正の請求もなしうると思われる。所得税法152条には、国税通則法23条2項柱書第3括弧書に相当する文言がないことから、設問❸(2)の場合には、所得税法152条の特別の更正の請求と、国税通則法23条

---

[12]　税負担の誤解が意思表示の取消原因たる重要な錯誤にあたるかどうかが、しばしば問題になる。民法改正前の事例であるが、高名な事例としては、離婚に伴う財産分与時の譲渡所得課税が問題となった最判平成元・9・14判時1336号93頁がある。

[13]　民法95条1項は錯誤による意思表示の取消しを定めており、取消しの結果として売買契約が無効となるから、この場合は所得税法施行令274条1号の無効の場合に該当するのか、それとも同条2号や国税通則法施行令6条1項2号の取消しの場合に該当するのかが問題となる。同施行令6条1項2号が「契約が、……取り消されたこと」と定めていることや、従来から民法90条、93条や94条に該当する場合には無効、96条に該当する場合には取消しと解されていること（志場ほか・前掲注[11]375〜376頁など）から、95条による錯誤取消しの場合は、「取消し」に該当すると考えられる。

　なお、国税通則法施行令6条1項2号の「やむを得ない事情」とは、契約の相手方が完全な履行をしないなどの客観的事由に限られ、錯誤のような表意者の主観的事情は含まれないとする高松高判平成18・2・23訟月52巻12号3672頁の考え方によれば、錯誤取消しも制限的に考えられるべきであろうが、本設問は取引相手方のBさんの錯誤によって取り消されたという客観的事由によるから、所得税法施行令274条2号・国税通則法施行令6条1項2号の取消しの場合に該当すると考えてよかろう。

1項の通常の更正の請求の両者のいずれをも、Aさんはなしうるものと解されよう[14]。通常の更正の請求を行う場合、請求可能期間は、合意解除同様、法定申告期限から5年間、つまり令和7年3月17日までである。

5……… 損失計上と更正の請求

次に、設問❹について、実体法上の取扱いと更正の請求の可否を検討する。

まず、Aさんのイベント報酬について、事業所得の計算上、いつ収入金額に算入すべきかが問題となる。Aさんが小規模事業者の収入・費用の帰属時期の特例（所法67条）の適用を受ける場合には、いわゆる現金主義が適用され[15]、現実の収入があった時点に総収入金額を算入すべきであり、また費用についても、償却費などを除き、支出した時点で必要経費に算入すべきである（所令196条1・2項）。したがって、報酬20万円は、令和元年の事業所得の計算上、総収入金額に算入する必要はなく、もちろん回収不能になった令和2年に貸倒損失（所法51条2項）を必要経費にすることもできない。イベント司会遂行上、かかった必要経費があれば、支出した年（おそらくほとんどは令和元年）に算入する。

他方、所得税法67条の適用がなく、所得税法36条1項の一般原則に従えば、収入金額はその権利が確定した時点で計上すべきであり（権利確定主義。最判昭和49・3・8民集28巻2号186頁参照）、具体的には人的役務提供完了時点（イベント終了時点）で総収入金額に算入される（参照、所基通36-8(5)）。したがって、設問❹の場合には、令和元年に20万円の報酬につき、総収入金額に算入される。

もっとも、イベント報酬は結局回収できなかったから、次に問題にな

---

[14]　以上に対し、通常の更正の請求可能期間内に、所得税法152条の特別の更正の請求の事由が生じた場合には、その事由から2ヶ月しか更正の請求が認められない（要するに、特別の更正の請求しかできず、通常の更正の請求ができない）、と示唆する見解もある（清永・後掲参考文献444頁注12参照）。ただし、本設問の錯誤による意思表示の取消しは、所得税法施行令274条2号と国税通則法施行令6条1項2号の双方に該当するから、本文のように、通常の更正の請求と、所得税法152条の特別の更正の請求を、重畳的になしうると解される。

[15]　はじめて所得税法67条の適用を受ける場合には、前々年の不動産所得・事業所得の金額の合計額が300万円以下であることだけが要件である（所令195条1号）。過去にこの規定の適用を受けたことがある場合には、所轄税務署長の承認が必要である（同2号）。

るのは、この回収不能の処理である。債務者の所在不明により、報酬の回収ができないことが明らかになったと考えられるから、Aさんは20万円の報酬債権につき、令和2年の事業所得の計算上、貸倒損失が生じ[16]たものとされ、同額が必要経費に算入される（所法51条2項）。このことを受けて、設問❸の場合とは異なり、令和元年の総収入金額に算入された20万円自体は消滅しないから、同年の総収入金額の消滅を前提とする更正の請求はできない（（総）収入金額の回収不能時の所得計算の特例を定めた所法64条1項は、事業所得には適用されないことに注意。同64条1項第1括弧書）。

解答例

設問❶　(1)　Aさんは事業所得者に該当するので、毎年2月16日から3月15日までの間に確定申告をして、同時期に税額を納付しなければならない（所法120条1項・128条）。フリーアナウンサーとして独立する以前に給与所得しかなければ、独立した年には問題にはならないが、翌年以降、前年の所得税額を基準とした予定納税基準額の3分の1相当額を7月中と11月中にそれぞれ納付しなければならない（予定納税制度。所法104条以下）。予定納税額は毎年6月15日までに、所轄税務署長から通知がある（所法106条1項）。
　(2)　正確に記帳保存された帳簿書類に基づいて正確な申告を行うことを奨励するため、所轄税務署長の承認を受けて青色の申告書の提出を納税者に認めて、それ以外の申告書（白色申告）には認められていない各種の特典を与える制度を、青色申告制度という（所法143条、法法121条）。青色申告を行うと、記帳の詳細さに応じて65万円、55万円または10万円を所得金額から控除する青色申告特別控除（措法25条の2）や純損失の繰越控除（所法70条）といった各

---

[16]　名古屋高判昭和60・1・31税資144号208頁は、「所得税法五一条二項所定のいわゆる貸倒金を必要経費として計上するためには当該年度中に債務者の事業閉鎖、行方不明など客観的に見て確定的に債権の回収を不能と認めざるをえない事態が存したか、あるいは債権者が回収困難と判断して債権を放棄した事実が存することを要すると解すべきである」と判示する。

種措置の適用が認められ、税額が少なくなるほか、実地の調査を経ずに課税処分が行われない（所法155条1項）など、手続的な保護も与えられている。

設問❷　所得税法は申告納税制度（税通16条1項1号）を採用しているが、申告納付した税額が過少違法である場合には修正申告（税通19条）、過大違法である場合には一定の期間内に更正の請求（税通23条等）をなしうる。Aさんの提出した申告書上、課税標準の計算に誤りがあり、納付すべき税額が過大である場合には、国税通則法23条1項1号により、その申告書の法定申告期限から5年以内に、更正の請求（いわゆる通常の更正の請求）をなすべきである。

　また、上記のような制度が採られているのは、申告書記載事項をもっともよく知る納税者の申告に基づいて課税標準等を確定し、その過誤の是正は、法律が特に認める場合に限ることが、租税債務の早期確定という国家財政上の要請に合致し、またそう考えても納税者へ過重な不利益を与えないためである。したがって、錯誤が客観的に明白かつ重大で、上記の方法以外にその是正を許さなければ、納税者の利益を著しく害すると認められる特段の事情がある場合でなければ、錯誤による申告の取消しを主張することはできない。

設問❸　(1)甲土地の譲渡所得を申告した後、その譲渡所得の前提となる売買契約が合意解除された場合、更正の請求ができるかどうか、またその更正の請求の種類が問題となる。国税通則法23条2項3号は、同1号および2号に類するやむをえない理由がある場合における更正の請求を認め、これを受けた国税通則法施行令6条1項2号は、申告に係る課税標準等または税額等の計算の基礎となった事実に係る契約が、解除権の行使により解除され、もしくは当該契約の成立後生じたやむをえない事情によって解除され、または取り消されたことを、やむをえない理由として掲げている。本設問では具体的に、本件の合意解除がこの契約成立後に生じたやむをえない事情による解除に該当するかが問われる。

　本設問の場合、相手方であるBさんの資金繰りがつかなかったことから、甲土地の売買契約の合意解除が行われており、事情の変更により契約内容に拘束力を認めるのが不当であるという意味で、合意解除はやむをえない事情による。また、Aさんも受領済みの代金を返還し、所有権移転登記の抹消を行っていることから、すでに申告済みの令和元年分の譲渡所得が失われており、同年の申告に

146

は所得税法に従っていない違法と、それによる税額の過大納付がある。したがって、国税通則法 23 条 2 項 3 号および所得税法施行令 6 条 1 項 2 号の要件を満たすと考えられるが、本件で合意解除が行われたのは、令和 2 年 7 月であり、この時点およびそこから 2 ヶ月以内は、国税通則法 23 条 1 項の更正の請求をいまだなしうる。国税通則法 23 条 2 項の更正の請求は認められない（同柱書第 3 括弧書）。

　以上のとおり、A さんは、令和元年の申告書において、譲渡所得につき過大に申告しているという違法があるため、令和 7 年 3 月 17 日までに、国税通則法 23 条 1 項に基づく更正の請求を行い、譲渡所得に係る過大納付税額を取り戻すことができる。

　(2)(1)と同様、甲土地の譲渡所得を申告した後、その譲渡所得の前提となる売買契約が意思表示の錯誤取消しにより無効とされ、その経済的成果が失われた場合、更正の請求ができるか、またその更正の請求の種類が問題となる。錯誤によって意思表示が取り消され、売買契約が無効となったことは、所得税法 152 条を受けた所得税法施行令 274 条 2 号の定める更正の請求可能事由たる行為の取消しである。取消しに伴い A さんは売買代金を返還し、所有権移転登記も抹消されているから、令和元年の所得として申告された土地の譲渡所得が遡及的に消滅し、同年の所得計算に違法が生じて、納付税額が過大となる。以上のことは、所得税法 152 条の要件を満たすから、同規定による特別の更正の請求を、錯誤による意思表示の取消しを受けて原状回復が生じた時点（令和 2 年 7 月）から 2 ヶ月（同年 9 月）の間になしうる。

　他方、錯誤による意思表示の取消しとそれに伴う売買契約の無効は、国税通則法 23 条 2 項 3 号を受けた国税通則法施行令 6 条 1 項 2 号の「申告……の計算の基礎となった事実に係る契約が、……取り消されたこと」に該当するとともに、令和元年の譲渡所得の消滅とそれによる所得計算の違法、納付税額の過大を招来するから、国税通則法 23 条 1 項 1 号所定の事由にも該当する。したがって、合意解除の場合と同様、同号に基づく通常の更正の請求を、法定申告期限から 5 年間、すなわち令和 7 年 3 月 17 日まで可能である。なお、所得税法 152 条には、国税通則法 23 条 2 項柱書第 3 括弧書に相当する文言がないことから、本設問の場合には、所得税法 152 条の特別の更正の請求と、通常の更正の請求の両者のいずれをも、A さんはなしうると解される。

設問❹　Aさんが令和元年に行ったイベント司会の報酬につき、その回収不能になったことも含めて、課税上の取扱いが問題となる。まず、Aさんが小規模事業者の収入・費用の帰属時期の特例（所法67条）の適用を受ける場合、現実の収入があった時点で総収入金額に算入される（所令196条1項）。したがって、報酬20万円は、令和元年の事業所得の計算上、総収入金額に算入する必要はなく、令和2年に回収不能になったことも、Aさんの同年の事業所得の計算に影響を与えない。

次に、Aさんが上記の特例の適用を受けない場合、イベント司会につきAさんが役務を提供し終えており、その報酬請求権はイベント終了時点で確定しているものと考えられるから、報酬20万円につき、令和元年の事業所得の計算上、総収入金額に算入すべきである（所法36条1項）。この報酬請求権は、令和2年に債務者であるCが行方不明になったことから、同年に貸し倒れたものと考えられる。したがって、所得税法51条2項により、令和2年の事業所得の計算上、20万円の貸倒損失が必要経費に算入される。

以上のとおり、令和元年に総収入金額に算入されているイベント報酬請求権は、翌年に貸倒処理されているから、令和元年の総収入金額自体には影響がなく、事業所得の金額や税額に過大の違法はない。したがって、令和元年の申告書につき、更正の請求はできない。

関連問題

1. 青色申告承認を受けずに行った青色申告書の提出の効果

本設問❶の解説で述べたように、青色申告を行うためには所轄税務署長の承認が必要であるが、仮にこの承認を受けずに青色申告書（申告書上の青色申告の欄にチェックを入れて提出する）を継続して提出し、所轄税務署長からは何も調査や処分が行われなかったとしよう。しかし、数年後に所轄税務署長から、これまで提出してきた申告書を白色申告とみて、数年間分の所得税につき更正が行われた場合、青色申告としての効力を否認する更正が信義則に違反する、と納税者は主張できるか（最判昭和62・10・30訟月34巻4号853頁参照）。

2．申告前の合意解除

本設問❸において、A さんが令和元年 11 月に甲土地を B さんに売却したものの、A さん自身の税負担が多額になることに気づいたため、令和 2 年 1 月、売買契約を合意解除し、受領済みの代金を A さんが B さんに返還するとともに、所有権移転登記の抹消を行った。令和元年の確定申告書提出にあたり、甲土地の譲渡所得について、A さんは税法上どのように処理すればよいか。合意解除が 5 月に行われ、その後に令和元年の確定申告書を期限後申告した場合はどうか（東京地判昭和 60・10・23 行集 36 巻 10 号 1763 頁参照）。

3．決定処分と後発的事由

本設問における A さんが確定申告を行わず、令和元年の所得税について、令和 6 年 6 月 15 日に決定処分の通知を受け、同年 7 月 10 日に A さんは決定に係る税額を納付した。その税額には、甲土地を売却したこと（まだ合意解除はされていない）により生じた譲渡所得に係る税額も含まれているとする。同年 9 月 15 日に、B さんの事情により、甲土地の売買契約について合意解除がなされた場合、令和元年の所得税につき、A さんはいかなる手続をとりうるか。また、合意解除が令和 7 年 4 月 1 日に生じた場合はどうか。

参 | 考 | 文 | 献

清永敬次「更正の請求に関する若干の検討」佐藤幸治＝清永敬次編『憲法裁判と行政訴訟（園部逸夫先生古稀記念)』431 頁（有斐閣・1999）

金子宏「更正の請求について」同『租税法理論の形成と解明』597 頁（有斐閣・2010 ［初出 2005]）

渋谷雅弘「更正の請求をめぐる今日の論点」租税法研究 37 号 89 頁（2009）

（髙橋祐介）

10. 新米税理士の奮闘★

設問　弁護士のＸ氏は、「弁護士は、試験を受けなくても、税理士になることができる」ということを知り合いの税理士から聞き、仕事の幅が広がるし、収入も増えるだろうと思って、自らも税理士になる決心をした。そして、この度、税理士法３条１項３号に基づいて、晴れて税理士になったばかりである。そのような彼のところに、かつて遺産分割に関する仕事の依頼人であったＡ氏から、以下のような手紙（質問状）が届いたのである。

- -

Ｘ先生
　前略

　遺産分割協議のときは、大変お世話になりました。実は、現在勤務している会社から、転勤を打診されております。しかし、私はこの地が気に入っており、また家族の猛反対にもあいましたので、これを機会に会社を辞め、あのとき相続した遺産を元手に、新たに事業（ワイン等の輸入および販売に携わる事業）を起こそうと考えるようになりました。そのような折、Ｘ先生が税理士になられたということを耳にしましたので、税法上、個人事業形態と法人形態のどちらが有利なのか、教えて頂きたく筆をとった次第です。

　学生時代、大学で税法の講義を受けたときに、「法人税は所得税の前どりである」ということを聞いた記憶があります。私は、きわめて不真面目な学生で、ろくに授業にも出ていなかったのですが、友人に借りたマンガ本を返すために、たまたま出席した税法の授業のなかで、「法人税と所得税の関係」について、担当のＴ教授が話されていたのを憶えていたのです。

　そのとき教授は、「わが国では、配当税額控除等によって、この問題を解決しようとしているが、決して十分ではなく、法人段階で１回、

個人段階でもう1回という意味での二段階課税を受けている」と話しておられました。そのとき私は、「なるほど、法人は、個人に比べて、1回分多く課税されるから損なんだな」と感じた程度だったのですが、今になってよく考えると、「そうならば、なぜ世間では、法人成りした方が税金の面でも得だ、とよく言われるのだろう」と思うようになりました。

T教授は、「税法は、君たちが世の中に出たら、きっと役に立つから、だまされたと思って、一生懸命勉強しておきなさい」ともおっしゃっていました。あの頃は、自分が事業を起こすようになるなんて思ってもみなかったので、その後の講義内容を注意して聞くこともなく、そのままになっていました。しかし、今になって思えば、税法の授業だけでも、真面目に出ておけばよかったと後悔することしきりです。

遺産分割のときも、相続税の問題については随分悩まされました。ただ、あのときお世話になった税理士のH先生は、どちらかというと苦手なタイプなので、今回はできればX先生にご指導頂きたいと思っております。

ご存じのように、私には妻と2人の息子がおります。長男は商社に勤務しており、次男は大学院生でバイオ関係の研究をしておりますが、2人とも、私が起業したときは、役員あるいは従業員として手伝う覚悟はあると言ってくれています。主として税金の面から考えたとき、非公開会社と個人事業ではどちらが有利なのか、あるいはそれ以外の選択肢があるのか、何とぞご教示のほどよろしくお願い申し上げます。

草々

- -

手紙から推測するに、A氏は法学部出身のようで、「不真面目な学生」だったと自分では書いているが、少なくとも、大学で税法の講義を受けた経験がある。一方で、X氏は現役の弁護士ではあるが、税法についてはやや自信がなく、これから勉強しようと思った矢先に、A氏からの質問状をもらって、かなり動揺している。

正直に言うと、「ではT教授に聞きに行かれたらどうですか」と返事をしたいところであるが、税理士となった以上、「私は知りません」では済まされない。それにA氏は、記念すべき税理士としての顧客第1号になるかもしれない。A氏が相続した財産が相当な金額にの

ぼることは、遺産分割に関わったX氏もよく知っているので、できればこの機会を逃がしたくない。X氏は、どのような返事を書けば、税理士としての面目を保つと同時に、優良なクライアントをとどめ置くことができるだろうか。

解　説

1　　　　概　観

(1)　設問のねらい

本設問では、主として法人税の性質および統合について学ぶ。「法人税は所得税の前取りである」という考え方を前提として、法人税と所得税の統合が唱えられる。以下では、まず、その前提を受け入れて、統合の必要性について解説し、続いて現行法はどのような統合の方法を用いているか、それ以外の方法としては何があるかについて、簡単に説明する。その際には、法人税の転嫁と帰着の問題についても触れる。

次に、法人税を独自の租税として課税する根拠についても、考えてみる。現実には、わが国を含めて、法人税と所得税が完全に統合されていない制度をもつ国の方が多く、法人が獲得した利益については、その一部または全部が株主段階でも課税されているからである。

さらに、2回課税されても、法人という事業形態を選択する意味（課税上の利点）について検討する。その過程で、配当課税の繰延べ、同族会社の留保金課税、および所得の分散といったものについても理解を深める。なお、本設問における検討は、どちらかといえば、設問に出てくるような非公開会社を前提として行う。また、特に断らない限り、国際課税等の問題については触れないことにする。

(2)　取り上げる項目

►法人税の性質
►法人税と所得税の統合
►統合の方式（配当税額控除方式、インピュテーション方式、組合方式）
►法人税の転嫁と帰着

► 独自の租税としての法人税の根拠
► 配当課税回避と同族会社の留保金課税
► 所得の分散と給与所得控除

2………法人税の性質

事業形態を法人にするか、それとも個人にするかは、法人税法の根幹に関わる問題を含んでいる。個人で事業を営めば、所得税が1回かかるだけなのに、同じ事業を法人で行えば、法人の獲得利益に対して法人税が課された後、さらに株主への配当の段階で所得税も課される。したがって、法人成りすることで、税負担が重くなる「可能性」が存在していることは事実である。

「法人税は所得税の前取りである」という考え方を受け入れるのであれば[1]、立法論としては、二段階課税（二重課税）に対する何らかの調整が必要となる。法人税と所得税の統合（integration）が提唱されるのは、このためである。

法人は株主の集合体であるという法人擬制説は、統合の必要性と結びつきやすく、反対に、法人を株主から独立した別の存在と捉える実在説は、二段階課税を正当化しやすい。しかし、これら両説のみを根拠として統合の是非を論じるのは、決め手のない議論に陥る危険性があり[2]、現実的にはあまり意味がない。擬制説か実在説かという議論の不毛性は、法人所得課税の経済的効果が考慮されていないところに原因があるとする指摘もある[3]。

かつてわが国で、統合の一方式である「支払配当損金算入方式」が主張されたことがある。これは法人が株式（エクイティ）で資金調達を行った場合には、2回課税されるのに、借入金（デット）の場合だと、支払利息が控除できるので1回しか課税されないことを問題視する見解であったが、それは擬制説そのものに基づいているというより、課税によ

---

[1] シャウプ勧告はこの立場を採る。シャウプ使節団『日本税制報告書』第6章A節（1949）参照。
[2] 金子宏『租税法〔第23版〕』326頁（弘文堂・2019）参照。
[3] 武田隆二『法人税法精説〔平成17年版〕』9頁（森山書店・2005）参照。

って自己資本率が低下しているという仮説を根拠に、配当の損金算入を認めよという主張であったと考えられる[4]。

3 ………… 統合の方式

　法人税と所得税の統合には、理論上、いくつかの種類がある。ここでは、現行法が採用する「配当税額控除方式」についてまず説明し、それ以外の方法についても簡単に触れる。所得税法 92 条は、個人株主が法人から利益の配当を受けた場合、受取配当の 10％ または 5％ を税額控除として認める。すなわち、配当所得のうち、他の所得とあわせた額から所得控除を引いた額（課税総所得金額）が 1000 万円以下の部分には、当該配当所得の金額の 10％、1000 万円超の部分には 5％ にあたる税額を控除するのである。これを「配当控除」という。

　この限りで、配当所得は軽課されているが、きわめて不十分な統合といわざるをえない。仮に、法人の所得が 100 で、法人税が課税されたあとの残額をすべて配当にまわしたとしよう。現行の法人税率は 23.2％（法法 66 条 1 項）だから、法人税が 23.2 であり、株主への配当は 76.8 となる。たとえば、限界税率 10％ の個人株主にとっては、税率 23.2％ の法人税の段階で、すでに「取られすぎ」なのであって、完全統合を目指すならば、差額の 13.2％ 部分である 13.2 について還付を認める必要がある。しかし、そうはせずに、株主が受領した 76.8 に対して、さらに配当所得として所得税を課し、当該配当所得について、10％ あるいは 5％ の税額控除を認めるという方式なのだから、救済にはほど遠いことになる[5]。

　なお、個人株主とは異なり、法人株主が受け取る配当は、その一部または全部が益金に算入されないという形で軽課されている（法法 23 条）。「法人税が所得税の前取り」であることを前提とすれば、受取配当が益

---

[4]　なお、このような主張に基づいて、昭和 36 年から平成 2 年までは、法人所得のうち、配当に充てた部分に対して通常より低い税率を適用する「二重税率方式」が、実際に制度として採用されていた。

[5]　もっとも、配当所得については、租税特別措置法 8 条の 5 第 1 項に規定する申告不要制度があり、他の所得と比べて優遇的扱いを受けていることは事実である。

金不算入となるのは、なかば当然の帰結であろう。しかし、二段階課税を肯定したとしても、法人株主への配当を軽課するという理屈はありえる。ここでいう二段階課税とは、法人段階と株主段階で1回ずつ課税することであって、法人段階で何度も課税することを意味しないからである。[6] 実際、二段階課税方式（クラシカル・システム）を採用するアメリカでも、法人株主への配当は、その一部または全部が課税の対象から除かれている。[7]

　配当税額控除方式以外の方法として、ここでは、組合方式とインピュテーション方式について、簡単に触れておく。まず組合方式とは、法人が利益を獲得した段階で、それを各株主の持ち分に応じて按分し、その金額に応じて所得税を課す方法である。法人税を課さず、各株主は、自らの限界税率において所得税が課税されるので、これは完全統合の一種であり、課税は1回限りで終了する。[8] この方法のもとでは、法人が配当をしないことで利益を内部に留保しても、株主段階での課税が繰り延べられることはない。その一方で、株主は、実際の配当とは関係なく、法人の利益獲得時に課税されるため、納税資金等の問題があり、また多数の株主がいる大企業では、執行に困難をきたすおそれがある。

　インピュテーション方式とは、株主が配当を受け取る段階で、その配当について法人がすでに支払った法人税をグロスアップし、その金額に、株主の限界税率を適用して税額を出し、そこからグロスアップした法人税を控除して、最終的な株主の税額を計算する方法である。[9] 控除できな

---

[6]　ただし、受取配当益金不算入というルールは、近年の法改正により、株式等の保有割合（持株比率）によって制限を受けることになった。つまり、法人段階における多重課税の範囲は拡大傾向にあるといってよい。現行法人税法23条1項における保有割合に応じた株式の区分は、①保有割合100％の完全子法人株式等（同条5項）、②保有割合3分の1超の関連法人株式等（同条6項）、③保有割合5％超3分の1以下のその他の株式等（①、②、④のいずれにも該当しない株式等）、④保有割合5％以下の非支配目的株式等（同条7項）となっていて、それぞれの益金不算入の割合は、①、②が100％、③が50％、④が20％とされている。

[7]　内国歳入法典243条。

[8]　アメリカでは、一定のパートナーシップ、S法人および有限責任会社（Limited Liability Company）について、この課税方式が採られている。ジョン・マクナルティ（増井良啓訳）「合衆国における法人税所得税統合の提案（下）」ジュリスト1039号122頁（1994）参照。

[9]　かつて100％インピュテーション方式を採用していたドイツは、2000年の税制改正によって、この方式を廃止し、法人税率を40％から25％に下げるとともに、受取配当の2分の1が株主の所

い部分は、法人税の払いすぎであるから、100％インピュテーション方式であれば、この部分は還付されることになる。つまり、配当された部分に限って、統合が行われることになる。[10]

4⋯⋯⋯⋯法人税の実際の負担者（法人税の転嫁と帰着）

統合の必要性を主張する見解の前提には、法人税は株主が負担しているという考え方がある。法人税が課された場合、法人そのものに税を負担する能力がないのであれば、それはどこかに転嫁されていることになる。しかし、法人税を実際に負担しているのは、株主だけに限られない可能性もある。[11]

法人税が課されると、法人はそれを、賃金を下げるという方法で、労働者に転嫁するかもしれない。あるいは、仕入価格を下げるという形で、取引先に転嫁するかもしれないし、製品の値段を上げるという方法で、消費者に転嫁するかもしれない。

もしそうだとすれば、法人税は、株主利益への課税（所得税の前取り）ではなく、実質的には賃金税あるいは消費税の性質を帯びてくる。これらは逆進的な税なので、所得税が目指す垂直的公平や再配分効果を害する結果となる可能性がある。もっとも、実際に法人税を負担しているのは誰なのか（法人が誰に転嫁しているのか）ということを証明することは、きわめて困難である。

得税の課税対象となる制度（二分の一所得方式）を採用した。これは、統合（二重課税の排除）から二重課税を許容する方向へのシフトである。インピュテーション方式廃止の主たる理由は、ドイツ企業の国際的競争力の確保、他のEU諸国との制度の調和、簡素化および濫用の防止であった。Moris Lehner「ヨーロッパ法および国際租税法からみたドイツの企業税制改革」租税法研究30号229頁（2002）参照。そして、2009年から、利子・配当・キャピタルゲインに対する一律25％の申告不要（分離課税）が導入されたことに伴い、個人株主段階における法人税と所得税の調整は廃止された。財務省HP「主要国の配当に係る負担調整に関する仕組み」（https://www.mof.go.jp/tax_policy/summary/financial_securities/risi04.htm）参照。

[10]　なお、租税特別措置法67条の14および15に規定される特定目的会社および投資法人については、一定の支払配当が損金に算入されることになっている。これは支払配当損金算入方式という統合の一形態である。

[11]　政府税制調査会答申「わが国税制の現状と課題―21世紀に向けた国民の参加と選択（平成12年7月14日）」157頁参照。

5………独自の租税としての法人税とその根拠

ここでは、少し視点を変えて、なぜ法人税という租税が（所得税とは別に）存在しうるのか、その根拠について考えてみよう。

法人税については、これが利益（benefit）への対価であるという考え方がある。法人という事業形態をとることで、個人事業では認められない各種の利益ないし特権が与えられることがある。法人税はその対価であると考えるのである。

そのような利益の典型例として、有限責任性がある。法人の場合、たとえ事業に失敗して倒産しても、株主は出資額以上の損失を被ることはない。出資者が有限責任となることで、投資に対する期待値も上がることになる。国は制度としてこのような有限責任を認めているのだから、その対価として法人税を課してもよいと考えるわけである。

しかし、現行法はこの考え方を貫いてはいない。たとえば、有限責任事業組合（日本版LLP）の各組合員は有限責任であるが、組合そのものは法人税の課税対象となっていない。法人でなく組合なので、構成員課税方式が採られていると思われるが、法人税が有限責任の対価であるならば、このような組合はエンティティのレベルで課税されるべきこととなる。その一方で、合名会社や合資会社の場合、無限責任社員がいることを理由に法人税が軽減されることはない。また、会社の債務について、仮に社長が保証人になっていたとしても、個人が無限責任を負うことを理由に、その会社に法人税が課されなくなるわけでもない。

次に、考えられる法人に特有な利益としては、株式流動性（liquidity）がある。安定した証券市場が存在することで、株主の投資に関する種々のコストが減額され、株主はそうでない場合よりも多くの利益（超過利潤）を得ることができる。そのような市場を政府が維持・管理するための対価として、法人税が課されていると考えるのである。

これもありうる考え方ではあるが、主として上場企業にあてはまるものであり、非公開会社には該当しない。さらにいうと、流動性のある社債を有する者にも、同じことがいえるはずなのに、社債権者への利息の支払は、（配当と異なり）法人段階において控除可能である。つまり、現

行法は、「流動性の対価としての法人税」という考え方を貫徹している
とはいえない。

　それ以外の利益としては、各株主の利害を調整するという意味におけ
る「エージェンシー・コスト（agency cost）」の減少が考えられる。も
し、法人税がなく、組合方式のように、株主が直接課税されるとしたら、
法人の利益獲得活動に対する個々の株主の立場が異なるため、それぞれ
の利害が対立する可能性がある（たとえば、非課税の立場を有する株主や
他に課税損失を有する株主と、他に課税利益を有している株主とでは、課税
上の立場が異なる）。

　しかし、事業体レベルの租税として法人税があることで、潜在的な対
立を回避することが可能となる。もっとも、法人の利益が株主へ渡る段
階で、個々の株主の課税上の立場が異なるため、結局はエージェンシ
ー・コストが発生することになる[12]。

　上記のような「利益に対する対価」という根拠では、少なくとも、現
行法における法人税の存在を十分に正当化できないとすれば、なぜ2回
も課税されるのに、法人という事業形態がなくならないのかという疑問
が生じてくる。わが国を含む多くの国において、法人税は古くから存続
し、かつ多くの税収を上げているからである。つまり、法人税が課され
ても、法人という事業形態が選択されているのだから、そこには何らか
の理由（それが何かを明確にすることは難しいけれど）が存するはずであ
る。そして、それこそが法人の担税力であると考えることは可能だと思
われる。

---

[12]　これら3つの理由について、*See* Schlunk, I Come Not to Praise the Corporate Income
Tax, but to Save It, 56 Tax L. Rev. 329 at 338 (2003)。また、利益への対価という根拠以外にも、
たとえば、法人に個人所得に対する源泉徴収機能を持たせるために、法人税が存在しているとか、法
人で事業を行うことを（何らかの理由で）政策的に抑制するために法人税が課されている、あるいは
一般に株式に投資する者は高額所得者なので、法人税を課すことで所得税の累進性をさらに強化する
ことができるといった根拠等も、一応は考えられる。*Id.*, at 349. *See also* Coase, The Nature of
the Firm, 4 Economica 386, 389 n. 3 (1937). 中村竜哉「R. H. コースによる企業の理論についての
一考察(1)―経営学研究のための企業の経済学」商學討究50巻2＝3号159頁（2000）参照。

6 ⋯⋯⋯⋯二段階課税の回避等

　すでにみてきたように、わが国が採用する配当税額控除方式では、部分的に法人税と所得税の二段階課税が生じ、かつ配当段階での救済がきわめて不十分であるから、法人成りをすることは、税金対策としては意味がないように思えるかもしれない。しかし、以下に述べるように、必ずしもそうではない。

　二段階課税が生じるのは、配当してからであり、それまでの課税は1回だけである。現行の個人最高税率は45%（所法89条1項）、法人税率は23.2%（法法66条1項）であるから、配当を先送りすることで、高い所得税率を回避することが可能となる。

　個人企業が法人成りする場合の多くは、中小規模の特定同族会社（法法67条1・2項）であることが予想されるが、そのような同族会社であれば、配当せずに個人段階での課税を繰り延べるという操作は、十分に可能である。もっとも、同族会社が、いつまでも配当をせずに、利益を社内に留保していると、法人税法67条に基づいて、通常の法人税とは別に、特別の法人課税（同族会社の留保金課税制度）を受ける可能性があるので、注意を要する。これは、同族会社だからこそ行える配当課税の繰延べを防止する制度で、一定の留保金額について、10%、15%、20%という三段階の超過累進税率（年3000万円以下の金額に10%、年3000万円超1億円以下の金額に15%、年1億円超の金額に20%）で、通常とは別の法人税が課されることになっている。ただし、資本金または出資金の額が1億円以下の会社は（外部からの資金調達が難しく、これらの会社の財務基盤の強化を図る等の理由から）、この留保金課税の対象から除かれている（法法67条1項）。

　相続税対策のために法人成りを行うことも考えられる。留保金課税を避け、できるだけ留保金を維持したままで、同族会社の社長が亡くなったとする。相続の対象となるのは、会社財産ではなく、被相続人が保有していた会社の株式である。取引相場のない株式のうち、中小会社のものは、相続税に関する財産の評価方法として、純資産価額法と類似業種比準価額法の併用が認められている（財産評価基本通達179）。純資産価

額法では、それによる評価額と帳簿価額との差額（評価差額）について法人税等相当額が控除され（財産評価基本通達186-2）、類似業種比準価額法では、評価の安全性をはかるため、類似業種の平均株価の5〜7割を評価額（時価を超えないようなかための評価）としている（財産評価基本通達180）。したがって、株式で相続する場合は、会社財産そのものを相続した場合に比して、評価額が低く算定される傾向にあり、法人を作る旨味の1つとなっている（参照、「18. 節税策の失敗？」）。

　なお、二段階課税と直接の関係はないが、法人成りのメリットとして、事業所得者では利用できない給与所得控除（所法28条3項）が、社長の給与所得の計算に適用されるということがある。一定の役員給与は法人側で損金とされる（法法34条1・2項）と同時に、給与所得控除は概算控除なので、社長に生じた実際の必要経費の額に関係なく、支払給与から給与所得となる金額を減額させることが可能である。

　これに対しては、平成18年の改正で、一定の同族会社に関する損金算入制限が置かれることとなった（旧法法35条）。すなわち、法人成りによる経費の二重控除を防ぎ、個人企業との公平を保つための措置として、特殊支配同族会社の業務主宰役員等の給与については、当該給与にかかる給与所得控除相当額（旧法令72条の2）の法人段階における損金算入が否定された。しかし、このルールは平成22年度改正で廃止されてしまった。そして、平成24年度改正で、それまで青天井だった給与所得控除額に上限が設置され、現行法では給与等の収入金額が850万円を超える場合、給与所得控除額は195万円で固定されることになった（所法28条3項5号。参照、「11. 消える不動産所得!?」）。給与所得控除制度の（抜本的）改正により、上記の二重控除問題にも一定の対処をしたという形になっている。

解答例

　X氏からA氏への返事の一例として、以下のようなものが考えられる。

A様　　前略

　お手紙拝読いたしました。法人で起業するのがよいか、個人で始めるかは、A様の抱える種々の状況いかんによって違ってくると思います。以下、どちらが有利かに関する結論を左右すると思われる要素について、書いてみます。

　お手紙にあったとおり、現行法は、法人税を課した後に、個人株主の配当にも課税するという二段階の課税方式を採っております。ただし、「法人税は所得税の前取りである」という前提に立って、一定の調整をしています。それが、所得税法92条にある配当控除です。個人株主には、受取配当の10％または5％の税額控除が与えられます。10％になるか、5％になるかは、その年分の課税総所得金額が1000万円を超えるかどうかで分かれます。しかし、たとえ10％の税額控除を受けても、完全に二段階課税を排除したことにはならないので、T教授は「不十分だ」とおっしゃったのでしょう。

　二段階課税は、一見、不利のように思われますが、それは「配当をすれば」の話であり、もし配当を可能な限り遅らせることができるのなら、それだけ一回課税の状態を保てることになります。もし、社長さん個人に適用される限界税率が、法人税の税率より高ければ、法人を作ることで、配当をするまで、個人所得税の高い税率を回避できるのです。

　そして、配当しないまま会社がどんどん大きくなった後、社長さんにもしものことがあった場合、会社の財産は株式という形で相続されることになりますが、相続税法では、評価方法の特殊性から、株式で相続した方が有利になる傾向にあります。たとえば、個人事業に使用していた土地が相続された場合と、同じ土地を会社が所有していて、その会社の株式が相続された場合とを比較しますと、後

161

者の場合、純資産価額法や類似業種比準価額法といった評価方法を使用するため、相続税が安くなることが多いのです。

上では、「配当を可能な限り遅らせる」ことについて書きましたが、その場合、特定同族会社の留保金課税に注意する必要があります。同族会社が、いつまでも配当をせずに、利益を社内に留保していると、法人税法67条に基づいて、通常の法人税とは別に、追加で課税を受けるおそれがあります。ごく簡単にいうと、一定の留保金額について、10%、15%、20%の三段階の超過累進税率で、通常とは別の法人税が課されることになります。

上記以外で、法人成りをする旨味としては、家族等を従業員にして、給料を支払うことで所得を分散し、事業主に適用される高い個人累進税率の回避をはかることが考えられます。もっとも、所得税法にも、57条の青色事業専従者制度がありますから、同じような所得分散は不可能ではありません。それよりも魅力的なのは、社長に支払われる給与について、所得税法28条3項に規定する給与所得控除が使える可能性があることです。ただし、給与等の収入金額が850万円を超える場合、給与所得控除額は195万円が上限となります（所法28条3項5号）ので、注意してください。

以上は、すべて税法上の視点からの考慮ですが、法人と個人では、そもそも税法以外における差異があることにも気をつけておいてください。

たとえば、法人であれば有限責任ですから、事業が失敗しても個人の財産まで責任を追及されることはありません。また、〇〇会社というほうが、〇〇商店という名前よりも見栄えがするし、銀行も信用してお金を貸してくれるという社長さんもいます。さらに、経営者の代がわり等にかかわらず、会社は永続していきますし、持ち分（株式）を譲渡することで、投資から離脱することもできます。

このような有限責任や持分譲渡性といった利益を根拠として、法人税の存在を正当化する見解もあります（ただし、A様の場合は非公開会社だと思われるので、譲渡性は制限されることになります）。つまり、法人税は有限責任等の対価というわけです。この考え方を貫けば、二段階課税の調整は必要ないということになります。

最後に、ここまで「会社」というと、株式会社であることを前提として書いてきましたが、会社法には他にも、合名会社、合資会社、合同会社というものがあります。もっとも税法上はいずれも法人と

して扱われますから、株式会社と変わりはありません。合同会社への課税方法については、平成18年の会社法施行時にいろいろと議論されましたが、結局、組合のような課税方式は採用されず、株式会社と同じように課税されることとなっています。

　現段階で、私から申し上げられることの要点は、だいたい以上のとおりです。より詳しいご説明をする準備もありますので、近日中に、是非、事務所の方へお立ち寄り下さい。

草々

関連問題

１．有限責任事業組合

有限責任事業組合（日本版LLP）による起業の可能性について検討せよ。

２．各統合方式の長所と短所

組合方式およびインピュテーション方式の長所と短所について述べよ。

３．法人成りと給与所得控除

給与所得控除額に上限が設定されたこと（所法28条3項5号）は、法人成りによる二重控除を一定程度防止するということ以外にも、制度としてどのような意味があるのだろうか。

参 考 文 献

金子宏「法人税と所得税の統合——統合の諸類型の検討」『所得課税の法と政策』429頁（有斐閣・1996［初出1991］）

中里実「法人課税の再検討に関する覚書——課税の中立性の観点から」租税法研究19号1頁（1991）

水野忠恒「法人税改革——法人税と所得税の統合」『岩波講座 現代の法8 政府と企業』183頁（岩波書店・1997）

谷口勢津夫「同族会社税制の沿革及び現状と課題」税研 192 号 34 頁（2017）

吉村政穂「資本拠出者に対する課税――デットとエクイティの区分を中心に」金子宏監修『現代租税法講座 第 3 巻 企業・市場』51 頁（日本評論社・2017）

（渡辺徹也）

11. 消える不動産所得⁉ ★★

設問　Xは A ビルの所有者で、これを賃貸して多額の不動産所得を得ていた。不動産所得の収入は A ビルのテナントからの賃貸料のみであり、これに対応して、賃貸用不動産に係る固定資産税、金融機関から借り入れた A ビル建設費に対する利息の支払い、A ビルの窓の外側の清掃を委託している清掃業者への支払い、廊下の電灯やトイレットペーパーなどの消耗品の購入費用、A ビル本体等の業務用資産の減価償却費などが必要経費となっていた。X は、A ビルの廊下、階段、トイレ等の清掃をはじめとして、毎日このビルの管理業務を自分で行ない、たまには配偶者 B や大学生の子ども C も、それを手伝っていた。

　この度、X は株式会社甲会社を設立し、その発行済株式を 100%自分が保有することとした。X は甲社の代表取締役の地位につき、B と C は甲社の従業員となって、この 3 名は、それぞれ甲社から給与を受け取ることとなった。甲社には、ほかに従業員等はいない。

　A ビルの所有者として、X は甲社とビル管理契約を結んだ。この契約によると、

(1)　甲社は A ビルの管理を X から請け負い、A ビル専属の管理会社としてきめ細かな対応をする。

(2)　X は A ビルを管理する対価としてビル管理料を甲社に支払う。

(3)　A ビルの維持・管理に必要な費用は甲社が負担する。

ということになっていた。

　X が甲社に支払う管理料は、X が A ビルのテナントから受け取る賃貸料の総額から、借入金利息、減価償却費等の必要経費に加えて当該管理料を差し引くと残額がほぼ 0 円となるように相当高額に定められており、甲社が X らに支払う役員給与等の金額は、甲社が X から受け取る管理料収入から、窓清掃代金や消耗品費等の A ビルの管理に実際にかかる費用に加えて役員給与等を支出すると、甲社の所得が

ほぼ０円となるように決定された。

　なお、甲社設立後も、Ｘらの仕事の状況や内容は実質的に変化していない。

❶　このような甲社を使った取引が、Ｘの租税負担の軽減をもたらす仕組みを説明せよ。

❷　このような甲社を使った取引による租税負担の軽減を認めない場合には、所轄税務署長Ｙは、Ｘの所得税に関してどのような処分を行なうことが考えられるか。

❸　❷で行なわれると想定される処分の問題点を検討せよ。

解　説

1 ⋯⋯⋯⋯概　観

（1）　設問のねらい——教授のゼミノートから

　本設問のねらいは、大きく分けて２つある。１つは、同族会社を用いた取引によって不動産所得の給与所得への転換と家族間での所得分割の２点を実現し、関係者全体の総税負担額を減少させる仕組みを具体的に理解することである。

　もう１つは、このような同族会社を用いた租税回避に対して、所得税法157条を用いた否認が行なわれる方法を理解することである。その際には、条文の文言との関係、「税負担が不当に減少する」ということの意義、同族会社の法人税などの他の税負担との関連性などを視野に入れる必要がある。

（2）　取り上げる項目

►不動産所得から給与所得への所得分類の転換とそれによる税負担軽減の仕組み（給与所得控除）

►役員給与の損金算入制限規定による租税回避への対処

►家族間の所得分割

►所得税法157条の適用方法と問題点

2⋯⋯⋯⋯租税回避の目論見

教　授：それでは、租税法のゼミを始めます。今回は設問❶についてＰ
　　　　さんに、❷についてＳさんにレポーターをお願いし、❸につ
　　　　いては、全員で議論する予定です。時間ですので、Ｐさんのレ
　　　　ポートから始めてもらうことにします。Ｐさん、全員に資料を
　　　　配って、それを読み上げてください。

Ｐ：それでは、読みます。

┌──────── **【Ｐのレポート】**──設問❶について ────────┐

　本件の甲社を用いたＸの租税回避は、所得税法56条を潜脱して不動産所
得に対する課税を完全に免れようとする、大胆不敵な企てである。以下、そ
の仕組みを説明する。

　まず、もともとＸが行なっていたＡビルの賃貸は不動産所得を生ずべき
事業であるところ、生計を一にする親族がそのような事業に従事する場合に、
仮にＸがＢやＣに給与を支払っても、青色事業専従者でない限り、それを
不動産所得の計算上、必要経費に算入することはできない（所法56・57条）。
しかし、甲社を設立してＢやＣ（本件ではこれに加えてＸ自身）がそこに雇わ
れる形にすれば、所得税法の問題ではなくなり、Ｘ、Ｂ、Ｃに支払った給与
や役員給与は甲社の損金に算入される。このことを前提として考えると、甲
社設立後の状況は、

　㈠　Ｘの不動産所得の収入金額はＡビルのテナントから受け取る賃貸料
　　収入のみであり、そこから、借入金利息や減価償却費と甲社に支払うビ
　　ル管理料を控除すると残額が０円となるので、不動産所得には課税され
　　ない。

　㈡　甲社を見ると、甲社の益金は、Ａビルの管理料収入であるが、ここ
　　からＡビルの維持管理に実際かかった費用とＸに支払う役員給与やＢ、
　　Ｃに支払う従業員給与を損金として控除すると（先に述べたように、所得
　　税法56条の適用がないので、Ｂ、Ｃに対する給与も損金に算入することがで
　　きる）残額が０円となるようになっているので、甲社には法人税がかか
　　らない。

　そこで、以上の㈠㈡を総合すると、甲社設立以前に課税対象とされていた
Ｘの不動産所得は、Ｘの不動産所得としても、甲社の法人所得としても課
税されることはなく、結局、まったく租税負担を負わない結果となるのである。

└─────────────────────────────────────┘

　　　　以上です。まったく凄い租税回避の仕組みだと感心しました。

教　授：はい、ありがとうございます。それでは、このレポートについ
　　　　て、質問や意見をお願いします。はい、Q さん、どうぞ。

Q：あの、今の P さんのレポートですが、感覚的に何となく納得できな
　　　いのですが。課税所得がなくなってしまうなんて。

P：しかし、みなさんご承知のように、累進税率を採用している所得税
　　　のもとでは、家族間で所得を分割することによって租税回避ができ
　　　ます。それを防いでいる規定の 1 つが私のレポートで触れた所得税
　　　法 56 条ですが、本件では、その適用が潜脱されているのでこうい
　　　う結果になるのです。

R：でも、分割するっていうのは、分けていくことで、細分化したらい
　　　つのまにかなくなってしまうというものではないでしょう。何か控
　　　除とか、債務とかマイナスするものがないと……。

教　授：そうですね、それでは、P さん、甲社設立前後の X の所得、
　　　　甲社の所得を、それぞれ黒板に線分図で書いてみてください。

P：はい（と、黒板の前に出る）。まず、甲社設立前は X の収入は A ビル
　　　のテナントからの賃貸料収入ですから、これを最初に取って、そこ
　　　から必要経費を控除していくと……甲社設立前の X の所得は【図
　　　1】（次頁）のようになります。これに対して、甲社設立後の X の所
　　　得は、同じ金額の賃貸料収入を取って、そこから「支払利息・減価
　　　償却費等」は【図1】と同じで、「清掃代・消耗品費等」は甲社が
　　　負担しますのでこれは入れずに、甲社に支払う管理料が必要経費に
　　　なりますから、【図2】のようになります。不動産所得の金額は 0
　　　円です。

教　授：この場合、甲社の所得計算はどのような図で表されますか。比
　　　　較しやすいように、X が甲社に支払う管理料をまず取りまし
　　　　ょう。これは甲社の所得計算上はどこに現われますか。

P：えっと、甲社の益金です。

教　授：そうですね。それで、そこから各種のものを控除していくと
　　　　……。

（しばし、時間があって）

P：【図3】のとおりで、やはり、甲社の法人所得は0円です。

教　授：ところで、Pさん、【図3】を見ていて、何か気づきませんか、Xの課税所得は0円になりますか。

P：あ、甲社がXに支払う役員給与がXの給与所得になります。そうか、ところが、この全額がX1人の給与になるわけではなく、BやCの給与所得に分割されるから、租税回避ができるわけですね。

教　授：所得分割がなくてもXにはメリットがありますよ。たとえば、この給与を全額Xがもらっていたとして、Xにはどういう得がありますか、誰かわかる人はいませんか？

Q：概算経費控除です。課税所得が給与所得だと、給与所得には概算経費控除が手厚くありますので……（と、黒板に【図4】を書く）。こういうふうに、控除の分だけ課税所得が圧縮されてしまいます。

教　授：ご名答です。ただし、所得税法上、その控除の名前は概算経費控除ではなく「給与所得控除」です。このような法律上の用語は、必ず覚えて正しく使ってください。

Q：はい、すみません。

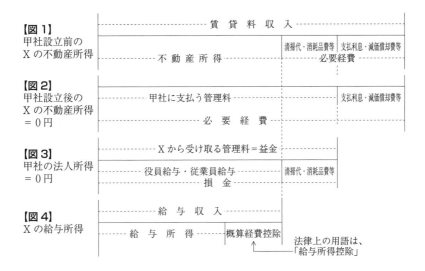

169

教　授：この図からわかるように、まず、X の不動産所得が X、B、C
らの給与所得となることによって、不動産所得のときには課税
対象となっていた所得の一部分が、給与所得控除として課税対
象から除かれます。その上で、P さんがご執心の「所得分割」
が行われ、累進税率のもとでは、その給与所得を X が全部 1
人で受けるときよりも、税負担の総額が軽くなるわけです。

　　　　　P さんのレポートにあるように、所得税法 56 条があるため、
甲社設立以前にはこのような所得分割はできませんね。ちなみ
に、最高裁は弁護士夫婦事件判決（最判平成 16・11・2 訟月 51
巻 10 号 2615 頁）で、所得税法 56 条は「事業を営む居住者と密
接な関係にある者がその事業に関して対価の支払を受ける場合
にこれを居住者の事業所得等の金額の計算上必要経費にそのま
ま算入することを認めると、納税者間における税負担の不均衡
をもたらすおそれがある」ことに対応した規定だという理解を
示しています。「居住者と生計を一にする配偶者その他の親族
が居住者と別に事業を営む場合であっても、そのことを理由に
同条の適用を否定することはでき」ないという判示とともに、
理解して記憶しておきましょう。

　　　　　なお、給与所得控除は、給与収入が少ない部分の方が多い部
分よりも割合的に大きくなっていますから、この点も給与収入
を分割するメリットということになります。

P：でも、こんな役員給与や従業員給与を利用した租税回避が野放しに
されているというのは、ちょっと信じられませんね。

教　授：確かに一分の隙もなく対応しているとは言えませんが、「野放
し」ということはありませんよ。[1] R さん、X や B らに支払わ
れる給与は、甲社の所得計算上、常に損金に算入できますか？

R：いいえ、場合によっては、支払った給与の一部を損金に算入できな

---

[1]　給与所得控除の金額には 195 万円の上限がある（給与収入が 850 万円を超えても給与所得控除
の金額は 195 万円よりも増えない。所法 28 条 3 項 5 号）。間接的ではあるが、これによって本件の
スキームで X が得る「うまみ」が限定されることが考えられる。

170

　　いことがありえます。まず、法人税法 34 条 1 項では法人の側で損
　　金に算入できる役員給与を形式的に一定のものに限定していますし、
　　さらに、形式的要件を満たしていても、そのうち不相当に高額とさ
　　れる部分は同条 2 項により、やはり損金に算入できません。B や C
　　のように役員である X と特殊な関係にある使用人に対する給与に
　　ついても、同法 36 条がそのうち不相当に高額な部分の損金算入を
　　制限しています（参照、「**14. ファミリービジネス始めました**」）。これ
　　らの損金算入が認められなかった役員給与や従業員給与は、結果的
　　に甲社の所得として法人税の課税対象とされることになります。

P：なるほど、X や B、C などの個人に限らず、相手方の法人、ここで
　　は甲社まで視野に入れて課税関係を考えるという発想ですね。

教　授：そうです。しかし、X が受け取る役員給与が、法人税法 34 条
　　　　1 項から 3 項までの規定によって損金不算入となるとは限りま
　　　　せん。そこで、もっと直接的に X の所得税を更正する方法は
　　　　ないかということが問題になるわけです。これが設問❷ですね。

3⋯⋯⋯⋯**所得税法 157 条による課税とその問題点**

教　授：それでは、このような X に対しては、どのような課税処分が
　　　　なされる可能性があるでしょうか。S さん、設問❷についての
　　　　レポートをお願いします。

S：はい。お配りしてあるレポートを読み上げます。

┌─────── **【S のレポート】**── 設問❷について ───────┐

　甲社は X が 100％ の株式を有する法人であるから、法人税法 2 条 10 号の
同族会社にあたるため、本件については所得税法 157 条の規定に基づく増額
更正処分がなされることが考えられる。この規定については、「①同族会社
の行為又は計算であること、②これを容認した場合にはその株主等の所得税
の負担を減少させる結果となること、③右所得税の減少は不当と評価される
ものであること」という 3 つの要件を満たせば、これを適用できるという裁
判例（東京地判平成 9・4・25 訟月 44 巻 11 号 1952 頁）があるため、以下では、
本件についてこれらの要件の充足の有無を検討する必要がある。
　まず、前述のとおり甲社は同族会社であるから、本件は「同族会社の行為

又は計算であること」にあたる。次に、甲社を用いた取引を行なわない場合にはXの不動産所得として課税されるものが、X、B、Cらの給与所得として分割して課税されることに鑑みると、②の要件のXの所得税の負担が減少していることは明らかである。また、Xには甲社を用いてAビルを管理しなければならないという合理的な理由はまったくないので、③の不当と評価されるという要件も満たしている。したがって、本件は所得税法157条の適用対象となり、税務署長の認めるところによった課税処分が行なわれることになる。

　この規定の効果としては、通常の取引に引き直して課税するというのがその趣旨であり、本件では、Xが通常の相場よりもはるかに多額の管理料を甲社に支払ったことからXの不動産所得が減少したのであるから、Aビルについて通常の管理料（適正管理料）を類似物件の平均等によって求め、その金額がAの不動産所得の必要経費であるとして、申告で必要経費とされている甲社に支払った管理料が、この適正管理料を上回る部分の必要経費算入を否定する増額更正処分が行なわれることになる。

　　　　以上です。よろしくお願いします。

Q：質問があります。このレポートでは甲社が同族法人であることは書かれていますが、具体的には甲社のどのような「行為又は計算」が否認されるのでしょうか。また、否認される同族会社の行為または計算はどういうものかということを考える場合には、法人税法132条の場合に言われていた「同族会社だからできる」または「純経済人として不合理」という基準と同じ基準で判断されるのでしょうか。

S：まず、後者の点ですが、基準は同じだと思います。それから前者の点については、甲社がXと設問にあるような契約を結んだことが、否認の対象となる行為だと考えています。

Q：でも、甲社としては、この契約によって普通よりも多額の収益を得ることができるのですから、純経済合理人としても利益になる行為で、別におかしくないような気がします。

S：……。

R：あの、この設問はXの所得税についてですが、対応して甲社のほうはどうなるんですか。

S：Xに対する処分の影響は甲社には及びません。

R：それは変です。だって、管理料の一部がXの所得計算上不動産所得の必要経費に算入されないのだとすれば、それに応じて甲社の益金が減らないとツジツマが合いません。あ、でも、もともと甲社の所得は0円なのに、益金が減ると、Xたちに払っていた役員給与などが払えなくなるから、このままだと甲社の所得計算が成り立たなくなって……すみません、言っててわからなくなりました。

Q：いや、Rさんはそれでいいんですよ。SさんのレポートではXの給与所得について何も触れられていないけど、益金が減って甲社が払えない分の給与所得は減っていくはずですから。つまり、不動産所得が給与所得に転換されるのを157条で防ごうとするのであれば、不動産所得に戻って課税される分は給与所得にはならないはずです。そのことを考慮して課税処分をすべきなのですよね、Sさん。

S：あの、ご指摘の点ですが、さっきも言ったように、所得税法157条を根拠としてXに対して行われた処分の効果は甲社には及ばないとするのが判例です。だから、甲社としては別に給与等が支払えなくなることはありません。それから、ここで問題となっているのはXの不動産所得であり、Xの役員給与という給与所得はXが甲社に役務を提供したことの対価であって、所得の発生原因が異なるので考えなくてよい、とするのが判例です。だから、不動産所得を増額する処分と一緒に給与所得を減額する処分がされたりしません。

QとR：それはおかしい。何かの間違いでしょう。

教　授：客観的にどのような裁判例があるかということと、その内容が支持しうるものかということは分けて議論するほうが生産的ですね。まず、法人税法132条の場合と異なり、所得税法157条の場合には、厳密にどの「法人の」行為または計算が否認されるかというのは、裁判例上あまり明らかではありません。たとえば、Sさんが引用した判決は、続けて次のように言っています。

　　　「本件規定の対象となる同族会社の行為又は計算は、典型的には

　　　　株主等の収入を減少させ、又は経費を増加させる性質を有する
　　　　ものということができる。そして、株主等に関する右の収入の
　　　　減少または経費の増加が同族会社以外の会社との間における通
　　　　常の経済活動としては不合理又は不自然で、少数の株主等によ
　　　　って支配される同族会社でなければ通常は行われないものであ
　　　　りこのような行為又は計算の結果として同族会社の株主等特定
　　　　の個人の所得税が発生せず、又は減少する結果となる場合には、
　　　　特段の事情がない限り、右の所得税の不発生又は減少自体が一
　　　　般的に不当と評価されるものと解すべきである。」（前掲東京地判
　　　　平成 9・4・25）

　　ここからおわかりのように、「法人の」行為・計算で「株主
等の」所得税の負担を減少させるものというのは、大体におい
て法人の側に利益を与えていますので、厳密に法人税法 132 条
と同じ基準はあてはまりません。厳密に文言をあてはめようと
すると 157 条の適用対象など存在しなくなってしまうかもしれ
ません。したがって、裁判例においては、むしろ、株主等の行
為で相手が自分の支配している同族会社でなければしないだろ
うというような行為をとらえ、同族会社と株主を一体として判
断した上で、その行為が経済合理性を欠き「不合理」だとされ
れば、同族会社の行為または計算として、そのような行為の相
手方となったことを否認する、というような考え方がとられて
いるというべきでしょう。

Q：そういう裁判例の解釈には、批判の余地はありますよね。

教　授：そうですね。所得税法 157 条を適用する際には、その文言に忠
　　　実に、同族会社のどの行為・計算がどのように経済合理性を欠
　　　くのかを特定すべきだ、という批判は十分に成り立ちます。た
　　　だ、そのように解すると本条を適用できるケースがほとんどな
　　　くなってしまうので、いわばこれを目的論的に合理的に解釈す
　　　るというのが裁判例の根底にある考え方でしょう。だから、現
　　　在の裁判例の流れをみていると、そういう批判にもとづく主張

を裁判所に認めてもらうのは、かなり難しそうです。

　さて、第2に、157条の適用にあたって所得税の負担が減少しているかどうかを判断するときに考慮の対象となる税負担の範囲はSさんのレポートでもあいまいでしたが、裁判例においては、たとえば本件だと従来はXの不動産所得が相当な金額あったのに今年は0円となっている、というところだけが判断の対象にされています。そのほかの、Xが甲社から給与所得をもらっているとか、BやCの給与所得に対する課税がどの程度であるかとか、あるいは、甲社がどの程度の法人税を納めているかなどという事情は、一切、考慮の対象にならないとするのが裁判例の態度です。たとえば、東京地判平成元年4月17日訟月35巻10号2004頁（株式会社エス・アンド・ティー事件判決）や福岡地判平成4年2月20日行集43巻2号157頁の事案などを読んでみてください。

R：なんか、ヒドくありませんか？

教　授：どういう風に「ヒドい」のですか、説明してください。

R：たとえば、Yの認定する適正管理料がこれ位だとすると（と図を書く）、不動産所得の必要経費にあたる支払利息・減価償却費等を同じ長さだけ取って、処分によるとこれだけの不動産所得が新たに生じるということですよね（【図5】）。金額にもよりますが、これと【図4】のXの給与所得を足すと、課税所得はもとより増えてしま

【図1】 甲社設立前の Xの不動産所得	賃 貸 料 収 入		
	不 動 産 所 得	清掃代・消耗品費等 必要経費	支払利息・減価償却費等
【図5】 処分による Xの不動産所得	処 分 に よ る 不 動 産 所 得	適正管理料	支払利息・減価償却費等
		必 要 経 費	
【図4】 Xの給与所得	給 与 収 入		
	給 与 所 得	給与所得控除	

1 7 5

うかもしれませんし、ＢやＣが受け取った給与所得も考えると、全体の税負担は重くなるのではないでしょうか。【図１】と比べてみてください。もともと、所得税法157条は適正な税負担を求めるための規定で、同族会社を使って租税回避をしようとした納税者の税負担を増やして制裁する目的はないわけでしょう？

　それから、【図３】と【図５】を比べると、Ｘの不動産所得として課税される部分と甲の給与所得として課税される部分とが重なっているということは、Ｘは同じお金について２回課税されていることになると思います。

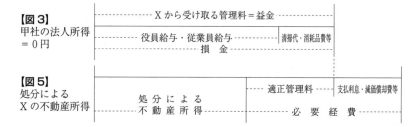

【図３】
甲社の法人所得
＝ 0 円

【図５】
処分による
Ｘの不動産所得

Ｓ：レポーターとして調べた範囲でお答えしますと、まず、所得税法157条が制裁的に働くものかどうか、という点について、裁判例はこの点を否定し、

> 「あくまで租税負担の公平を図るのが目的であって、租税負担を回避しようとした者に通常以上の税を負担させるといったような制裁的な目的はない。」（福岡地判平成４・５・14税資189号513頁）

というように言っていますが（前掲福岡地判平成４・２・20も同旨）、同じ判決の中で、不動産所得と給与所得の二重課税になるという主張につき、

> 「同条適用によって生じる右のような結果は、同条が同族会社の組織・運営を利用した租税負担回避のための恣意的な行為又は計算を防止・是正する趣旨のものであり、これによって生じる警告的・予防的機能を考慮することなくとられた行為・計算に起因するものであることからしても不当な結果とは思われない。」

というように述べています。この「警告的・予防的機能」というのは何を言おうとしているのか、よくわかりませんけれど。

この「二重課税」の問題は、Xがいったん適正な賃貸料を受け取って不動産所得として課税された後に、適正賃貸料と実際の契約に基づく賃貸料との差額を甲社に贈与する、と考えるのではどうですか。甲社がBやCに給与が払えるのは、実はこのXからの贈与があったから、という感じになりますが。設例を少し変えて、甲社に少し法人利益があったということで考えると、たとえば、その部分は直感的によくわかります。Xが甲社に贈与して、それが甲社の利益として課税されるということで……（と、【図3-2】を書く）。

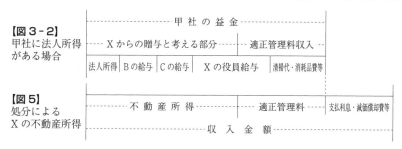

【図3-2】
甲社に法人所得
がある場合

甲 社 の 益 金				
Xからの贈与と考える部分			適正管理料収入	
法人所得	Bの給与	Cの給与	Xの役員給与	清掃代・消耗品費等

【図5】
処分による
Xの不動産所得

不 動 産 所 得	適正管理料	支払利息・減価償却費等
収 入 金 額		

判例にも、

> 「現実に支払われた委託料と通常支払われるべき委託料との差額は、本来支払う必要がなかったというべきものであり、原告の所得となってしかるべきものであったところ、現在の関係者の所得状況は、右差額が原告の所得となった後に原告がその額を〔同族会社〕及び〔同社の代表者で原告の妻〕に処分した場合といわば同様の状況であって、その場合の課税関係と対比して考えるならば、より高額の税負担を強制されるとか、不当な二重課税であるとする批判は必ずしもあたらないというべきであろう。」（前掲福岡地判平成4・2・20）

とするものがあります。

R：Xからの贈与が甲社の課税所得になることや、BやCの給与の原資にあたることはともかく、Xが課税所得を贈与して、それを原資にXに報酬が支払われて、それがまた給与所得として同じ年度に課税

されているという点は納得がいきません。

教　授：最後の点は、Xと甲社とが法形式上、別個の法人格であることをどのように評価するかという問題のようですね。つまり、両者はあくまでも別々の法人格だという点を強調すれば、両者の間でお金のやり取りがあればその都度、課税関係が形成されるのは当然だということになりますし、法人格は別々でも実質的にはXと甲社は1つだという点を重視すれば、法形式に着目した課税が許容されるのはXの所得として1回課税された上で甲社の所得としても課税されるという限度にとどまり、Xから甲、さらに甲からXに還流してXの手もとで2回課税されるのは不合理だと考えることになるでしょう。

P：あの、私、混乱してよくわからなくなってきたのですが、もし、XがAビルとかその敷地とかの資産を全部一括して現物出資して乙社を設立し、自分や家族に適正な額の役員給与や従業員給与を支払うことにした場合には、Xの不動産所得は0円になって、この設問と同じように、もともと不動産所得であったものがXたちの給与所得になります……。

教　授：適正な額の給与等を支払うにとどまるなら、乙社の所得として課税される部分も出てくるでしょうね。

P：はい。それで、こういう場合も、Xの不動産所得が0円になったことをとらえて157条が適用されるのでしょうか。

教　授：Sさん、どうですか？

S：そういう場合には、157条の適用はないと思います。

P：それは、乙社が法人税を払っているから、税額の不当な減少はないとされる結果ですか？　もしそうなら、甲社の法人税はXに157条が適用されるかどうかには関係ない、と言っていたのと矛盾しませんか？

S：そうではなくて、従来、個人で行ってきた不動産賃貸業を会社組織で行うこと自体は不合理な行為ではないからではないでしょうか。

P：別に個人でやっていても全然問題なくて、ただ税金が少なくなると

いうだけの理由で乙社を設立したという場合でもですか。

教　授：不動産所得を発生させる業務自体がなくなったとも言えます。それからもう1つ、その場合に否認するとしたら乙社の設立を否認することになりますが、乙社の設立そのものは乙社の行為・計算ではない、という理由づけも考えられますね。

　　　　　それでは、時間ですので、今日はここまでにしましょう。PさんとSさんは、2人で今日の議論の結果をまとめたレポートを提出してください。お疲れさまでした。

解答例

設問❶　本設問においてXは、高額の管理料を甲社に支払うことで不動産所得を0円とし、甲社から支払った管理料の一部を給与所得にあたる役員給与として受け取ることで、結果的に、不動産所得を給与所得に転換している。給与所得には給与所得控除の適用があるので、それだけ課税対象が縮減されることになる。すなわち、甲社設立前にXにおいて発生していた必要経費のうち、Aビルの管理に直接必要な部分は甲社の損金となり、それ以外のものは依然としてXの不動産所得の必要経費とされているので、実質的にはこれまで必要経費とされていたものはすべて何らかの形で課税所得の計算上控除されているにもかかわらず、さらに、給与所得控除が適用されることによって課税対象が少なくなるのである。

　これに加えて、これまでの不動産所得は全額がXの所得であったが、甲社設立後はその一部をBやCに給与所得として分割することができるようになり、これによってもX、B、Cが負担する税額の合計額を甲社設立前のXの所得税額よりも減少させることができる。

　すなわち、累進税率が適用される所得税においては、課税所得を分割することで高い累進税率の適用を免れることができるため、消費を共通にする家族等の内部で所得を分割し、経済的実質に変更がないまま、家族全員が負担する税額の合計額を減らすことができる。

このような行為は課税の公平の確保の観点から野放しにはできないから、所得税法は56条の規定を置いて、「事業」から得られる不動産所得や事業所得が家族内で分割されないように対応しているのである。しかし、同条は「配偶者その他の親族」が「居住者の営む……事業」から「対価の支払を受ける場合」に関する規定であるから、甲社を設立してBやCが（Xからではなく）甲社から給与を受け取る形式にすれば同条は適用されず、実質的には家族間での所得分割が可能になってしまう。また、BやCの所得は給与所得になるから、この2人にも給与所得控除が適用され、その分だけ課税所得の範囲が縮小されることになる。

　ただし、法人税法34条または36条が適用され、甲社の所得計算上、X、B、Cに支払われた給与の損金算入が認められず、甲社の所得として法人税の対象となる可能性があることには、注意が必要である。

設問❷　本件においては、Xが甲社に支払うAビルの管理料が高額にすぎることから、Xの不動産所得が圧縮され、それにかかる所得税が不当に減少したとして所得税法157条を適用した増額更正処分がなされることが考えられる。これは法人税法2条10号にいう同族会社にあたる甲社とその株主であるXとの間の取引であって、Xにはこのように高額のビル管理料を甲社に支払う何らの合理的な理由もないのに、これを支払うことで不動産所得を0円としているから、同族会社の行為または計算でその株主の所得税の負担を不当に減少させるものに該当するからである。なお、裁判例では、この所得税の不当な減少の判断にあたっては、Xが甲社から役員給与を得て給与所得に課税されている事実や、BとCも甲社から給与の支払いを受け所得税を負担している事実、および、甲社の法人税負担の有無や金額について考慮する必要はないとされている。

　所得税法157条は同族会社を用いた恣意的な取引等によって所得税負担が減少することを是正する規定であって、これを通常の取引に引き直して課税する権限を税務署長に与えたものであるから、本設問においては、類似のビル管理料の平均値等から適正な管理料を算定し、Xが甲社に支払った管理料の金額がこの適正な管理料の金額を上回る部分の必要経費算入を否定し、不動産所得を増額させる更正処分がなされることが考えられる。なお、裁判例によると、このような適正な管理料は、それが賃貸物件から得られる総賃料に

占める割合を基礎として計算されている。

設問❸ ❷のような処分を行うについては、まず、それが所得税法157条の文言に忠実な解釈であるか、という疑問がある。甲社としては通常よりも多額の管理料を受け取る契約を結んでいるのであり、それ自体に経済合理性がないとは言えないため、なぜ、本問の管理契約を結ぶという甲社の行為を否認しうるのかが、明らかではないからである。

　次に、XやB、Cの給与所得に係る所得税負担や、本件では存在していないが存在する可能性がある甲社の法人税負担が無視され、結果的に、不動産所得だけが発生する場合に比して多額の租税負担が発生することになる可能性がある。これは、Aビルの賃料に起源を有する収入が、Xの不動産所得として課税された上、さらに、甲社やB、C、あまつさえXの所得（給与所得）としてさらに課税されることから生じる。しかし、他方で、このような結果を、Xが適正な管理料に加えて一定の金銭（実際に支払った管理料と適正な管理料との差額）を甲社に贈与し、甲社がそれを原資として給与を支払ったと構成して説明する可能性が指摘されている。

関連問題

1．本設問の処分の根拠規定

本設問❷の処分を行うにあたり、所得税法157条を用いず、同法37条の規定の解釈によって同様の処分をすることはできないか。その場合には、処分の合理性をどのように説明するのが適当か。

2．甲社への課税

本設問において法人税法34条または36条が適用され、甲社の法人税について増額更正処分がなされた場合、AビルのテナントがXに支払う賃借料は、全体として、誰に、どのように課税されることになるか検討してみよ。

3．過小賃貸料の事例

本設問において、(1)〜(3)とは異なり、

(a)甲社はXからAビルを賃借し、Xに年額で一定の賃借料を支払う。

　(b)甲社は、目的の範囲内でＡビルを他に転貸し、そのテナントから
　　賃貸料を得る。

　(c)Ａビルの維持・管理に必要な費用は甲社が負担する。

という条件の契約を結び、一方でＸが甲社から受け取る賃貸料を非常
に低額に定め、他方でＸらに役員給与等を支払うことによって、結果
的には設問の場合と同様に、Ｘの不動産所得も甲社の法人所得も０円
となるようにした場合は、どのような課税処分がなされると考えられる
か（参照、最判平成６・６・21訟月41巻６号1539頁（前掲福岡地判平成４・
５・14の上告審））。

４．病院管理会社の事例

　医師であるＴは個人で医院を経営して事業所得を得ている。ある年
にＴの配偶者Ｕが全額出資して丙社を設立し、Ｔの医院で行われてい
た会計業務、入院患者の食事に使われる食材の手配・納入業務、および、
医院の建物管理業務を一括して丙社が請け負うこととした。Ｔは、こ
の一括請負の対価として、医院の収入の一定割合を丙社に支払ったため、
Ｔの事業所得はそれ以前に比べて激減した。Ｔは丙社の株主でも役員
等でもない。丙社は、Ｔが個人で雇っていた会計その他の事務職員を
雇い入れてＴから請け負った業務に従事させ、以前のとおりの給与の
支払等を行なっているほか、Ｕは丙社の役員として適正な額の役員給
与を得ており、また、丙社は若干の法人税も支払っている。なお、Ｔ
の医院と丙社がある地域には、丙社のように医院から会計・食材納入・
建物管理業務を一括して請け負っている非同族の会社はまったく存在し
ない。

　この場合に、Ｔの所得に対して所得税法157条を適用した課税処分
がなされる可能性、および、処分がなされる場合のその内容について検
討せよ（参考、前掲福岡地判平成４・２・20）。

５．法人成りの事例

　ポスター等のデザイナーであるＭは、個人でデザイン事務所を経営
して事業所得を得ており、業務に必要な事務やデザイン関係のスタッフ
を雇用していた。Ｍの配偶者Ｎは、いわば事務所の事務責任者のよう

な役割を果たしていたが、Nに対しては給与は支払われていなかった。

ある年、MとNの子どもOが美大を卒業してデザイナーの卵になったのをきっかけとして、Mは自ら全額出資して丁社を設立し、これまでのデザイナー業務をすべて丁社で行なうこととした。これにともない、これまでのMのスタッフのほか、新たにNとOも丁社に雇用され、給与の支給を受けることとなった。代表取締役であるMにはやや低めの役員給与が支払われており、MとNの給与収入を合わせると、以前の事業所得の額とあまり変わらないが、このような事業の法形式の変更にともない、Mの事業所得は0円となったほか、これまでの事業所得とMの給与所得とを比べても相当な減額となっており、したがってMの所得税額も激減している。

この場合に、Mの所得に対して所得税法157条を適用した課税処分がなされる可能性、および、処分がなされる場合のその内容について検討せよ。

参 | 考 | 文 | 献

増井良啓・ジュリスト965号101頁（1990）、清永敬次・租税判例百選〔第3版〕28頁（1992）（ともにエス・アンド・テイー事件判決の評釈）

佐藤英明「所得税法157条（同族会社の行為・計算否認規定）の適用について」税務事例研究21号41頁（1994）

高野幸大・判例評論474号187頁（1998）（東京地判平成9・4・25の評釈）

占部裕典・租税判例百選〔第6版〕120頁（2016）（最判平成6・6・21の解説）

碓井光明「所得税における必要経費をめぐる若干の問題」金子宏編『租税法の基本問題』329頁、339～343頁（有斐閣・2007）

（佐藤英明）

12. 株主優待麺事件★★

設問　　Cafe Angelo（以下「Angelo」という）は、裁判所の隣の建物にあるイタリアン・レストラン、株式会社である。Moss 法律事務所（民法上の任意組合。以下「Moss」という）は、保険会社の弁護（insurance defense）を業務分野とする法律事務所である。そのせいか、若いリティゲーターの割合が大きい。

　　Moss は、昼のミーティングと食事のため、ほとんどの週日に Angelo を利用してきた。Angelo は、Moss が長年の上得意であったため、ミーティング用の別室を用意し、その料金を別に請求することはしていなかった。法廷の昼休みに行うこの昼食ミーティングは、午後の弁論の打合せ等で不可欠であり、関係する弁護士は必ず参加しなければならない。Moss の事務所と裁判所は約１キロ離れており、昼はいつも交通渋滞がひどいので、これ以外に適当な場所はない。もちろん、リティゲーターたちにしっかりと昼食を摂らせなければ、裁判を戦うことができない。

　　Moss はまた、関係者との打合せ、残業時の夜食、休憩のためにも、Angelo を利用してきた。Moss は、これらの経費をすべて事務所で支弁し、利用した弁護士に請求はしていなかったが、所轄税務署から指導を受けたこと、所属の外国弁護士が日本で得た所得にも米国で課税を受けており、食事提供に係る事務所経費が米国の所得計算で必要経費にならないと判決されたこと[1]から、以下の新システムを採用した。なお、Moss は、アソシエイト弁護士に対する報酬を給与所得としている。

　　a　Moss は Angelo の全株式を買収する。Angelo 株は、Moss のパートナーが組合持ち分に応じて保有する。また、代表パートナー５名を Angelo の役員とする。Angelo は、一般客に対して

---

[1]　*Moss v. Commissioner*, 758 F. 2d 211 (7th Cir. 1985), *aff'g.*, 80 T. C. 1073 (1983).

通常の営業を行うほか、Moss と以下の取引をする。

b　Angelo は、Moss のために別室を有料で用意する。

c　Angelo は、Moss の弁護士および同伴の関係者に対して、食事と喫茶の専用メニューを数種類提供する。そのパスタ料理には、イタリアで Angelo のために特に製造されたパスタ（以下「株主優待麺」という）を使う。株主優待麺が一般客に提供されることはない。

d　Angelo は、専用メニューおよび別室利用の代価を、まとめて Moss に請求する。専用メニューの代価は、材料費に相当する金額とする。専用メニュー以外の注文は、一般客と同じに扱う。

e　Moss は、レストラン・スタッフを無償で Angelo に派遣する。

f　Angelo は、株主優待麺を各事業年度の利益と持株数に応じて、株主（Moss のパートナー）に配付する。配付の量は、株主総会で決定する。

g　Angelo は、役員に対して株主優待麺を原価で販売する。

h　Moss の弁護士は、昼食ミーティング、関係者との打合せでの食事または喫茶、残業（20 時以降）の夜食、および、裁判所での仕事の休憩の喫茶のため、Angelo を利用することができる。その代価の請求を受けた Moss は、利用をした弁護士への請求（求償）を行わない。

i　Moss は、アソシエイトによる Angelo 利用の代価で上記 h 以外の場合の金額の 50% を、その利用をしたアソシエイトに請求する。

j　Moss は、パートナーによる Angelo 利用の代価で h 以外の金額を、請求しない。

以上におけるアソシエイト、パートナー、役員、Angelo に対する課税を述べなさい。また、新システムにより、税負担がどのように変化したかを検討しなさい。

解 説

1 ⋯⋯⋯⋯概 観

(1) 設問のねらい

　本問は、法人の存在が課税に与える影響を分析し、法人に対して課税を行うことの意味を考察することをねらいとしている。法人税法における剰余金の配当の概念や法人税の課税ベースについて、理解を深めよう。ただし、本問では、その前提として、勤務に伴う食事が収入金額に含まれるかどうか、食事の提供が費用となるかどうかを検討する必要がある。そこでは、組合員と組合の被用者で課税関係が異なることを考えなければならない。

　本問で難しいと思われる点をあらかじめ挙げておく。第1は、パートナーが提供を受ける食事等が「経済的な利益」（所法36条1項。以下「経済的利益」という）に該当するか、またその費用の必要経費控除との関係をどのように整理するか、第2は、Angelo と Moss が原価を対価として取引していることをどのように考えるかである。

(2) 取り上げる項目

► フリンジ・ベネフィット

► 必要経費と消費（家事費・家事関連費）

► 配当の概念

► 非正常取引

► 法人税の課税所得と法人課税の意味

2 ⋯⋯⋯⋯食事提供とフリンジ・ベネフィット

　人生でもっとも重要なことは、食事である。食べることは、生きている証である。食が人の消費の中心にあることはいうまでもない。しかし、食事は、勤労のために制約を受ける場合も多い。人が自らの選好により自らに必要とする食事をくつろいで楽しく摂ることができなければ、それは消費といえるだろうか。消費プラス純財産増を課税ベースとする包括的所得概念のもとで、それは所得に含まれるだろうか。

この問題を考える1つの手がかりが通達にある。通達は、使用者から提供された一定の食事について、その経済的利益をないものとし（所基通36-38の2）、または市場価額（時価）よりもはるかに低い評価をすることで（所基通36-38）、食事の価値の全部または一部を収入金額に含めない扱いをしている。特に残業夜食を非課税とする通達は、将来のために記憶しておこう（所基通36-24）。これらは、フリンジ・ベネフィット（使用者が被用者に与える給与以外の経済的利益。以下「フリンジ」という）に関する税制の一環と位置づけられる。

これらの非課税や軽減課税は通達が示すものであるから、実定法の解釈としてそれを導くことが可能かを検討しよう。食事フリンジについては、実定法に直接の規律は存在しない。[2]その場合、課税または非課税を判断する根拠となる規定は、収入金額に関する所得税法36条である。食事の提供を受けることが同条1項括弧書にいう「経済的な利益」といえるか、いえる場合に同条2項が規定する「経済的な利益の価額」をどのように算定するかが問題となる。

本問で最初に考えるべきことは、弁護士達がAngeloで勤務をしながら摂る食事や喫茶（以下「食事等」という）と、自らの選択と必要に従って勤務外で摂る食事等を、課税上同じように評価できるかである。一定の食事等が提供されたとき、それを公正市場価格で評価できるのは、提供を受けた者がこれを完全に享受できる場合と考えられる。たとえば時価1000円のランチの提供は、1000円の金銭を対価として可能な範囲で好きな物を好きな時に食べることができるのと同じと認められて初めて、1000円の経済的利益として課税上評価できると考えられる。これに対して、使用者の職務命令に従い、あるいは自らの職務遂行上の必要によって、定められた場所と時間に、限定されたメニューから、しかも勤労をしつつ摂る（摂らされる）食事等は、経済的利益がないか、あるとしても著しく低く評価すべきであろう。強制や制限の要素は、個人消

---

[2]　ただし、非課税とされる旅費（所法9条1項4号）には、一定の飲食費が含まれる。また、使用者から法令の規定により無料で支給される食料は非課税である（同項6号、所令21条1号）。

費としての価値を失わせる[3]。

このような考え方は、「使用者の便宜（convenience of the employer）」という米国の法理によく現れている。米国では、基本的には日本と同じ所得概念のもとで、使用者の便宜のために提供される食事や宿泊は所得に該当しないとした裁判例が集積され[4]、後に非課税規定（内国歳入法典119条）の立法が行われた。食事支給等に消費の要素がまったくないとはいえない（少なくとも食費は節約される）こともあり、制定法は一定の形式要件による線引きを行い、非課税の範囲を定めている。たとえば、使用者の事業所（business premises）において提供されねばならないという要件が存在する。本問の外国人弁護士に関する米国の裁判例は[5]、必要経費控除に関して間接的にこの要件に言及している。

日本でも、前記通達による非課税や評価は、このような考え方を反映するものとして、実定法（所法36条）から導くことができる。もちろん、これら通達の取扱いが唯一の解釈というわけではないし、通達という形式を取るルールは納税者を直接拘束することはないから、上記通達は食事フリンジに関するガイドラインとみるべきであろう。したがって、通達が言及していない非課税を裁判所（場合によっては課税庁）が実定法の解釈として認める可能性は残されている。ただ、前述のように食事フリンジでは消費の要素を完全には払拭できないので、ある種の割切りで非課税の範囲を決めざるをえないであろう。

なお、食事フリンジの非課税や軽減課税を、追加的支出の観点から説明することも考えられる。すなわち、勤務遂行のために発生した通常の食事支出を超える支出（追加的支出）は控除を認めるべきであるという前提を承認し（ただし、家事費に関する所法45条1項1号の考え方とは抵触するかもしれない）、給与所得では特定支出控除（所法57条の2）以外の費用控除が認められないので、食事フリンジの経済的利益のうち追加的支出に相当する金額は収入金額を構成しないという説明である。この

---

[3] 関連して、消費者余剰に対して、なぜ課税をしないのかが問われよう。
[4] たとえば、*Benaglia v. Comm'r*, 36 B.T.A. 838 (1937)。
[5] 前掲注[1]。

場合、それ以外の部分の経済的利益は、収入金額に算入されることになる。

　以上を踏まえてアソシエイトに対する課税についてみると、残業夜食は通達が非課税を認めており（所基通36‐24）、休憩の喫茶についても適当な場所が他になく常識的な金額であれば、課税はないと考えられる（Moss は福利厚生費とする）。クライアントなどの関係者との業務に関連した食事や喫茶も常識的な金額、内容であれば非課税である（Moss は打合せ費用等とする。なお、場合によっては交際費となるが、Moss は法人ではないから費用性がある限り必要経費とされる）。問題となるのは昼食ミーティングであるが、上記の考察からは非課税の可能性を十分に検討すべきであろう。確かにアソシエイトには一定のメニュー選択の余地があるが、命じられた場所と時間に勤務をしながら摂る食事であるから、経済的利益は時価に比して著しく小さいと考えられる。

　これ以外の食事の提供は、使用者たる Moss が行うものであるから、前述の通達による評価を用いることができる。Moss が Angelo の全株式を所有し、またスタッフ派遣をしていることから「使用者が調理して支給する食事」に該当すると認められれば、食事の評価額は大きく低減する（所基通36‐38(2)）。アソシエイトから通達の示す金額を徴収しておけば、アソシエイトへの課税は発生しない（所基通36‐38の2）。課税がある場合には、給与所得となる。

　Moss がアソシエイトから支払いを受けた金額は、Moss の収入金額である。Angelo からの請求額およびスタッフ派遣費用のうちアソシエイトに係る部分は、Moss の必要経費である。これは、アソシエイトに課税がある場合は Moss の支払給与、なければ会議費や福利厚生費となる。これらは、Moss という組合の収入金額および必要経費として、組合員たるパートナーに配賦（組合持ち分に応じて帰属）することとなる（所基通36・37共‐20）。

3⋯⋯⋯⋯必要経費と家事費の関係

　パートナーは Moss の組合員であり事業所得者である。Angelo の別

室利用費と、上述のアソシエイトに関する食費等は、事業に必要なものである限り、必要経費として組合持ち分に応じて控除ができる。

パートナーは、これ以外の Angelo の利用（関係者との食事等、昼食ミーティングの食事、残業の夜食、休憩の喫茶）についても、個人としては対価を支払わない。Moss が原価ベースで Angelo に対価を支払っている。この場合、次の2つの判断が必要と考えられる。

① Angelo からの請求額およびスタッフ派遣費用が、Moss の事業にとって必要か（＝家事費の規定がなければ、必要経費となるか）。

② Angelo における食事等がパートナー各々の経済的利益となるか。論理的には、4つの組み合わせがある。

②＼①	必要性あり	必要性なし
経済的利益なし	ア	イ
経済的利益あり	ウ	エ

①と②の2つの判断が必要となる理由は、以下のとおりである。

まず、単独の事業者を考えよう。事業者自らのための食費等の支出は、ほとんどの場合、家事費とされる（所法45条1項1号）。家事費とは、衣食住など人の消費生活のための支出、つまり個人消費のための支出を意味する。家事費は、一般には、所得獲得のための必要性や事業との関連性が認められず、所得の享受、処分の性質をもつ。

しかし、もし家事費が費用としての性質をもつことはありえないのであれば、わざわざ家事費を必要経費不算入とする規定が設けられた意味がなくなる。家事費の規定は、必要経費の規定（所法37条1項）にいう「別段の定め」であり、家事費を必要経費から排除しているのであるから、費用の性質と個人消費の性質を併有する支出を対象としていることになる。実際、家事関連費に関する施行令（所令96条。なお、所基通45－2）の規定や「必要経費とされない家事関連費」という文言は、家事関連費が両方の性質をもつことを前提としている。

家事費であって所得獲得との間に関連性と必要性をもつ支出として、たとえば、夫婦共稼ぎをするためにベビー・シッターを雇う費用がある。

この費用は、もしそれがなければその所得は獲得されなかったという意味で、必要である。家事費の規定は、所得獲得の費用が個人消費の性質を強く帯びる場合に、その控除を認めないために設けられたと考えられる。もし個人消費の控除を認めれば、「所得＝純資産の変化＋消費」という所得税の理念的な課税ベースが浸食されるからである。

家事費における個人消費の要素は、もしそのための支出がなければ、その事業者にとって経済的利益であり、非課税とされない限り、収入金額となる。たとえば、事業のために必要なベビー・シッターを他の者から提供された場合、その価値は収入金額である（贈与として非課税になることはある）。家事費の必要経費からの排除は、事業者自らが支出した場合について、このことを裏面から規定していると考えられる。つまり、支出はこの規定がなければ必要経費に該当するが、消費として経済的利益を得るので、両者が打ち消し合い、控除が認められないのである。

必要経費と家事費との関係についての以上の理解が正しいとすると、パートナーによる Angelo での食事等は、どのように扱われるだろうか。重要なことは、食事等を、パートナー全員が各々の持ち分に応じて摂っているのではないこと、しかも、Moss ではなく Angelo が提供していること、そして、Moss はその価額（時価）ではなく原価に相当するもの（材料費とスタッフによる役務）を Angelo に供与していることである。そのため、単独の事業者のときのように、必要性と経済的利益が打ち消し合うことはない。このことが、上記①と②の判断が必要となる理由である。①は Moss という組合段階での所得計算であり、家事費に該当するかを考慮せず、必要性だけにより控除の可否を判断する。②はパートナー各々の段階の計算であり、経済的利益（収入金額）があれば、それに応じた所得種類として課税が行われる。

パートナーによる Angelo 利用の各々をみよう。

まず、関係者との食事等は、訴訟の打合せ等で弁護活動に必要である

---

[6]　給与所得に係る必要経費控除が認められている米国においてこれが争われ、歳入法典が明文で控除を否認する "personal expenses" に該当するとして、納税者は敗訴している。*Smith v. Comm'r*, 40 B.T.A. 1038 (1939).

限り、常識的な金額と内容（飲酒を伴わないなど）であれば、必要性が認められる。そして、個人では交際費も必要経費とされうることから理解できるように、食事等を伴えば直ちに家事費とされるのではない。このことから、本問での打合せ等も、弁護活動の必要から行われたのであれば、それに伴う常識的な範囲の食事等は消費としての性質を失い、経済的利益には該当しないと考えられる（表のア）。したがって、組合の持ち分に応じていないことも、Angelo から提供されていることも、課税の問題を生じさせない。

　昼食ミーティング、残業（20時以降）の夜食、および、裁判所での仕事の休憩の喫茶は、Moss の事業にとって必要と考えられる。しかし、これらの食事等は、もし単独の事業者であれば、必要経費控除を認められない可能性が高い。そうすると、本問では享受したパートナーの経済的利益となると考えられる（表のウ）。その金額は、食事等の時価である（所法 36 条 2 項）。所得種類については、次の **4** で述べる。

　ただし、パートナーの中には、監督的立場にある弁護士からのミーティング参加や残業の指令に従い、休憩時間も自分では決められない者もあろう。そのような者については、アソシエイトと同様に消費の要素が著しく損なわれていることから、経済的利益なしとされる余地がある。

　なお、Moss の事業に必要ではない食事等（表のエ）があれば、Moss の所得計算で必要経費不算入となり、かつ、そのパートナーが経済的利益としての課税を受ける。また、事業に必要ではない支出で各パートナーの経済的利益とならないもの（表のイ）、たとえば、外国の慈善団体に対する寄附は、Moss の所得計算で必要経費不算入となるが、各パートナーへの課税はない。

4⋯⋯⋯⋯配当等の概念

　パートナーが経済的利益を得たと判断される場合、その所得種類はどうなるだろうか。経済的利益は Angelo が供与しており、パートナーはその株主であることから、配当所得とされる可能性がある。確かに、パートナーは、経済的利益を Moss の弁護活動に基づき、Moss の決めた

システムによって得ている。しかし、配当がどれだけ事業に関連したものであっても、配当はあくまで配当所得である。これに対して、経済的利益が配当ではないとされれば、事業所得になると考えられる。なお、両者を比較すると、配当所得では税額控除（所法 92 条）や確定申告不要（措法 8 条の 5）が規定され、事業所得より税負担が軽い場合が多い。

　そこで問題となるのは、配当等（所法 24 条 1 項、法法 23 条 1 項）の概念である。配当等については、旧所得税法 9 条 1 項 2 号の「利益の配当」に関する株主優待金事件最高裁判決（最判昭和 35・10・7 民集 14 巻 12 号 2420 頁）が参考になるかもしれない[7]。株式優待金とは、株主に対する融資を事業とする株主相互金融会社が、会社から融資を受けていない株主に会社の利益とは無関係に出資額に一定の利率を乗じて支払う金銭である。判決は、「所得税法上の利益配当とは、必ずしも、商法の規定に従つて適法になされたものにかぎらず」と述べつつも、「株主優待金なるものは、損益計算上利益の有無にかかわらず支払われるのであり株金額の出資に対する利益金として支払われるもののみとは断定し難く、……取引社会における利益配当と同一性質のものであるとはにわかに認め難く」（同 2423 頁）として、株式優待金を配当とはしなかった。「利益の配当」らしい外観が認められないことが、この判断につながったと考えられる。

　通達は、「剰余金又は利益の処分により配当又は分配をしたものだけでなく、法人が株主等に対しその株主等である地位に基づいて供与した経済的な利益が含まれる」（所基通 24‐1。法基通 1‐5‐4 も同旨）とする一方で、株主に対する自社製品の提供や割引販売等について、「法人の利益の有無にかかわらず供与することとしている」場合には、「剰余金又は利益の処分として取り扱わない限り」、配当には含まれないと述べている（所基通 24‐2）。

---

[7]　現行所得税法 24 条 1 項の「利益の配当」は、特定目的会社などに関する文言であり（資産の流動化に関する法律 114 条など）、株式会社に関しては、会社法と同じ「剰余金の配当」が用いられている。「剰余金」は資本剰余金を含む。この点で、借用概念に関するこの判決の先例的価値には、吟味が必要である。

　そうすると、先の議論においてパートナーが Angelo から受ける経済的利益が認められる場合、それは Angelo の利益とはまったく無関係に、パートナーの食事等により得られるから、配当所得とはされないと考えられる。その場合、経済的利益は、弁護士としての事業に関連することから、事業所得としての課税が行われることになる。

　これに対して、パートナーに対する株主優待麺の支給は、利益と持株数に応じていることから、現物による利益剰余金の配当とされると考えられる。配当所得の収入金額は、優待麺の価額（時価）である（所法36条1項）。ただし、次の**5**で述べる理由から、Angelo における取得価額（原価）を、そのまま収入金額とする可能性もある。

　最後に、役員に対する優待麺原価販売についても、優待麺を時価評価し、役員に移転した経済的利益（時価と原価の差額）をその収入金額とすることになる。役員が Angelo から受ける役員報酬は給与所得とされるので、この収入金額も一種のフリンジであるが、役員のみに認められていることから、値引き販売に係る通達（所基通36‐23）による非課税は困難と思われる。

5 ………… 法人税の課税所得

　Angelo への課税を検討しよう。

　まず、役員に対する優待麺原価販売に役員への経済的利益の移転が認められた場合、それは役員としての地位に基づくから、役員給与に該当する（法法34条4項）。Angelo は、優待麺の時価を益金に算入するが（法法22条の2第4項[8]）、損金に算入できるのは優待麺の原価であり（法法22条3項1号）、原価を超える部分（役員給与とされる役員への経済的利益）は損金に算入できない。法人税法34条1項各号のいずれにも該当しないからである。

　もっとも、仕入れたパスタをそのまま販売しているだけで、加工等による価値付加や時間の経過による価値変動の要素がないこと、また、特

---

[8]　法人税法22条の2は、平成30年度改正で設けられた。それまでは、22条2項が低額譲渡にも適用されていた。最判平成7・12・19民集49巻10号3121頁参照。

製であるため客観的な価値の算定が困難であることから、原価で評価される（時価＝原価とされる）可能性もある。このときは、役員給与は生じない。

次に、Moss による Angelo 利用についてみよう。Moss から支払いを受けた対価は益金である。しかし、スタッフの無償派遣による経済的利益は、無償による役務の受入れであり、この場合には益金にはならないと考えられる。その理由は、受け入れた事業年度において必ず、その分だけ損金が減少し、間接的に課税所得が増加して課税を受けることになるからである。

問題となるのは、Angelo が Moss に対して、原価で対価を請求していることである。一般客への対価のような利益部分は含まれていない。もちろん、こうした取引が行われるのは、Angelo が Moss に株式全部を保有され、役員を受け入れているからである。なお、組合は会社ではないから、Angelo は同族会社に該当しない（法法 2 条 10 号）。

原価による取引が低額譲渡とされた場合、Angelo から Moss に時価と原価の差額が無償で移転しているのであるから、これを配当とするか損益取引とみるかを、まずは問題とすべきこととなる。しかし、前述のように、配当とはされないと思われる。損益取引とすると、時価と原価の差額が寄附金とされて損金算入が制限される一方（法法 37 条 1・8 項）、時価が益金に算入される（法法 22 条の 2 第 4 項）。原価は、損金に算入される。

次に、パートナーへの優待麺の配付は、現物配当と考えられる。このとき、Angelo は、優待麺の時価と原価の差額を益金に算入しなければならない。[9] もっとも、前述のように、時価＝原価とされる可能性もある。

---

[9]　法人税法 22 条の 2 は、その第 6 項で、「無償による資産の譲渡に係る収益の額は、金銭以外の資産による利益又は剰余金の分配及び残余財産の分配又は引渡しその他これらに類する行為としての資産の譲渡に係る収益の額を含むものとする。」と規定している。したがって、現物配当をした法人は、無償による資産の譲渡と同じように、収益の額を計上することになる。資産の無償譲渡により生じる収益の金額がいくらになるかについては、この規定の立法前において、①配当現物の時価とする考え方（総額説）と、②その含み益とする考え方（純額説）があった。この点について、同条 4 項は、「価額」または「通常得べき対価の額」としているので、①の考え方を取ったことになる。ところが、現物配当について①で収益の額を計上した場合、その原価を損金に算入しなければならないが、無償

195

6⋯⋯⋯⋯法人課税の意味

　以上の考察に基づき、法人課税の意味を考察しよう。伝統的に、法人税は法人が獲得した所得、法人に流入した利益に対して課されると捉えられてきた。確かに、法人税の課税ベースは益金から損金を控除した金額であるが（法法 22 条 1 項）、益金は広く包括的に捉えられているため（同条 2 項）、結局のところ、損金として控除できない支出や費用（たとえば剰余金の配当や損金に算入できない役員給与、寄附金）が課税ベースを構成しているとみることができる。実際、実務において「寄附金課税を受ける」という表現をしばしば耳にするが、これは、寄附金とされ損金に算入できなくなる、という意味である。「損金不算入＝課税」という実務の感覚は、法人税の本質の 1 つをよく示している。法人への流入より、むしろ法人からの流出がどう扱われるかが、実際には税負担を左右している。

　本問でも、Angelo が課税を受けるのは、配当や損金に算入できない役員給与、寄附金といった損金不算入項目が発生する場面である。注意すべきことは、これらにより資産や役務が流出する場面では、時価で資産や役務が評価され、時価から原価を差し引いた金額（損益）が課税の対象となることである。流出を契機とした資産含み損益に対する課税は、個人の譲渡所得課税における清算課税説にもみられる。

　本問でこのような課税が行われるのは、Moss への食事等の原価による提供に対して、Angelo が寄附金課税を受けた場合である。この場合、経済的利益（時価－原価）は寄附金として損金算入できない限りで法人課税を受けるとともに、それが Moss（すなわちパートナー）においても経済的利益とされたならば、二重に課税されることになる。

　そこで、Moss がその後、時価と認定された対価を、実際に Angelo

譲渡とは異なり、配当は資本等取引であるため、22 条 3 項 1 号を損金算入の根拠とすることは困難である（現物配当には、損益取引と資本等取引の両面があるという立論はありえる）。そのため、損金側の規定が整備されるまでは、上記第 6 項の趣旨が課税の最後のチャンスとなる配当時点での配当現物含み益への課税にあることに鑑み、②で運用することが適当であろう。なお、現物配当については、参照、「**15. 株式に纏わる出来事**」。

に支払ったとしよう。このとき、何が生じるかに注目して欲しい。Moss は適正対価を支払ったから、低額譲受による経済的利益はない。したがって、その課税を受けることはない。支払われた金額は、確かに Angelo で益金に算入されて法人課税を受けるが、配当されるまで個人所得課税はない。配当所得に対する課税は、前述のように事業所得より軽い場合が多い。

　しかも、ここで重要なことは、Moss による支払いの一部（会議費やアソシエイトに供与されたフリンジ）が、パートナーにおいて必要経費控除されることである。この結果、フリンジがアソシエイトにおいて非課税であるなら、全体としての税負担が減少する可能性が出てくる。つまり、寄附金認定による法人税の課税が、税収を失わせることになる。たとえば、アソシエイトが非課税で時価 100、原価 70 のフリンジを受け取ることができるとし、法人税率を 30％、配当に対する税率を 20％、事業所得に対する税率を 50％ とする。Moss が Angelo に 70 を支払う場合、Angelo に利益はなく、パートナーは全体で 70 を必要経費控除する。これによる税負担は、−35（−70×50％）である。これに対して、Moss が Angelo に 100 を支払えば、Angelo は利益 30 に対して 9（30×30％）の課税を受け、課税後の利益全額 21 を Moss に配当したとすると、Moss は 4.2（21×20％）の課税を受ける。しかし他方で、Moss の事業所得に係る必要経費控除は 100 であるから、税負担は −50（−100×50％）である。したがって、全体では 13.2−50＝−36.8 となる。つまり、Angelo がこの取引による利益全額を配当したとしても、税負担は減少している。利益留保をすれば、課税は繰り延べられる。

　今度は、Angelo という法人を利用しなかった場合と比較しよう。Moss が自ら食事等を提供する場合、原価 70 が Moss の事業所得から控除されるので、上記の原価を支払った場合と同じである。外部調達する場合、時価を支払うので事業所得は減少するが、Moss は利益部分を手にすることはできない。そうすると、新システムは、利益部分を確保しながら税負担の軽減をもたらしうるものと評価される。

　最後に、このような税負担軽減が発生しない制度を、立法政策論とし

て考えよう。法人はそれを取り巻く様々な関係者と取引を行うが、現在の法人税法は、その中から特に株主との取引を捉え、通常の損益取引とは異なるルールに載せている。それが株主法人間取引に関するルールであり、株主側については出資や配当、みなし配当、法人側については資本等取引に関する定めが設けられている。法人税に関する前述の考え方は、そのうち配当損金不算入を重視し、現在の法人税は、株主たる地位に基づき流出されたものまたは流出可能なものを「利益」として課税ベースの中核に据えたとみている。「利益」を法人段階で課税すること、株主という法人の関係者における課税とは一応無関係にそうすることが、法人課税の意味と考えられる。

　そうだとすると、法人税の立法政策論とは、新たな関係者の探索と、関係者に関する課税ルールの探求であるといえる。権利関係（interest）といえるような継続的で影響の大きな関係をもつ者がみつかれば、課税ベースもそれだけ強固になることが期待される。たとえば、長期にわたる借入や雇用等の相手方を新たな関係者と捉え、通常の損益取引とは異なる課税ルールを考えることは可能である。そのとき、法人側だけでなく、関係者側のルールも重要となる。本問との関係では、関係者との継続的取引で法人に利益が発生する（利益を移転する）もの（もちろん適正時価による取引を含む）は、法人との権利関係を形成する取引であり、出資に類似したものであるから、関係者にその控除を認めないというルールを考えることができる。すなわち、継続的な取引相手としてのMoss および Moss を通じて Angelo と取引する者（アソシエイトを含む）を関係者と捉え、関係者による取引対価の控除を規制することが検討されることになる。

解答例

　まず、アソシエイトが提供を受ける食事等を検討する。食事等は人の消費生活の中心にあるが、時間、場所および内容（メニュー）が制約され、しかも勤労を行いながら摂る場合には、消費（包括的所得概念のもとでは所得）としての性質を著しく損なうと考えられる。使用者から無償で提供を受ける食事等についても、原則として「経済的な利益」として収入金額となるが（所法36条1項）、そのような状況で与えられた場合には経済的利益とみることはできず、非課税となると考えられる。

　通達もおそらくこのことを考慮して、一定の非課税や軽減課税を設けている。本問に関しては、残業夜食は非課税とされ（所基通36－24）、それ以外の食事についても低い評価や（所基通36－38）、経済的利益をないものとする場合を示している（所基通36－38の2）。

　通達は法源ではないから、「経済的な利益」という文言の解釈により、これ以外にも非課税は生じうる。たとえば、クライアントとの打合せでの食事等は、常識的な範囲である限り、非課税と扱われている。また、休憩のための喫茶も、休憩を取るための適当な場所が他にない場合、同じと考えられる。昼食ミーティングでの食事については、それが強制され、勤務をしながら摂るものである場合には、前述のように消費としての性質が失われているから、非課税とされる可能性がある。非課税とされない場合も、食事等は Moss から提供されたものであるから（Moss は Angelo との契約に基づき、Angelo に調理等をさせている）、上記通達による低い評価等が認められる。

　パートナーは、これらに係る Angelo からの請求を、損益分配の割合に応じて必要経費に算入する（所基通36・37共－20）。

　次に、パートナーが提供を受ける食事等については、Moss の事業にとって必要性があるかと、パートナーにとって経済的利益となるかの2つの問題がある。

　打合せの食事等は、常識的な範囲であれば、必要性があり、経済的利益を受けたとは考えられないので、必要経費控除が可能である。

　それ以外の食事等については、Moss の事業のために必要ではあ

るが、パートナー自身の決定によるものであるから、消費の要素が強く、経済的利益となると考えられる。食事等の利益は、Angeloから提供されており、パートナーはAngeloの株主であるから、配当所得になる可能性があるが、持株数やAngeloの利益に応じたものでないことから、そうはならないと考えられる。旧法下での株主優待金事件最高裁判決が、「取引会社における利益配当と同一性質のもの」かどうかにより判断を行ったことからも、本問の食事等の利益は利益剰余金の配当ではない。この利益は、事業に関連することから、事業所得の収入金額と考えられる。この結果、Mossの組合利益の計算では、Angeloに支払った食事提供に係るコスト（原材料費と派遣スタッフの人件費）を控除し、食事等の利益を受けたパートナーは、食事等の時価を事業所得の収入金額とすることになる。

パートナーが配付を受ける優待麺は、Angeloの利益と持株数に応じていることから、現物配当と考えられる。パートナーは配当所得として課税を受ける（所法24条）。収入金額は時価である。ただし、Angeloにおける原価（取得価額、法令32条1項1号。優待麺は棚卸資産である）に等しいとされる可能性がある。なぜなら、Angeloにおける価値の付加はなく、単に配付されているだけだからである。この場合、Angeloは、優待麺の原価を損金に算入することはできない（法法22条5項）。これに対して、配付された優待麺の時価と原価が異なるとされる場合、Angeloは、その差額を益金に算入する（法法22条の2第6項）。

役員に対する優待麺の原価販売は、役員としての地位に基づく経済的利益の供与であるから、役員は、原価と時価との差額に対して、給与所得としての課税を受ける。Angeloは役員給与を支払ったものとされ、時価と原価の差額は課税所得を増加させる。もっとも、時価が原価と等しいとすると、この課税は発生しない。

AngeloがMossに原価相当額（材料費＋スタッフの派遣）を対価として食事等を提供していることは、寄附金（法法37条8項）にあたると考えられる。ただし、役員に対する提供は役員給与（法法34条1項）に該当する可能性がある。いずれの場合にも、Angeloは、食事等の時価を益金に算入する（法法22条の2第4項）。スタッフの無償派遣による経済的利益は益金に計上する必要はないと考えられる。寄附金とされる場合には、一定の限度額までの損金算入が可能である。役員給与では、損金算入額はない。

新システムによる税負担の変化をみると、アソシエイトについて問題となるのはフリンジに対する課税であるが、新システム採用による差は原則として生じないはずである。ただし、新システムが「使用者が調理して支給する食事」に該当すれば、通達による食事の評価額は大きく低減する（所基通36-38(2)）。

パートナーについては、新システムのもとでは、原価で食事等の提供を受けるので、時価との差額が経済的利益とされれば、パートナーは事業所得としてこれに課税を受ける。また、Angelo は非正常取引として法人課税を受けるので、この限りで二重課税が発生する。

ところが、パートナーが時価を実際に支払った場合、経済的利益はなくなり、増加した支払代価には、必要経費控除されるものがある。新システムを採用しなかった場合も時価を支払っていたと考えられるので、この点では同じになる。Angelo が、原価と時価との差額に課税を受けることも同じである。しかし、新システムでは、Angelo の税引き後利益を、パートナーは配当として受け取る（回収する）ことができる。

関連問題

1. 法人への利益移転

本問で Angelo が Moss に請求する食事等の対価をもっと高く設定した場合、各当事者の税負担はどのように変化するか。

2. 法人税の改革

流出項目に対する損金算入制限が法人税の課税ベースを形成するとの見方に立ち、法人税をもっと強固なもの（税負担の軽減が困難なもの）にするにはどうすればよいかという評価基準から、支払利子、賃借料、使用料、保険料、賃金、売上原価、貸倒損失といった様々な項目について、その損金算入を認めない法人税を検討しよう。同時に、配当や利益処分を損金とすることも考えよう。

参 | 考 | 文 | 献

石島弘「フリンジ・ベネフィット——現物給与の検討を中心として」租税法研究 17 号 50 頁（1989）

碓井光明「フリンジ・ベネフィットの課税問題」金子宏編『所得課税の研究』165 頁（1991）

佐藤英明「新しい組織体と税制」フィナンシャル・レビュー 65 号 93 頁（2002）

増井良啓「多様な事業組織をめぐる税制上の問題点」フィナンシャル・レビュー 69 号 95 頁（2003）

（岡村忠生）

13. 引き抜き防止★★

設問　甲は内国法人 A 社の従業員であり、A 社は内国法人 B 社の 100%
子会社である（B 社が発行している株式は 1 種類である）。B 社は、
令和元年 5 月の株主総会決議に基づいて、同月、甲に対して新株予約
権（会社法 236 条以下）を 1 個（1 個当たりの株数 1 株）、無償で付与
した。B 社には、同社およびその子会社（以下、「B 社グループ」と
いう）における一定の役員および主要な従業員に対して、精勤の動機
づけ等の目的から、B 社のストック・オプションを付与する制度が
あり、甲が付与された新株予約権（以下、「本件ストック・オプショ
ン」という）も、この制度に基づくものであった。

　甲はきわめて優秀な従業員であり、かつアイデアマンだったので、
B 社としては、甲の精勤が B 社グループ全体の価値を高めるといっ
たことだけでなく、甲を同業他社に引き抜かれないためにも、本件ス
トック・オプションを付与することで、B 社グループにとどまる誘
因とする必要があった。

　甲としては、今後、B 社の株価は上昇すると勝手に予想し、かつ
本件ストック・オプションは無償で付与されるものだし、B 社株が
値下がりしたときは、オプション行使をしなければよいだけだと思い、
特に B 社からの申出を断る理由もないと考えて、本件ストック・オ
プションの付与を受けることにした。その一方で甲は、もし破格の条
件で他社から引き抜きのオファーがあった場合は、その段階で本件ス
トック・オプションに関する利益を放棄して転職するつもりでいた。

　本件ストック・オプションには以下の条件が付けられていた。①ス
トック・オプションは、被付与者のみが行使することができ、これを
他の者へ譲渡することは禁止されている。②被付与者は、付与時（新
株予約権の交付時）から 1 年を経過しないと、ストック・オプション
を行使できない。③被付与者は、原則として付与時から行使時まで引
き続き、B 社グループの役員または従業員でなければならない。④

被付与者が B 社グループの役員または従業員でなくなった場合は、その後 15 日間に限り、ストック・オプションを行使できる（ただし、上記②の条件を満たすことが必要である）。

令和元年 5 月における B 社株 1 株の時価は 100 万円であり、本件ストック・オプションの権利行使価額も 100 万円であった。令和 2 年 5 月、B 社はストック・オプションの行使に備えて、自己株式を個人株主乙から 1 株購入して、これを金庫株とした（会社法 155 条以下）。購入価格は 110 万円で、これは当時の B 社株の時価と等しかった。なお、B 社の資本金等の額（法法 2 条 16 号）のうち、乙から取得した自己株式に対応する部分は 80 万円であり、また乙における B 社株の取得価額も 80 万円であった（乙は B 社の設立当時からの株主であった）。

甲は令和 3 年 5 月、本件ストック・オプションを行使し、B 社は保有していた金庫株を甲に譲渡した。この時点における B 社株 1 株の時価は 140 万円であった。令和 3 年 10 月、甲は第三者に対してこの B 社株を 150 万円で売却した。

上記のような事実関係のもと、以下の設問に答えなさい。なお、解答にあたって、詳しい税額の計算までは要求しないが、課税の対象となる金額、所得分類等については、必要に応じて明記すること。

❶本件ストック・オプションの付与に関して、令和元年において、甲にはいかなる課税があるか。

❷令和 2 年の B 社による自己株式取得に関して、乙はどのように課税されるか。また、B 社の側ではどのような処理をなすべきか。乙の B 社株の取得価額が 70 万円であった場合、乙はどのように課税されるか。90 万円であった場合はどうか。

❸令和 3 年の本件ストック・オプションの行使と B 社株の売却について、甲、A 社および B 社はいかなる課税を受けるか（なお、A 社および B 社に関しては、甲の役務提供に係る費用の額につきストック・オプションを交付した場合には該当しないとする）。また、甲の権利行使に対して、B 社が金庫株を譲渡する方式ではなく、新株を発行する方式をとった場合、B 社に関する結論はどう異なるか。

解　説

1 ………概　観

(1)　設問のねらい

　本設問のねらいは、ストック・オプションを付与された者（個人）およびそれを付与した側（法人）のそれぞれに対する課税に関して、理解を深めることである。

　まず、被付与者の課税については、課税のタイミングと所得分類という2つの大きな論点がある。すなわち、被付与者が課税されるのは、ストック・オプションを付与されたときか、それとも行使したときか、あるいはストック・オプション行使によって取得した株式を売却したときなのか、という問題とともに、課税される場合の所得分類は何かといった問題が存する。

　次に、ストック・オプションを付与した法人については、被付与者に対する課税と連動して、法人側で損金算入できるか否かといった問題がある。さらに、ストック・オプションの権利行使に備えて、自己株式を取得した場合の課税についても、設問を通して理解して欲しい。具体的には、株式を譲り渡した者に対するみなし配当と株式譲渡損益、および株式を取得した法人における資本金等の額と利益積立金額に関する計算等である。

(2)　取り上げる項目

　►課税時期および所得分類（給与所得、一時所得、譲渡所得、雑所得）

　►損金算入の可否

　►自己株式の取得と金庫株

　►みなし配当課税と株式譲渡損益課税

　►資本金等の額と利益積立金額

　►通達課税の問題（租税法律主義）

2 ………ストック・オプションに関する規定の沿革

　ストック・オプションに関する規定の歴史およびその内容について概

観しておこう。わが国におけるストック・オプションは、平成7年の新規事業法（特定新規事業法実施円滑化臨時措置法・平成元年法律59号）の改正によって初めて認められた。それを受けて、平成8年に旧租税特別措置法29条の2が改正され、「適格ストック・オプション」の制度ができた。これは、一定の要件を満たすストック・オプションについて、オプションの付与時および行使時には課税せず、オプションの行使によって取得した株式を売却した時点で、有価証券譲渡益課税を行うというものであった。課税を株式売却時まで繰り延べ、さらに有価証券譲渡益としての軽い課税としたのは、ベンチャービジネス等を奨励するためである。

　続く平成9年の商法改正によって、商法に基づくストック・オプションが認められるようになった（旧商法210条の2第2項および280条の19第2項）。すなわち、会社はその従業員および役員に対して、一般的にストック・オプションを付与することができるようになったのである。これを受けた平成10年の租税特別措置法改正によって、一定の要件を満たせば、商法上のストック・オプションでも適格ストック・オプションに該当しうることになった（旧措法29条の2）。

　同じく平成10年に改正された所得税法施行令84条は、商法上のストック・オプションで適格ストック・オプションでないもの（以下、「非適格ストック・オプション」という）に対する課税のタイミングがオプション行使時であることを前提として、所得税法36条の収入金額を計算するという内容となった。[1]

　平成13年11月の商法改正では、新株予約権という新しい概念が導入され、その付与対象に、従業員や役員という制限が付かなくなったので、会社の顧問弁護士や会計士、さらには子会社の従業員や役員にまでも、新株予約権という形でのストック・オプション付与が可能となった（旧商法280条の19〜21）。この商法改正を受けて、平成14年に改正された

---

[1]　所得税法施行令84条は、形式上は会社法（商法）上のストック・オプションに対する課税のタイミングを規定しているが、適格ストック・オプションの場合、措置法が優先して適用されるから、実質的には、会社法（商法）上のストック・オプションのうち、適格ストック・オプションでないものに対して適用されることになる。

２０６

所得税法施行令84条には、新たに新株予約権に関する規定が追加されたが、非適格ストック・オプションに関する課税のタイミングは、依然として行使時のままである（所法36条1・2項、所令84条2項3号）。

なお、現行法上、適格ストック・オプションに該当するための主な要件の概略は、以下のとおりである。

①被付与者が、新株予約権の交付会社またはその子会社の取締役、執行役、使用人、権利承継相続人であること。ここでいう子会社とは、新株予約権の交付会社が、他の法人の発行済株式（議決権のあるものに限る）または出資の50％超を直接または間接に保有している場合のことをいう（措法29条の2第1項、措令19条の3第2項）。[2]

②新株予約権の行使が、付与決議の日後2年を経過した日から、当該付与決議の日後10年を経過する日までの間に行わなければならないこと（措法29条の2第1項1号）。

③新株予約権の行使に係る権利行使価額の年間の合計額が、1200万円を超えないこと（措法29条の2第1項2号）。

④新株予約権の行使に係る1株当たりの権利行使価額は、付与契約締結時における交付会社の株式の1株当たりの価額に相当する金額以上であること（措法29条の2第1項3号）。

⑤新株予約権について、譲渡をしてはならないとされていること（措法29条の2第1項4号）。

⑥新株予約権の行使に係る株式の交付が、付与決議に反しない内容で行われること（措法29条の2第1項5号）。

⑦新株予約権の行使により取得をする株式は、交付会社と証券業者等との間であらかじめ締結された「株式の振込口座簿への記載若しくは記録、保管の委託又は管理及び処分に係る信託に関する取決め」に従い、当該株式取得後直ちに、交付株式会社を通じて、一定の方法により、証券業者等に保管の委託等がされること（措法29条の2

---

[2]　令和元年度改正によって、適用対象者の範囲に、中小企業等経営強化法13条に規定する認定新規中小企業者等が同法に規定する認定社外高度人材活用新事業分野開拓計画に従って行う社外高度人材活用新事業分野開拓に従事する社外高度人材で、取締役および使用人等以外の者（特定従事者）が追加された（措法29条の2第1項柱書）。

第1項6号）。

　上記の要件に該当した場合は、すでに述べたように、ストック・オプション行使によって取得した株式を売却した時点まで、被付与者に対する課税のタイミングは遅らされ、さらに課税される場合の所得分類も、有価証券譲渡益（譲渡所得）として軽課されることになる（措法29条の2、37条の10）。ただし、設問の事例は、少なくとも上記②を満たしていないから、非適格ストック・オプションのケースとなる。

3⋯⋯⋯⋯被付与者に対する課税

(1) 課税のタイミング

　ストック・オプションの課税のタイミングとして、理論的に考えられるのは、オプション付与時、オプション行使時、（オプション行使によって取得した）株式売却時の3つであろう。

　甲は、無償で本件ストック・オプションを取得したのであるから、それにいくらかでも価値があれば、当該価値分の利益について、（どの所得分類になるかは別にしても）何らかの形で課税されるべきである。もっとも、付与時点におけるB社株の時価と、本件ストック・オプションの権利行使価額が、ともに100万円であるため、甲に利益は生じていないようにみえる。100の価値のものを100で買う権利が与えられたからといって、何か得をしたとは言い難いからである。

　しかし、甲が「B社株の株価が値下がりしたときは、オプション行使をしなければよいだけだ」と思ったところに注目して欲しい。たとえば、B社株の株価が80万円になった場合、甲はわざわざそれを100万円で買う必要はない。つまり、甲は、株価が100万円を超えて、自らが得をすると判断したときだけ、オプションを行使すればよいのである。

　仮に、令和元年5月の段階で、本件ストック・オプションではなく、B社株そのものが（100万円の現金給与に代えて）付与された丙という従業員がいたとする。もしB社株が無償で交付されていた場合、丙はその価値に基づいて課税されることになろうが、ここで大事なのは、令和3年5月の段階で、もしB社株の株価が80万円になっていた場合、値

下がり分の損失（20万円の含み損）を被ってしまうということである。

　一方で、行使価額100万円のオプションを付与された甲は、株価が100万円を下回っても、オプション行使を強制されない。つまり、甲は、株価下落に対するリスクを負っていないのであって、本件ストック・オプションという一種の期待権を取得したということができる[3]。

　しかし、その期待権の価値（オプションそのものの価値）を評価することは、（ブラック・ショールズモデル等いくつかの評価方法が存在するけれども）現実には難しく、執行上の困難が伴うことになる。特に、インセンティブとして与えられたオプションには、通常、一定期間にわたり譲渡を禁止する「譲渡制限」や、従業員等であることを行使の要件とする「行使制限」が付いているから、オプション価値の測定は、理論上、不可能ではないが[4]、実際には容易ではないであろう[5]。

　所得税法施行令84条2項をみると、非適格ストック・オプションの課税時期がオプション行使時であることを前提として、所得税法36条の収入金額が計算されることになっている。付与時におけるオプション価値の評価困難性を理由に、そのような規定の内容になったのではないかと思われる。既述のように平成13年11月の商法改正によって、新株予約権という新しい概念が導入された後も、課税のタイミングは、依然として行使時とされている。ただし、わが国でも、実際に市場で取引されるストック・オプションが出てきた場合などは、オプションの時価が容易に評価できることになるため、所得税法36条に基づいて、付与時

---

[3]　アメリカの財務省規則1.83-7(b)(3)では、オプション行使期間を通じて、あらゆる資本上のリスクを取ることなく、対象物の値上がりによって利益が得られる見込みのことを、購入オプションに関する「オプション・プリビリッジ（option privilege）」と呼んでいる。

[4]　縦軸に株価、横軸に時間をとり、B社株の動き（右肩上がり）をグラフにしてみれば、それぞれのタイミング（付与時、行使時、株式売却時）における甲の利益がイメージできるので、自分で作ってみよう。そして、もしそこに、本件ストック・オプションの理論上の価値を示す線を書き加えるとしたら、どんなグラフになりうるか、考えてみるとよいだろう。

[5]　前述のアメリカの財務省規則1.83-7(b)(3)によると、付与時におけるオプションの時価が算定可能かどうかを決定する際には、オプション・プリビリッジの価値が合理的な正確性をもって測定できるか否かが、考慮されなければならないとされている。また、同条項では、オプションそのものが、確立した市場において現実に流通するものでない限り、オプションに「容易に算定可能な適正時価」は存しないとされている。

段階で課税する余地が残されていると解しておきたい。[6]

　上記所得税法施行令84条の考え方を前提とするならば、甲は、本件ストック・オプションの付与時である令和元年5月の段階では課税されず、行使時である令和3年5月に、その時点におけるB社株の時価140万円と行使価額100万円の差額である40万円について課税されることになろう。[7]そして、給与所得として課税されたことで、甲におけるB社株の帳簿価額は、その時価である140万円となる（所令109条1項3号）。また、令和3年10月にB社株を売却したため、甲はこの段階で、売却益10万円に対して譲渡所得としての課税を受けることになる（措法37条の10）。

(2) 所得分類

　ここでは、オプション行使時に甲が課税される40万円が、どの所得分類に該当するのかについて考えてみよう。

　ストック・オプションには、それを付与された従業員や役員らの精勤によって、株価が上昇するという側面がある。たとえば、開業したばかりのベンチャー企業が、従業員に現金で給与を支払うことができないため、代わりにストック・オプションを付与し、従業員の精勤によって生じた株式の値上がり益によって、報酬を支払おうとすることを想定してみるとよい。ストック・オプションが「インセンティブ報酬」と呼ばれるゆえんである。つまり、ストック・オプションとは、そのような新しいタイプの「報酬」であり、このことを前提とする限り、40万円から給与所得（所法28条1項）としての性質を完全に否定することは難しい。

　ただし、本件ストック・オプションは、甲が勤務するA社ではなく、

---

[6]　なお、所得税法施行令84条2項は、新株予約権が「株主等として与えられた場合」には適用がない旨を規定しており、譲渡制限のない新株予約権が株主等へ一律に付与される場合に課税関係が生じないとする文書回答事例もある（https://www.nta.go.jp/about/organization/tokyo/bunshokaito/shotoku/08/02.htm）。また、法人がストック・オプションを付与された場合、もし当該オプションの付与が、法人税法施行規則27条の7第1項に規定するデリバティブ取引に該当すれば、付与時に課税されることになろう（法法61条の5）。

[7]　ただし、甲は（B社ではなく）A社の業務を行うことの対価として、本件ストック・オプションを付与されたという前提で、オプションを与えたのは、A社だと考える（B社がA社にあらかじめオプションを与え、それをA社が甲に与えたと構成する）ことが、もし可能であれば、所得税法施行令84条の射程外となる余地が全くないわけではない。

A社の親会社であるB社から付与されたものである。したがって、「甲の精勤がB社の株価を上昇させる」とストレートにいえない側面が出てくる。精勤と株価上昇の関係が間接的となるからである。

さらに、そもそも甲とは法律上の雇用関係のないB社から、いかにして給与が支払われたと考えることができるのか、といった問題がある。たとえば、最判昭和37年8月10日民集16巻8号1749頁は、「勤労者が勤労者たる地位にもとづいて使用者から受ける給与は、すべて右9条5号[8]にいう給与所得を構成する」と判示するが、このことを前提として、甲が得た利益は「勤労者としての地位にもとづいて使用者から受け取ったものではない」と考えることは、不可能ではないだろう。

この点については、平成13年の商法改正を受けて、平成14年に通達改正が行われた。現行所得税基本通達23〜35共−6(1)イは、新株予約権形式のストック・オプションについて、「発行法人と権利を与えられた者との間の雇用契約又はこれに類する関係に基因して当該権利が与えられたと認められる」場合、原則として給与所得とする旨を規定する。さらに、この通達はその注書きにおいて、株式または出資の50%超を直接または間接に保有している親会社と、その子会社の取締役または使用人との関係が「雇用契約又はこれに類する関係に該当する」ことを規定している（そこでは、適格ストック・オプションの場合に、子会社の取締役および使用人に対して付与を可能とする条文（措法29条の2第1項、前記適格要件の①）が参照されている）。

ここでいう「雇用契約又はこれに類する関係」とは、最判昭和56年4月24日民集35巻3号672頁［弁護士顧問料事件］における「給与所得とは、雇傭契約又はこれに類する原因に基づき使用者の指揮命令に服して提供した労務の対価として使用者から受ける給付をいう」という判示に依拠していると思われる。そして、A社はB社の100%子会社なのであるから、上記通達に照らせばA社の従業員である甲とB社との間には、「雇用契約又はこれに類する関係」が存するということになる

[8] ここでいう「9条5号」は、現行所得税法28条1項である。

のであろう。

　内国法人（A 社）の役員（上告人）が、当該内国法人を子会社とする外国法人（B 社）のストック・オプションを付与され、それを行使した場合の利益について、最判平成 17 年 1 月 25 日民集 59 巻 1 号 64 頁［ストック・オプション課税事件］は、「B 社は、A 社の発行済み株式の 100% を有している親会社であるというのであるから、B 社は、A 社の役員の人事権等の実権を握ってこれを支配しているものとみることができるのであって、上告人は、B 社の統括の下に A 社の代表取締役としての職務を遂行していたものということができる」と述べて、納税者たる上告人が役員を務める子会社がストック・オプションを付与していなくても、給与所得に該当する旨を判示している。しかし、租税法律主義の観点からは、親会社から付与されたストック・オプションであっても、通常のストック・オプション（納税者が勤務する会社から付与されたストック・オプション）と同様に扱うといった内容の規定を置くべきであろう。[9]

　また、（親会社から付与されたという問題を別にして）本件ストック・オプションに付けられている譲渡制限や行使制限から、給与所得としての性質を導くことも可能である。なぜなら、付与から一定期間を経過しないとオプション行使ができず（設問における条件②）、オプションの譲渡が禁止されていて（同①）、かつ被付与者が付与時から行使時まで B 社グループの役員または従業員でなければならない（同③）といった条件は、甲に、従業員として会社に残ることを要求しているからである。すなわち、ストック・オプション行使によって甲が得た利益は、このような制限（従業員として会社に残る制限）の対価としての性質を有しているのだから、それは給与所得に該当するというわけである。なお、前述の昭和 56 年の最高裁判決は「給与所得については、とりわけ、給与支給者との関係において何らかの空間的、時間的な拘束を受け、継続的ないし断続的に労務又は役務の提供があり、その対価として支給されるもの

---

[9]　アメリカの財務省規則 1. 83-1 (a)(1)は、そのような規定の一例である。当該規則には、ストック・オプションの付与者が、被付与者による役務の提供先でない場合でも、異なった扱いをしない旨が規定されている。

であるかどうかが重視されなければならない」と判示している。

　もっとも、行使時における甲の利益の中には、純粋な給与所得以外の要素があることも否定できない。その1つとして、まず一時所得（所法34条1項）としての性質がある。甲が得た利益の中には、B社株の値上がり益という「偶発的な」株価変動に起因している部分が存するからである。[10]また、東京地判平成15年8月26日労判860号15頁は、親会社と子会社役員に雇用関係がないことを重視して、一時所得該当性を導いたように思われる。

　ただし、一時所得は「対価としての性質を有しない」所得であるから、すでに述べた行使制限や譲渡制限の存在をどう評価するかといった問題は残る。もし、株の値上がり益部分を労務の対価とは無関係に、B社から譲り受けたと考えることが仮にできるのであれば、「法人からの贈与」として、一時所得該当性を主張することも、不可能ではないであろう。

　さらには、一時所得と考えられる部分のうち、行使制限や譲渡制限があるため、対価性を否定できず、かつその対価が（親会社から付与されたストック・オプションであることを重視した結果）雇用関係から生じていないと考えて、雑所得（所法35条1項）に該当するという考え方もありえる。[11]

　あるいは、一時所得ではなく、株の値上がり益として、ストレートに譲渡所得（所法33条1項）に該当する部分が存するという理解もありえる。すなわち、オプションの行使を、オプションと株式との交換取引と構成し、甲が得た利益をオプション保有期間におけるキャピタル・ゲインと考えるのである。

　以上のように、甲の得た利益には、種々の所得分類が混在していて、1つに決めることは困難である。その中では、給与所得としての要素がどちらかといえば強いようにも感じられるが、それは通達（所基通

---

[10]　東京地判平成14・11・26判タ1106号283頁、東京地判平成14・11・26判時1803号3頁参照。

[11]　子会社の従業員に対して親会社から付与されたストック・オプションの行使利益を広義の「役務の対価」として捉えることで、文理上、一時所得から除外し、結局において雑所得になると解する見解がある。金子宏「所得分類とストック・オプション」税研119号12頁（2005）参照。

23〜35 共－6(1)イ）で決定すべきことではない。外国親会社から付与されたストック・オプションのケースとはいえ、平成17年に前記最高裁判決が出て、所得分類について一応の決着をみたことになってはいるが、それでもこのような租税に関する重要なことは、租税法律主義の要請から、法律で定めておくべきであろう。[12]

4 ………… 付与法人における損金算入の可能性

甲がオプションを行使した段階で、行使価額の100万円と、その時点におけるB社株の時価140万円との差額である40万円が、甲の給与所得として課税されるのであれば、それを支払ったことになるB社の側では、法人税法22条3項に基づいて、同額を損金として控除できそうにみえる。しかし、そのような形での控除は認められていない。[13]

ただし、B社が甲から役務の提供を受ける場合で、当該役務提供に係る費用の額につき本件ストック・オプションを交付したときは、甲において収入金額とすべき金額等が生ずべき事由（給与等課税事由）が生じた日（すなわち、ストック・オプションの行使時）において、当該役務提供を受けたとして扱われる（そのような新株予約権を「特定新株予約権」という）（法法54条の2第1項）。そして、その新株予約権の交付が正常な取引条件で行われた場合には、当該新株予約権の交付時の価額に相当する金額が、行使時において、B社の損金とされる（法令111条の3第3項）（なお、仮に甲が役員であった場合、ストック・オプションによる給与は、法人税法34条1項2号および3号の対象になる）。

しかし、本件の場合は、役務提供の費用の額につき本件ストック・オプションを交付した場合に該当しないという設問上の前提があるので、本件ストック・オプションに対する法人税法54条の2第1項の適用はないことになる。したがって、行使時に損金算入できる金額はないと考えられる。仮に、法人税法54条の2第1項および同施行令111条の3

---

[12] 行使時の利益を給与所得とする場合は、源泉徴収についても規定を整備することが望ましい。
[13] オプションの付与が、もし法人税法施行規則27条の7第1項に規定されるデリバティブ取引に該当するのであれば、付与時において、法人側で控除できる可能性は残されている（法法61条の5）。

第3項の適用があったとしても、損金に算入されるのは、新株予約権の交付時における価額であるから、その場合、所得税法（甲に対する給与としての課税額）と法人税法（B社に対する支払給与としての損金算入額）では、金額の取扱いが一致していないことになる。

法人税法施行令8条1項2号によると、新株予約権の行使をした者に、法人が自己株式を交付した場合、その行使に際して払い込まれた金銭の額および金銭以外の資産の価額ならびに法人における新株予約権の帳簿価額は、資本金等の額を増加させる。そこで、本件ストック・オプションの行使に際して甲がB社に払い込んだ100万円は、B社の資本金等の金額を構成する。

つまり、この取引は資本等取引（法法22条5項）であるから、B社にとって損益が発生しない。本件ストック・オプションの行使について、払い込まれた金銭以外の資産はないから、資本金等の額を構成するのは、100万円だけと考えられる。

また、もし甲の権利行使に対して、B社が自己株方式ではなく、新株を発行する方式をとったとしても、同じく法人税法施行令8条1項2号が適用されると思われるので、結果は同じである。すなわち、ストック・オプションの行使に際して、自己株方式でも新株発行方式でも、B社における課税上の扱いは等しいのである。なお、甲に給与を支払ったとされていないA社については、そもそも損金算入が問題となることはない。

5⋯⋯⋯⋯自己株式の取得に関する課税問題

(1) 株主への課税

(i) みなし配当課税

所得税法25条1項柱書によれば、法人の株主が、一定の事由により、金銭等の交付を法人から受けた場合で、その金銭等の価額が、当該法人の資本金等の額のうち、その交付の基因となった当該法人の株式に「対応する部分の金額」を超えるときは、その超える部分の金額を、利益の配当または剰余金の分配の額とみなすことになっている（「対応する部分

の金額」の計算方法は所令61条2項に規定されている）。そして、所得税法25条1項5号には、その一定の事由の1つとして、「当該法人の自己の株式又は出資の取得」があげられている（所令61条2項6号）。

　所得税法25条1項は、「資本金等の額」という概念を用いて、法人の純資産のうち、株主が当初、法人に対して払い込んだ部分と、法人が設立後に獲得した部分とを厳密に区別している。そして後者である法人の獲得利益が、一定の事由によって株主にわたる場合は、これを配当とみなして課税するのである。なお、前者である資本金等の額部分が株主にわたっても課税がないのは、それが原資の回収（元本の払戻し）だからである（ただし、後述する(ii)を参照）。

　所得税法25条1項に規定する事由が生じた場合、株主は、一定の金銭その他の資産の交付を受けることになるので、これら金銭の額および資産の価額のうち、資本金等の額を超える部分が、課税の対象となりうることは理解できる。しかし、所得税法上のどの分類の所得として課税するかは、立法政策の問題である。そして現行法は、それを配当所得とする選択をした。株主が受け取った金銭等の価額のうち、資本金等の額を超える部分の中身は、配当原資であり、それが一度に配当されたとみなすことは、立法論として十分にありえる考え方であろう。[14]

　そこで設問にそくしていうなら、B社が対価として支払った110万円のうち、取得した自己株式に対応するB社の資本金等の額が80万円となるから、それを超える30万円について、乙はみなし配当課税を受けることになる（参照、「**15. 株式に纏わる出来事**」）。

　(ii)　譲渡所得課税

　B社による自己株式の取得取引に関して、譲渡人乙は、みなし配当課税だけでなく、株式譲渡益課税を受ける場合がありえる。それは、法人

---

[14]　別の考え方としては、これらの所得を譲渡所得とするものがありえよう。つまり、所得税法33条の「譲渡」の概念を拡張して、同法25条1項のような場合は、株主が法人へ株式を譲渡し、その対価として資産等の交付を受けたと考えるのである。そのようにして株主が手にした利益は、法人内の留保利益が一挙に実現するケースに該当し、その意味からも、その実質はキャピタル・ゲインといえなくもない。アメリカ法では、自己株式の取得や法人の解散によって株主に生じる利益は、原則としてキャピタル・ゲイン課税を受ける（歳入法典302・331条および1001条参照）。

の資本金等の額のうち、その自己株式に対応する部分より、譲渡人における当該株式の取得価額が小さいときである（措法 37 条の 10 第 3 項 5 号）。

　乙が B 社設立以来の株主であれば、乙の取得価額と、B 社の資本金等の額のうち乙が保有する株式に対応する部分とが等しいということは、往々にしてありえる。しかし、もし乙が B 社株を誰かから購入して保有しているとすれば、その購入対価が乙における取得価額になるから、それが B 社の資本金等の額に対応する部分に一致しないことも、しばしば起こりうることなのである。以下では、乙における B 社株の取得価額が 70 万円であった場合と、90 万円であった場合のそれぞれについて、考えてみる。

　乙の取得価額が 70 万円であった場合、既に説明した 30 万円のみなし配当に続いて、さらに 10 万円の株式譲渡益について課税される。すなわち、乙が受領した 110 万円のうち、30 万円がみなし配当課税、B 社株の取得価額である 70 万円については課税がなく、10 万円が譲渡所得課税を受けることになる。

　注意すべきは、この譲渡所得課税の計算における収入金額が、110 万円ではなく 80 万になることである。租税特別措置法 37 条の 10 第 3 項は、その括弧書で、みなし配当課税を受けた部分を譲渡所得の収入金額から除いている（法人株主に関する法法 61 条の 2 第 1 項 1 号も同趣旨）。したがって、110 万円のうちみなし配当課税を受けた 30 万円は、譲渡所得における収入金額を構成しないことになる。

　この規定が意味することは、みなし配当の先取りである。つまり、対価である 110 万円のうち、まずみなし配当になる部分（30 万円）を抜き出して課税し、さらに取得価額（70 万円）を控除しても残額（10 万円）があれば、その金額に対して譲渡所得課税を行うということである。この 10 万円は、法人の資本金等の額からの払い出しであるが、乙からみれば、原資の回収部分とはいえない。乙の原資（取得価額）は 70 万円であって、80 万円ではないからである。

　上記(i)で、乙における B 社株の取得価額が 80 万円の場合、譲渡所得

課税がなかったのは、収入金額＝取得価額だったためである。別の見方をすれば、乙における取得価額が、B社の資本金等の額の1株分（B社が乙から取得した株に対応する部分）に等しかったので、譲渡所得が生じなかったのである。

　では、取得価額を控除した後の残額がない場合はどうなるだろうか。たとえば、乙におけるB社株の取得価額が90万円であった場合、対価からみなし配当部分を除いた金額（80万円）より、さらに取得価額である90万円を差し引くと、10万円の株式譲渡損が、計算上は出てくることになる。しかし、この損失は他に有価証券譲渡益がない限り、「なかったもの」とみなされ、他のどの所得分類からも控除できない（措法37条の10第1項）。有価証券譲渡益は分離課税を受けているため、有価証券の譲渡にかかる所得が全体としてマイナスになっても、他の所得との損益通算はできないのである（ただし、措法37条の12の2に該当すれば、一定の損益通算および繰越が認められる）。

(2)　法人側の処理

　自己株式を取得したB社側では、まず、B社の「取得資本金額」だけ、資本金等の額が減少する（法令8条1項20号）。B社は一種類の株式しか発行していないから、B社の取得資本金額は80万円となる（法令8条1項20号イ）。

　次に、自己株式の取得により交付した金銭等（110万円）が取得資本金額（80万円）を超える部分について、利益積立金額が減額される（法令9条1項14号）。これは乙においてみなし配当とされた金額であり、利益積立金額から払い出されたものが、株主側でみなし配当課税されたということになる（この扱いは、資本金等の額からの払い出しが、乙において配当として課税されないことと整合的である）。

解答例

❶ 税法上のストック・オプションには、租税特別措置法29条の2に規定される適格ストック・オプションと、それ以外の非適格ストック・オプションがある。本件ストック・オプションは、措置法の要件を満たさないため、非適格ストック・オプションである。

令和元年に甲は、無償で本件ストック・オプションを付与された。ストック・オプションそのものに価値があるならば、その段階で所得税法36条の収入金額として扱うべきである。その場合の所得分類としては、A社の従業員としての給与所得（所法28条1項）か、あるいはB社からの贈与を受けたとして一時所得（所法34条1項）といった可能性が考えられる。しかし、ここでは、まずストック・オプションが付与された段階で課税があるのかどうかについて、考えてみる。

本件ストック・オプションが付与された令和元年5月段階のB社株の時価と、オプションの行使価額は、ともに100万円で等しい。つまり、100万円の価値のある株を100万円で買う権利を与えられたわけであるから、甲には何ら所得が発生していないようにみえる。

しかし、もし将来、B社株が100万円以上になれば、甲はオプションを行使することで、対価の100万円を超える部分について利益を得ることができる。その反面、B社株の株価が下落して100万円以下となっている局面では、オプションの行使を強制されない。このようなリスクのない期待権には、何らかの価値があると思われる。もっとも、それを正確に評価するには大変な困難を伴うことが予想される。

収入金額に関する所得税法施行令84条2項をみると、ストック・オプションからの利益に対する課税時期は、オプション行使時であることが前提とされている。おそらく、オプションそのものを評価する執行上の負担を考慮してのことだと思われる。したがって、この規定に従う限り、令和元年5月段階で、甲に対する課税はないといえる。

❷　乙は所得税法25条1項5号によるみなし配当課税を受ける。
同項柱書にいう「資本金等の額……のうちその交付の基因となっ
た当該法人の株式又は出資に対応する部分の金額」は、所得税法
施行令61条2項6号によると80万円となるから、乙がB社か
ら受け取った金銭の額である110万円との差額30万円が、みな
し配当として課税される金額である。

　B社側では、まず、法人税法施行令8条1項20号に基づいて、
B社の取得資本金額に相当する資本金等の額が減少する。B社が
発行している株式は一種類であるから、同号イにより、B社の取
得資本金額は80万円となる。次に、法人税法施行令9条1項14
号に基づき、乙がみなし配当として課税された金額と等しい額で
ある30万円の利益積立金額が、B社において減額される。

　乙のB社株の取得価額が70万円であった場合、租税特別措置
法37条の10第3項によって、対価である110万円からみなし配
当として課税された30万円を除いた80万円が、この有価証券譲
渡にかかる収入金額となる。乙の取得価額は70万円だから、差
し引き10万円が有価証券譲渡所得としての分離課税を受けるこ
とになる。

　乙のB社株の取得価額が90万円であった場合も、同じく租税
特別措置法37条の10第3項の適用がある。したがって、収入金
額である80万円との差額10万円は、有価証券譲渡損となる。し
かし、同法37条の10第1項によれば、他に有価証券譲渡益がな
い限り、「当該損失の金額は生じなかったものとみなす」ことに
なっている。つまり、乙は一方でみなし配当としての課税を受け
ながら、他方で有価証券の譲渡損失を他の所得から原則として控
除できないことになる（ただし、租税特別措置法37条の12の2に
該当する場合を除く）。

❸　前述のとおり、甲に対する課税のタイミングは、所得税法施行
令84条2項によって、オプション行使時とされている。令和3
年5月のオプション行使時に、甲は行使価額とB社株の時価と
の差額である40万円について、所得税法28条1項にいう給与所
得としての課税を受けると思われる。甲は、従業員としてA社
に勤務し続けたからこそ、ストック・オプション行使による利益
を得ることができたからである。

　　しかし、甲にストック・オプションを付与したのは、A社で

はなく、その親会社であるB社であり、甲とB社には直接の雇用関係がない。給与所得として課税する際には、この点をどうとらえるかという問題がある。雇用関係の不存在を理由に、雑所得に該当するという意見もありえるだろう。ただし、A社はB社の100%子会社であるから、甲とB社との間に、雇用契約、あるいはこれに類する契約が存在すると考えることも不可能ではない。最高裁平成17年1月25日判決も、同じような考え方だと思われる。

甲が得た利益が、偶発的な株の値上がり益に基づくことを根拠に、これを一時所得とする見解もありえるだろう。しかし、本件ストック・オプションには、付与から一定期間を経過しないと行使できないこと、オプションの譲渡が禁止されていること、被付与者が付与時から行使時までB社グループの役員または従業員でなければならないことといった、様々な「行使制限」や「譲渡制限」が付されている。甲が得た利益は、このような制限の「対価」としての性質を有していると思われるので、対価性のない所得である一時所得には該当しないと考える。

一方で、自己株式を甲に交付するB社の行為は、法人税法22条5項にいう資本等取引に該当するため、当該行為から損益は発生しない。新株予約権を行使した者に対して、法人が自己株式を交付した場合は、法人税法施行令8条1項2号により、当該法人の資本金等の金額が増加するからである。また、金庫株ではなく、新たに新株を発行する方式を採用した場合でも、新株の発行は同じく資本等取引に該当するため、損益は発生しない。

もっとも、法人税法54条の2第1項によると、B社が甲から役務の提供を受ける場合で、当該役務提供に係る費用の額につき一定の新株予約権を交付したときは、甲に対する所得課税が行われた時点において、当該役務提供を受けたとして扱われる。その場合は、ストック・オプションが行使された段階で、B社の損金算入が可能となりうる。しかし、本件の場合は、そのようなケースに該当しないという設問上の前提があるので、本件ストック・オプションに対する法人税法54条の2第1項の適用はない。したがって、行使時に損金算入できる金額はないと考えられる。なお、甲にストック・オプションを交付したのはB社であってA社ではない（A社における費用の額につき交付したわけでもな

い）から、損金算入に関して、A社が甲に給与を支払ったと考えることはできない。つまり、行使時において、A社は支払給与としての損金を計上することができない。

最後に、令和3年10月に甲が行ったB社株式売却について述べる。給与所得として課税されたことで、甲におけるB社株の帳簿価額は140万円となる（所令109条1項3号）。そこで、B社株式売却に関しては、売却価額と帳簿価額の差額である10万円について、甲は有価証券譲渡益としての課税を受けることになる。

関連問題

1．外国法人によるオプションの付与

B社が内国法人ではなく外国法人であった場合、権利行使時における甲の課税はどうなるか。

2．100％子会社でない場合

A社に対するB社の持ち分が100％ではなく60％で、残りの40％はB社と無関係のC社が保有していた場合、権利行使時における甲の課税はどうなるか。また、B社がA社株の40％を保有し、C社が60％を保有していた場合はどうか。

3．付与時におけるオプション時価の存在

令和元年5月の段階で、B社の新株予約権1個の時価が5万円であった（市場において5万円で取引されていた）としたら、甲に対する課税はどのように異なるか。

4．権利の失効

もし甲が、本件ストック・オプションを行使せず、その権利が失効した場合、その段階でいかなる課税または控除を受けることができるか。B社についてはどうか。

5．従業員以外へのオプション付与

甲がB社の従業員ではなく、B社の顧問弁護士であった場合、令和3年における甲への課税はどう異なるか。

6. 譲渡制限付株式

　近時は、役員に対するインセンティブ報酬として、譲渡制限付株式（リストリクテッド・ストック）が交付される場合が増えている。譲渡制限付株式に関する規定である法人税法 54 条と、ストック・オプションに関する法人税法 54 条の 2 の異同について説明せよ。

参　考　文　献

岡村忠生『法人税法講義〔第 3 版〕』150 頁（成文堂・2007）

江頭憲治郎『株式会社法〔第 7 版〕』456 頁（有斐閣・2017）

増井良啓「ストック・オプションと所得課税（人的役務と所得税)」日税研
　論集 57 号 97 頁（2006）

佐藤修二「人的資本の拠出者に対する課税」金子宏監修『現代租税法講座
　第 3 巻 企業・市場』71 頁（日本評論社・2017）

渡辺徹也「インセンティブ報酬に対する課税──リストリクテッド・ストッ
　ク等を中心に」税務事例研究 150 号 27 頁（2016）

　　　　　　　　　　　　　　　　　　　　　　　　　　　　（渡辺徹也）

223

14. ファミリービジネス始めました★

設問 　勤め先から転勤命令を受けた A は、それを断って会社を辞めた後、父親からの遺産を元手に、カリフォルニア・ワインの輸入および販売を主たる業務として行う会社「ナパ・ソノマ」社（取締役会設置会社）を設立した。そして、税理士でもある X 弁護士の指導のもと、ナパ・ソノマは順調に事業を拡大していった。

　令和 3 年 3 月 31 日現在のナパ・ソノマは、代表取締役社長 A、取締役副社長 B（A の母親）、取締役 C（A の長男）、部長 D（A の次男）、課長 E（A の弟）、その他の従業員 10 名から構成されていた。資本金は 3000 万円である。発行済株式の 45% を A、20% を B、20% を C と D がそれぞれ 10% ずつ、そして残りの 15% を A およびその親族とは無関係な第三者 H が保有している。令和 2 年度（令和 2 年 4 月 1 日～同 3 年 3 月 31 日）のナパ・ソノマ社としての支出の中には、以下に示すようなものが含まれていた。

❶ 　ナパ・ソノマは令和 2 年 5 月の定時株主総会で、令和 2 年度における A の給与限度額を前年度と同じ 1500 万円（月額 125 万円）と決めて、支給していた。しかし、令和 2 年度は業績が予想以上に好調で、多額の利益が出そうだったので、令和 3 年 1 月に臨時株主総会を開き、同年 1 月から 3 月までの A の給与限度額を月額 225 万円に上げる決議をし、この 3 ヶ月については、それまでより 100 万円多い給与が支給された。会社は、支給総額である 1800 万円を損金に算入している。

❷ 　令和 2 年度において、D は部長として、会社の業績アップに貢献したことが評価され、12 月に賞与 200 万円が支払われた。D は部門の責任者として取締役会にも毎回出席してはいるが、取締役や執行役といった会社法上の役員ではない。E に対しても、同じ理由で賞与 100 万円が支給された。ただし、E は経営に従事していない。両者に対する賞与は、通常の 2 倍の金額（100% アップ）に相当す

る。なお、D および E 以外の従業員に対する賞与は、通常より20％上乗せする形で支給された。D と E に支給された金額は、それ以外の使用人に対する賞与と同様に全額損金として処理されている。

❸　最近 B は高齢のために体が弱ってきていて、ここ半年間でみると週のうち1日か2日しか出社できていない。本人もそのことを気にしていたので、令和2年度末で退職してもらうことになった。B はナパ・ソノマの設立以来ずっと副社長の重責にあったことから、会社としては 2000 万円の退職金を支払うことにした。B の在任期間は3年間である。

❹　A の妻 F に対して、結婚 30 周年を祝って 150 万円のダイヤの指輪が贈られた。F はナパ・ソノマの従業員ではない。そして、この贈呈は A の発案による。しかし、会社としては、F の内助の功があってこそ A が社長業に専念できると判断して、記念日を祝う形で、これまでの感謝の意を表すことにした。会社はこれを福利厚生費として、損金に算入した。

❺　近くにある私立高校が、図書館を拡張することになり、ナパ・ソノマは、同校に 50 万円を寄附することにした。ナパ・ソノマの役員および従業員の多くはこの高校の出身者である。会社は、50 万円を寄附金として処理し、損金算入限度額の範囲内で損金とした。

❻　令和2年度末において、ナパ・ソノマには売掛金が 2000 万円あった。過去3年間は、売掛金について毎年2％の貸倒れが生じてきた。したがって、令和2年度末において、2000 万円の2％にあたる 40 万円を損金経理によって貸倒引当金勘定に繰り入れた。

❼　A は、得意先の T 社長の接待で、メトロポリタン・オペラの日本公演（フィガロの結婚）を観に行った。チケット料および飲食代は2人分合計で 20 万円かかったが、その全額をナパ・ソノマが支払い、交際費として処理した。A は大のオペラファンで、有名な海外オペラの来日公演にしょっちゅう出かけるため出費がかさみ、妻の F からよく文句を言われている。今回は、フィガロの結婚をどうしても観たい A が計画して、T 社長を誘ったものであるが、そのような経緯もあってか、A は会社が支払った 20 万円のうち半分（つまり自分で楽しんだ分）は、自腹を切るべきではないかと思

っている。なお、T社長は、初めて観るオペラにご満悦であった。

　上記❶～❼までの会社の処理について、自分が正しいと考える課税上の扱いを、簡単な理由とともに示しなさい。なお、税額や費用等の細かい計算は必要ない。また、所得税の課税については最低限の記述でよい。

解　説

1 ………… 概　観

(1)　設問のねらい

　本設問では、法人税法における損金算入制限を学ぶ。法人は、役員、従業員、得意先ほか様々な相手に対して、支出を行うが、その中には損金として扱うことができないものがある。本設問は、そのうち役員への給与を中心として、さらに交際費、寄附金等についても扱う。そして、法人税法や租税特別措置法等へのあてはめを通じて、損金算入できるものと、そうでないものが区別できるようになることを目指す。

(2)　取り上げる項目

► 役員給与

► 定期同額給与

► 過大な使用人給与

► 役員退職給与

► 福利厚生費

► 寄附金

► 貸倒引当金

► 交際費等

2 ………… 定期同額給与

　社長であるAはナパ・ソノマの役員に該当する（法法2条15号、法令7条）。現行法人税法34条1項は、（平成18年度改正前までの役員報酬

および役員賞与という概念を使用することをやめて）内国法人がその役員に対して支給する給与について、一定の例外を除いてすべて損金に算入されないという構成をとっている。この例外には、①定期同額給与（法法34条1項1号）、②事前確定届出給与（同2号）、③一定の業績連動給与（同3号）等が該当する。

　事業年度の途中において、会社が役員に支給する給与の額を変更し、かつ当該変更後の金額を損金に算入することが常に許されるとすると、一定の所得操作（およびそれに伴う法人税額の操作）が可能となる。しかし、このような操作は安易に認められるべきではない。そこで、法人税法34条1項1号は、「その支給時期が一月以下の一定の期間ごとである給与……で当該事業年度の各支給時期における支給額が同額であるもの」を①の定期同額給与とし、これに該当しないものの損金算入を否定している。ただし、②の事前確定届出給与、および③の業績連動給与に該当すれば、なお損金算入が可能であるが、設問❶の場合はこれにあたらない。なお、これら34条1項の適用を受けない部分は、同項による損金不算入とはならず、他に別段の定めがない限り（34条2項、3項も別段の定めである）、原則である22条3項2号によって、損金算入の可否が判断される（東京地判平成29・3・10訟月64巻6号954頁）。換言すれば、損金算入の根拠条文は34条1項ではない（同項は損金算入を制限する規定である）。

　令和3年1月に給与改定が行われたことで、令和2年度に支給された給与全体が定期同額給与に該当しなくなり、1800万円の全額が損金算入できなくなったようにもみえる。一方で、所得操作の可能性があるのは、上乗せされた300万円の部分に限られると捉えて、当該300万円を除く1500万円の部分については、依然として定期同額給与に該当すると考えることも十分に可能である。

　後者の考え方に従えば、令和3年1月に上乗せされた計300万円部分についてのみ、損金に算入すべきでないことになろう。[1]

---

[1]　事業年度の途中で定期同額給与の改定が行われた場合でも、法人税法施行令69条1項に規定する場合に該当すれば、改訂後に支給された部分についても、定期同額給与として損金に算入できる可

　また、令和3年1月以降における給与としての増額支給を容認すると、「法人税の負担を不当に減少させる結果となる」と構成して、法人税法132条（同族会社の行為計算否認規定）を使って否認する方法も考えられなくはない。しかし、漠然とした内容をもつこの規定に、安易に頼るべきではない。設問のような場合は、個別規定である法人税法34条1項および同施行令69条1項の解釈によって、増額分の300万円を損金算入できない役員給与として扱えばよいだろう。

　損金算入が否定されないとして扱った1500万円部分についても、その中に、もし法人税法34条2項にいう不相当に高額な役員給与に該当する金額があった場合は、当該金額の損金への算入が否定されることになる。すなわち、法人税法34条1項をクリアした金額は、自動的に損金算入になるわけではなく、さらに同条2項の審査を受ける。この部分に関する法人税法34条の内容は、必ずしもわかりやすいとはいえないが、同条1項柱書により「損金の額に算入しない」とされなかった部分は、（同条1項により損金不算入とされなかったのであるから）同条2項括弧書にいう「前項……の規定の適用があるものを除く」に該当しないとして、同条2項の適用対象になるというふうに読むべきであろう。

　不相当に高額とされた部分は、法人にとって費用性のない支出だから損金算入ができないと考えることが可能である（ただし別の考え方もありえる）。平成18年度改正前の法人税法は、不相当に高額な役員給与を役員に対する賞与と同視し、税引後の法人利益の処分にあたることを理由に、損金算入を否定していた（「隠れた利益処分」としての損金不算入）。平成18年の会社法施行により、賞与が利益処分にあたるという理論は使えなくなったが、現行法人税法34条2項の根底には、このような考

　能性がある。しかし、設問❶の給与はそれに該当しない。なお、役員給与については、平成18年度改正後も法人税法34条の適用について種々の問題点が指摘されており、国税庁がその解釈指針を示している（「役員給与に関するQ&A」（https://www.nta.go.jp/law/joho-zeikaishaku/hojin/qa.pdf）。仮にそれに従うとするならば、設問❶のケースは、法人税法34条1項の解釈によって、1500万円部分のみが、定期同額給与として損金算入できる。

[2]　平成18年に施行された会社法が、従前のような利益処分という概念を採用しなかったために、法人税法は損金不算入とするために拠って立つ基盤を失った。そこで、平成18年度改正法人税法は、それまでの役員報酬と役員賞与を役員給与という概念に統合した上で、定期同額給与等の例外に該当しない限りは、役員給与を原則として損金不算入にするというルールを採用したと思われる。

え方の名残があるように思える。一方で、最初から定期同額給与等に該当しない部分は、たとえ費用性があったとしても（平成18年度改正前法人税法とは異なり）現行法上は損金に算入することはできないと考えられる。

　なお、役員給与は受け取る側にとって給与所得になるため、支払法人であるナパ・ソノマには源泉徴収等の義務がある（所法183条等）。この義務は、損金算入・不算入の扱いとは無関係である。つまり、損金不算入とされる300万円部分を含めた1800万円全額について、給与を支払う法人には源泉徴収義務がある。

　また、令和2年分以降、給与等の収入金額が850万円を超える場合は、給与所得控除額を195万円で頭打ちにする上限が設けられている（所法28条3項5号）。令和3年分のAの給与等の収入金額はこの上限にかかる可能性がある。

3‥‥‥‥‥役員の範囲および特殊関係人

　設問❷について、まず、Dから検討する。税法上の役員の範囲は会社法のそれより広い。法人税法2条15号の定義によれば、役員とは「法人の取締役、執行役、会計参与、監査役、理事、監事及び清算人並びにこれら以外の者で法人の経営に従事している者のうち政令で定めるものをいう」としている。そして、ここでいう「政令」に該当する法人税法施行令7条は、その1号で「法人の使用人……以外の者でその法人の経営に従事しているもの」と規定する。

　施行令7条1号に従うならば、部長という使用人としての職制を有しているDは、取締役会に毎回出席するという形で経営に従事していても、役員ではないことになる。しかし、同2号が、一定の同族判定株主に属する者で、「会社の経営に従事しているもの」について役員とする旨を規定する。具体的には、同族会社（法法2条10号）の使用人のうち、施行令71条1項5号イからハまで（使用人兼務役員とされない役員）の規定中「役員」とあるのを「使用人」と読み替えた場合に、同号イからハまでに掲げる要件のすべてを満たしている者である。Dはそれを満

229

たすので、役員に該当することになる。

　そうすると、Dは役員であると同時に、施行令71条1項5号に照らして、「使用人兼務役員とされない役員」になる。そして、Dに支給された賞与は、法人税法34条1項各号が掲げる給与（例外的に損金算入が認められる給与）のどれにも該当しない。したがって、全額損金に算入できないことになる。なお、設問においてDは10%の持ち分を有しているが、仮に持ち分をまったく有していない場合であっても、Dの配偶者が5％を超える持ち分を有している場合などは、Dが施行令71条1項5号の役員に該当することになり、支給額の損金算入はできなくなる（法令71条1項5号ハ。同71条1項5号にいう「株主グループ」の内容については同2項が、同じく「所有割合」の内容については同3項が規定している。さらに、法基通9－2－7（1）も併せて参照）。

　続いて、Eについて検討する。Eは経営に従事していないので、Dと同じ判定基準を使うと、役員にはならない。したがって、Eをただの使用人と考えることができるなら、そのような者に支払われた賞与（すなわち使用人への給与）は、その全額が損金に算入できそうである。

　しかし、Eは役員の親族であるから、法人税法36条にいう役員と特殊の関係のある使用人に該当する（法令72条1号）。したがって、Eに対して支給した賞与のうち、不相当に高額な部分があれば、損金に算入できない。Eは経営に従事していないし、持ち分も有していないが、社長であるAの弟であるので、他の使用人とは区別されることになる。

　なお、「不相当に高額な部分」の判断は、同施行令72条の2によることになる。すなわち、Eの職務内容やナパ・ソノマの収益および他の使用人に対する給与支給状況等の具体的事実に照らして判断が行われる。他の従業員に対する賞与が「通常より20%上乗せする形で支給された」ということが、施行令72条の2にいう「他の使用人に対する給与の支給の状況」にあたるから、これが1つの判断基準になるであろう。Eに関する特段の考慮事由がなく、他の従業員と同じ引き上げ率を適用すべきであるとするならば、Eに支給すべき賞与は、50万円の2割増である60万円となり、残りの40万円が、不相当に高額な部分として損金不

算入となる。

4 ……… 役員退職給与

設問❸について、法人税法34条1項により損金不算入とされる役員給与から、役員退職給与は明文で除かれている。除かれているのは、(i)役員退職給与（業績連動給与に該当しないもの）に加え、(ii)使用人兼務役員に対して支給する使用人としての職務に対するもの、(iii)法人が事実を隠ぺいしまたは仮装して経理することによりその役員に対して支給するものである（このうち(iii)は、同条3項により、ただちに損金不算入となることに注意）。

そして、同条2項により、役員退職給与のうち、不相当に高額な部分が損金不算入となる。換言すれば、Bへの退職金2000万円のうち、相当とされた金額に限り、損金に算入することができる。すなわち、法人税法34条1項による損金不算入の適用を潜り抜けた同項各号の役員給与と同じ扱いになる。

一方で、退職金を取得したBの在任期間は3年であり、かつ法人税法2条15号にいう役員に該当するので、所得税法30条4項1号が適用されることとなり、同条2項に規定する2分の1課税の対象外となる。Bの退職金に関して、ナパ・ソノマには、損金不算入とされた部分を含めて所得税法199条に基づく源泉徴収義務がある。

5 ……… 役員給与と福利厚生費および寄附金

設問❹について、租税特別措置法は、交際費等と福利厚生費との区別として、「専ら従業員の慰安のために行われる運動会、演芸会、旅行等のために通常要する費用」を交際費等から除いている（措法61条の4第4項1号）。

通達では、社内の行事に際して支出される金額等で、従業員等またはその親族等の慶弔、禍福に際し一定の基準に従って支給される金品に要する費用を、交際費等とは区別される福利厚生費としている（措通61の4(1)-10）。ここでいう従業員等には、役員も含まれる（措通61の4(1)

231

－7(注)）が、通達に基づくとしても、役員や従業員の結婚記念日に、その配偶者へ贈る指輪への支出が、「一定の基準に従って支給される金品に要する費用」ということは困難であろう。

　設問では、そのような「一定の基準」の存在は明らかではないが、通常の企業では、役員や従業員の結婚記念日に、高価なダイヤの指輪を本人やその配偶者へ贈ることなど、社会通念上まず考えられない。この指輪については、Aが社長であるがゆえにFに対して贈られたと考えるのが、自然である。また、Aの発案という点も無視できない。したがって、この指輪は、Aに対する現物の役員給与と考えられる（つまり指輪はいったんAに帰属する）。また、Aの存在があってこその贈呈であり、会社と直接の関係を持たないFへの純然たる贈与ではないので、寄附金とは構成し難い。

　そして、法人税法34条1項の例外に該当しない以上、この150万円を損金に算入することはできない。内助の功に報いるため、役員の配偶者に支給した金品は、当該役員に対する賞与であるとして損金算入を否定した裁決事例がある。[3] 本設問では、この150万円部分だけが損金不算入となり、設問❶で定期同額給与として損金算入を認めた1500万円部分については、影響を与えないとみるべきだろう。しかし、常にそうなるとは限らない。たとえば、Fが会社名義のクレジットカードを持っていて、それを使って自由に生活用品等を購入することができるような場合には、1500万円部分を含めてAの定期同額給与とはいえなくなる可能性がある。

　設問❺について、法人税法上、寄附金は、損金経理をしても、原則として、一定の限度額しか損金算入できないことになっている（法法37条1項、法令73条1項1号）。それは、寄附金のなかに費用の性質とそれ以外の性質が混在しているからである。換言すると、寄附金としての各支出において、費用性のあるものとないものを明確に区別することが困

---

[3]　国税不服審判所裁決昭和48・6・19裁決事例集6集38頁。この裁決のときは、このような役員賞与を「隠れた利益処分」であるとして損金不算入としていた。

難であるため、一定の算式による損金算入限度額を決めているのである[4]。

　もっとも、国または地方公共団体に対する寄附金は、その全額を損金に算入できる（法法37条3項1号[5]）。これは、国や地方公共団体に対する寄附金に、費用性が強いということを意味しているわけではない。むしろ、国等への寄附金には、そもそも費用の性質などないはずである。それにもかかわらず、このような支出を課税上有利に扱うのは、政策的に国等への寄附を奨励しているからである。

　同様の理由から、公益を目的とする事業を行う法人または団体に対する寄附金のうち、一定の要件を満たすものとして、財務大臣が指定したもの（指定寄附金）も、その全額が損金に算入される（法法37条3項2号）。

　また、指定寄附金でなくても、特定公益増進法人（公共法人、公益法人等その他特別の法律により設立された法人のうち、教育または科学の振興、文化の向上、社会福祉への貢献その他公益の増進に著しく寄与するものとして政令で定める法人）に対する寄附金は、損金算入限度額が、一般の寄附金とは別枠で計算される（法法37条4項、法令77条4号・77条の2）[6]。設問の私立高校は、法人税法施行令77条4号に該当するため、特定公益増進法人にあたる。したがって、ナパ・ソノマが支払った寄附金は、法人税法施行令77条の2の限度内で損金に算入できると考えられる。

　一方で、事案によっては、役員の個人的な寄附とされるケースもあり

---

[4]　法人税法施行令73条1項1号によると、普通法人における寄附金の損金算入限度額は、「当該事業年度終了の時における資本金等の額を12で除し、これに当該事業年度の月数を乗じて計算した金額の0.25％に相当する金額」と、「当該事業年度の所得の金額の2.5％に相当する金額」との合計額の4分の1に相当する金額である。平成23年（12月）改正前は、前記4分の1は2分の1であった。したがって、一般寄附金の損金算入限度額は縮小したことになる。

[5]　通達によると、「国又は公立の学校等の施設の建設又は拡張等の目的をもって設立された後援会等に対する寄附金であっても、その目的である施設が完成後遅滞なく国等に帰属することが明らかなもの」は、国または地方公共団体に対する寄附金に該当することになる（法基通9-4-3）。

[6]　前掲注[4]に記載したとおり、平成23年（12月）改正において一般の寄附金の損金算入限度額が縮減されたが、この縮減額と同額だけ、特定公益増進法人等に対する損金算入限度額は拡大された（法令77条の2第1項）。具体的な損金算入限度額は、「当該事業年度終了の時における資本金等の額を12で除し、これに当該事業年度の月数を乗じて計算した金額の1000分の3.75に相当する金額」と、「当該事業年度の所得の金額の100分の6.25に相当する金額」との合計額の2分の1に相当する金額である。平成23年（12月）改正前は、上記3.75の比率が2.5、上記6.25の比率は5であった。

える。たとえば、A だけがこの高校の卒業生であり、図書館拡張に対して、A の母校への強い個人的な思い入れがあったという状況で、社長としての権限でナパ・ソノマに寄附をさせたというような場合なら、私立高校への拠出金は、卒業生である A 個人に帰せられるべきものと考えられる。その場合、50 万円の支出は A に対する損金算入のできない役員給与となる（すなわち、会社からの寄附金ではなくなる[7]）。法人が、その代表者の出身校に対して、その同窓会を通じて支出した講堂建設助成金について、代表者への役員賞与として損金算入を否定した裁決がある[8]。本設問の場合、ナパ・ソノマ役員および従業員の多くが、寄附を受けた高校の出身者であるため、会社を通した A による個人的な寄附とは考えにくい。

6 ……… 貸倒引当金

　設問❻について、貸倒引当金は、費用収益対応原則に基づき会計上認められた制度であり、法人税法も、これを是認してきた。引当金を設定する目的は、当期の収益に対する費用を計上することで、適正な期間損益計算を行うためである。その設定基準としては、①将来の特定の費用または損失であって、②その発生が当期以前の事象に起因し、③発生の可能性が高く、かつ④その金額を合理的に見積もることができることがあげられる[9]。

　貸倒引当金はこの基準を満たす。なぜなら、①貸倒引当金は、売掛金等の貸倒れに伴って発生する将来の資産減少に関して設定され、②その発生の原因は、当期またはそれ以前に信用販売で売上を促進したことにあり、③貸倒れは、そのような信用販売が行われる限り不可避的に発生するものであって、かつ④その金額は過去の経験に照らして合理的に見

---

[7]　会社が寄附したものとして損金処理した寄附金は、役員個人の負担すべき個人的費用を同会社において負担し、当該役員に代わって支出したものであって、当該寄附金の支出は、当該役員に対する賞与の支給に該当するとして損金算入を否定した判例がある（徳島地判平成 5・7・16 訟月 40 巻 6 号 1268 頁）。

[8]　国税不服審判所裁決昭和 47・11・17 国税不服審判所裁決例集 7522 頁。

[9]　「企業会計原則注解」注 18。

積もることができるからである[10]。

　平成23年（12月）改正は、貸倒引当金（個別評価金銭債権に係る引当金と一括評価金銭債権に係る引当金）を設定できる法人について、資本金1億円以下の中小企業、銀行・保険会社等に限定した（法法52条1項）。法改正の目的は、法人税率の引き下げに伴う課税ベースの拡大だと思われる。これで、法人税法と企業会計との乖離がまた1つ広がったことになる。なお、金融債権が不良化あるいは無価値化したとしても、法人税法33条および同施行令68条1項は、その評価損の損金算入を制限していると読める。これも企業会計と法人税法の差異である。

　また、課税ベース拡大といっても、従来から貸倒引当金を多く設定していない企業は、税率引き下げの効果を享受できる。つまり、課税ベース拡大は、個々の企業あるいは業種ごとにインパクトが異なることに注意を要する。

　ナパ・ソノマの資本金は3000万円なので、法人税法52条1項1号イに該当する。したがって、上記の法改正の影響を受けない。設問❻の売掛金は、法人税法52条2項の一括評価金銭債権にあたるので、同施行令96条6項の範囲内で、貸倒引当金繰入額が損金に算入できる。この事例では、過去3年間、売掛金について毎年2％の貸倒れが生じてきたのであるから、同項の基準に照らして、繰入額40万円の全額が令和2年度の損金に算入できる。

7⋯⋯⋯⋯交際費等

　設問❼について、条文上、交際費等とは、「交際費、接待費、機密費その他の費用で、法人が、その得意先、仕入先その他事業に関係のある者等に対する接待、供応、慰安、贈答その他これらに類する行為……のために支出するもの」をいう（措法61条の4第4項）。

　ある支出が交際費等と認められるためには、支出する法人の側で取引関係の円滑な進行を図るという目的を有していることに加え、それが客

---

[10]　桜井久勝『財務会計講義〔第21版〕』220頁（中央経済社・2020）。

観的に法人の活動の一環として認められる目的のために支出されていること、あるいはその相手方がそれによって法人から利益を受けていると認識しうる客観的状況のもとで支出されることが必要であるといわれる。[11]

　設問における支出は、上記の定義および各要件を満たしていると考えてよいであろう。そこで、T社長を接待した20万円の支出が、交際費等に該当するならば、資本金が3000万円であるナパ・ソノマの場合、他の交際費等としての支出合計が年間800万円以下であることを前提に、20万円の全額が損金に算入できることになる（措法61条の4第2項）。

　確かに、Aに関する10万円の支出は、Aによる消費（すなわちAの所得）の要素がある。したがって、損金算入のできない役員給与になる可能性も否定できない。しかし、得意先の社長を1人で観劇に行かせるよりも、それに精通したAが同席することで、より効果的な接待を行うことができる（「妻のFからよく文句を言われている」ということからも、普段、Aは自費で鑑賞していると推察される）。T社長は喜んでいたわけだから、Aの消費の要素ばかりが強調されるべきではなく、その後の取引関係がよりうまくいくことも期待される。その意味で、全体としての支出に、事業との関連性および事業上の必要性が認められ、当該支出には、十分に費用としての性質があるといえる（もっとも、仮にT社長が期待どおりに喜ばなくても、そのことだけで交際費等としての性質が失われることはないであろう）。

　むしろ注意すべきは、たとえ費用性のある支出でも、それが交際費等に該当すれば、一定額の損金算入が制限されることの方である。設問の

---

[11]　金子宏『租税法〔第23版〕』424頁（弘文堂・2019）。交際費等にあたるというための基準について、①支出の相手方が事業に関係ある者等である、②支出の目的が相手方との親睦を密にして取引関係の円滑な進行を図ることであるという二要件で足りるとする考え方（二要件説）と、これら①②に加えて、さらに③支出による行為の形態が接待、供応、慰安、贈答その他のこれらに類する行為であるという三要件目を要求する考え方（三要件説）がある。本設問では、どちらの説でも交際費等に該当すると思われるが、事例によっては結論が異なる可能性がある。製薬会社が病院等の医師の英文添削のために支出した経費について、萬有製薬事件第一審判決（東京地判平成14・9・13税資252号順号9189）は、二要件説に基づき交際費等にあたるとしたが、同控訴審判決（東京高判平成15・9・9判時1834号28頁）は三要件説をとって、交際費等該当性を否定した（高裁判決は、要件として③を追加しただけでなく、②の要件を充足するかどうかについても、地裁判決とは異なる判断をしている）。

ように、資本金が1億円以下の法人は、800万円までの損金算入が認められるが、資本金が100億円超の法人では、一切の損金算入が認められない（措法61条の4第1項）[12]。もっとも、資本金が100億円以下の法人の場合、交際費等の額うち、接待飲食費の額の50%が損金に算入できる（同項）。資本金が1億円以下の法人の場合は、この50%までの損金算入ルールと、上記800万円までの損金算入ルールを選択的に利用できる（措法61条の4第2項）。交際費等の中には、費用性の薄いもの、法人の冗費・濫費を増大させる原因となるもの、役員等の消費にすぎないものなどがあると考えられている。そのため、交際費等の一部または全部の損金算入が、制限されるのである。

　ところで、上に書いたAによる消費という要素は、初めて観るオペラにご満悦であったT社長についても、同様に認められるはずである。しかし、T社長に対する所得税の課税が困難であるため、法人側での損金算入を制限するという考え方もありえる。これは、役員給与が損金算入制限を受けるのとは異なる理由である。いずれにしても、交際費等の損金算入が制限される状況では、ある支出が、交際費等にあたるのか、それとも福利厚生費や宣伝費にあたるのかという問題は、課税上の重大な関心事となる。

　最後に、仮にナパ・ソノマがAの意向を尊重して、Aに関する10万円を立替払いとして処理し直し、T社長に対する支出分である10万円についてだけ、交際費等としての扱いを維持したとしても、課税庁がそれを否認して、Aに対する損金算入の認められない役員給与とすることはないであろう。

---

[12]　ただし、1人当たり5000円以下の飲食費は交際費等に該当しないとされている（措法61条の4第4項2号、措令37条の5第1項）。

解答例

　以下、設問❶〜❼の順に解答する。

　設問❶について。社長である A はナパ・ソノマの役員に該当する（法法 2 条 15 号）。令和 3 年 1 月から 3 月まで毎月支払われた 225 万円のうち、当初より増額された 100 万円部分、つまり合計額で 300 万円部分は、法人税法 34 条 1 項および同施行令 69 条 1 項により、原則として損金に算入できない。もっとも、役員の職制上の地位や職務内容の重大な変更があった場合などはこの限りでない（法令 69 条 1 項 1 号ロ）。

　臨時の株主総会を開催して、A の給与額に関する決議をしたのは、そのままでは損金に算入できなくなるからであり、それ以外の目的は考えられない。このような改定による給与が、常に定期同額給与として認められるのなら、法人税法 34 条 1 項が、原則として役員給与を損金不算入としながらも、同項 1 号で定期同額給与を例外とした意味がなくなってしまう。

　しかし、上乗せされた 300 万円を除く 1500 万円部分については、依然として定期同額給与に該当すると考えることができるから、役員給与として支給された 1800 万円の全額が損金に算入できないとするのではなく、上乗せ部分だけを損金不算入とすればよい。（法法 34 条 1 項 1 号、22 条 3 項 2 号）ただし、損金算入が否定されないとして扱った 1500 万円部分についても、その中に、もし法人税法 34 条 2 項にいう不相当に高額な役員給与に該当する金額があった場合は、当該金額の損金への算入が否定されることになる。

　なお、最初から、業務に連動して役員の給与額が決まるという契約を、会社と役員との間で結んでいる場合などは、法人税法 34 条 1 項 3 号に基づいて、損金に算入できる可能性がある。しかし、A がそのような契約を結んでいるとは明示されてないし、仮に結んでいても、同族会社（同族会社以外の法人との間にその法人による完全支配関係があるものを除く）は同号の適用から除外されているので、設問の事例はこれに該当しない。

　役員給与は、これを受け取る各役員にとって給与所得になるため、損金不算入とされた 300 万円部分を含めた 1800 万円全額について、

支払法人であるナパ・ソノマには、所得税法183条等に規定される源泉徴収等の義務がある。

設問❷のDについて。法人税法施行令7条1号は、役員の意義について、「法人の使用人以外の者でその法人の経営に従事しているもの」と規定しているので、「部長」という使用人としての職制を有しているDは、取締役会に毎回出席するという形で経営に従事していても、役員ではないと読める。しかし、同2号が、同族会社について、別の定めをする。ナパ・ソノマは、法人税法2条10号にいう同族会社だから、同施行令7条2号が関係してくる。

同2号を読むと、同族会社の使用人のうち、施行令71条1項5号イからハまでの規定中「役員」とあるのを「使用人」と読み替えた場合に、同号イからハまでに掲げる要件のすべてを満たしている者は、役員となる。Dはそれを満たすから、同施行令7条2号に基づいて、役員とされる。

そうだとすると、Dは同族会社の役員になるため、今度は、施行令71条1項そのものの適用により、「使用人兼務役員とされない役員」となる。したがって、Dに支給された賞与は、法人税法34条1項各号が掲げる給与のどれにも該当しないため、その全額が損金算入できないことになる。

設問❷のEについて。EはDと違って、経営にも従事していないので、役員ではない。したがって、使用人兼務役員にもなれない。しかし、法人税法36条にいう役員と特殊の関係のある使用人に該当する。同施行令72条1号にいう「役員の親族」にあたるからである。そのため、Eに対して支給した賞与のうち、不相当に高額な部分があれば、法人税法36条によって、損金算入ができないことになる。「不相当に高額な部分」の基準は、同施行令72条の2にあるので、具体的には、この条文に従って判断されることになる。Eに関する特段の考慮事由がなく、他の従業員と同じ引き上げ率を適用すべきであるとするならば、Eに支給すべき賞与は、50万円の2割増である60万円となり、残りの40万円が、不相当に高額な部分として損金不算入となるであろう。

設問❸について。法人税法34条1項により損金不算入とされる役員給与から、役員退職給与（業績連動給与に該当しないもの）が明文で除かれている。したがって、定期同額給与等に該当しなくても、すぐに損金不算入となることはない。しかし、同条2項により、役

員退職給与のうち、不相当に高額な部分が損金不算入となる。つまり、Bへの退職金2000万円のうち、不相当に高額でない金額は損金に算入できる。

一方で、退職金を取得したBの在任期間は3年であり、かつ法人税法2条15号にいう役員に該当するので、所得税法30条4項1号が適用されることとなり、同条2項に規定する2分の1課税の対象外となる。

設問❹について。福利厚生費については、法人税法の条文に定義がないので、経済学や会計学の理論、および一般常識等から判断するしかないと考える。役員や従業員の結婚式などに贈り物をすることは、慶弔見舞金の一種だから、この指輪に福利厚生の意味がまったくないとはいえない。

しかし、社長の妻に対してだけ、高価な指輪を贈るというのは、社会通念上まず考えられない。従業員や役員全員を対象とした支出で、一定のルールに基づき、もっと低価格な贈り物であれば、福利厚生費として損金に算入できた可能性はあるが、この指輪への出費はA自身の個人的な支出という性質が強く、それをAの発案に基づいて会社が支払ったのであるから、Aに対する役員給与とすべきである。そして、法人税法34条1項の各号に該当しないので、この150万円は損金に算入することはできないと考える。

設問❺について。役員の個人的費用を会社において負担しているという可能性もあるが、この事案の内容では、ナパ・ソノマ役員および従業員の多くが、当該高校の出身者であるため、会社を通したAによる個人的な寄附とは考えにくい。したがって、Aに対する役員給与として扱うべきではない。

設問の私立高校は、法人税法上の特定公益増進法人である（法法37条4項、法令77条4号）。特定公益増進法人に対する寄附金は、損金算入限度額が、一般の寄附金とは別枠で計算される（法令77条の2）。したがって、ナパ・ソノマが支払った寄附金は、法人税法施行令77条の2の限度内で損金に算入できると考えられる。

設問❻について。ナパ・ソノマの資本金は3000万円であり、法人税法52条1項1号イに該当するので、貸倒引当金を設定することができる。設問の売掛金は、法人税法52条2項の一括評価金銭債権にあたるので、法人税法施行令96条6項の範囲内で、貸倒引当金への繰入額が損金に算入できる。この事例では、過去3年間、

売掛金について毎年2％の貸倒れが生じてきたのであるから、法人税法施行令96条6項の基準に照らして、繰入額40万円の全額が令和2年度の損金に算入できる。

設問❼について。Aが自腹を切って、自分に関する10万円を会社に返還し、会社はT社長に関する10万円だけを交際費等として処理したとしても、課税上の弊害が特に考えられないので、課税庁はその扱いを認めるだろう。

しかし、そもそもAは自腹を切る必要はなく、会社が処理したとおり、20万円全額が交際費等に該当すると考える。租税特別措置法61条の4第4項によると、交際費等とは、「交際費、接待費、機密費その他の費用で、法人が、その得意先、仕入先その他事業に関係のある者等に対する接待、供応、慰安、贈答その他これらに類する行為……のために支出するもの」であるから、T社長への接待は、この定義にあてはまる（この結論は、交際費等に関する三要件説に基づいて判断しても変わるところはない）。

接待とは、人をもてなすこと、供応することであり、当然に接待する人とされる人を前提としている。接待される人の費用は交際費等だが、接待する人の費用はそれにあたらないというのは、「接待費」を交際費等の定義に含めた趣旨から外れる。オペラ鑑賞によって接待としての効果が期待できるのであれば、単なるAの消費活動とは区別されるべきである。

そこで、20万円が交際費等に該当するとして、具体的な損金に算入できる金額を計算してみる。資本金が100億円以下の法人の場合、交際費等の額うち、接待飲食費の額の50％が損金に算入できる（措法61条の4第1項）。資本金が1億円以下の法人の場合は、この50％までの損金算入ルールと、800万円までの損金算入ルール（措法61条の4第2項）を選択的に利用できるナパ・ソノマの場合、800万円までの損金算入ルールの方が有利であるから、もし他に780万円を超える交際費等がなければ、20万円の全額が損金に算入できることになる。

関連問題

1．業績悪化を理由とした役員給与の減額

設問の事例とは反対に、業績悪化を理由として、1〜3月に支給される給与が月額75万円に下がった場合、4〜12月まで支給された給与との差額450万円（50万×9ヶ月）は、損金不算入にすべきだろうか。もし、損金不算入にしなくてもよいということなら、設問の場合も、最初から、限度額を2700万円（月額225万円）としておけば、問題は回避できたのだろうか。

2．支払う側の処理と受け取る側の処理

平成22年度改正前の法人税法35条は、特殊支配同族会社の業務主宰役員に対して支給する給与について、給与所得控除に相当する部分の金額を損金不算入としていた。つまり、個人企業が法人成りをすることにより、社長に支払われる給与に関する給与所得控除分が（かつての事業所得のときと比べて）余計に控除されること（二重の控除）を問題視したのである。しかし、この規定は平成22年度改正で廃止された。一方で、平成24年度改正では、給与所得控除に上限が設定され（旧所法28条3項6号）、この上限は現行法では195万円となっている（所法28条3項5号）。この改正は旧法人税法35条の考え方を（一部あるいは全部）受け継いでいるといえるだろうか。

3．留学中の子女に対して支給された役員給与

C（Aの長男）は、現在、カリフォルニアの大学で、経営学を学んでいる。Aは、「この留学は、将来のわが社のために、必ずや役に立つはずだから、費用は会社持ちだ」と述べて、Cに与えた留学費用400万円をナパ・ソノマの損金として処理した。ただし、Cは、会社の命令で留学しているわけではない。大学および専攻も、Cの個人的な理由から選択されたものである。また、Cは、上記400万円とは別に、役員給与として年間300万円を受け取っている。法人税法上は、どこまでが損金に算入できるか。また、Cはどのように課税されるべきか（東京地判平成8・11・29判時1602号56頁参照）。

４．社長の配偶者に対する給与として経理処理された支払い

　Ｄ社は、社長の内縁の妻Ｅに対して毎月の生活費等を与える目的で、（実際には働いていないにもかかわらず）出勤記録を作るなどしてＥをＤ社の従業員として扱い、「給与」名義で毎月定額の金銭をＥ名義の銀行口座に振り込んだ。このようなＤ社の支払いは、どのような根拠によって損金不算入とされるべきか（東京地判令和元・5・30判例集未登載参照）。

５．完全支配関係がある法人間の寄附

　完全支配関係がある他の内国法人に対して支出した寄附金の額は、当該内国法人の各事業年度の所得の金額の計算上、損金の額に算入できない（法法37条2項）。その一方で、内国法人が完全支配関係がある他の内国法人から受けた寄附金の額は、その寄附を受けた法人の各事業年度の所得の金額の計算上、益金の額に算入しない（法法25条の2）。これらは通常の寄附金とは大きく異なる扱いであるが、その理由について説明せよ。

６．法人の規模による交際費課税の差異等

　交際費等の損金算入を制限する規定が、租税特別措置法に置かれていることは、どのような意味があるか。また、資本金が100億円超の法人では、原則として交際費等が損金算入できないのに、1億円以下の法人では、800万円までの金額について全額が損金に算入できるのは、均衡を逸した内容ではないのか。個人における交際費等には、そのような金額制限がないことも視野に入れて解答せよ。

参 ┃ 考 ┃ 文 ┃ 献

岩品信明「役員給与に対する課税制度」ジュリスト1546号52頁（2020）
佐々木浩「貸倒引当金と貸倒損失の関係——平成23年度税制改正の影響」
　税研158号34頁（2011）
八ツ尾順一「交際費か、その他の隣接費用か？」税理57巻6号40頁（2014）
渡辺徹也『スタンダード法人税法〔第2版〕』134頁（弘文堂・2019）

（渡辺徹也）

15. 株式に纏わる出来事★★

設問　ゼミの課題として教授から担当者 3 人に以下の設問が手渡された。

　内国法人である A 社（平成 10 年 4 月 1 日設立）の令和 3 年 4 月 1 日現在における発行済株式総数は 10 万株、保有する資産の総額は 10 億円、負債の総額は 5 億円である。A 社の保有資産の中には甲と乙という 2 つの絵画がある。どちらも帳簿価額は 30 万円であるが、時価は甲が 50 万円、乙が 10 万円である。A 社には、この 2 つの絵画以外に含み損益のある資産および負債はない。A 社の資本の部（会社法でいう純資産の部）の構成は、資本金 1 億円、資本剰余金 1 億円、利益剰余金 3 億円である。A 社の資本金等の額は、資本金と資本剰余金の合計額である 2 億円に等しく、利益積立金額は利益剰余金の額と等しいとする。

　株主 B は、A 社の設立時に 200 万円を出資して A 社株を 1000 株取得して以来、それを保有し続けている。法人株主である D 社は、令和 2 年 1 月 10 日に株主 C（株主 B と同様に A 社の設立時に 1000 株を取得していた株主）から、C の保有する全株式を 500 万円で購入して以来、それを保有し続けている。

　以下の❶〜❹に関するそれぞれの問いに答えよ。ただし、具体的な税額の計算まではしなくてよい。❶〜❹の各事例は相互に無関係でそれぞれ独立したものとする。なお、特に指示のない限り、B は個人株主とするが、それ以外にも、解答において必要と思われる情報等があれば各自で設定すること。A 社の事業年度は 4 月 1 日から 3 月 31 日とする。また、源泉徴収に関する規定および租税特別措置法の規定は考えなくてよい。

❶　(i) 令和 3 年 4 月 1 日時点で A 社が解散して、残余財産の分配を行ったと仮定した場合、B の利益にはどのように課税されるか。なお、B に対する分配額は 500 万円とする。(ii) A 社が解散する前に、B が保有するすべての A 社株を第三者に 500 万円で売却した

場合、Bに対する課税はどうなるか。

❷　前記❶とは異なり、A社は解散しなかったとする（以下❹まで同じ）。BはA社から現金配当を50万円受け取ったとする。それが、(i)すべて利益剰余金からの配当であった場合（A社における財源は5000万円の利益剰余金）と、すべて資本剰余金の額の減少に伴う配当であった場合（A社における財源は5000万円の資本剰余金）では、Bに対する課税上の扱いはどのように異なるか。(ii)現金配当ではなく、現物配当として甲が交付された場合、A社およびBへの課税はどうなるか。(iii)Bが個人ではなく法人であった場合、Bに対する上記(i)の課税結果はどのように異なるか。

❸　A社は発行済株式総数を20万株にするために、次の(i)〜(iii)の方法を考えている（いずれに方法によっても、Bが保有する株式は1000株から2000株に増える）。(i)A社は、利益剰余金の額のうち2億円を資本に組み入れて、新株を10万株発行する。(ii)A社は、株主割当増資により、新株を10万株発行して2億円を調達し、その全額を資本金とする。その際にBは200万円を出資した。(iii)A社は、既存の1株を2株に分割する株式分割を行う。(i)〜(iii)のそれぞれに関して、A社における資本金等の額の変化、およびBにおける配当課税（みなし配当課税を含む）の有無とA社株式の取得価額について述べなさい。

❹　A社は、令和3年5月1日の取締役会において、自己株式の公開買付を行う決議を行った。買付期間は同年5月2日から30日までである。D社はこの公開買付に応募し、A社はD社の保有する株式のうち半分の500株を対価250万円で取得した。(i)D社に対する課税上の扱いについて述べなさい。(ii)D社によるA社株の取得が、令和3年5月3日だったとしたら、D社に対する課税は上記(i)と異なりうるか。

解　説

1 ⋯⋯⋯⋯ 概　観

(1)　設問のねらい

　本問のねらいは、法人が株主へ行う種々の分配行為に関する基本的な課税について学ぶことである。分配の典型は配当であるが、配当以外にも清算分配や自己株式の取得がある。組織再編成も分配の一種であるが、やや進んだ学習領域なので本問では扱わない（組織再編成については「**16. 疫境同行**」参照）。

　分配については、分配をする側（株式発行法人）と分配される側（株主）の両方の課税について考える必要がある。後者については、株主が個人である場合と法人である場合で、課税のルールが違うことを学ぶ。また、分配に関連して、株式発行法人における資本金等の額や株主における株式の取得価額が、どのように変化するのか（あるいはしないのか）について理解する。

　具体的な課税方法としては、配当課税、みなし配当課税、株式譲渡損益課税等がある。また、配当課税やみなし配当課税と並行して、配当税額控除や受取配当益金不算入についても扱うことにする。

(2)　取り上げる項目

- ➤解散と株式譲渡
- ➤現金配当と現物配当
- ➤資本金等の額と株式の取得価額
- ➤法人株主に関する益金不算入制限

(3)　解答のスタイル

　とある大学の租税法ゼミの学生が、担当者として次回のゼミで発表するために集まって準備をすることになった。その学生とは、H（博多出身・文化サークル系）、K（大阪出身・体育会系）、T（東京出身・大学院進学希望）の 3 人である。

2⋯⋯⋯解散と株式譲渡

H やあK君、T君。2人とも時間どおりじゃん。えらいね。

K 遅れるとHさんがうるさいからね。

T 明後日までに課題について、それなりに完成した解答案を出さないといけないから、今日はどうかよろしく。

H こちらこそ、頼りにしていまぁす。じゃあ、まず設問❶(ⅰ)から始めよう。令和3年4月1日現在のA社の状況が、問題文の文字だけじゃわかりにくいから、私が図にしてみたよ。だいたいこんな感じかな。

A社の貸借対照表 (単位：円)

K なかなかいいんじゃない。❶(ⅰ)は解散の場合の株主に対する課税だよね。確か、みなし配当になるんじゃなかったっけ。残余財産の分配って会社法じゃ配当じゃないけど、租税法はこれを配当ってみなすってやつだ。

T そうだよ。Bは個人だから、所得税法25条だね。1項4号にばっちり「解散による残余財産の分配」ってある。所得税法25条1項柱書によれば、株主に交付された残余財産の価額から、法人の資本金等の

額のうちその交付の基因となった株式に対応する部分の金額を控除した額が、みなし配当になるわけだ。ちなみに、「資本金等の額」というのは「法人が……株主等から出資を受けた金額として政令で定める金額をいう」って、法人税法2条16号に規定されている。

H　交付された残余財産の価額が500万円なのはわかるけど、「法人の資本金等の額のうちその交付の基因となった株式に対応する部分の金額」はいくらなの？

K　A社の資本金等の額は2億円で、Bは発行済株式の1％を保有しているから、200万円でいいんじゃない。

T　まちがってないと思うけど、根拠条文がいるね。所得税法施行令61条2項4号という規定があって、そこに出てくる各項目を整理すると次のようになる。

①法人の資本金等の額のうちその交付の基因となった株式に対応する部分の金額

②当該資本の払戻しまたは当該解散による残余財産の分配を行った法人の当該払戻等の直前の資本金等の額（直前資本金額等）

③当該法人の当該払戻等の日の属する事業年度の前事業年度終了の時の資産の帳簿価額から負債の帳簿価額を減算した金額

④当該資本の払戻しにより減少した資本剰余金の額または当該解散による残余財産の分配により交付した金銭の額および金銭以外の資産の価額

⑤当該法人の当該払戻等に係る株式の総数

⑥株主等が当該直前に有していた当該法人の当該払戻等に係る株式の数

　そうするとこの規定の内容は、①＝②×④/③×⑥/⑤ということになるから、これをあてはめると、①＝2億×5億/5億×1000/10万となり、結局、2億円の1％だから200万円となる。念のためにいうと、④では、「当該解散による残余財産の分配により交付した金銭の額および金銭以外の資産の価額」のほうを使っている。

K　やっぱ、200万円であっとるやんけ。てことは、Bのみなし配当の
　　額は、500万円−200万円＝300万円ってことやな。

H　配当とみなすのだから、法人税と所得税の「統合」のところで習っ
　　た所得税法92条の適用もあるわけね。ところで、もらった500万円
　　のうち、みなし配当にならなかった200万円はどうなるのだろう。も
　　う意味のない数値とも思えないんだけど。

T　するどいね。Bは株を手放しているから、本来なら株式譲渡損益課
　　税を計算しないといけない。その計算にあたっては、法人から交付を
　　受けた金銭等の額のうち、みなし配当とされた部分を除いた部分が譲
　　渡対価となる。つまり、500万円−300万円＝200万円が譲渡対価と
　　いうこと。BにおけるA社株の取得価額が200万円だから、この場
　　合の譲渡損益はなしってことだ。でも、これらは租税特別措置法37
　　条の10の話だし、Bに課税される譲渡益はないわけだから、これ位
　　にしとこうか。譲渡損益については、設問❹で関係したところを扱う
　　しね（参照、「13. **引き抜き防止**」）。

K　よし、じゃあ次は設問❶(ii)に進もう。題意より、租税特別措置法は
　　考えなくていいわけだから、所得税法上の譲渡所得として課税される。
　　資産を5年超保有しているから長期譲渡所得だね。楽勝だ。

T　また条文を忘れてる。解答案を作るときは、ちゃんとみておいてね。

K　了解、了解、わかってるって。

H　でもさ、長期譲渡所得って軽い課税だって習ったから、Bとしては、
　　同じように500万円もらうなら、❶(i)じゃなくて、❶(ii)のように株式
　　を売っちゃったほうが得なんじゃない？

T　長期譲渡所得が軽課されているのには、それなりの理由があるけど、
　　ここではHさんの言うように、Bにとって、みなし配当と譲渡所得
　　とで課税の違いがあるのが重要だね。ただし、金額は同じ500万円で
　　も、お金をBに支払っている人は、A社と第三者（購入者）で異なっ
　　ているっていうのは大事かもしれない。

H　でも、Bにとっては同じ500万円なんだからさ、やっぱ税金が安い
　　ほうがいいに決まってるよ。ていうか、取引の形態によって税負担が

異なる制度っておかしくない？

T　本当にそうかなあ。租税法はまず私法上の取引を尊重すべきだから、形態が異なれば税負担も変わるというのは、むしろ自然なんじゃないかな。

K　一応、答えは出たんだから、設問❶はそれくらいにしておいて、❷(i)に入ろうよ。

3………現金配当と現物配当

H　設問❷(i)前半の「すべて利益剰余金からの配当」は、剰余金の配当だから、所得税法24条1項だね。50万円の配当所得として課税されるってことでいいよね。

K　だとすれば、❷(i)後半の「すべて資本剰余金の額の減少に伴う配当」も、剰余金の配当だから同じようにも思えるけど……。それに会社法は、配当の財源が何なのかを気にしてないよな。気にしているのは、確か会社法461条に定められた「分配可能額」だったはず。

T　でも、租税法は配当の財源というか出所を気にするんだ。Hさんがあげた所得税法24条1項は、配当から「資本剰余金の額の減少に伴うもの」並びに「分割型分割によるもの」および「株式分配」を明文で除いているよ。そして、これらは、所得税法25条1項2〜4号において、みなし配当課税の対象とされている。だから、この❷(i)後半は、❶(i)と同様にみなし配当の問題だと思う。

K　だとすると、T君がさっき教えてくれた所得税法施行令61条2項4号に関する公式が使えるってことやな。えっと、今度④で使うのは、「当該資本の払戻しにより減少した資本剰余金の額」になるね。①＝2億×5000万／5億×1000／10万だから、20万円が「法人の資本金等の額のうちその交付の基因となった株式に対応する部分の金額」になる。そうすると、みなし配当の金額は、50万円－20万円＝30万円だ。

H　計算はあっていると思うけど、だとしたら、ここでも同じ50万円の配当をもらっているのに、課税が違うことになるなあ。しかも、さっきのように譲渡所得と配当所得という所得種類の違いじゃなくて、

今度は、同じ配当所得なのに、配当とされる金額が異なることになるやん。資本剰余金の額の減少に伴う配当の場合、20万円部分は課税されずに、いってみれば非課税で、Bは手に入れることができちゃう。

T　てことは、みなし配当の計算における「法人の資本金等の額のうちその交付の基因となった株式に対応する部分の金額」は、元本とか原資あるいは取得価額みたいなものなのかな。

H　そんな感じもする。でも、一番気になるのは、取引形態をちょっと変えたことで得をしているようにみえるところかな。それに、さっき❶(i)のところで、T君がBの譲渡損益課税について租税特別措置法37条の10を少し説明してくれたけど、あそこで譲渡対価として使用した200万円は、結局は「法人の資本金等の額のうちその交付の基因となった株式に対応する部分の金額」のことだよね。だとしたら、同じ金額が、みなし配当の計算では元本や原資になるけど、株式譲渡損益の計算では対価になっている。難しいね。

K　そろそろ設問❷(ii)に行ってもよろしおますか。まずA社だけど、20万円の含み益が実現するから、これについて課税だよね。

T　条文は？

K　益金として課税されるから、きっと法人税法22条2項だよ。

T　22条2項のどの文言なの？

K　もうT君は細かいなあ。えっと、現物配当だから「無償による資産の譲渡」やな。

H　へぇー、配当って無償取引なんだ。

K　じゃあ、有償っていうんかいな？

H　ううん、そうとも言い切れないけど。でも、配当は贈与じゃないよね。株主には、配当を請求する漠然とした権利みたいなものがあるような気がして、純粋にただで法人が物をあげるのとは違うように感じていたから……。

T　そう言われると難しいね。でも、対価を何ももらってないから、ここでは無償ということでいいんじゃないかな。無償取引に関する代表的な学説である適正所得算出説では、法人税法22条2項について、

「正常な対価で取引を行った者との間の負担の公平を維持し、同時に法人間の競争中立性を確保するために、無償取引からも収益が生じることを擬制した創設的規定であると解すべき[1]」としているんだ。

H 現物配当が無償取引だってことは、一応、認めるとしてもねぇ、そこでいう「正常な対価で取引を行った者との間の負担の公平」がわかんないよ。配当なんだからさぁ、正当な対価は常にゼロじゃないの？ 対価払って現物配当してもらう人がいれば、公平とか法人間の中立とかいえるのかもしれないけどね。

K じゃあHさんは、この場合は課税しなくてもええっていうの？ それっておかしいんちゃう？

H 確かにそうだよね。ここで課税しておかないとずっと課税できなくなる。それとも、甲の帳簿価額をBに引き継がせればいいのかな。それでも、A社に課税する機会は永遠に失われることになるね。それに、法人であるA社から個人であるBに帳簿価額を引き継ぐっていうのも何だかしっくりこない気がする。だから、やっぱり課税するっていう結論には賛成かな。

T それって立法論、それとも解釈論？

H わぁ～、その手の質問好かぁん！ でも、解釈論でなんとかできないかな。でないと、現物配当する法人は、課税されずに資産を株主に移転させられることになっちゃうよ。

T だとすれば、適用条文は22条2項ということでいいんだね。

K だから俺が最初にそういうたやろ。

T あ、ちょっと待って。平成30年度改正で法人税法22条の2という規定が作られているのを忘れていたよ。その6項に、無償による資産の譲渡に係る収益の額は「金銭以外の資産による利益又は剰余金の分配及び残余財産の分配又は引渡し」等としての「資産の譲渡に係る収益の額を含む」とあるから、現行法ならこれが根拠といえそうだ。ただ、平成30年より前でも同じように含み益に課税されていたとすれ

---

[1]　金子宏『租税法〔第23版〕』338頁（弘文堂・2019）。

ば、この規定は確認規定と考えるべきなのかな。

K　じゃあ平成30年度改正前は、22条2項でも間違ってなかったけど、今は22条の2第6項が適用されるということで、もうBの課税の方に進もうぜ。収入金額に関する所得税法36条2項は、金銭以外の物の価額は時価と考えているから、たとえ現物でもらっても、現金配当のときと同じように課税されるべきだと思うけど。

H　現物と現金で配当を受ける側の課税が異なることになるのはよくないからね。それでいいんじゃない。

K　では設問❷(iii)に行きます。法人株主は、法人税法23条1項による益金不算入が受けられるね。

T　そのとおりだけど、同条5〜7項にあるように、株式の保有割合によって益金不算入とされる比率にも差があるんだ。直近では、平成27年度改正によって、全額益金不算入となるための保有割合が25%以上から3分の1超に引き上げられている。この保有割合が3分の1超の株式等のことを「関連法人株式等」と呼ぶことになった。それから、保有割合が5%以下の株式等を「非支配目的株式等」として、その場合の益金不算入割合が20%まで下げられることにもなったんだ。保有割合が5%超で3分の1以下の株式等（その他の株式等）の場合、受取配当の50%が益金不算入となる。BにとってのA社株は、この非支配目的株式等に該当することになるね。ちなみに、完全子法人株式等や関連法人株式等の場合は100%益金不算入だ。

H　所得税法92条の配当控除とは違うやり方だよね。

T　法人株主としてのBは、自分にも株主がいて、そこへ配当をしなければならない。そうするとBがA社から配当を受け取って課税され、それをBの株主に配当したときにまた課税されるといったことを繰り返していては、法人間で配当をするたびに税金だけとられて、最後の個人株主に配当金が渡る前に目減りしてしまうからね。だから、完全子法人株式または関連法人株式等に係る配当の場合は100%の益金不算入を認めているのだろう。一方で、保有割合が3分の1以下の株式等は、投資対象として保有するものであり、そのなかでも特に5%

以下の株式等は、支配目的が乏しいものとして、それぞれ益金不算入とされる範囲が狭く設定されているみたいだね。

H 法人間配当に対する多重課税防止措置なら 100% 益金不算入にすべきであって、50% というだけでも随分厳しいような気もするけどね。

4……………資本金等の額と株式の取得価額

K では、設問❸(i)に入ります。さっき T 君がいったことだけど、資本金等の額とは、法人が株主等から出資を受けた金額として政令で定める金額をいうって、定義規定である法人税法 2 条 16 号にあるね。そこでいう政令とは、法人税法施行令 8 条で、❸(i)に関係する部分は 1 項 13 号になる。そこでは、資本金等の額のマイナス項目として、「剰余金の額を減少して資本金の額……を増加した場合のその増加した金額」とあるから、2 億円だけ資本金等の額が減額されると思う。

H えっ？ それだけなら資本金等の額が減っただけだけど、それでいいのかな。減った分はどこかに行っているとかないの？

T 法人税法施行令 8 条 1 項は、1〜12 号までが加算項目で、13〜22 号までが減算項目なんだけど、まず大事なのは何に加算・減算するかだよね。それについては柱書に書いてあって、本設問との関係では、「資本金の額」がそれに該当すると思う。

H でも、資本金の定義なんて法人税法にあるの？

K いや僕が探した限りでは、法人税法 2 条にはないよ。ついでに配当の定義も 2 条にはなかった。

T そうなんだ。僕も探したことがあるけど、みつからなかった。結局、租税法で資本金っていっているのは、会社法と同じってことなんじゃないかな。つまり会社法から借用している概念、借用概念だ。配当も同じように借用概念だって考えられる。最判昭和 35 年 10 月 7 日民集 14 巻 12 号 2420 頁も「所得税法もまた、利益配当の概念として、商法の前提とする利益配当の観念と同一観念を採用しているものと解するのが相当である」って述べているよ。

H 確かにそうだけどさぁ、判決がそのすぐ後で述べている「所得税法

上の利益配当とは必ずしも、商法の規定に従って適法になされたもの
にかぎらず……商法の見地からは不適法とされる配当……の如きも、
所得税法上の利益配当のうちに含まれる」の部分が、私は前から気に
なっているんだよね。それにこの判例は、会社法じゃなくて商法の時
代のものだから、平成18年度改正後の所得税法や法人税法でいう
「剰余金の配当」に、そのままあてはまるのかなぁ。法人税基本通達
1-5-4や所得税基本通達24-1ってのもあるし、よくわかんない。

K　でも、民事法等における用語なり概念が租税法のなかに用いられる
場合を借用概念っていうんだろ。[2]配当の定義そのものは、特に現行所
得税法等には置かれてないんだし、借用概念でいいんじゃないの。そ
れにさぁ、今は資本金が借用概念かどうかを考えているんだから、そ
のあたりで納得して、先に進もうよ。

H　一応、了解。だったら、2億円の資本組入れで会社法上の資本金は
増えたってことじゃないの。

T　僕もそう思う。だから、法人税法施行令8条1項柱書で、資本金等
の額はいったん2億円増額されて、その後で、K君のいうように2
億円減額されたということになる。

K　つまりは差し引きゼロってことか。

H　でも、会社法上の資本金は増えたままだよね。そんで、租税法上の
資本っていうか、資本金等の額は変化がないということだから、租税
法は会社法からの影響を排除したようにもみえるね。

T　実は、かなり昔のことになるんだけど、配当可能利益の資本組入れ
に関する課税方法については、平成の初頭に有名な租税法学者と商法
学者において意見の相違があったらしい。大学院の先輩に聞いたんだ
けど、包括的所得概念に基づいて、資本組入れの段階で、主として未
実現のキャピタル・ゲイン部分への課税を主張する租税法学者の金子
宏先生の説と、[3]組入れにより株主は何ら豊かになっていないことを理

---

[2]　清永敬次『税法〔新装版〕』39頁（ミネルヴァ書房・2013）。
[3]　金子宏「商法改正と税制─株式配当および利益積立金の資本組入れを中心として」『所得概念の研究』230頁（有斐閣・1995［初出1990］）。

由に、みなし配当課税に反対する商法学者の竹内昭夫先生の説[4]が衝突してたんだって。

K　平成の初頭って、すんげぇ昔の話やね。法律も今とは違うんじゃないの。

T　そうなんだ。平成2年の商法改正によって、従前の株式配当が配当可能利益の資本組入れ（旧商法293条の2）と株式分割（旧商法218条）の2つに分割されたんだけど、それにもかかわらず、当時の所得税法25条2項2号は、前者の資本組入部分を配当とみなしていた。いわゆる「2項みなし配当」ってやつだ。つまり、当時の商法では利益配当性を否定された行為について、租税法は依然として配当としての課税を維持したってことだね。さらにいうと、このような課税について、最高裁は、憲法29条および84条に違反するものではないという判断をしている[5]。

H　で、結局どうなったわけ？

T　その後、平成13年度の税制改正により、旧所得税法25条2項による課税（当時の2項みなし配当課税）は廃止されることになったんだ。したがって、この点に関する租税法と会社法（商法）の「ねじれ現象」は、立法的には、一応の解決をみたってことかな。具体的には、利益の資本組入れがあった段階で課税はしないけど、法人の解散などがあった段階でみなし配当課税をするっていう方法を採用した。現行法も原則的には同じ考え方のもとに作られているといっていいと思う。

H　この❸(i)の問題でも、資本金等の額が変化しないというのは、後から課税できるためってこと？

T　そのとおり。❶(i)で解散を扱ったとき、交付金額のうち資本金等の額を超える部分がみなし配当として課税されていたよね。あれを思い出してくれればいい。資本組入れのときは課税しないし、資本金等の額も増やさないけど、解散のときに課税するってこと。

---

[4]　竹内昭夫「利益積立金の資本組入れとみなし配当課税の当否（上）（下）―金子説批判」商事法務1258号43頁、1259号30頁（1991）。

[5]　最判昭和57・12・21訟月29巻8号1632頁。

K　じゃあ、そろそろBへの課税とA社株式の取得価額に行こうか。
　　配当課税の有無だから、みないといけないのは、所得税法24条と25
　　条だよね。でも、❸(i)の事象はどれにも該当しないよ。だから、Bへ
　　の配当課税はなしってことだ。

H　組入れによってA社の資本金等の額の変化はないってことだから、
　　Bに課税がないのもわかる気がする。

K　つまり、租税法上は何も変化はないってことだね。

H　でも発行済株式総数が倍になっているわけだから、何も変わってな
　　いとはいえないんじゃない？　実際、❸(i)の問いにもあるように、B
　　が新たに取得したA社株の取得価額を決めなければいけないし、根
　　拠条文もあるはずだよね。

T　それは、多分、所得税法施行令109条1項4号だ。それによると、
　　BがA社に対して新たな払込みや給付をしていないので、新たに取
　　得するA社株式の取得価額については、ゼロってことになっている。

H　つまり、前から持っているA社株と新しく交付されたA社株では
　　取得価額が違うってことなんだね。

T　確かに取得したときは別々の価額なんだけど、でも株を売るときは、
　　1単位当たりの取得価額を出すことになっていて、そこでは所得税
　　法施行令118条1項が適用されるから、結局は平均値をとることにな
　　るよ。

K　次は設問❸(ii)だけど、A社の資本金等の額については、会社法上の
　　資本金が2億円増加するので、さっきT君から教えてもらったとこ
　　ろによると、法人税法施行令8条1項柱書によって資本金等の額も2
　　億円増加することになりそうだ。Bへの配当課税についても、❸(i)と
　　同じで課税はないと思う。

T　残りは、新たに取得するA社株式の取得価額だね。BはA社に対
　　して金銭の払込みを行っているから、所得税法施行令109条1項1号
　　によると取得価額は200万となる。

K　続いて設問❸(iii)に行ってみようか。株式分割については、法人税法
　　施行令8条のどこにも規定がないんだ。ということで、資本金等の額

2 5 7

については増減はなし。Ｂへの課税についても❶(i)と同じでええかな。

T　所得税法施行令110条１項によると、分割後に保有することになる
　　Ａ社株式の取得価額は、2000株全体として200万円になると読める。

H　じゃあ2000株については、どの株式も取得価額は等しいというこ
　　となのね。

K　だって１株を２株に分割したんだから、どっちがもともとの株で、
　　どっちが後からの株なんてわからないはずだよ。

H　Ｂにみなし配当課税がないってことについて、ちょっと聞いていい
　　かな。確かに条文にはないから、答えとしてはそのとおりなのかもし
　　れないけど、まったく何も課税されないままでいいのかな。❸(i)の
　　ときにも感じたことだけど、何も払ってないのに、保有する株式の数が
　　２倍になったわけだから、課税なしというのも変な気がする。でも、
　　その一方で、保有株式数が倍になったからといっても、それで株主が
　　本当に前より裕福になったか、それで所得があったといえるのかって
　　問われたら、断言できる自信ないなあ。❸(i)でも今回の❸(iii)でも、
　　2000株を全体としてみれば、1000株のときと比べて、株式の取得価
　　額は変化してないってことみたいだし、よくわかんなくなってきちゃ
　　ったよ。

T　所得の実現の有無が判断のカギになるって思うよ。❸(i)のときに話
　　した平成初頭の論争のときにも、配当可能利益の資本組入れによって、
　　果たして株主の所得が実現するのかということが議論されたみたい。
　　もっとも、株式の分割については、そのときから今に至るまで、所得
　　が実現していないから課税されないってことで、特に問題になってい
　　ないように思うね。

H　でも「実現」なんて条文のどこを探しても出てこないよ。なんか条
　　文根拠にこだわるＴ君らしくない感じがする。条文にないことなら、
　　各自が勝手に「実現」の内容を決められるから、そんなあいまいなこ
　　とに頼るのは危ないんじゃない？[6]

---

[6]　岡村忠生「法人税制における課税関係の継続について」日本租税研究協会『抜本的税制改革と国
　　際課税の課題』167頁（2011）、同「所得の実現をめぐる概念の分別と連接」法学論叢166巻6号

T　だからこそ実現の内容を学説とか判例とかでしっかり議論して、できるだけはっきりさせていくことが大事なんじゃないかな。

H　でも、その内容が条文化されることはないんでしょ。いや、もし仮に条文になっても、やっぱり曖昧さは残るような気がするし……。条文にある「譲渡」とか「交換」とかいう文言だって、何となくみんなで認識を共有できているときはいいけど、裁判とかで争いになると途端に内容のあいまいさが露呈してくるって感じがする……。

T　だから、今も言ったけど、そういうことを裁判とか学説で……。

H　どんなにやっても最終的にはっきりと定義づけとかできんやろ？

K　まあまあ、2人ともそう熱くならんでもええやん。ここでは配当課税がないってことがわかれば、とりあえず解答案は書けるんだからさぁ、次の設問❹へ行こうよ。

5…………法人株主に関する益金不算入制限

K　法人株主についても、みなし配当の規定として法人税法24条1項があるね。内容も、所得税に関する規定とほぼ同じだ。

T　ただ、自己株式の取得だから、残余財産の分配等とは少し異なっているよ。同条1項5号に関する法人税法施行令23条1項6号イでは、「当該取得等法人の当該自己株式の取得等の直前の資本金等の額……を当該直前の発行済株式等の総数で除し、これに法第24条第1項に規定する内国法人が当該直前に有していた当該取得等法人の当該自己株式の取得等に係る株式の数を乗じて計算した金額」が「法人の資本金等の額のうちその交付の基因となった株式に対応する部分の金額」になると読めるから、❹(i)にあてはめると、2億×500/10万＝100万円になるね。だから、交付された250万円のうち、この100万円を超える150万円がみなし配当になるってわけだ。

H　みなし配当とされたなら、さっきの❷(iii)と同じように、法人税法23条1項、7項により、その20％部分が益金不算入、同法22条2項

94頁（2010）、渡辺徹也「実現主義の再考―その意義および今日的な役割を中心に」税研147号63頁（2009）。

により 80% 部分は益金算入となるわけね。

T　でも、それで終わりじゃないよ。設問は、「D 社に対する課税上の扱い」を聞いているから、譲渡損益課税まで答えないといけない。

K　なるほど、D 社は自己株取得により A 社株を手放し、対価として A 社からお金をもらっているから、それについて考えないといけないってことか。

T　株式譲渡所得課税に関して重要なのは、「対価マイナス取得価額」って図式で譲渡損益を計算する場合、法人税法 61 条の 2 第 1 項 1 号によれば、交付金額である 250 万円のうち、みなし配当とされた 150 万円部分を減額した 100 万円が対価になるってこと。A 社株 500 株分の取得価額は、法人税法施行令 119 条 1 項 1 号によれば、D 社が A 社株を購入したとき支払った 500 万円の半分の 250 万円となるから、D 社には差し引き 150 万円の譲渡損失が生じることになる。

H　あれ？ だとしたら片方で益金不算入を受けながら、もう片方で譲渡損失が出やすい構図になっとうやん。だって、対価から、みなし配当とされた部分を除くわけだよね。でも、そのみなし配当とされた部分は、20% ないし 100% まで課税されないって仕組みになっているわけだし……。もしかしてそれが、❹(ii)で聞いてきていることなんかな。たまたま自己株取得があった場合はいいけど、自己株取得があるって知っていたからこそ、その株式を購入して、予定どおり自己株取得による課税上の恩恵を受けるっていうのがまずいっていうか……。

K　だとすれば、❹(ii)の D 社は、公開買付期間中の 5 月 3 日に A 社株を取得しているから、まさにそんなケースだね。

T　僕も同感。こんな場合には、平成 22 年度改正で導入された法人税法 23 条 3 項が適用されて、同 1 項の益金不算入は適用されないことになるんじゃないかな。念のためにいうと、同項は「第 24 条第 1 項（第 5 号に係る部分に限る。）の規定により……」って規定しているけど、この公開買付は相対取引だから、法人税法 24 条 1 項 5 号括弧書にいう「金融商品取引所の開設する市場における購入」にはあたらないと思う。

H　これでだいたいできたって感じだね。一晩かけて各自で考えて、明日もう一度集まってから、解答案の清書をしよう。

解答例

　3人はもう一度集まって相談した結果、以下の解答案を作成した。

　設問❶(i)　Bは、所得税法25条1項4号のみなし配当課税を受ける。所得税法25条1項柱書にいう「資本金等の額……のうちその交付の基因となった……株式に対応する部分の金額」（以下、「対応資本金等の額」という）は200万円となるから、交付された500万円のうち、この200万円を超える300万円がみなし配当として課税される（所法25条1項4号、所令61条2項4号）。配当とみなされた金額については、所得税法92条（配当控除）に基づく配当控除を受けることができる。

　設問❶(ii)　株式の譲渡として、租税特別措置法37条の10の対象となるが、題意より措置法の適用を無視するので、所得税法33条1項の譲渡所得として課税される。BがA社株を取得したのは5年より前であるから、同条3項2号が適用され、長期譲渡所得として譲渡所得の金額の2分の1が課税対象となる（所法22条2項2号）。また、譲渡所得の金額の計算では、50万円の特別控除がある（所法33条4項）。

　設問❷(i)　利益剰余金からの配当であった場合、配当所得として50万円全額が課税の対象となる（所法24条1項）。一方で、資本剰余金の額の減少に伴う配当であった場合、❶(i)で示した「対応資本金等の額」が20万円となるから、交付額50万円から20万円を差し引いた30万円が、みなし配当として課税される（所法25条1項4号、所令61条2項4号）。いずれの場合にも、配当課税を受ける部分については、❶(i)の場合と同じく所得税法92条の適用がある。

　設問❷(ii)　A社については、甲の取得価額と時価との差額である20万円が益金に算入され課税対象となる（法法22条の2第6項）。Bについては、現物の時価が収入金額となる（所法36条

2項)。したがって、50万円の現金配当を受領した場合と変わりはなく、上記❷(i)に示した場合と同じ課税となる。

　設問❷(iii)　法人税法23条1項に基づく益金不算入扱いを受ける。Bの保有するA社株は、非支配目的株式等に該当するので（法法23条7項）、50万円の20%である10万円が益金不算入となる（法法23条1項柱書）。残りの80%部分は益金に算入される（法法22条2項）。

　設問❸(i)　A社の資本金等の額については、利益剰余金の資本組入れの段階で、会社法上の資本金の額が増加するため、法人税法上の資本金等の額もいったん増額する（法法2条16号、法令8条1項柱書）。これは、法人税法が、資本金の概念を会社法から借用していると考えられるからである。しかし、組入れによって増加した資本金等の額は、同じく組入金額だけ減額される（法令8条1項13号）。結果として、組入れの前後で、資本金等の額の変化はない。

　Bへの課税については、所得税法24条および25条に該当しないため配当課税もみなし配当課税もない。新たに取得するA社株式の取得価額については、A社に対して新たな払い込みや給付をしていないので、ゼロと考えられる（所令109条1項4号）。

　設問❸(ii)　A社の資本金等の額については、資本金が2億円増加するので、❸(i)で示したとおり、資本金等の額も同額だけ増加する（法令8条1項柱書）。Bへの課税についても、❸(i)と同様に課税はない。新たに取得するA社株式の取得価額については、A社に対して金銭の払い込みを行っているため200万円となる（所令109条1項1号）。

　設問❸(iii)　A社の資本金等の額については、法人税法施行令8条のどれにも該当しないため増減はない。Bへの課税については、❸(i)と同様に課税はない。分割後に保有することになるA社株式2000株の取得価額は、全体として200万になると考えられる（所令110条1項）。

　設問❹(i)　D社は法人株主であるため、法人税法24条が適用されることになるが、同条1項柱書にも、所得税法25条1項柱書と同じ内容の「対応資本金等の額」が規定されている。設問の場合、対応資本金等の額は100万円となるから、交付された250万円のうち、この100万円を超える150万円がみなし配当となる

（法法24条1項5号、法令23条1項6号イ）。そして、みなし配当部分は、その20％が益金不算入となり（法法23条1・7項）、残りの80％が益金算入される（法法22条2項）。

　D社に対する有価証券の譲渡損益課税に関して、法人税法61条の2第1項1号にいう対価の額は、交付金額である250万円のうち、みなし配当とされた150万円部分を減額した100万円である。D社におけるA社株の取得価額は、1000株全体で500万円だから、自己株式の取得においてD社が手放した500株だと、その半分の250万円になる（法法61条の2第24項、法令119条1項1号）。したがって、D社には150万円の譲渡損失が生じることになる（法法61条の2第1項）。

　設問❹(ii)　D社は、公開買付期間中の5月3日にA社株を取得している。したがって、自己株式の取得が予定された株式に係る受取配当として、法人税法23条1項の益金不算入の規定が適用されないことになる（法法23条3項、法令20条2号）。法人税基本通達3-1-8の扱いもこれと同じである。結果として、みなし配当とされた150万円のうち益金不算入となる金額はなくなり、その全額がD社の益金に算入されることになる（法法22条2項）。

関連問題

1．適格現物分配

　A社には、含み損益のある甲と乙以外にも含み益のある土地丙があったとする。丙の帳簿価額は1000万円、時価は1500万円である。令和3年4月5日にA社は丙を現物出資して子会社E社を設立して唯一の株主となった。令和4年12月にE社は解散することになり、清算の過程で丙はA社に現物で分配された。その時点での丙の時価は2000万円であった。この場合のA社およびE社への課税について説明せよ。

2．借用概念

　所得税法24条1項柱書にある「剰余金の配当」は、借用概念と捉えて問題はないか。仮にそうだとして、同項による剰余金の配当から、括弧書において「資本剰余金の額の減少に伴うもの」および「分割型分割

によるもの」が除外されている理由はどこにあるか。

３．執行上の問題

金銭配当には存しない現物分配に特有な執行上の問題点を指摘せよ。

４．含み益課税と法人税法 22 条 5 項

法人税法 22 条 5 項は、剰余金の分配を資本等取引としている。法人が含み益のある資産を現物分配した場合、この規定との関係はどうなるのか。

５．譲渡損益課税

残余財産の分配や自己株式取得の場合だけでなく、資本剰余金の額の減少に伴う配当についても、みなし配当課税に加えて株式譲渡損益課税がある。それはなぜか。

６．市場における購入等の除外

法人税法 24 条 1 項 5 号括弧書が、みなし配当課税を受ける自己株式取得から「金融商品取引所の開設する市場における購入による取得」を除いているのはなぜか（法令 23 条 3 項も参照）。

参 考 文 献

金子宏「法人税における資本等取引と損益取引」同編『租税法の発展』353頁（有斐閣・2010）、同「アメリカ連邦所得税における『株式配当』の扱い」『所得概念の研究』189 頁（有斐閣・1995 ［初出 1973]）
岡村忠生『法人税法講義〔第 3 版〕』365 頁（成文堂・2007）
小塚真啓『税法上の配当概念の展開と課題』30 頁（成文堂・2016）
渡辺徹也「税法における配当の概念」商事法務 1974 号 45 頁（2012）

（渡辺徹也）

16. 疫境同行☆☆

設問 以下のメールは、王浩信から譚嘉儀に宛てられたメールとその返事である。王は、香港で育った後、日本で医師の資格を取得し、呼吸器内科の専門医として活躍してきた。中医学にも深い知識と豊富な症例を持つ。彼は、漢方薬の製造販売を営む星夢（内国法人）の代表取締役 CEO でもある。星夢は、StarBank（内国法人）の完全子会社である。譚は、香港出身で、薬品の製造販売を行う群星（内国法人）の CEO である。群星は業績優良な上場会社で、発行済株式の 42% を StarBank が、35% を香港の StarHub（外国法人）が保有している。StarHub の CEO は、譚の祖母、菊梓喬である。王と譚は、それぞれの分野で、新型肺炎との戦いに苦闘している。

王：朋友、大丈夫か。今は大変だけど、出口は、きっと見つかる。その兆しだけど、2017 年に、星夢では、僕と唐詩詠とで、「陪著你走」という漢方の免疫調整薬を世に出した。陪著你走は、まず成分 D が吸収されるが、その後、A から Bm に移行する。ここが肝、歌でいえばサビのコード進行だ。

　で、ここからが本題。この薬は、その後の症例などから、新型肺炎にも効果がありそうなんだ。僕らは、新型肺炎への陪著你走の応用を「疫境同行」と名付け、治験を行っている。僕らの祖国のことを見て欲しい。感染者数も死者数も、日本よりはるかに少ないじゃないか。社会体制の違いもあるけど、僕は、中医学の力が大きいと思う。中医学は、古くからの祖国の医学を理論化したものだ。今も、たくさんの人達を新型肺炎から回復させ、予防している。疫境同行は、きっと日本を救う力になる。

　ただ、新療法の開発には金がかかる。星夢は、陪著你走の開発に 10 年の期間と莫大な資金を投入してきた。研究開発費は、資産計上ができない。そのせいで積もり積もった欠損金は、666 億円。そ

265

の期限が来年から切れ始めるが、陪著你走が利益を生むには、もう少し時間がかかる。そこに、疫境同行の開発費用が積み重なる。星夢には無理だ。そこで、君の会社に、疫境同行を育ててもらえないかと思った。

　StarBank の社長、周柏豪に話をした。そしたら、あの爺さん、僕にこう言ったんだ。「(a)疫境同行の将来も、星夢の欠損金も、今、カネにできるはずじゃ。星夢の疫境同行に係る資産は 34 億だが、将来性と開発組織を考えると、180 億くらいにはなる。666 億の欠損金は、実効税率を掛けてだいたい 200 億。あとの星夢の価値は、500 億と見積もってよいじゃろ。星夢ごと、群星に 880 億で売ることにしたい。」

　StarBank は、資金繰りに困っているようだ。そこでどうだろう。880 億、君の会社、群星なら、たいした金じゃないはずだ。ただ、欠損金を使ってもらうためには、現状では、星夢を群星に吸収合併してもらって、星夢の役員を 1 人、合併後の会社の役員に入れてもらわないといけないらしい。周は、そのために、子飼いの番頭、鄭俊弘を新たに星夢の役員に就任させ、群星に送り込むと言い出している。ここは気になるが、どうだろうか。前向きに考えてくれないか。

譚：メールありがとう。陪著你走が新型肺炎に応用できるのなら、これはすごい。疫境同行は、是非、買わせて頂きたい。

　で、周の爺さんは、欠損金との抱合せ販売を考えているわけね。あいつには 42% を握られているから、役員を 1 人入れろと言われたら、断れない。ただ、鄭は、うちの会社にはなじめない感じがする。すぐ辞めちゃうかも。それでもいいのかなぁ。

　それと、群星はどこかの会社の子会社じゃない。昔、香港の祖母ちゃんの作った会社で 2003 年から東証一部に上場している。なので、値段や条件は、交渉になるよ。言い値は呑めない。欠損金の繰越控除だって、今は所得の半分しかできないからね。

　気になるのは、疫境同行とそれ以外との切り分け。疫境同行には、リスクがあるし、新型肺炎関係は許認可も違うから、別法人にして欲しい。それに、一番大切なのは、開発のための人の組織だから、あなたと唐は、そちらに移ってはどうでしょう。そして、そちらで

もある程度利益は出して欲しいから、(b)欠損金も切り分けておいた
らどうかなぁ。よろしくね。不放手。

その後、StarBank の税理士胡鴻鈞は、譚嘉儀の意向も反映させ、
次の計画を立てた。

---

①星夢は、非適格新設分割により、歌星（内国法人）を設立して
　疫境同行に関する権利を移転する。また、疫境同行の開発のた
　め、王浩信は、星夢の CEO を辞して歌星の CEO となる。星
　夢の CEO には、鄭俊弘が就任する。星夢は、歌星の株式を 34
　億円で計上する。歌星は、資産調整勘定 100 億円を計上する。
②星夢は、歌星の株式の全部を 134 億円で群星に譲渡する。譲渡
　益 100 億円（134 億円－34 億円）は、可能な範囲で欠損金額
　（666 億円）と相殺する。
③ StarBank は、星夢の株式の全部を、群星に 450 億円で譲渡す
　る。450 億円のうち約 170 億円は「税務上資産」（群星が引き継
　ぐ星夢の欠損金額（616 億円程度）の控除による税負担軽減の
　見積額）である。
④群星は、星夢を適格合併により吸収し、鄭俊弘を役員とする。
⑤群星と歌星は、グループ通算制度の適用を受ける。

---

❶この計画が下線部(a)と(b)の要求を満たすことを説明しなさい。
❷この計画の⑤の効果を評価しなさい。

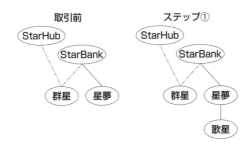

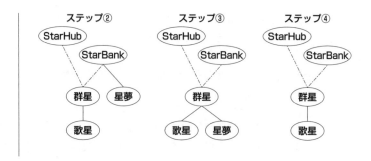

解　説

1 ⋯⋯⋯⋯ 概　観

(1)　設問のねらい

　本問の扱う組織再編成やグループ法人に関する税制は、もっとも法人税法らしい、法人税法本来の領域である。また、企業取引に関する法（ビジネス・ロー）に深く関わり、様々な問題が浮上する領域でもある。しかし、特有の複雑さ、取っ付き難さがあることも事実である。

　本問では、新型肺炎治療法の開発継続の必要と、子会社を売却してキャッシュを得たい親会社の意向とが交錯し、背後では、繰越欠損金の期限切れ問題が発生している。これらを解決する方法はいくつか考えられるが、本問ではそのひとつを示す。[1] これを理解することが、設問のねらいである。なお、法人税法および法人税法施行令は、令和2年度改正によるもので令和4年4月1日以後に開始する事業年度から適用されるものを用いる。

(2)　取り上げる項目

► 欠損金額の控除

► 組織再編税制

► グループ通算制度

---

[1] 　本問の取引は、組織再編成に関する行為計算否認規定（法法132条の2）の適用を受けた事件（最判平成28・2・29民集70巻2号242頁［ヤフー事件］、最判平成28・2・29民集70巻2号470頁［IDCF事件］）に類似するが、行為計算否認の議論は行わない。

2…………研究開発と資産計上

　費用収益対応原則は、費用を収益に対応して計上すべきことを求める会計上の原則であり、法人税法を通じる重要な原則でもある。たとえば、第1事業年度に製造した商品を第2事業年度に販売した場合、製造のために支出した金銭や負担した債務は、第1年度末において棚卸資産として計上され、第2年度に売上原価として損金に算入される。資産とは将来の費用である。研究開発のための支出も、いったん資産として計上され、その成果が生み出す収益に対応して損金となるはずである。

　しかし、企業会計審議会「研究開発費等に係る会計基準」（平成10年3月13日）は、「研究開発費は、すべて発生時に費用として処理しなければならない。」（同基準三）とし、その理由として、同審議会「研究開発等に係る会計基準の設定に関する意見書」（平成10年3月13日）は、「研究開発費は、発生時には将来の収益を獲得できるか否か不明であり、また、研究開発計画が進行し、将来の収益の獲得期待が高まったとしても、依然としてその獲得が確実であるとはいえない」こと、および、「仮に、一定の要件を満たすものについて資産計上を強制する処理を採用する場合には、資産計上の要件を定める必要がある。しかし、実務上客観的に判断可能な要件を規定することは困難であり、抽象的な要件のもとで資産計上を求めることとした場合、企業間の比較可能性が損なわれるおそれがあると考えられる」ことを述べた（同意見書三2）。

　法人税法も、一定の開発費を繰延資産としているが（法法2条24号、法令14条1項3号）、任意償却を認めており（法法32条1項、法令64条1項1号）、実質的に資産計上は要求していない。なお、繰延資産に関して、会社計算規則は、その計上の余地は認めているが（同規則74条3項5号）、企業会計基準委員会「繰延資産の会計処理に関する当面の取扱い」（平成18年8月11日・改正平成22年2月19日）は、「開発費は、原則として、支出時に費用（売上原価又は販売費及び一般管理費）として処理する」としている（3(5)）。

　以上から、本問のような研究開発費用は、上記の会計基準に従うと、発生時に費用化しなければならないことになる。本問の欠損金額は、こ

のために生じたものである。通常、早期の費用化は納税者に有利であるが、本問のように長期の研究開発を要し、その間に十分な所得が生じない場合には、欠損金繰越の期間制限と控除限度額の存在から（法法 57条 1 項）、納税者に不利に働くことになる。

3⋯⋯⋯⋯欠損金額の資産化

　欠損金額の損金算入には期間の制限があるが（法法 57 条 1 項）、固定資産の費用化にはない。減価償却資産であっても、法人税法上は、償却限度額が定められているだけであるから（法法 31 条 1 項、法令 58 条）、償却をせず、いつまでも計上しておくことができる。そこで、期限切れが近づく欠損金額を、資産に変える（そして、その後に償却する）ことを考えてみよう。

　そのために、まず、欠損金額と資産の意味を確認する。欠損金額とは、ある年度に損金に算入されたが、十分な益金がなかったため、控除し切れなかった金額である。資産とは、ある年度に支出や債務負担があったが、まだ損金となっていない金額である。したがって、資産が費用化されて損金となり、場合によっては欠損金額となることは通常生じるが、これを逆にするには、工夫が必要である。

　その工夫として、胡鴻鈞の計画の①では、資産調整勘定の計上が行われている。資産調整勘定とは、一定の非適格組織再編成等において、対価として交付した金銭や株式の時価が、移転を受けた純資産の時価を超える場合に、その超える部分の金額をいう（法法 62 条の 8 第 1 項）。ここでの非適格組織再編成等は、その非適格組織再編成等の直前において行われる事業とその事業に係る主要な資産または負債のおおむね全部が移転する場合に限られている（法令 123 条の 10 第 1 項）。

　ただし、複数の事業が営まれている場合には、そのひとつが移転すればこの制度の対象となる（財務省「平成 18 年度税制改正の解説」366 頁）。新型肺炎の治療法開発は、隔離された開発環境が必要であることなどの特殊性から見て、他の漢方薬などの開発や製造販売とは別の事業と考えられよう。

270

　歌星は、非適格分割における新設分割承継法人として、出資を受けた資産（疫境同行に関する権利）を、出資時の時価で受け入れる。本問では、34億円とされているので、以下ではこの金額をそのまま用いるが、歌星が時価134億円の対価を支払っている（自己の株式を交付している）ことから、課税当局から厳しく精査されるであろう。この差額100億円が、資産調整勘定である。受け入れた資産の時価を超える対価を交付する理由は、一般には暖簾などが認識されるためであり、本問では、中医学に基づく治療法開発組織の能力を評価した金額と考えられる。資産調整勘定は、税務上の貸借対照表を考えたとき、その借方に計上される資産である。60ヶ月で均等に減額と損金算入を行う（法法62条の8第4・5項）。

　この点は、上述した減価償却資産とは異なり、資産を費用する自由度は下がるが、後述するグループ通算制度において、「多額の償却費が生ずる事業年度」の制限を受けることがない点は、減価償却資産より有利である（法法64条の6第3項、法令131条の8第6項）。

　ところで、なぜ、この100億円が、欠損金額が資産に変わったものといえるのだろうか。それは、欠損金額を保有する星夢の状況を見れば分かる。星夢は、歌星に時価34億円の資産を移転し、134億円の対価を得た。この差額が資産の移転（新設分割）時点で課税の対象となるか（歌星株式を34億円で計上するか、それとも、134億円で計上するか）には、議論の余地がある。ただ、本問の場合、星夢は、歌星の新設後、おそらく同一事業年度中に、歌星株式を群星に時価134億円で譲渡しているので、その場合はどちらでも課税上の差は生じない。星夢は、134億円の譲渡対価を得ており、そのうち、少なくとも50億円（譲渡益100億円の50％）は、欠損金額により打ち消される。つまり、50億円の欠損金額（と譲渡益）が星夢において消滅し、歌星において100億円の資産（将来の損金）が非課税で生じたことになる。もっとも、星夢においてその後相殺できる欠損金額は、他に損失があれば減少し、他の所得があれば増加する。この点は、欠損金額の減少と資産の増加との関係における不確定要素である。また、星夢において譲渡益の50％が課税所得となるの

で、欠損金額の資産化には税負担のコストが生じる。[2]

　なお、歌星の新設は、以上のような課税上の目的だけによるものではない。むしろ、譚嘉儀の要求した疫境同行の分離のための会社分割であった。子会社化はリスクや組織の分離の方法として通常のものであるから、主に事業上の目的に基づくものであると説明することができるであろう。また、資産調整勘定の計上は、納税者の選択によるものではなく、対価の額が受入資産の時価を超えた事実を示す処理である。

4 ⋯⋯⋯⋯ 欠損金額の移転

　ある法人の欠損金額（法法 2 条 19 号）で過去の事業年度に生じたものを他の法人が控除する可能性は、2 つの場合に認められる。ひとつは組織再編税制における適格合併が行われた場合、もうひとつはグループ通算制度の適用を受ける場合である。[3]ただし、いずれにも厳格な要件が課されている。

　組織再編税制は、合併、分割、現物出資、現物分配、株式分配、株式交換、株式移転という会社法上の組織行為を念頭において課税関係を規定するとともに、これらのうち一定の要件（適格要件）を満たすものに対して、移転する資産の譲渡損益に対する課税と、みなし配当および株式譲渡損益に対する課税とを、一定の範囲で繰り延べる規定を設けている。そして、適格合併が行われた場合には、一定の条件の下で欠損金額の移転（引継ぎ）が認められる。まず、合併が適格合併となるためには、当時法人の株式保有関係の濃淡によって 3 段階に区別された適格要件が設けられている（法法 2 条 12 号の 8）。すなわち、(i)完全支配関係（発行済株式の 100% を直接または間接に保有する関係）がある場合には、組織再編成の対価として合併法人または合併親法人のいずれかの株式のみが用いられる限り、適格となる。(ii)支配関係（発行済株式の過半数を直接または間接に保有する関係）がある場合には、対価の要件に加えて、従業

---

[2]　前掲注[1]の事件当時は、所得の 50% という制限はなかった。平成 24 年度改正で所得の 80%、平成 27 年度改正で 50% の制限が設けられた。いずれも、税率引下げのための財源確保が目的であった。

[3]　なお、法人の残余財産が確定した場合も、欠損金額が引き継がれる場合がある（法法 57 条 2 項）。

者のおおむね 80％ の移転および主な事業の継続が要求される。(iii)それ以外の場合には、対価の要件に加えて、共同で事業を行うための組織再編成として政令が定める要件（共同事業要件）が課される（法令 4 条の 3 第 4 項）。これら(i)～(iii)の要件のいずれかを満たせば、組織再編成は適格になる。次に、欠損金額の引継ぎの制限として、①(i)または(ii)を満たした適格合併で合併の日の 5 年前の日またはその法人の設立の日のうちいずれか遅い日から合併の日まで継続して支配関係がある場合で、かつ、②共同事業要件に類似する要件（みなし共同事業要件）が満たされない場合には、被合併法人の欠損金額のうち支配関係が生じた日の属する事業年度前に生じた欠損金額は、ないものとされる（法法 57 条 3 項、法令 112 条 3 項）。[4]

　グループ通算制度は、通算完全支配関係（法法 2 条 12 号の 7 の 7）にある全ての法人がこの制度の適用を受けようとする届出を行い、承認を得た場合に、それらの法人（通算法人、同条 12 号の 7 の 2）に生じた所得と欠損金額とを通算する制度である。この制度でも、ある通算法人の欠損金額を別の通算法人が損金算入することが、次の範囲で認められている。

　まず、この制度の適用を受けると、通算前事業年度に生じた欠損金額は、その通算法人が時価評価除外法人に該当しない場合、ないものとされる（法法 57 条 6 項）。時価評価除外法人に該当する場合には、上記適格合併の場合と並行した制限が行われる。すなわち、①通算承認の効力が生じた日の 5 年前の日またはその通算法人の設立の日のうちいずれか遅い日からその通算承認の効力が生じた日まで継続して支配関係がある場合に該当せず、かつ、②共同事業要件に類似する要件（共同で事業を行う場合）を満たすことができない場合、支配関係の生じた日の属する事業年度前に生じた欠損金額は、ないものとされる（法法 57 条 8 項、法令 112 条の 2 第 4 項）。時価評価除外法人とは、通算制度の開始・加入に際して資産の時価評価を受けない法人であり、開始の場合は通算親法人

---

[4]　なお、合併法人の欠損金額も、並行した制限を受ける（法法 57 条 4 項 1 号）。

や他の通算法人との間の完全支配関係が継続することが見込まれる法人
等であり（法法64条の11第1項）、加入の場合は合併が適格となる要件
に類似する要件を満たす法人である（法法64条の12第1項）。

　次に、以上の制限を受けない欠損金額も、通算前事業年度に生じたも
のは、特定欠損金額とされ（法法64条の7第2項1号）、その欠損金額が
生じた通算法人の所得とのみ通算が認められる（同条1項2号）（SRLY
ルール[5]）。

　この制限を受けずに繰越控除をすることができる他の通算法人に生じ
た欠損金額（他の通算法人から配賦を受ける欠損金額）は、大まかには、
通算グループ全体に属する各通算法人の特定欠損金額以外の欠損金額の
合計額を各通算法人の損金算入限度額によって按分した金額（非特定欠
損金配賦額）から、その通算法人自身の特定欠損金額以外の欠損金額を
控除した金額である（法法64条の7第1項2号ハ）。つまり、各通算法人
の非特定欠損金額の合計額が、各通算法人の損金算入限度額の残額の比
で配分されることになる。

　ただし、次のイとロの合計額は、損金算入限度超過額（法法57条1項
ただし書きの「超える部分の金額」）となり、控除できない（法法64条の
7第1項3号）。イは、その通算法人の特定欠損金額が特定損金算入限度
額（特定欠損金額のうち欠損控除前所得（より古い事業年度の欠損金額を損
金算入した後の欠損控除前所得金額）に達するまでの金額に特定損金算入割
合を乗じた金額）を超える金額である（同号イ）。特定損金算入割合とは、
各通算法人の損金算入限度額の残額の合計額が、その通算法人の特定欠
損金額のうち欠損控除前所得金額に達するまでの金額と、他の通算法人
の特定欠損金額のうち他の欠損控除前所得金額に達するまでの金額の総
額とを合計した金額に対して、占める割合である。ロは、その通算法人
の特定欠損金額以外の欠損金額（非特定欠損金額）が非特定損金算入限
度額（非特定欠損金額に非特定損金算入割合を乗じた金額）を超える金額
である（同号ロ）。非特定損金算入割合とは、より古い事業年度の欠損

---

[5]　米国の連結申告制度に設けられたこれに類する規定を、Separate Return Limitation Year rule
　　という（26 C.F.R. §1. 1502-21 (c)(1)）。

金額を損金算入した後の各通算法人の損金算入限度額の残額の合計額が、各通算法人の特定欠損金額以外の欠損金額の合計額に対して、占める割合である。

　注意して欲しいのは、特定欠損金額については、グループ通算制度の適用がない場合におけるその法人の所得の50％という控除限度額は存在せず、他の通算法人に十分な所得がある場合には、その法人の所得の100％まで控除できることである。たとえば、2つの通算法人AとBだけからなる通算グループにおいて、Aに前年度の特定欠損金額が100、その年度の所得が100あり、Bに欠損金額はなく、その年度の所得が100ある場合、損金算入限度額の（残額の）合計額は50＋50＝100となる。また、Aの特定損失算入割合は、欠損控除前所得金額が100であるから、100/100＝1である。そうすると、Aの欠損控除前所得金額は100であるから、Aが損金に算入できる特定欠損金額は100となる。このことは、グループ通算制度のメリットである。ただし、特定欠損金額が他の通算法人に移転する（他の通算法人の所得を相殺する）ことは生じない。移転が生じるのは、通算制度の適用下で生じた一定の範囲の非特定欠損金額のみである。

　以上のように見ると、組織再編成とグループ通算制度のいずれにおいても、それぞれの制度に規定された共同事業要件に類似する要件を満たしておくことが、欠損金額を利用する、というよりも、失わないために、必要であることになる。

5 ⋯⋯⋯⋯High Basis

　このような欠損金額の利用に課された厳格な制限を、突破することを考えよう。そのためには、やはり資産（＝将来の損金）を利用することになる。法人税法は、減価償却に関して償却限度額を規律しているのみで、償却不足に対する規律はない。この点は、所得税法とは異なる。そこで、適正な減価償却が行われておらず、含み損失が生じている減価償却資産があるとする。このような高い取得価額の付された資産（high basis assets）は、いつまでも保有でき、いつでも譲渡や除却ができる

（一時償却の可能性もある）ので、必要なときに損金を作り出すことができる。それゆえ、このような資産は、欠損金額に比べて、はるかに使い勝手がよいといえる。もちろん、その法人にとってみれば、本来はもっと早く費用化されるべきであった償却費等の損金算入が遅れているだけであるから、その法人限りでは、あまり問題とする必要はないのかもしれない。しかし、適格組織再編成において、資産が高い取得価額を付されたまま、他の法人に移転すると、移転先の法人で費用化され、その課税ベースを浸食する。グループ通算制度では、資産の移転がなくとも、他の法人の所得と通算されることになる。その防止のため、どちらの制度でも制限が設けられている。

　組織再編税制では、支配関係がある法人でその継続が一定の期間未満であるものとの間での適格組織再編成等（特定適格組織再編成等）が行われ、みなし共同事業要件を持たせない場合、その後一定の期間、特定適格組織再編成等により受け入れた資産の譲渡や除却等による純損失および支配関係が生じた日前から保有していた資産の譲渡や除却等による純損失の合計額（特定資産譲渡等損失額、法法62条の7第2項）が、損金算入を認められない（同条1項）。[6]

　グループ通算制度でも、時価評価除外法人と他の通算法人となる法人との間に一定期間未満の支配関係があり、開始・加入時点で共同事業要件に類似する要件（共同で事業を行う場合）を充足できない場合、一定の期間、特定資産譲渡等損失額（法法64条の6第2項）が損益通算の対象外となるとともに（同条1項）、多額の償却費が生じる事業年度の欠損金額はないものとされる（同条3項）。多額の償却費の額が生ずる事業年度とは、減価償却費が、原価および販売費、一般管理費その他の費用に占める割合が、30％を超える事業年度である（法令131条の8第6項）。

　しかし、以上のいずれにおいても、資産調整勘定の減額と損金算入は、

---

[6] なお、特定資産譲渡等損失額を適格組織再編成等の前に実現して生じた欠損金額は、みなし共同事業要件が満たされない限り、適格組織再編成以後において、ないものとされる（法法57条4項2号）。グループ通算制度にも、同様の規定がある（同条8項2号）。

276

対象に含まれない。したがって、グループ通算制度においても、資産調整勘定の計上は、税負担軽減の効果を発揮することになる。

解答例

設問❶

　下線部(a)の要求は、StarBank が、その資金繰りの目的のため、完全子会社である星夢が、将来、疫境同行から得る利益と、期限切れが迫る欠損金額とを、すぐに現金として手にすることである。前者は、未実現ではあるが、星夢の株式の価値には既に反映されていると考えられるので、その売却により現金化できる。しかし、後者は、そのままでは失われる。そこで、星夢の欠損金額を利用できる相手である群星に、これを移転することが必要になる。その方法としては、群星が星夢を適格吸収合併し、みなし共同事業要件を充足することが考えられる。しかし、適格合併では現金を対価として使用できないので、StarBank が現金を得るためには、星夢を Star-Bank の完全子法人のままで群星が吸収合併することはできない。また、経営上の理由として、もし群星が合併対価として自社株を StarBank に交付すると、StarBank の子会社になりかねず、それは、独立性を重視する群星にとって受け入れ難いだろう。そこで、群星が星夢株を現金で StarBank から買い取った後、適格合併を行うという二段階の取引が考えられる。このとき、星夢は群星の完全子会社であるから、合併を適格とすることは容易であるが、欠損金額の引継ぎのためには、みなし共同事業要件を満たさねばならない。この要件は、①事業関連性要件、②事業規模要件、③被合併法人の事業規模継続要件、④合併法人の事業規模継続要件、⑤特定役員引継要件のうち、①～④の全てを満たすか、または、①と⑤とを満たすことが必要である。本問の場合、王の発言からは、後者が考えられており、そのためには、群星は鄭俊弘を役員として受け入れなければならない。

　しかし、これだけでは、星夢の欠損金額は、期限切れとなって行く。これを避け、同時に、下線部(b)の要求を満たすために、歌星が非適格新設分社型分割により設立され、疫境同行の将来価値に相当

277

する金額が資産調整勘定として計上されている。ただし、歌星において、資産調整勘定の減額と損金算入は直ちに始まるので、これを相殺する所得を用意する必要がある。このことは、歌星が疫境同行からの利益を早期に実現すべきインセンティブとなるであろう。

　星夢では、資産調整勘定に相当する金額の利益が、歌星株式の譲渡益（または、歌星の非適格新設分割における資産譲渡益）として生じ、この金額の一部は、欠損金額を相殺している。つまり、星夢の欠損金額は、実質的には、一部切り分けられ、歌星の資産調整勘定となっている。星夢の残りの欠損金額は、みなし共同事業要件を満たす適格合併により、群星に引き継がれる。

　以上のように、胡鴻鈞の計画は、下線部(a)と(b)の要求をほぼ完全に満たしている。

設問❷

　グループ通算制度の開始に当たって、群星と歌星との間には群星による完全支配関係の継続が見込まれるので、いずれも時価評価除外法人となる。また、群星が共同事業要件に類似する要件（共同で事業を行う場合）を充足することができれば、星夢から得た欠損金額を特定欠損金額として、群星の所得の範囲内で控除することができる。このときの控除限度額は、星夢の所得も含めて算定することができる。星夢は、当初は欠損金額が生じると思われるが、グループ通算制度により、群星の所得から（おそらく完全に）控除することができる。なお、歌星は、共同事業要件に類似する要件（共同で事業を行う場合）を充足できる場合、特定資産譲渡等損失額の通算制限や多額の償却費が生じる事業年度の制限を受けることはない。この要件を充足できない場合にも、資産調整勘定の減額による損金は、譲渡や除却による損失ではないから、特定資産譲渡等損失額には該当しない。また、資産調整勘定は減価償却資産ではないから、その減額による損金は「多額の償却費が生ずる事業年度」の判定における償却費には該当しない。

　以上から、グループ通算制度の利用は、適切であると評価できる。

関連問題

　歌星は、課税を受けずに資産調整勘定を計上し、その全額を 60 ヶ月で損金とする。なぜ、このような損金が認められるのか。

参 | 考 | 文 | 献

渡辺徹也『スタンダード法人税法〔第 2 版〕』(弘文堂・2019)

岡村忠生「グループ内再編——出資の非課税からの考察」ジュリスト 1445
　号 36 頁（2012)

（岡村忠生）

17. 財産隠しの結末★★

| 設問 | 次の文章を読んで、相続税および贈与税の課税関係について検討しなさい。 |

　父が亡くなったのは2年前の5月です。71歳の誕生日を迎える少し前のことでした。父は積極的に事業などをする人ではありませんでしたが、祖父から受け継いだ財産を手堅く運用しており、遺産として私たち遺族に土地、株式、預金などの財産を残してくれました。税理士さんには、遺産は全部で約10億円になると伺いました。

　父の遺言などはありませんでしたので、母と兄との3人で遺産の分け方を相談し、結局兄が家屋敷、土地、株式など約8億円相当の財産をもらい、私は預金を中心に約2億円程度の財産をもらいました。正直言って、私はこの分け方には不満があったのですが、私のほうにも、今やっている事業の都合上すぐに現金が欲しいという事情がありました。それに、以前から母が兄と同居して面倒をみてもらっており、その母からこれでよいではないかと言われましたので、相続でもめるのもみっともないと思いまして、これに同意しました。実は私も、10年ほど前に今の事業を始める際に、父に資金援助をしてもらったことがあり、あまり強いことも言えませんでした。相続税の納税もすぐに済ませました。

　ところが、今年になって叔父から、父が生前に貴金属をかなり購入していたはずだという話を聞きました。最初はありえない話だと思って相手にしなかったのですが、購入の経緯などを具体的に聞かされるうちに、もしやと思い探してみますと、屋敷の押入れの奥から金地金、宝石類、債券などが大量に出てきました。鑑定してみると約2億円の価値があるとのことです。母も兄もこれらのことはまったく知らなかったと言いますが、そんなことはありえないと思います。兄がそういう態度をとるなら、私も遠慮せずに法律で認められる限りのものをも

らおうと思いました。税理士さんも、この隠し財産のために私の税金がさらに重くなるのだと言われました。

　結局、遺産について改めて話し合うことになりました。詳しい経緯はお話ししたくありませんが、新たに見つかった貴金属や債券は母がもらい、また兄が私に別途 1 億円を支払うということでまとまりそうになりました。しかし、税理士さんから、この内容だと私に贈与税がかかり、その負担が大変重くなると言われました。私どもはあくまで父の遺産の分け方を相談していただけなのですが、そんなことがあるのでしょうか。

解　説

1 ………… 概　観

(1)　設問のねらい

　相続税は、相続等による財産の取得に課されるものであるため、相続法と密接な関係を有する。特に、日本では相続税について法定相続分課税方式と呼ばれる特殊な税額算定方法を採用しているため、課税上の問題が複雑になりやすい。この項目では、遺産分割のやり直しが行われたという事例を素材として、この問題を検討する。以下では、相談者を D、その父（被相続人）を A、母を B、兄を C とする。

(2)　取り上げる項目

► 相続税の税額算定の仕組み

► 遺産分割と相続税の関係

2 ………… 遺産分割のやり直し

(1)　問題の所在

　遺産は、共同相続人間に協議が調えば、どのようにでも分割することができる。そして、相続税においてもその点は尊重される。相続分よりも多い割合で遺産を取得した相続人が、他の相続人からの贈与を認定されることはない。

　　しかし、いったん成立した遺産分割をやり直す場合はどうであろうか。設問の事案においては、新たな相続財産の発見を契機として、遺産分割のやり直し（以下「第2次分割」という）が行われている。このうち、新たに発見されBが取得した財産が、相続により取得した財産として相続税の課税価格に含まれることには問題はない。

　　ところが事案においては、Cは、第2次分割においてDに対して代償債務を負担することとなった。そのため、この部分に関して、CからDへの贈与による財産の移転とみるべきか、それともAからDへの相続による財産の移転とみるべきかが問題となる。

　　仮に、第2次分割が、すでに行われた遺産分割の効力を維持しつつ、新たに相続人間で財産を移転したものであるとすれば、前者とみるべきであり、代償債務の負担はCの相続税の課税価格を減少させず、かえって代償債権を取得したDが贈与税を課されることとなるであろう。

　　それに対して、第2次分割が、すでに行われた遺産分割を合意解除した上で、新たに遺産分割を行ったものであるとすれば、後者とみる余地が生じうる。そうすると、Cは代償債務の負担によって相続により取得した財産が減少したこととなり、相続税の負担も減少するかもしれない。

(2)　遺産分割の合意解除

　　この問題を考える前提として、遺産分割協議の合意解除について検討する必要がある。

　　遺産分割と解除権行使の関係について、最判平成元年2月9日民集43巻2号1頁は、共同相続人間において遺産分割協議が成立した場合に、相続人の1人が右協議において負担した債務を履行しないときであっても、その債権を有する相続人は、民法541条によって右協議を解除することができない旨を判示している。

　　これに対して、遺産分割と合意解除との関係については、従来から民法学説上は、共同相続人全員の合意により、すでに成立している遺産分割協議の全部または一部を解除した上で、改めて分割協議を成立させることができると解されていた。

　　ところが、札幌地判昭和60年9月9日民集44巻6号999頁は、いっ

たん成立した遺産分割の全部または一部を解除し再度分割の合意をなすことは許されないとした。その理由としては、遡及効のある分割（民909条本文）について再分割のくり返しが許されると法的安定性が著しく損なわれるということと、贈与により同様の結果を実現できるので当事者に不利益は生じないことを挙げている。控訴審である札幌高判昭和62年10月14日民集44巻6号1005頁も、これを支持している。

しかし、法的安定性については、民法909条但書等により手当がなされている。また、遺産分割協議の合意解除が許されず、相続人間の贈与によらなければならないとすると、課税面で当事者に著しい不利益が生ずる。

この事件の上告審である最判平成2年9月27日民集44巻6号995頁は、次のように、遺産分割の合意解除を認めている。

> 「共同相続人の全員が、既に成立している遺産分割協議の全部又は一部を合意により解除した上、改めて遺産分割協議をすることは、法律上、当然には妨げられるものではなく、上告人が主張する遺産分割協議の修正も、右のような共同相続人全員による遺産分割協議の合意解除と再分割協議を指すものと解されるから、原判決がこれを許されないものとして右主張自体を失当とした点は、法令の解釈を誤ったものといわざるを得ない。」

ただし、「原判決は、その説示に徴し、上告人の右主張事実を肯認するに足りる証拠はない旨の認定判断をもしているものと解され、この認定判断は原判決挙示の証拠関係に照らして首肯するに足りる」として、結論としては上告を棄却している。

それでは、遺産分割の合意解除が認められるとして、その課税上の効果はいかなるものであろうか。ここには2つの異なる問題があることに留意しなければならない。第1に、すでにB、C、およびDに課された相続税が変更されるかという問題がある。第2に、CからDに贈与があったとして、新たに贈与税が課されるかという問題がある。

3 ⋯⋯⋯⋯ 相続税・贈与税の仕組み

(1) 相続税

ここで、まず相続税の仕組みを確認しておく。

日本の相続税および贈与税は、いわゆる遺産取得税の体系を採用している。すなわち、相続、遺贈または贈与により財産を取得した者に対して、その財産取得に担税力を認めて、税負担を課している。

相続税額算出の手順は次のとおりであり、これは法定相続分課税方式と呼ばれる[1]。第1に、各相続人または受遺者ごとに、相続または遺贈により取得した財産の価額の合計額をもって、課税価格が計算される（相法11条の2）。代償分割の方法により遺産分割が行われた場合には、代償財産の交付を受けた者は、その財産の価額が課税価格に加算され、代償財産の交付をした者は、その財産の価額が課税価格から控除される（相基通11の2-9。なお、関連問題3参照）。被相続人から相続した債務および葬式費用は控除される（相法13条）。控除される債務は、確実なものに限られる（相法14条）。

相続の開始前3年以内に、被相続人から贈与により財産を取得していたときには、その財産の価額は課税価格に含まれる（相法19条）。これは、相続開始の直前に財産を贈与して、相続税を免れることを防ぐための規定である。贈与時において贈与税が課されているときは、贈与税相当額は、相続税額から控除される。事例においては、DはAから生前に資金援助を受けているが、これは相続開始の10年ほど前であるので、この規定の対象にはならない。

なお、相続財産の全部または一部が分割されていないときは、相続分の割合に従って当該財産を取得したものとして課税価格を計算する[2]。ただし、その後に異なる割合で当該財産が分割された場合には、更正の請求等ができる（相法55条・32条1項1号）。

第2に、各相続人および受遺者の課税価格を合計し、その合計額から、

---

[1] この課税方式の由来と問題点について、三木義一＝末崎衛『相続・贈与と税〔第2版〕』5頁（信山社・2013）参照。

[2] なお、相続財産が未分割である場合には、配偶者の税額軽減措置や、小規模宅地の負担軽減措置が適用されない。この2つの制度は、相続税の軽減措置の中でも特に重要なものである。

遺産に係る基礎控除の金額を控除する（相法15条[3]）。

　第3に、その残額を民法所定の相続人が法定相続分に応じて取得したものと仮定し、その場合の各取得金額に税率表を適用し、算出された金額を合計する。この合計額が、相続税の総額となる（相法16条）。相続税の税率は、10%から55%までの8段階であり、6億円を超える金額から最高税率が適用される。

　第4に、相続税の総額を、各相続人および受遺者に、その課税価格に応じて按分する（相法17条）。

　第5に、その按分された税額に、調整が加えられる。財産取得者が被相続人の一親等の血族および配偶者以外の者である場合には、相続税額は20%加算される（相法18条）。配偶者については、相続税額の軽減措置がとられている（相法19条の2）。その他、未成年者控除（相法19条の3）、障害者控除（相法19条の4）、相次相続控除（相法20条）、外国税額控除（相法20条の2）等の措置がある。

　このような税額計算方式が採用されている趣旨は、相続財産の分割方法によって税負担が大きく変わらないようにすることである。この方式においては、遺産分割をどのように行っても、上記の「相続税の総額」はほとんど変わらない。もっとも、上記第5の税額調整があるので、各相続人および受遺者が実際に負担する相続税額の合計額は、相続財産の分割方法によって変化しうる。

　また、事例のように新たに相続財産が発見されたときには、それを取得しなかった相続人等についても、「相続税の総額」が増加するために、相続税負担が増加することになる[4]。

---

[3]　平成25年の相続税法改正（平成27年から施行）により、相続税の基礎控除額は、（3000万円+600万円×法定相続人の数）となった。

[4]　その他、相続税においては個々の財産取得者ごとの基礎控除が設けられていないため、相続人または受遺者は、相続・遺贈によって比較的少額の財産しか取得していなくとも、相続税の納税義務が生じることがある。「相続税の総額」が大きければ、相当重い相続税負担を課される可能性がある。また、上記の第1から第3の過程に何らかの変動があれば、「相続税の総額」が変化するため、各相続人および受遺者は、自己の課税価格が同じであっても、相続税額が変動することになる。この問題について、池田秀敏「判決等に基づく相続税の更正の請求について」税法学537号3頁（1997）参照。

(2) 贈与税

贈与税の課税標準は、納税義務者が1年間に贈与によって取得した財産の価額の合計額である。これを、贈与税の課税価格という（相法21条の2第1項）。

贈与税の基礎控除の金額は、110万円である（措法70条の2の4）。

贈与税の税率は、10％から55％の8段階であり、最高税率は3000万円を超える金額から適用される（相法21条の7）[5]。このように贈与税の税率は相続税より高いため、事例においてDが取得した財産がAから相続したものであるか、Cから贈与されたものであるかによって、税負担は大きく異なる[6]。

4⋯⋯⋯⋯遺産分割の合意解除と課税関係

(1) 相続税の課税の事後的変更

まず、遺産分割の合意解除と再分割があったとして、それが相続税の課税関係を事後的に変更させるかどうかを検討する。これは相続税法の解釈の問題である。そこで、相続後に生じた事情が、相続税の課税に対していかなる影響を与えるかを概観する。

そもそも、相続人等の課税価格は、遺産分割により実際に取得した財産の価額の合計額とされている。相続開始後の遺産分割により各人の課税価格が決まるのである。言い換えれば、相続分によって各人の課税価格が決まるのでもなければ、相続分を超えて財産を取得した者について、

---

[5]　ただし、20歳以上の者が直系尊属から贈与を受けた場合には、贈与税の税率構造が軽減されており、55％の最高税率は4500万円を超える金額から適用される（措法70条の2の5）。

[6]　なお、生前贈与に関して、平成15年度税制改正により相続時精算課税制度が導入されている（相法21条の9以下）。本制度は、贈与者が満60歳以上の親であり、かつ、受贈者が満20歳以上の贈与者の直系卑属である推定相続人および孫であるときに適用を受けられる（相法21条の9第1項、措法70条の2の6）。

　　本制度の適用を受けた場合には、適用対象である贈与財産は、他の贈与財産と区別して贈与税が課される。まず、2500万円の特別控除が適用される（相法21条の12第1項）が、これは受贈者の生涯を通じて1度だけ与えられる。同じ贈与者から2回以上の贈与を受けた場合には、2回目以降の贈与に対しては特別控除のうち未利用の金額のみが適用される。特別控除を超える金額については、20％の税率で課税される（相法21条の13）。

　　本制度の選択をした受贈者は、贈与者の相続時に、贈与財産と相続財産とを合算して相続税額を計算する（相法21条の15・21条の16）。過去の贈与に対して贈与税が課されていた場合には、その贈与税相当額が税額控除され、控除しきれなかった金額は還付される。

他の相続人等からの贈与が認定されるわけでもない。

　また、前述した未分割遺産が分割された場合（相法 32 条 1 項 1 号）の他、たとえば以下の事由により相続税額が過大となったときには、更正の請求が認められる（相法 32 条 1 項）。他方で、相続税法 32 条 1 項 1 号から 6 号までに規定する事由が生じたため既に確定した相続税額に不足を生じた場合には、修正申告ができる（相法 31 条 1 項[7]）。

　・認知等により、相続人に異動を生じた場合（相法 32 条 1 項 2 号）。
　・遺留分侵害額の請求に基づき支払うべき金銭の額が確定したこと（同項 3 号）。
　・遺贈に係る遺言書が発見され、または遺贈の放棄があったこと（同項 4 号）。
　・物納に充てた土地について土壌汚染等があった場合（同項 5 号、相令 8 条 1 項）。
　・特別縁故者に対する相続財産の分与があった場合または特別寄与者が支払を受けるべき特別寄与料の額が確定した場合（同項 7 号）。
　・条件付の遺贈について条件が成就した場合（同項 6 号、相令 8 条 2 項 3 号[8]）。

（2）　契約の合意解除と課税

　上記によれば、相続税においては、相続開始後に生じた事情が課税関係に影響を与える場合が少なくない。特に、相続人の異動、遺留分減殺請求、遺贈の発見や放棄など、遺産分割に関わる事項が多く含まれている。そうすると、遺産分割の合意解除と再分割も、相続税の課税関係を事後的に変更させるように思える。

　しかし、遺産分割の合意解除を契約の解除の場合と比較すると、問題が生じる。国税通則法 23 条 2 項 3 号に基づく同施行令 6 条 1 項 2 号は、

---

[7]　相続税法 35 条 3・4 項によると、税務署長は、同法 32 条 1 項 1 号から 6 号までの規定による更正の請求に基づき更正をした場合において、他の相続人等に対して更正または決定をする。
[8]　その他、相続後に生じた事情が相続税に関して考慮された例として、最判平成 22・10・15 民集 64 巻 7 号 1764 頁、広島地判平成 23・9・28 税資 261 号順号 11773 等がある。逆に考慮されなかった例として、大阪高判昭和 62・9・29 行集 38 巻 8＝9 号 1038 頁、大阪高判平成 14・7・25 判タ 1106 号 97 頁等がある。

「その申告、更正又は決定に係る課税標準等又は税額等の計算の基礎となった事実に係る契約が、解除権の行使によって解除され、若しくは当該契約の成立後生じたやむを得ない事情によって解除され、又は取り消されたこと」を、更正の請求が認められる事由のひとつとしている[9]。

　これをみると、解除権の行使による解除や、やむをえない事情による契約の解除を、それ以外の合意解除と区別しているようである。確かに、やむをえない事情がない場合の合意解除は、当事者間ですでに行われた取引を解消したというより、当事者間で新たな取引を行ったものとみる余地がある（なお、契約の合意解除と課税関係については、参照、「**9. フリーはつらいよ**」）。

（3）　検討

　実務上は、遺産分割のやり直しが行われた場合には、原則として相続税の納税義務に影響はなく、かえって相続人間においてその時点で新たな契約（贈与、譲渡、交換等）がなされたことになり、その契約の内容によっては贈与税等の課税問題が生ずる場合があるとされている[10]。

　しかし、少なくともやむをえない事情により遺産分割の合意解除が行われた場合には、課税上もそれが認められるべきではないか。この場合には、当初の遺産分割がそのままでは維持しえなかったということであるから、当初の遺産分割によって各相続人が確定的に財産を取得したとは言い難い。また、贈与税に関しても、当初の遺産分割による確定的な財産取得を前提に、相続人間で新たな契約がなされたとは言い難い。す

---

[9]　贈与税については、「名義変更等が行われた後にその取消し等があった場合の贈与税の取扱いについて」という個別通達がある。同通達8項によると、「贈与契約が法定取消権又は法定解除権に基づいて取り消され、又は解除されその旨の申出があった場合においては、その取り消され、又は解除されたことが当該贈与に係る財産の名義を贈与者の名義に変更したことその他により確認された場合に限り、その贈与はなかったものとして取り扱う。」他方で、同通達11項によると、「『8』に該当して贈与契約が取り消され、又は解除された場合を除き、贈与契約の取消し、又は解除があった場合においても、当該贈与契約に係る財産について贈与税の課税を行うことに留意する。」
　このように、贈与契約が解除権の行使によって解除されたか、合意解除されたかによって異なる取扱いがされている。
　なお、いずれの場合も、贈与契約解除による贈与者への財産の復帰は、新たな贈与税の課税対象とはされていない（同通達12項）。
[10]　三木義一監修『新 実務家のための税務相談（民法編）〔第2版〕』377頁（有斐閣・2020）、佐藤清勝ほか『専門家のための資産税実例回答集〔改訂第5版〕』283〜286頁（税務研究会出版局・2021）等参照。

なわち、それによって相続税の課税関係が事後的に変動し、相続人間での贈与は認定されないという趣旨である。

なお、前述のように、遺産分割協議については民法541条による解除権行使が認められず、共同相続人全員の合意による解除しかなしえない。しかしこのことは、遺産分割の合意解除がやむをえない事情によりなされる可能性を否定するものではないと思われる。

5 ………… 合意解除の認定

上記を前提に、設問の事案が遺産分割の合意解除にあたるか否かを検討する。

(1) 裁判例等

東京地判平成11年2月25日税資240号902頁は、共同相続人である原告らが遺産分割協議（「第1次分割」）を行い、その後に第1次分割の対象とされなかった財産につきさらに遺産分割協議（「第2次分割」）を行ったという事例である。判決は、第2次分割において一部の相続人が他の相続人に対してした代償債務負担のうち、第2次分割により取得した財産の価額を超える部分を、贈与による財産の移転であるとした。控訴審である東京高判平成12年1月26日税資246号205頁も、これを支持している。[11]

この判決は、一般論としては遺産分割協議の合意解除が可能であること、および相続税法における相続概念が民法と同じであることを認めながらも、この事件においては以下のように、第1次分割の合意解除は認められないとする。

> 「ところで、第1次分割が有効に成立したことは当事者間に争いがなく、第1次分割は、Aの遺産（財産、債務）を列挙した上で、それを分配する、いわゆる現物分割の方法によるものであるから、この分割協議が解除されない限り、第1次分割財産の帰属は第1次分割の成立によって確定したこ

---

[11] これらの判決の評釈として、渋谷雅弘・月刊税務事例33巻1号1頁 (2001)。また、この事件にふれた文献として、三木＝末崎・前掲注[1]81頁。

とになる。

　そして、右事実関係、特に第2次分割協議書の記載内容及びその作成経過に照らせば、第2次分割協議書は第1次分割協議書を解除することなく、その効力を維持した上で、第2次分割財産のみを対象とする遺産分割協議書として作成されたものというべきであり、その前提として第1次分割協議書の解除が明示的に合意されたと認めることはできない。

　ところで、当初分割協議と再分割協議がその内容において抵触する場合には、その抵触する範囲で当初分割協議が黙示的に合意解除されたものと認めうべき場合が想定される。

　この点を本件の第2次分割についてみると、第1次分割のいかなる部分との抵触が生じているかを特定することはできない上、第2次分割協議の成立過程に照らしても、あえて第1次分割の合意解除という方式を採用しないこととしたというのであるから、両者の内容の対比及び第2次分割合意の成立過程から第1次分割協議を解除する旨の黙示的合意を認めることはできない。」

　この認定においては、遺産の再配分の対象が第2次分割財産と代償債権債務のみであり、第1次分割財産が含まれていなかったことが重視されている。

　大阪高判平成27年3月6日裁判所Webサイトは、遺産分割に係る代償債務の不履行を理由として、遺産分割協議の合意解除がされたという事案である。裁判所は、代償金の回収不能が判明してから3年以上が経過した時点で合意解除がされたこと等の事情の下では、国税通則法施行令6条1項2号にいう「当該契約の成立後生じたやむを得ない事情」による解除にあたるとはいえないとした。

　また、相続税法19条の2第2項は、配偶者に対する税額軽減額の計算上、配偶者の課税価格に相当する金額の基礎とされる財産には、所定の期限までに分割されていない財産は含まれない旨を規定する。この分割の意義について、相続税法基本通達19の2-8但書は、「ただし、当初の分割により共同相続人又は包括受遺者に分属した財産を分割のやり直しとして再配分した場合には、その再配分により取得した財産は、同

290

項に規定する分割により取得したものとはならないのであるから留意する」と定める。この通達の規定は、そのまま読むと、遺産分割のやり直しをその合意解除とは認めないようにみえる。しかしこれは、遺産分割の合意解除の可能性を否定するものではないと解されている[12]。

不動産取得税に関する事件として、最判昭和62年1月22日判時1227号34頁[13]がある。この事件では、遺産分割のやり直しが、配偶者の税額軽減規定（相法19条の2）を最大限活用する目的で、最初の遺産分割の3ヶ月後に行われている。そして、本判決は、「被上告人を含む相続人らは第1回遺産分割協議のうち本件相続土地に関する部分を相続人全員の合意によって解除し改めてこれを第2回遺産分割協議のとおり分割協議をしたものであって、被上告人の右第2回遺産分割協議による本件相続土地の共有持分の取得は地方税法73条の7第1号所定の不動産取得税の非課税事由である『相続に因る不動産の取得』に該当すると解される」と判断した。

(2) 合意解除の認定のあり方

遺産の再配分が、遺産分割の合意解除と再度の遺産分割によるものであるのか、それとも相続人間の贈与によるものであるのかは、前述のとおり当事者の意思解釈の問題である。ただし、後者は前者と比較して相続人にとって課税面で著しく不利であるから、相続人があえて後者を選

---

[12] この但書の意義について、森田哲也編『相続税法基本通達逐条解説〔令和2年11月改訂版〕』353頁（大蔵財務協会・2020）は、次のように述べる。

「分割協議などにより取得した財産は、抽象的な共有の状態から具体的に特定の者の所有に帰属することになる。したがって、各人に具体的に帰属した財産を分割のやり直しとして再配分した場合には、一般的には、共同相続人の自由な意思に基づく贈与又は交換等を意図して行われるものであることから、その意思に従って贈与又は交換等その態様に応じて贈与税又は所得税（譲渡所得等）の課税関係が生ずることとなる。

もっとも、共同相続人間の意思に従いその態様に応じた課税を行う以上、当初の遺産分割後に生じたやむを得ない事情によって当該遺産分割協議が合意解除された場合などについては、合意解除に至った諸事情から贈与又は交換の有無について総合的に判断する必要がある。

また、当初の遺産分割による財産の取得について無効又は取消しすべき原因がある場合には、財産の帰属そのものに問題があるので、これについての分割のやり直しはまだ遺産の分割の範ちゅうとして考えるべきである。」

[13] 評釈として、石島弘・判評344号26頁（1987）、高梨克彦・シュト309号1頁（1987）、水野武夫・民商97巻4号593頁（1988）がある。また、この事件にふれた文献として、首藤重幸「相続と不動産取得税」税務事例研究42号87頁（1998）。

択したと認定することには慎重であるべきである。

　また、未分割遺産の発見に伴う遺産分割のやり直しは、次の理由で、やむをえない事情による遺産分割の合意解除と認定すべき場合が多いと思われる。第1に、未分割遺産の発見によって、遺産分割全体の方針が変わることがありうる。そして、そのような新たな遺産分割の方針を相続人間でまとめる際に、一部の相続人が一定の犠牲を払うということもありうることである。第2に、未分割遺産の発見は、前述した相続税の仕組みのために、相続人・受遺者全員の相続税額を増大させるので、遺産分割に際して新たにその点の考慮が求められることもありうると思われる。

　したがって、多額の未分割遺産の発見は、遺産分割全体の再考を必要とさせることがありうる。ゆえに、その結果としてなされた遺産分割のやり直しも、やむをえない事情による遺産分割の合意解除と認定すべき場合が多いと考えられるのである。

解答例

(1)　最判平成2年9月27日民集44巻6号995頁によれば、共同相続人は、すでに成立している遺産分割協議の全部または一部を全員の合意によって解除した上、改めて分割協議を成立させることができる。この点は民法学説上も広く支持されている。遺産分割については、民法909条但書等により対外的な法律関係の安定が図られているので、共同相続人全員が合意するのであれば解除を認めて特に差し支えがないからである。
　それでは、設問の事案、特にCがDに対して1億円の代償債務を負うこととした点は、遺産分割の合意解除と再分割によるものであろうか、それともCD間の贈与によるものであろうか。
　この点は当事者の意思解釈の問題であるが、設問の事案においては遺産分割の合意解除と再分割によるものと認定すべきであると考える。なぜなら、CD間の贈与があったということになると、

Ｄに多額の贈与税が課される。それに対して、遺産分割の合意
解除と再分割がされたとすると、後述するようにＤに贈与税は
課されないこととなる可能性がある。そうすると、当事者があえ
て課税面で著しく不利である取引を選択したと認定することには
慎重であるべきである。

(2)　それでは、遺産分割の合意解除は課税関係にどのような影響
を与えるであろうか。実務上は、遺産分割のやり直しが行われた
場合には、原則として相続税の納税義務に影響はなく、かえって
相続人間の贈与が認定されて贈与税の課税が生ずる場合があると
されている。しかし、遺産分割の合意解除がされるにあたってや
むをえない事情があり、遺産の再分割が行われたときには、それ
によって相続税額が過大となった者について更正の請求が認めら
れ、相続人間の贈与も認定されないものと解したい。この場合に
は、当初の遺産分割がそのままでは維持しえなかったということ
であるから、当初の遺産分割によって各相続人が確定的に財産を
取得したとは言い難いからである。このような解釈は、相続税法
が相続人の異動など遺産分割に関わる事項を更正の請求が認めら
れる事由としていることにも相応している。

そして、遺産分割の合意解除がやむをえない事情によるものか否
かも、事実認定の問題であるが、新たに遺産が発見されたことを
契機とする遺産分割の合意解除は、次の理由により、これを肯定
すべき場合が多いと考えられる。

第1に、新たに遺産が発見されることによって、遺産分割全体の
方針が変わることがありうる。たとえば設問の事案では、Ｄは、
新たなＡの遺産の発見を契機に、法定相続分に相当する財産を
分与するよう主張している。そして、新たな遺産分割の方針を相
続人間でまとめる際に、一部の相続人が一定の犠牲を払うという
こともありうることである。

第2に、相続税法が法定相続分課税方式を採用しているために、
新たな遺産の発見によって、そこからまったく分配を受けない相
続人についても、相続税額が増加することになる。そこで、遺産
分割に際して、新たにその点の考慮が求められることもありうる
と思われる。

(3)　実際的には、遺産分割のやり直しを行う際には、当初の遺産
分割協議を合意解除したことを明示し、なおかつ当初の遺産分割

の対象に含まれていた財産について、できれば現物で分割し直す
ことが、課税の面でより安全であると思われる。

関連問題

1．遺産分割の合意解除と贈与税

遺産分割の合意解除と再分割が行われたときに、各相続人等は、私法
上はいかなる原因により財産を取得したこととなるか。また、当該財産
は、税法上は贈与により取得した財産（相法2条の2）にあたるか。

2．遺産分割の錯誤無効

遺産分割について、当初から錯誤があると認められたときには、相続
税の課税関係はどうなるか。また、錯誤の内容が課税関係についての誤
解であったときはどうか（参照、東京地判平成21・2・27判タ1355号123
頁、渋谷雅弘「贈与の錯誤無効と贈与税」税務事例研究108号69頁（2009））。
なお、民法改正（平成29年5月改正、令和2年4月1日施行）により、意
思表示の錯誤は無効ではなく取消原因とされた。

3．代償分割

被相続人Mは、平成18年1月に死亡したが、その唯一の相続財産は、
時価2億円の土地甲であった。相続人であるN、Pは、遺産分割協議を
行い、土地甲をNが取得する代わりに、NがPに1億円の現金を支払
うこととした。このとき、相続税の課税関係はどうなるか。なお、土地
甲の相続税評価額は、1億6000万円であった（参照、北野弘久「代償分
割調整金の相続税の課税価格」同『税法学の実践論的展開』334頁（勁草書
房・1993）、高野幸大「代償分割による遺産分割の場合の相続税の課税価格の
計算」税務事例研究12号45頁（1992））。

4．遺留分の減殺請求

被相続人Mは、平成18年1月に死亡したが、その唯一の相続財産は、
時価2億円、相続税評価額1億6000万円の土地甲であった。Mの相続
人はその子であるNとPである。

　Mは、相続財産をすべてNに取得させる旨の遺言をしていた。これに対して、Pは遺留分減殺請求をした。Nは、価額弁償をすることとし、平成22年1月にPに6000万円を支払った。この時点で、当該土地は2億4000万円に値上がりしていた。

　このとき、相続税の課税関係はどうなるか。

　なお、遺留分の減殺請求は、相続法改正（平成30年7月改正、令和元年7月1日施行）により、遺留分侵害額の請求に改められた。

5．条件付遺贈

　被相続人Mは、平成18年1月に死亡したが、配偶者Nが唯一の相続人であった。Mは弁護士であったが、事務所として使用していた土地建物を、法学部の学生である甥Pに遺贈していた。ただし、その遺贈には、Pが司法試験に合格したときに発効する旨の停止条件が付されていた。

　平成23年に、Pは司法試験に合格し、同年12月に当該土地建物を取得して移転登記を受けた。このとき、相続税の課税関係はどうなるか。たとえば、当該土地建物の評価時期はどの時点になるか（参照、渋谷雅弘「条件付贈与・遺贈」税務事例研究72号63頁（2003））。

参 考 文 献

小池正明「遺産の再分割に係る課税問題」税務事例研究129号55頁（2012）
小林栢弘編著『相続税法の論点』（大蔵財務協会・2015）
平川英子「『やむを得ない事情』による遺産分割協議のやり直しと更正の請求の可否」税務事例研究164号37頁（2018）
渋谷雅弘「相続税・贈与税の税額をめぐる諸問題」税務事例研究62号43頁（2001）

（渋谷雅弘）

18. 節税策の失敗？★★

設問 ❶ 以下の事例において、Ｔ社株式の評価についてどのように考えるか。

　Ａは、平成２年当時70歳であり、配偶者を既に亡くしており、Ｂ、Ｃ、ＤおよびＥ（あわせて「相続人ら」という）の４人の子があった。Ａが健康を害していたことから、ＢはＦ税理士に対し、Ａの相続に係る相続税について相談したが、Ａがかなりの土地を保有していたため、相続税額は相当なものになりそうであった。

　そこで、Ｆ税理士は、いわゆるＡ社Ｂ社方式による相続税の節税を提案した。Ｆ税理士が提案した計画に基づいて、平成３年中にＡおよび相続人らは以下の行為を行った。

　Ａは、その所有する土地を担保に15億円を借り入れ、Ａおよび相続人らが15億円を出資してＳ株式会社を設立した。同社を設立するに際して、同社の資本金額は1500万円と低額に、資本準備金組入額は14億8500万円と高額に仕訳され、１万5000株が発行された。

　１株当たりの引受金額を10万円として、Ａが１万4960株、相続人らがそれぞれ10株ずつ引受けた。

　次いで、Ａおよび相続人らは、Ｓ社株式を現物出資してＴ株式会社を設立した。同社を設立するに際して、同社の資本金額は1500万円とされ、１万5000株が発行された。Ａは、Ｓ社株式１万4960株を現物出資して、Ｔ社株式１万4960株を取得した。また、相続人らは、Ｓ社株式を10株ずつ現物出資して、Ｔ社株式を10株ずつ取得した。

　その後、Ａは、平成４年に死亡した。遺産分割の結果、相続人らがＴ社株式を相続した。相続人らは、Ｔ社株式を純資産価額方式により評価し、１株当たりの価額を約４万9500円と算定して相続税の申告をした。

　これに対して、所轄税務署長は、Ｔ社株式の１株当たりの価額を

約 10 万円と評価して、更正処分を行った。ここでも純資産価額方式が用いられているが、法人税額等相当額の控除を行わなかったために、上記の評価額が算定されている。

❷　以下の事例において、K、L および M について贈与税の課税関係はどうなるか。

　J は、平成 20 年 1 月に、土地甲を 1 億 5000 万円の対価により不動産業者から購入した。このときの購入費用は、銀行からの借入金 5000 万円に、J の手持ち資金を合わせて調達している。

　J は、翌年 10 月に、土地甲の共有持ち分を 5 分の 2 ずつ、配偶者 K と子 L へ、それぞれ 4680 万円の対価により譲渡した。この対価の額は、土地甲の相続税評価額が 1 億 1700 万円であることを計算した上で、その 5 分の 2 に相当する金額としたものである。

　また、J は、同月に、土地甲の共有持ち分 5 分の 1 を、姪 M に贈与した。ただし、この贈与には、J の上記借入金の一部である 1000 万円の債務を M が引き受ける旨の負担が付されていた。

解　説

1 ………… 概　観

（1）　設問のねらい

　相続税・贈与税の課税標準を決定するためには、相続等により取得した財産を評価し金銭に換算する必要がある。また、財産の評価は、相続税法上の低額譲渡の認定にも関わってくる。

　財産の評価に関しては様々な問題があるが、ここではその基礎を概観する。特に、財産評価基本通達の意義について検討する。

　なお、設問にある A 社 B 社方式とは、借入金等で会社を設立し（A 社）、その会社の株式等を著しく低い価額で現物出資して別会社を設立して（B 社）、評価差額を人工的に創出するという手法である。平成 13

[1]　現物出資は従来から検査役の調査の対象となっているが（会社 33 条、旧商 173 条）、これは目的財産の過大評価を防止するためであり、財産をその時価を下回る価額により現物出資することは妨げられない。実際、会社法 33 条 10 項 2 号は、市場価格のある有価証券について、定款に記載されまたは記録された価額が当該有価証券の市場価格として法務省令で定める方法により算定されるものを

年度までは、現物出資された資産の帳簿価格は、その受入価額とされていた。こうして、B社の株式を評価する際に、財産評価基本通達186-2が定める法人税額等相当額の控除をして、相続税評価額を圧縮することを意図している。あるいは、同族会社を設立して手持ちの上場株式を現物出資し、取引相場のない株式に振り替えるという手法も用いられる。具体的には、次のような方法が採られる。

甲が、15億円の借入れを行い、それを出資して株式会社A社を設立する。次に、A社株式を現物出資して、株式会社B社を設立する。このとき、A社株式の受入価格は、1500万円とする。これによって、甲の財産は、B社株式と、15億円の債務となる。

B社株式の相続税評価額の合計額は、当時の通達に従って純資産価額方式により評価すると、法人税額等相当額の控除があるために、次のように7億4265万円となる。したがって、債務を差し引くと、甲の財産はマイナス7億5735万円となる。このマイナス分は、甲が所有している他の財産の評価額と相殺できることになる。

$$15億円 - (15億円 - 1500万円) \times 51\% = 7億4265万円$$

ただし、平成5年10月の国税庁事務連絡、および平成6年6月27日の財産評価基本通達186-2の改正により、法人税額等相当額の控除が制限されたため、この節税策は現在では封じられている。

(2) 取り上げる項目

►財産評価基本通達の意義

►相続税法上の低額譲渡の認定

超えない場合に、検査役調査を免除している。

なお、現行法上の現物出資された資産の帳簿価額については、岡村忠生『法人税法講義〔第3版〕』320頁（成文堂・2007）参照。他方で、評価通達186-2⑵は、評価会社の保有資産中に、現物出資もしくは合併により著しく低い価額で受け入れた資産、または株式交換もしくは株式移転により著しく低い価額で受け入れた株式があるときに、法人税額等相当額の控除を制限している。

2 ……………財産評価の概要

(1) 総説

相続税法 22 条は、取得の時における時価により財産を評価する旨を定めており、これを時価主義という。ここにいう時価とは、課税時期において、それぞれの財産の現況に応じ、不特定多数の当事者間で自由な取引が行われた場合に通常成立する価額をいう（東京高判平成 7・12・13 行集 46 巻 12 号 1143 頁）。財産の取得後に、その価値上昇や下落が生じても、それは考慮されない（大阪高判昭和 62・9・29 行集 38 巻 8＝9 号 1038 頁）。

個々の財産の具体的な評価方法は、地上権、永小作権、配偶者居住権など一部の財産についてのみ相続税法に規定されているが（相法 23〜26 条）、それ以外の財産については、国税庁の通達（財産評価基本通達（昭和 39・4・25 付直資 56）、以下「評価通達」という）により定められている。評価通達には法的拘束力はないが、実際には納税者も従い、裁判所もその内容を尊重する傾向にある。評価通達 1 (2) は、時価の意義として、「課税時期……において、それぞれの財産の現況に応じ、不特定多数の当事者間で自由な取引が行われる場合に通常成立すると認められる価額をいい、その価額は、この通達の定めによって評価した価額による」と定めている。

相続税法上の財産評価においては、実際上はいわゆる「かための評価」がされている。このことは課税上の財産評価に相応しいといえるが、他方で納税者による相続税節税策に利用される余地を生じさせることがある。

(2) 取引相場のない株式の評価

設問にある取引相場のない株式の評価については、評価通達は以下のような定めを置いている。

まず、株式の発行会社が、従業員数、業種等を基準に大会社、中会社または小会社に区分される（評価通達 178）。原則的評価方法としては、類似業種比準方式、純資産価額方式および両者の併用方式があり、発行会社の区分に応じて異なる方法が適用される（評価通達 179）。また、特

例的評価方式として、非同族株主が取得した株式に適用される配当還元方式がある（評価通達188-2）。

設問において問題となっている純資産価額方式は、発行会社の正味財産価額から負債および評価差額に対する法人税額等に相当する金額（以下「法人税額等相当額」という）を控除した金額を、発行済株式数で除して、株式を評価する方式である（評価通達185）。法人税額等相当額とは、発行会社の含み益が実現したときに課されるであろう法人税等の金額に相当するものであり、発行会社の資産の時価純資産価額から簿価純資産価額を控除した金額に一定割合（現在は37%）を乗じて得られた金額をいう。これを控除するのは、「個人が財産を直接所有し、支配している場合と、個人が当該財産を会社を通じて間接的に所有し、支配している場合との評価の均衡を図るため」（最判平成18・1・24判時1923号20頁）である。

ただし、設問にあるように、現在は一定の場合には法人税額等相当額の控除が制限されている（評価通達186-2）。

(3) 土地の評価

土地の評価方法も、評価通達に定められている。特に重要な評価方法として、宅地の評価のための路線価方式があり、そのため相続税評価額が路線価と呼ばれることがある。

土地の公的な評価額としては、相続税評価額のほか、固定資産税評価額、地価公示法に基づく公示価格等があるが[2]、従来はそのいずれも実勢価格を著しく下回っていた。実勢価格に対して公示価格が7割程度、相続税評価額が5割以下、固定資産税評価額が1割程度といわれており、一物四価と評されていた。

そのために、借金による土地購入等の方法で、相続税の回避がしばしば行われた。たとえば、1億円の預貯金を持つ者が、1億円の借入金と合わせて実勢価格2億円の土地を購入したとする。このとき、その土地の相続税評価額は1億円程度であり、1億円の債務と相殺されて相続

---

[2]　これらの評価額は、財団法人資産評価システム研究センターのウェブサイト「全国地価マップ」（http://www.chikamap.jp/）で参照することができる。

税・贈与税の課税対象がなくなることになる。他方で、このような相続税回避に対抗するため、様々な立法や実務上の運用が行われ、その合法性をめぐって多くの訴訟が提起された。

平成のバブル崩壊後は、地価が下落する一方で、相続税評価額が引き上げられた。相続税評価額は公示価格の8割を目処として算定されることとなり、その公示価格も実勢価格との差が小さくなった。

3⋯⋯⋯⋯評価通達の意義

(1) 総説

上記のとおり、個々の財産の具体的な評価方法は、評価通達により定められている。特に、土地または株式の評価に関する定めが重要であり、実際上も紛争になりやすい。

評価通達の意義について、東京高判平成7年12月13日行集46巻12号1143頁は次のように述べる。「財産評価通達によりあらかじめ定められた評価方法によって、画一的な評価を行う課税実務上の取扱いは、納税者間の公平、納税者の便宜、徴税費用の節減という見地からみて合理的であり、一般的には、これを形式的にすべての納税者に適用して財産の評価を行うことは、租税負担の実質的公平をも実現することができ、租税平等主義にかなうものであるというべきである。」

特に、近年の下級審裁判例には、評価通達を尊重する傾向がみられる。たとえば、東京高判平成27年12月17日判時2282号22頁は、「評価対象の不動産に適用される評価通達の定める評価方法が適正な時価を算定する方法として一般的な合理性を有するものであり、かつ、当該不動産の贈与税の課税価格がその評価方法に従って決定された場合には、上記課税価格は、その評価方法によっては適正な時価を適切に算定することのできない特別の事情の存しない限り、贈与時における当該不動産の客観的な交換価値としての適正な時価を上回るものではないと推認するのが相当である」と述べる。

このように、評価通達に基づいて財産評価が行われていることに対しては、租税法律主義に照らして問題がある、あるいは財産の評価方法を

法令により定めることが望ましいとの見解が少なくない。

　もっとも、評価のためのルールを正確に定めることは容易でない。評価通達も、その6項において「この通達の定めによって評価することが著しく不適当と認められる財産の価額は、国税庁長官の指示を受けて評価する」と定めており、ある意味でその内容が完璧なものでないことを自認している。

　そして、ある財産の時価とその財産の法令による評価額とが異なるものとなると、そのことが相続税の節税策に利用されるなど、大きな弊害[3]が生じる。[4]

(2)　評価通達によらない評価

　それでは、納税者または課税庁が、個別事案において評価通達とは異なる方法による財産評価を行うべきであると主張したとき、それは認められるであろうか。

　納税者が評価通達の内容を争い、それとは異なる方法による財産評価を主張することはしばしばみられる。しかし、そのような主張は多くの場合裁判所に認められていない。[5]

　これに対して、課税庁が評価通達とは異なる方法による財産評価を行うことも少なくない。前述のとおり、評価通達6項は、「この通達の定めによって評価することが著しく不適当と認められる財産の価額は、国税庁長官の指示を受けて評価する」と定めている。事例としては、納税者が相続税・贈与税の節税策を行ったときに、課税庁がそれに対抗して主張することが多い。

　このことについて、東京高判平成7年12月13日行集46巻12号1143頁は、次のように述べて、課税庁による通達によらない財産評価

---

[3]　その例として、旧相続税法24条がある。渋谷雅弘「財産の法定評価をめぐる問題」税務事例研究114号81頁（2010）参照。

[4]　また、そのような場合に租税回避行為の否認規定（相法64条）が適用されると、租税法律主義の機能のひとつである法的安定性・予測可能性が十分に確保されないおそれがある。そのような例として、大阪地判平成12・5・12訟月47巻10号3106頁参照。

[5]　たとえば、東京地判平成8・12・13訟月44巻3号390頁。逆に、評価通達の合理性が一部否定された例として、東京地判平成24・3・2判時2180号18頁およびその控訴審判決である東京高判平成25・2・28裁判所Webサイト。

を認める。「〈評価通達〉による評価方法を形式的、画一的に適用することによって、かえって実質的な租税負担の公平を著しく害し、また、相続税法の趣旨や財産評価通達自体の趣旨に反するような結果を招来させるような場合には、財産評価通達に定める評価方法以外の他の合理的な方法によることが許されるものと解すべきである。このことは、財産評価通達6が『この通達の定めによって評価することが著しく不適当と認められる財産の価額は、国税庁長官の指示を受けて評価する。』と定め、財産評価通達自らが例外的に財産評価通達に定める評価方法以外の方法をとり得るものとしていることからも明らかである[6]。」

これに対して、課税庁は自ら定めた通達に従うべきであるとの見解もみられる。

納税者が、評価通達が行政先例法になっている旨の主張をすることがあるが、裁判例上は認められていない[7]。

他方で、裁判例上は、評価通達に従った画一的取扱いがなされている場合に、これと異なった取扱いをすることが違法となる場合がありうる旨を述べるものがある。東京地判平成4年3月11日判時1416号73頁は、「特に租税平等主義という観点からして、右通達に定められた評価方式が合理的なものである限り、これが形式的にすべての納税者に適用されることによって租税負担の実質的な公平をも実現することができるものと解されるから、特定の納税者あるいは特定の相続財産についてのみ右通達に定める方式以外の方法によってその評価を行うことは、たとえその方法による評価額がそれ自体としては相続税法22条の定める時価として許容できる範囲内のものであったとしても、納税者間の実質的負担の公平を欠くことになり、許されないものというべきである」と述

[6] その他、課税庁が評価通達と異なる評価方法を用いた例として、東京高判昭和48・3・12シュト140号24頁、東京地判平成4・3・11判時1416号73頁、東京地判平成4・7・29行集43巻6＝7号999頁、その控訴審判決である東京高判平成5・3・15行集44巻3号213頁、東京地判平成5・2・16判タ845号240頁、大津地判平成9・6・23訟月44巻9号1678頁、東京地判平成11・3・25訟月47巻5号1163頁、千葉地判平成12・3・27訟月47巻6号1657頁、前掲注[4]大阪地判平成12・5・12、東京高判平成13・3・15訟月48巻7号1791頁、東京高判平成13・5・23判タ1126号114頁、東京地判平成16・3・2訟月51巻10号2647頁、その控訴審判決である東京高判平成17・1・19訟月51巻10号2629頁等がある。
[7] 東京高判平成7・12・13行集46巻12号1143頁等参照。

べている。ただし、結論としては、「評価通達によらないことが相当と認められるような特別の事情がある」と判断している。[8]

　また、最判平成17年11月8日判時1916号24頁は、所得税における株式の評価が争われた事例であるが、設問❶と同様に、純資産価額方式における法人税額等相当額の控除の当否が争われている。この判決は、「法人税額等相当額を控除して算定された1株当たりの純資産価額は、昭和62年当時において、一般には通常の取引における当事者の合理的意思に合致する」として、法人税額等相当額を控除して評価すべきであるとした。[9]

4⋯⋯⋯⋯低額譲渡

(1)　低額譲渡の意義とその認定

　財産評価は、相続税法7条および9条の適用に関しても問題となる。相続税法7条は、「著しく低い価額の対価で財産の譲渡を受けた場合」においては、当該財産の時価と当該対価との差額に相当する金額を贈与により取得したものとみなす旨を定めている。同法9条は、「著しく低い価額の対価で利益を受けた場合」について、同様の定めを置く。この「著しく低い価額の対価」に該当するか否かは、「当該財産の譲受の事情、当該譲受の対価、当該譲受に係る財産の市場価額、当該財産の相続評価額などを勘案して社会通念に従い判断すべきもの[10]」と解されている。

　なお、所得税法59条1項2号における低額譲渡は、当該譲受の対価が時価の2分の1を下回る場合をいう（所令169条）。しかし、この2分の1の基準は、相続税法7条においては妥当しない。

　これはすなわち、相続税法7条および9条における低額譲渡は、画一的基準によっては認定できないということを示している。したがって、何らかの財産の譲渡に際して、譲渡対価がその財産の時価に満たない場

---

[8]　同旨の裁判例として、前掲注[6]東京地判平成4・7・29、前掲注[6]東京地判平成5・2・16がある。前掲注[7]東京高判平成7・12・13も参照。なお、この点に関する興味深い裁判例として、前掲注[5]東京地判平成24・3・2がある。
[9]　法人税における同旨の判決として、最判平成18・1・24判時1923号20頁参照。
[10]　横浜地判昭和57・7・28訟月29巻2号321頁。

合でも、直ちにそれが低額譲渡に該当するとはいえない。従来は、裁判例上は、移転された財産の相続税評価額が譲渡対価を相当に上回る場合に、低額譲渡に該当すると認定するものが多かった。[11]

ところで、国税庁は、平成元年に個別通達「負担付贈与又は対価を伴う取引により取得した土地等及び家屋等に係る評価並びに相続税法第7条及び第9条の規定の適用について（平成元・3・29付直評5、直資2-204）」（いわゆる「負担付贈与規制通達」）を発した。本通達は、以下のように定めている。[12]

（趣旨）

　最近における土地、家屋等の不動産の通常の取引価額と相続税評価額との開きに着目しての贈与税の税負担回避行為に対して、税負担の公平を図るため、所要の措置を講じるものである。

1　土地及び土地の上に存する権利（以下「土地等」という。）並びに家屋及びその附属設備又は構築物（以下「家屋等」という。）のうち、負担付贈与又は個人間の対価を伴う取引により取得したものの価額は、当該取得時における通常の取引価額に相当する金額によって評価する。

　ただし、贈与者又は譲渡者が取得又は新築した当該土地等又は当該家屋等に係る取得価額が当該課税時期における通常の取引価額に相当すると認められる場合には、当該取得価額に相当する金額によって評価することができる。

　（注）「取得価額」とは、当該財産の取得に要した金額並びに改良費及び設備費の額の合計額をいい、家屋等については、当該合計金額から、評価基本通達130（（償却費の額等の計算））の定めによって計算した当該取得の時から課税時期までの期間の償却費の額の合計額又は減価の額を控除した金額をいう。

2　1の対価を伴う取引による土地等又は家屋等の取得が相続税法第7条に規定する「著しく低い価額の対価で財産の譲渡を受けた場合」又は相続税法第9条に規定する「著しく低い価額の対価で利益

---

[11]　大阪地判昭和61・10・30訟月34巻1号163頁、前掲[10]横浜地判昭和57・7・28、神戸地判昭和55・4・18訟月26巻7号1240頁等参照。
　　特に、大阪地判昭和53・5・11行集29巻5号943頁は、「贈与税における時価より『著しく低い』価額とは、……時価の4分の3未満の額を指すと解するのが相当である」と判示している。
[12]　上場株式については評価通達169(2)、気配相場等のある株式については同174(1)ロが同じ趣旨の定めを置いている。

> を受けた場合」に当たるかどうかは、個々の取引について取引の事
> 情、取引当事者間の関係等を総合勘案し、実質的に贈与を受けたと
> 認められる金額があるかどうかにより判定するのであるから留意す
> る。
>
> 　（注）　その取引における対価の額が当該取引に係る土地等又は家
> 　　　　屋等の取得価額を下回る場合には、当該土地等又は家屋等の価額
> 　　　　が下落したことなど合理的な理由があると認められるときを除き、
> 　　　　「著しく低い価額の対価で財産の譲渡を受けた場合」又は「著し
> 　　　　く低い価額の対価で利益を受けた場合」に当たるものとする。

　これは、バブル期において、土地の負担付贈与等を用いた相続税節税
策が頻発したため、それに対応したものである。当時は、前述した土地
の実勢価格と相続税評価額との乖離が、従来以上に拡大していた。[13]

　負担付贈与規制通達はそのような趣旨のものであるので、土地の実勢
価格と相続税評価額との乖離が縮小した今日において、そのまま適用し
てよいかどうか、疑問の余地がある。

　この問題について、東京地判平成 19 年 8 月 23 日判タ 1264 号 184 頁[14]
は、客観的交換価値と相続税評価額との間には開差が存在することを前
提として、相続税法 7 条にいう時価は客観的交換価値のことを意味する
とした。他方で、相続税評価額と同水準の価額かそれ以上の価額を対価
として土地の譲渡が行われた場合は、原則として「著しく低い価額」の
対価による譲渡ということはできないとした。

（2）　贈与により取得したものとみなされる金額

　次に、相続税法 7 条が適用される場合に、「贈与により取得したもの
とみなされる金額」をどのように算定するかという問題がある。これは、
贈与財産の時価と譲渡対価との差額により計算されるのであるが、ここ

---

[13]　さらに、昭和 63 年 12 月に行われた税制改正により、相続開始前 3 年以内に取得等をした土地
建物等については、原則として取得価額により相続税を課税することとされた（旧措法 69 条の 4。
この措置は「3 年しばり」と呼ばれた）。しかし、その後の地価下落によって、この特例は「憲法違
反の疑いが極めて強い」（大阪地判平成 7・10・17 行集 46 巻 10＝11 号 942 頁）とされた。その後、
この特例が将来に向かって廃止されるとともに、過去の事案についても税額を課税価格の 7 割に制限
する経過措置が設けられ、それに基づいて控訴審判決である大阪高判平成 10・4・14 訟月 45 巻 6 号
1112 頁は、原判決を取り消した。

[14]　本判決の評釈・解説として、浦東久男・租税判例百選〔第 5 版〕148 頁（2011）、今本啓介・ジ
ュリスト 1372 号 196 頁（2009）。

でいう時価とは、その財産の実勢価格であろうか、それとも相続税評価額であろうか。この点は、従来から必ずしも明確ではなかった。

　負担付贈与規制通達の運用上は、時価とは土地等の実勢価格であるとされていた。また、その実勢価格は、しばしば当該土地等の取得価額によって認定されていた。実際、そのように解さなければ、土地の負担付贈与等を用いた相続税節税策に対抗することはできなかった。

　しかし、財産の譲渡が無償でなされた場合と有償でなされた場合とで、その財産の評価額が変わるというのは不自然なことである。また、財産の譲受人は、その財産を無償で取得した場合よりも有償で取得した場合のほうが、より重い贈与税を課されることもありうる。

　この点についても、バブル期における課税実務を今日でも維持すべきかどうか、再考する余地がありそうである。

解答例

　1. (1)　相続税における財産の評価について、相続税法22条は、取得の時における時価により財産を評価する旨を定めている。ここにいう時価とは、課税時期において、それぞれの財産の現況に応じ、不特定多数の当事者間で自由な取引が行われた場合に通常成立する価額をいう。

　個々の財産の具体的な評価方法は、財産評価基本通達により定められている。大量の課税処分を納税者間の公平を保ちながら行うためには、あらかじめ評価のためのルールを定めておくことの必要性は否定し難い。しかし、このように財産の評価方法を通達によって定めていることには、租税法律主義との関係で議論がある。財産の評価が事実の認定の問題であることを考慮すれば、このように通達によって評価方法を定めることも不当とはいえない。しかし、納税者の予測可能性を確保するという観点からは、できるだけ法令で定めることが望ましいと考える。

　(2)　それでは、課税庁は、相続税・贈与税の課税に際して、評価

通達の定めとは異なる評価方法を用いることが許されるであろうか。

　この点については、第1に、評価通達の内容は、不特定多数の納税者に対する反復・継続的な適用によって、行政先例法になっているのではないかという論点がある（金子宏『租税法〔第23版〕』716頁（弘文堂・2019）参照）。しかし、裁判例上はこれは認められていない。また、この考え方を採用したとしても、評価通達自体が、その6項において「この通達の定めによって評価することが著しく不適当と認められる財産の価額は、国税庁長官の指示を受けて評価する」と定めている。

　第2に、一般に多数の納税者に対して評価通達が適用されている場合に、特定の納税者についてのみ評価通達の定めとは異なる評価方法を用いることは、租税平等主義に反するのではないかという論点がある。この点は、一般論としてはいくつかの裁判例が認めるところである。

　ただし、租税における平等とは、負担の公平のことであって、形式的に同じルールを適用するという意味ではない。したがって、評価通達の定めを適用することによって、かえって負担の公平が害される場合には、課税庁がそれとは異なる評価方法を用いることも許されると解すべきである。

(3)　それでは、設問❶の事案についてはどのように考えるべきであろうか。

　ここでは、取引相場のない株式の評価方法のひとつである純資産価額方式を用いる際に、法人税額等相当額の控除をしないことの可否が争われている。

　法人税額等相当額の控除は、評価通達186－2に定められているが、これは個人が財産を直接所有し支配している場合と、個人が当該財産を会社を通じて間接的に所有し支配している場合との評価の均衡を図るための規定である。相続税における財産評価が課税のための評価であって、「かための評価」が求められることを考慮すれば、この規定には一応の合理性があるといえる。

　他方で、人為的に会社に多額の含み益をもたせれば、その会社の株式の評価額を圧縮することが可能であった。この点を利用したのが、設問❶にあるA社B社方式である。現在はこのような場合には法人税額等相当額の控除が制限されているが、設問❶の時点ではそのような制限もなかった。

　この問題については、(2)で論じたように、評価通達の定めとは異なる評価方法として、法人税額等相当額の控除をしない純資産価額方式の適用が許されるべきであると考える。本件のような節税策が用いられた場合には、これを認めなければ、納税者間における負担の公平が著しく害されることとなる。

　この考え方に対しては、納税者の予測可能性が害されるという批判がありうる。しかし、設問❶のような事案では、予測可能性とは安心して節税策を行うことができる利益を意味するのであり、それを保護すべき必要性は低い。

　もっとも、このような考え方を採ると、どのような場合に通達の定めとは異なる評価方法が適用されるかが不明瞭となり、納税者の立場を不安定にすることは否定できない。相続税の節税策といっても、単純なものから複雑なスキームを用いるものまで多様であるからである。それゆえ、不断に通達の内容を見直してそれを合理化するとともに、可能な範囲で評価のルールを法令化していくことが望ましい。

　2.　(1)　相続税法7条は、著しく低い価額の対価で財産の譲渡を受けた場合においては、当該財産の時価と当該対価との差額に相当する金額を贈与により取得したものとみなす旨を定めている。この「著しく低い価額の対価」に該当するか否かは、当該財産の譲受の事情、当該譲受の対価、当該譲受に係る財産の市場価額、当該財産の相続評価額などを勘案して社会通念に従い判断すべきものと解されている。

　ところで、土地、家屋等の負担付贈与または有償譲渡が行われた場合については、国税庁がいわゆる負担付贈与規制通達を発している。この通達は、土地、家屋等の負担付贈与または有償譲渡が行われた場合に、その不動産を、財産評価基本通達によらずに、「通常の取引価額」により評価する旨を定めている。

　バブル期までは、土地の実勢価格と相続税評価額とが乖離していたことを利用して、土地の負担付贈与等を用いた相続税節税策が頻繁に行われていた。上記の通達はこれを規制しようとしたものである。しかしながら、バブル崩壊後は両者の乖離も縮小している。

(2)　以上を前提に設問❷の事例について検討すると、KおよびLは、相続税評価額に相当する対価により土地甲の持ち分を取得しており、この金額はJが土地甲を取得した際の対価の約8割にあたる。

この程度の対価が支払われている以上、特段の事情がない限りは、「著しく低い価額の対価で財産の譲渡を受けた場合」にはあたらないと考えられる。

　なお、Jは、土地甲を取得した翌年に、その共有持ち分をKおよびLに譲渡している。仮に、JがKおよびLに各1320万円の金銭を贈与し、KおよびLが手持ち資金各4680万円を合わせて土地甲の共有持ち分を取得したとすると、この場合にはKおよびLに贈与税が課されることになる。すなわち、設問❷では、Jがいったん自ら土地甲を取得し、その共有持ち分をKおよびLに譲渡することにより、土地の相続税評価額が実勢価格を下回ることを利用した贈与税の節税が図られた可能性がある。この点に関して、負担付贈与規制通達2項の注は、「その取引における対価の額が当該取引に係る土地等又は家屋等の取得価額を下回る場合には、当該土地等又は家屋等の価額が下落したことなど合理的な理由があると認められるときを除き、「著しく低い価額の対価で財産の譲渡を受けた場合」又は「著しく低い価額の対価で利益を受けた場合」に当たるものとする」と定める。しかし、この規定は、前述のとおり土地の実勢価格と相続税評価額とが大きく乖離していた時期のものである。それゆえ、両者の乖離が縮小した今日では、これは直ちに適用されるべきではない。そして、J、KおよびLに節税を図る意図があったとしても、設問❷にある程度の事情では、相続税法7条は適用されないと考える。

（3）　これに対して、Mは、土地甲の共有持ち分5分の1を、1000万円の債務引受けという負担のみで取得している。土地甲が前年に1億5000万円の対価により取得されていること、当該共有持ち分の相続税評価額が2340万円であることを考慮すれば、これには相続税法7条が適用されると考えられる。

　次に、贈与により取得したものとみなされる金額は、どのように算定すべきであろうか。相続税法7条は、「当該対価と当該譲渡があった時における当該財産の時価……との差額に相当する金額」と定めているので、この点は当該財産の時価の解釈により定まる。それでは、ここにいう「時価」とは、当該財産の実勢価格であろうか、それとも相続税評価額であろうか。

　負担付贈与規制通達の運用上は、当該財産の実勢価格を時価としてきた。しかしこの点も、土地の実勢価格と相続税評価額との乖離

が縮小した今日の状況に即して解釈すべきである。そうすると、財産の取得時に一定の対価を支払っている、あるいは一定の負担をしているとき、その財産の評価額が引き上げられる理由は見出し難く、相続税評価額をもって時価と解すべきである。

したがって、Mが贈与により取得したものとみなされる金額は、Mが負担した1000万円と当該共有持ち分の相続税評価額である2340万円との差額である、1340万円と算定される。

関連問題

1. 上場株式の評価

評価通達が定める上場株式の評価方法と、その問題点についてまとめなさい（参照、東京高判平成7・12・13行集46巻12号1143頁、山田熙「上場株式の評価と評価基本通達6項」税務事例研究38号47頁（1997））。

2. 財産の取得者による評価の違い

(1) 評価通達は、財産の取得者によって評価額が異なる場合をいくつか定めている。たとえば、取引相場のない株式は、その取得者が同族株主であるか非同族株主であるかによって、その評価額が大きく異なる（評価通達178〜188 - 2）。このことは、時価の意義に照らして正当化できるか。

(2) 財産の取得者によって評価額が異なることを認めるとしたら、評価額が異なる者の間で財産の取引が行われた場合に、低額譲渡の認定をどのように行うか（参照、大阪地判昭和61・10・30訟月34巻1号163頁、控訴審判決として大阪高判昭和62・6・16訟月34巻1号160頁、渋谷雅弘「取引相場のない株式の評価と低額譲渡の認定」税務事例研究56号51頁（2000））。

参 | 考 | 文 | 献

石島弘『課税標準の研究』（信山社・2003）

岩下忠吾「親族間の譲渡とみなし贈与（負担付贈与）」税務事例研究 116 号 62 頁（2010）

岩下忠吾「特定の評価会社」税務事例研究 134 号 58 頁（2013）

岩下忠吾「みなし贈与」税務事例研究 152 号 44 頁（2016）

小林栢弘編著『相続税法の論点』（大蔵財務協会・2015）

品川芳宣『租税法律主義と税務通達』（ぎょうせい・2003）

金子宏「同族株主の取得した取引相場のない株式の評価に関する二つの判例」『租税法理論の形成と解明（下巻）』351 頁（有斐閣・2010［初出 2000]）

横山茂晴「相続税法第 7 条の『みなす贈与』の意義」税務事例研究 2 号 57 頁（1988）

『租税法における財産評価の今日的理論問題』日税研論集 68 号（2016）

渋谷雅弘「財産の評価ルールに関する研究ノート」法学 81 巻 6 号 764 頁（2018）

（渋谷雅弘）

19. マルサではない女★

設問

　俺の名前は七浦庄輔。織田信長と今川義元とが争った有名な古戦場近くで営業している古書店のアルバイト店員である。店主は篠山紙縒子（しのやま・こよりこ）さんという若い女性であり、なんとなく大人気小説シリーズの設定に似ているが、それは自宅を在庫が埋める小規模個人事業者という設定が欲しかった、いやいや偶然の一致というものであろう。紙縒子さんは人見知りという言葉とは対極にあり、口八丁手八丁、古書の目利きに関しては歩く鑑定団といわれる女性である。古書店（みせ）は開業してから明後日で３年７ヶ月、俺は開店当時から働いているが、紙縒子さんの目利きもあってかなり繁盛している。

　１ヶ月くらい前、税務署から電話があった。俺が受話器を取る。

　「寒田税務署の加賀美と申します。店主の篠山紙縒子さんをお願いできますか。」

　男の声である。俺は紙縒子さんに電話を替わって、そばで聞き耳を立てる。

　「そちらが開業されてから昨年までの所得税の申告書について、正しいかどうか確認させて頂きたく、一度お店にお伺いしたいと存じます。つきましては、法律で定められている調査の事前通知を行う前のご連絡として、お電話をいたしました。」

　電話口からごく丁寧な口調で話をしているのが漏れ聞こえる。一瞬、還付金詐欺という言葉が浮かんだが、これが噂に聞く税務調査というものだな、と考えた。

　「税務調査ならお断りです。」

　紙縒子さんは、話を全部聞くこともなくいきなり電話を切った。

　「うちは伝票や請求書もとってありますし、帳簿も几帳面な妹が毎日つけています。申告書も２月中には提出していますし、納税も期限前にきちんとしています。間違いなんてことはありません。」

　紙縒子さんは電話を切ると、俺に向かってそう言った。妹とは、紙

縒子さんの妹で、店の経理を担当している理香さんのことである。理香さんは確かに几帳面だが、ときどきかなりのミスをすることは、話の展開上、言及しておかねばならない。その後、日をおいて3〜4回もそういう電話がかかってきたらしいが、紙縒子さんは税務署からの電話だとわかった段階で、いきなり全部電話を切っていた。税務署からの手紙もあったようだが、紙縒子さんは全部捨てていたらしい。

　ちょうど今から1週間前、突然、税務署の職員と名乗る女性と男性の2人組が直接店に来た。平日昼過ぎ、お客さんもおらず、紙縒子さんと理香さん、俺の3人は、休憩がてら無駄話をしていたところだった。調査されても仕事に支障があるわけではなかったが、突然来たのでさすがにビックリしたのか、紙縒子さんが、とまどいながらも帰ってくれと言ったところ、

　「これは間接強制を伴う任意調査ですので、正当な理由なく断れば処罰されます。」

　温厚律儀な感じの、柴犬みたいな男の方が、「加賀美」なんとかと書かれた職員証みたいなものを見せながら、なんとなくすまなそうな感じで言う。我々も何が何だかよくわからないまま、しかし店先で押し問答も世間体が悪いし、ともかく2人組を店の中に入れた。

　「あんたも身分証を見せてくれないか。」

　大学時代、通信教育で柔術を習っており、古書店の用心棒を自称する俺が、女性職員に向かって話しかけた。

　「見せる必要はない。」

　女性職員はそう言い捨てると、つかつか店の奥まで入り、いきなりレジを開け、さらにその後ろにある戸棚を勝手に開け始めた。紙縒子さんや理香さん、俺もあまりの不作法さに固まったが、男性職員はもっと慌てた。

　「ちょっ、ちょっと、ゲー子さん、いや、涼宮さん、それはまずいですよ。やめてください。」

　男性職員は、すぐさま女性職員を取り押さえたが、気まずい雰囲気がただよった。

　「すみませんすみませんすみません、この人ちょっと変なんです。」

　男性の職員が低姿勢で謝りつつ、これは所得税の調査で、開業から一度も申告状況について確認させてもらっていなかったから、調査に

来たんですけど、開業時からの帳簿や書類を見せてくれませんか、何度も電話をかけましたけどすぐに切られちゃうし、連絡を下さいとの手紙も出したんですけどなしのつぶてで、このままでは調査ができませんから、突然で申し訳ないのですが、直接伺いました、と懇切丁寧に説明する。柴犬っぽい雰囲気に癒されたか、紙縒子さんや理香さんは機嫌を直して、帳簿や書類を見せ、男性職員の質問に答えていた。とりあえず特に問題らしきものはないようである。

「この店舗、住宅兼用でしょう。1階が店舗で、2階が住宅ということらしいけど、この減価償却費、結構多いようにみえるわよ。住宅と店舗部分を区分して、店舗部分のみを計上してる？ 水道光熱費はどう？」

突然、女性職員が、話に割り込む。理香さんは一瞬、しまったそうだった、という表情をしたが、新規開店するときにこの店を購入して、その購入した値段全額を基準として減価償却している、水道光熱費も全額必要経費に算入している、と答えた。

「で、でも、お姉ちゃんの仕入れた本なんて、ダイニングにも寝室にもトイレにもあるのよ。お店以外全部倉庫じゃない。」

「何、この領収書。古書組合の懇親会費？ その二次会費用？ これも必要経費！」

「と、取引相手なんだから、組合のつきあいは重要なの！」

その後は男性職員とのやり取りが続いたが、女性職員が騒ぎつづけているので、話が進まない。

「税務調査の結果は、後日電話でお伝えします。」

男性職員はそう言うと、まだまだ調べたくて騒いでいる女性職員を引きずって帰った。

そして昨日のことである。税務署から電話があり、またもや俺が受話器を取る。

「減価償却費と水道光熱費の処理が間違っているから、開業以来の申告全部について修正申告しなさい。古書組合の懇親会費も二次会費用も認めないわよ。今回はこれで手を打つけど、もし修正申告しなければ、徹底的に取り調べてどんどん追徴するから、覚悟してなさ……」

あの女性職員の声である。その背後で、あの柴犬っぽい男性職員ら

しき人が必死で女性職員を押しとどめている様子がうかがえる。

「……ゲー子さん、いや、涼宮さんやめてください、そんな言い方してはまずいで……」

途中で電話が切れた。

俺の話は、以上である。俺の話に関連する以下の諸点について、説明して欲しい。

❶寒田税務署の加賀美と名乗る男性職員がいう「法律で定められている調査」とは何か。その根拠条文と合わせて答えよ。さらに、紙縒子さんが調査を拒否した場合に、紙縒子さんが被る不利益についても、説明せよ。

❷❶の調査を行うにあたり、事前通知を行う必要がある。その根拠条文はどこにあるか。また、本事例において、法定の事前通知が適法に行われたものと解すべきか。仮に事前通知が行われていないとすると、男女職員が直接古書店に来訪して調査を行うことは、違法か。

❸❶の調査にあたり、涼宮と呼ばれる女性職員が身分証明書を提示しなかったことを理由に、紙縒子さんは調査が違法であるとして、その拒否をなしうるか。

❹女性職員が、紙縒子さんの承諾を得ずに、つかつかと店の奥まで入り、いきなりレジの中を開け、さらにその後ろにある戸棚を勝手に開け始めたことは、適法か。違法であるとすれば、紙縒子さんはいかなることをなしうるか。

❺❶の調査にあたり、調査の必要性の開示は必要か。必要である場合、どの程度の必要性で足り、また本事例においては十分に開示されているか。

❻調査終了時の手続について説明した上で、本事例の問題点を挙げよ。

❼店舗兼住宅の減価償却費・水道光熱費、古書組合の懇親会費と二次会費用の取扱いには、いかなる問題があるか。

解　説

1 ………… 概　観

(1)　設問のねらい

　本設問では、税務調査と家事費・家事関連費に関する法的論点を学ぶ。申告が正しく行われていることを確認するためには、それをチェックするための手続である税務調査が不可欠であるが、利害が相反する納税者と課税庁が対峙し、特に納税者側にはその自由が制約されることのほか、（申告が間違いないか）かなりの精神的な負担がかかる場合もありうる。本設問では、納税者の事業所（兼住居）で行われる税務調査の開始から終了までを通じて、税務職員にどのような権限が付与され、それに対して納税者にどのような法的保護が与えられているのか、実体法上の論点としての家事費・家事関連費と関係づけながら、手続法上の論点とその議論の内容を理解することを目指す。

(2)　取り上げる項目

▶税務調査

▶修正申告の勧奨

▶家事費および家事関連費

2 ………… 税務調査と修正申告

(1)　総論

　納税者が提出した申告書や更正の請求書、源泉徴収義務者が提出する支払調書（所法225条1項）などが正しいものかどうかを判断するため、国税庁、国税局、税務署、税関の職員（以下では、まとめて「税務職員」という）には、納税義務があると思われるなど一定の者に対して質問し、帳簿書類その他物件を検査し、またはその物件の提出・提示を求めることができる（所得税、法人税、地方法人税、消費税について税通74条の2）。このような税務職員の調査の権限を質問検査権という。国税通則法第7章の2（税通74条の2以下）に定めのある調査（以下では、「通則法上の調査」という）は、このように申告書などの正確さを把握し、場合によっ

ては更正や決定などの課税処分を行うためのものであるが、このほかに
も滞納処分のための調査（税徴141条）や犯則事件のための調査（税通
131条）もある。なお、上記のように、庁舎外部で行われる調査（実地
調査）とは対照的に、庁舎内で資料などを調査する場合も、国税通則法
23条4項や24条などにいう調査ではあるが、上記の質問検査権が行使
される調査ではない（実務上の調査の意義につき、国税通則法第7章の2
（国税の調査）関係通達（以下、「調査関係通達」という）1-1、1-2および
4-3参照）。

　通則法上の調査について、調査の相手方である納税者などは受忍義務
を負い、職員の質問に答弁をしない場合や、正当な理由なく物件の提示
に応じない場合などに、その義務違反につき処罰される（税通128条2・
3号）。しかし、納税者などが調査に応じない場合に、実力をもって調
査をすることができないという意味で、通則法上の調査は強制調査（税
徴142条、税通132条）ではなく、任意調査である。また任意調査では
あるが、義務違反に刑罰が科されるという意味で、間接強制を伴う任意
調査と呼ばれる。ただし、実際に刑罰が科される事例は多くはない。

　納税者が調査を拒否した場合、刑罰が科されること以外にも、納税者
が青色申告者であれば青色申告承認の取消し（所法150条1項、法法127
条1項）が問題となるし（法人税の事案であるが、最判平成17・3・10民集
59巻2号379頁参照）、白色申告者であれば推計課税（所法156条、法法
131条）が行われる。また、納税者が事業者であれば、小規模事業者と
して免除を受けていない限り（消法9条1項）、所得税や法人税の調査と
ともに消費税の調査も行われうるが、調査を拒否すると帳簿および請求
書等の保存がないものとされる可能性があり（最判平成16・12・16民集
58巻9号2458頁、最判平成16・12・20裁時1378号6頁参照）、帳簿およ
び請求書等の保存がなければ、消費税の計算上、仕入税額控除が適用さ
れず（消法30条7項参照）、消費税額が大幅に増えるという不利益もあ
る。以上の不利益は、むしろ罰則よりも調査拒否の抑止に役立っている
とも考えられる。

318

(2)　事前通知と調査拒否・忌避

　通則法上の調査を行うにあたり、税務署長等（国税庁長官、国税局長、税務署長、税関長）は、調査開始日時や場所、目的など、所定の事項について事前に通知しなければならない（税通74条の9第1項[1]）。通知を受けた納税者は、合理的な理由を付して開始日時と場所の変更を税務署長等に求めることができ、税務署長等はこれについて納税者と協議をするよう努めるものとされている（同2項[2]）。税務調査は、申告納税制度が正しく働くためには不可欠であるが、納税者を時間的に拘束し、強制的に情報を開示させ、精神的・経済的負担を与えるという意味で、納税者の自由と財産に影響を及ぼす。納税者の自由と財産に与える影響を最小限にするとともに、事前に納税者に帳簿書類等を準備させて、調査が効率的に進められること（調査の適正円滑な実施）が、事前通知およびそれを踏まえた上での日時場所の協議制度の目的と考えられる[3]。もっとも、納税者の申告・過去の調査結果の内容・その営む事業内容の情報その他国税庁等が保有する情報に鑑み、違法または不当な行為を容易にし、正確な課税標準等または税額等の把握を困難にするおそれその他国税に関する調査の適正な遂行に支障を及ぼすおそれがあると認められる場合には、事前通知は要しない（税通74条の10[4]）。通達は、「違法又は不当

---

[1]　事前通知の様式は特に定められていないが、実務上は、原則として電話により口頭で行い、書面による事前通知も可能であるが、納税者の要望に応えて書面交付を行うことはない、とされている。国税庁HP・税務調査手続に関するFAQ（一般納税者向け。以下、「税務調査手続FAQ」という）問12。

[2]　なお、「調査手続の実施に当たっての基本的な考え方等について（事務運営指針）」（平成24・9・12、課総5-11ほか。以下、「調査実施事務運営指針」という）第2章2(1)では、正規の事前通知を行う前に、納税者などと日程調整の上で調査日時を決定するとされ、税務調査手続FAQ・前掲注[1]問16でも同様の立場が示されている。合理的な理由があれば、事前通知後の調査日程や場所の変更についても、配慮される（税通74条の9第2項参照）。

[3]　税制調査会・納税環境整備PT報告書（平成22・11・25）4頁（3.(1)）は、「調査手続の透明性・納税者の予見可能性を高め、調査に当たって納税者の協力を促すことで、より円滑かつ効果的な調査の実施と、申告納税制度の一層の充実・発展に資する観点から、税務調査に先立ち、課税庁が原則として事前通知を行うことを法律上明確化するとともに、悪質な納税者の課税逃れを助長することのないよう、課税の公平確保の観点を踏まえ、一定の場合には事前通知を行わないこととする」と述べている。

[4]　国税庁レポート2011（http://www.nta.go.jp/kohyo/katsudou/report/2011.pdf）23頁によると、通則法74条の9第1項制定前であるが、事前通知は所得税の調査で約8割、法人税の調査で約9割実施されている。現在、事前通知の割合や件数は公表されていない。

な行為を容易にし、正確な課税標準等又は税額等の把握を困難にするおそれ」がある場合の例示として、質問検査の拒否や忌避を助長することが合理的に推認される場合などを挙げ（調査関係通達5-9）、さらに「その他国税に関する調査の適正な遂行に支障を及ぼすおそれ」として「事前通知を行うため相応の努力をして電話等による連絡を行おうとしたものの、応答を拒否され、又は応答がなかった場合」を挙げている（同5-10(2)）。

　本事例の場合、税務職員が電話で事前通知前の連絡を行おうとしているが、紙縒子さんが電話を途中で切っており、税務職員からの手紙にも応答していない[5]。税務職員が連絡のための相応の努力を行ったにもかかわらず、応答の拒否や無視があるとすれば、適正な税務調査ができないから、それは国税通則法74条の10にいう「その他国税に関する調査の適正な遂行に支障を及ぼすおそれ」があることになる。

(3) 身分証明書の携帯および提示

　所轄税務署からの電話を切った後、男女2人の税務職員のペアが、事前通知なしに臨場、調査を開始している。その際、男性職員は身分証を店主に提示しているものの、女性職員はその提示を拒否している点が次に問題となる。国税通則法74条の13は、質問検査時における税務職員の身分を示す証明書の携帯および関係人の請求があった場合の提示の義務[6]を定めており、女性職員の提示拒否は端的にこの規定に違反する。検査章不携帯に関し、傍論ではあるが、最判昭和27年3月28日刑集6巻3号546頁は、「専ら、物件検査の性質上、相手方の自由及び権利に及ぼす影響の少なからざるを顧慮し、収税官吏が右の検査を為すにあたり、

---

[5] 事前通知前の電話や手紙での連絡を拒否すること自体が、調査に応ずることを回避するという意味での検査の拒否・忌避に該当する可能性はある。しかし、国税通則法上の調査は、その場所に臨んで行われるものであるから、税務職員が臨場して検査にあたろうとすることを拒否し、または居留守などを使って回避した時点で検査拒否・忌避が成立すると考えられる（齋藤文雄「質問検査権を巡る諸問題―質問検査に対する受忍義務の履行確保のための方策を中心として」税務大学校論叢50号169頁、190～191頁（2006）参照）。したがって、事前通知前の連絡を拒否しているだけでは、検査拒否・忌避とはいえない。

[6] なお、調査実施事務運営指針・前掲注[2]第2章3(1)は、「実地の調査を実施する場合には、身分証明書……及び質問検査章を必ず携帯し、質問検査等の相手方となる者に提示して調査のために往訪した旨を明らかにした上で、調査に対する理解と協力を得て質問検査等を行う」とする。したがって、実務上は、関係人の請求がなくても身分証明書等を提示することになっている。

自らの判断により又は相手方の要求があるときは、右検査章を相手方に
呈示してその権限あるものであることを証することによつて、相手方の
危惧の念を除去し、検査の円滑な施行を図るため、特に検査章の携帯を
命じたものであつて、同条は単なる訓示規定と解すべきではなく、殊に
相手方が検査章の呈示を求めたのに対し収税官吏が之を携帯せず、又は
携帯するも呈示しなかつた場合には、相手方はその検査を拒む正当の理
由があるものと認むべきである」と判示する。同様に、国税通則法74
条の13に従って、身分証明書の提示がされない場合、納税者は、調査
を拒否しても拒否罪に問われることはなく、青色申告承認の取消しなど
の不利益も与えられない。

(4)　納税者の承諾を得ない調査

前述のとおり、所得税についての国税通則法74条の2に基づく調査
は、罰則によって間接的に強制されるにとどまり、調査の相手方の意思
にかかわらず、実力をもって調査を行うことはできないという意味で、
任意調査である。したがって、相手方が承諾をしない場合に、それにも
かかわらず調査を強行することは、同条に基づく調査として違法である。
納税者はそのような違法を理由に調査を拒否できるし、公権力の違法な
行使により精神的苦痛による損害を被ったものとして、国家賠償法1条
1項に基づく国家賠償請求をなしうると解される（最判昭和63・12・20
訟月35巻6号979頁、大阪高判平成10・3・19判タ1014号183頁参照）。な
お、調査が違法であれば、それに基づく課税処分も違法になるのかにつ
いて、東京高判平成3年6月6日訟月38巻5号878頁は、「調査手続の
単なる瑕疵は更正処分に影響及ぼさないものと解すべきであり、調査の
手続が刑罰法規に触れ、公序良俗に反し又は社会通念上相当の限度を超
えて濫用にわたる等重大な違法を帯び、何らの調査なしに更正処分をし
たに等しいものとの評価を受ける場合に限り、その処分に取消原因があ
るものと解するのが相当である」と判示する[7]。

---

[7]　他に、大阪地判平成2・4・11税資176号483頁など。東京地判昭和48・8・8行集24巻8＝9
　号763頁は、身分証不携帯が直ちに公序良俗に反するとはいえない（ので、仮に調査違法が更正処
　分の取消事由となるにしても、そのような事由には該当しない）、と判示している。

　本事例の場合、女性職員が、紙縒子さんや理香さん、七浦の承諾を得[8]ずに、つかつかと店の奥まで入り、レジの内容を確認し、勝手に戸棚を開けている。このような調査は、国税通則法 74 条の 2 に基づく質問検査の適正な範囲を逸脱しており、違法である。納税者である店主は、このような違法な調査を拒否してももとより正当であるばかりでなく、国家賠償請求もなしうる。

(5)　調査の必要性の開示

　国税通則法 74 条の 2 は、「所得税、法人税又は消費税に関する調査について必要があるとき」に調査ができると定めている。したがって、調査の必要性がない場合に調査はできない。もっとも、提出された申告書が正しいかどうかは、調査してみないとわからない以上、いまだ調査されていない申告書については、その正確さを確認するという一般的な必要性で足りると考えられる。国税通則法 74 条の 9 第 1 項 3 号の事前通知すべき「調査の目的」を、同施行令 30 条の 4 第 2 項は、「納税申告書の記載内容の確認又は納税申告書の提出がない場合における納税義務の有無の確認その他これらに類する調査の目的」と解しているが、これは調査の必要性につき上記の一般的な必要性で足り、なぜその納税者について調査をすべきかの個別具体的理由の開示が必要ないことを前提としていると考えられる。[9]

　他方、本事例のように事前通知がない場合はどうか。現行法上、事前通知がない場合に調査の目的等を調査冒頭に通知すべきという条文はなく、また最決昭和 48 年 7 月 10 日刑集 27 巻 7 号 1205 頁も「調査の理由および必要性の個別的、具体的な告知のごときも、質問検査を行なうう

[8]　なお、国税通則法 74 条の 2 第 1 項は、調査の相手方として「所得税の納税義務がある者若しくは納税義務があると認められる者」などを列挙している。このような納税義務者やそれがあると認められる者には、本人のみならず、「その業務に従事する家族、事業専従者、使用人、従業員も含まれるものと解される（調査関係通達 1 - 4 参照）。このことは、もし、同条同項同号所定の質問検査権の行使の相手方を法文の文言どおり納税義務者本人のみに限定したとすれば、その業務に従事する家族等が対象者から、除外されることになるが、そうなると、業務の実態を把握することができない場合が多くなって、質問検査の実効性が失われる結果を招来することになることからも明らかである」（名古屋高判昭和 57・3・29 税資 122 号 818 頁。第一審の名古屋地判昭和 56・1・30 税資 116 号 179 頁を引用）。
[9]　課税庁の実務はこの立場を採る。税務調査手続 FAQ・前掲注 [1] 問 18 参照。

えの法律上一律の要件とされているものではない」とするから、調査の
必要性の開示はなくても違法ではなかろう。もっとも、実務上は調査の
目的などを調査冒頭で速やかに開示することとしているが[10]、その場合の
必要性は、事前通知の場合同様、一般的な必要性で足りると考えられる。

(6) 調査終了時の手続と修正申告の勧奨

通則法上の調査の終了時には、ⓐ調査の結果、更正決定等をすべきと
認められない場合（要するに、申告書に違法がない場合）には、その時点
において更正決定等をすべきと認められない旨を書面で通知する、ⓑ更
正決定等をすべきと認められる場合については、金額およびその理由を
含む調査結果の内容を説明する[11]、ⓒⓑの場合に、税務職員は修正申告ま
たは期限後申告の勧奨をすることができるが、その場合には、その調査
の結果に関し納税申告書を提出した場合には不服申立てをすることはで
きないものの更正の請求（参照、「**9. フリーはつらいよ**」）ができる旨を
説明し、その旨を記載した書面を交付することとされている（税通74
条の11第1～3項）。上記のような説明を伴う調査終了時の手続が設け
られた理由としては、納税者が自ら税額を計算して申告書を作成し、納
付する申告納税制度の趣旨に沿うこと、納税者の税制に対する理解を深
める側面があることが挙げられるが、その他にも、調査がいつ終わるか、
また過少申告が見つかった場合にいくら納付しなければならないのかを、
いわば不安な気持ちで待たなければならない納税者の精神的な負担を緩
和することも挙げられよう[12]。なお、更正決定等をすべきと認められる場
合には、既納付税額が過大であった場合（つまり納税者による更正の請求
ができる場合）も含まれているから、調査終了時の手続は、単純に納税
者の権利を保護するという意味を超え、上述のように、納税者による納
税義務内容の理解を促進するという意味まで含むものと解される。調査

---

[10] 調査実施事務運営指針・前掲注[2]第2章2(3)の(注)2、税務調査手続FAQ・前掲注[1]問21。
[11] この場合、ⓒの不服申立て・更正の請求に関する教示とは異なり、調査結果を説明するための
文書の交付自体は義務づけられていないことに注意。この場合、行政指導の趣旨内容等の記載書面交
付に関する行政手続法35条2項の適用は、排除されている（税通74条の14第2項）。
[12] 税制調査会・納税環境整備PT報告書・前掲注[3]6頁(3.(2))は、「課税庁の納税者に対する
説明責任を強化する」と制度趣旨を説明している。

終了時の手続は、これで調査が二度とできないという意味を含むものではなく、新たに得られた情報に照らし非違があると税務職員が認めるときには、再度調査を行うことが可能である（税通74条の11第6項）。

修正申告（または期限後申告）の勧奨は、納税者による自発的な申告を原則とし、課税庁の処分を第二次的なものと位置づける申告納税制度に沿った制度と説明されている[13]。税務職員により発見された申告の違法が、納税者にとっても納得のいくものであれば、修正申告は迅速な違法是正方法であるかもしれない[14]。もっとも、課税処分は争訟で争えるが、納税者自身の申告は原則として更正の請求でしか自己に有利に変更できないことから（参照、「9. フリーはつらいよ」）、更正の請求の期間が短かった時代には、修正申告書を提出するとそれを納税者が争うことが（更正の請求可能期間を徒過しているために）原則としてできなかった。したがって、修正申告の勧奨が課税庁にとっての課税関係の早期確定手段とされ、税務職員により指摘された事項が、納税者にとって必ずしも納得のいくものではない場合における不服の封じ込めに利用されたことは否定できなかった。現行法では、更正の請求の請求可能期間が、課税処分の期間制限と同じく5年とされているから、納税者が修正申告書を提出しても、後にそれに対して更正の請求をすることができる（不服の封じ込めができない）。また、修正申告の勧奨は、行政指導であるから、それに従わなかったといって不利益な取扱いをしてはならないし（行手32条2項）、不利益な取扱いをほのめかして、強迫的に修正申告書を提出させてはならない。

3⋯⋯⋯⋯**家事費および家事関連費**

所得税法45条1項1号は、家事上の経費（家事費）およびこれに関

---

[13] 『平成24年版　改正税法のすべて』236頁（大蔵財務協会・2012）。

[14] もっとも、修正申告や期限後申告の勧奨は、早く調査を終わらせたい税務職員と、調査を手加減して欲しい納税者の間で、一種の妥協として利用される可能性がある。すなわち、一定の非違を納税者が認めれば、税務職員はそれ以上の非違を見逃す（あるいは調査自体をしない）ということである。もちろん、税負担の手加減は、租税法律主義（合法性の原則）や平等原則に反する。なお、税務調査手続FAQ・前掲注[1]問25は、修正申告の勧奨に応じなくても不利な取扱いを受けることは「基本的には」ないとする。

連する経費（家事関連費）について、事業所得等の計算上、必要経費（所法 37 条 1 項）に算入しないことを定める。また、家事関連費については、ⓐその主たる部分[15]が不動産所得等の遂行上必要であり、かつ、その必要な部分を明らかに区分することができる部分と、ⓑ青色申告者（参照、「**9. フリーはつらいよ**」）の家事関連費のうち、取引の記録等に基づき不動産所得等の業務の遂行上直接必要であったことが明らかにされる部分については、家事関連費から除外され、したがって必要経費に算入される（所令 96 条）。家事費は要するに消費であり、所得の一構成要素であるから、所得計算上はこれを控除しないというものである。家事関連費は、家事費と必要経費の両方の性質を持ち、それは必要経費に算入されないが、業務遂行上必要であり、かつその必要である部分を明らかに区分することができる場合（所令 96 条 1 号）には、その業務遂行上必要で明確に区分された部分は家事関連費にあたらず、必要経費算入が認められている。

　本事例では、店舗兼住宅の減価償却費・水道光熱費と古書組合の懇親会費・二次会費用が必要経費に該当するか、それとも家事費・家事関連費として必要経費控除が認められないかが問題となる。店舗兼住宅の減価償却費・水道光熱費は、店舗部分について必要経費、住宅部分については家事費であり、必要経費・家事費の両方の性質を有する家事関連費である。したがって、事業所得遂行上必要な部分につき、何らかの基準でそれを明らかに区分することができる場合には、家事関連費に該当せず、必要経費に算入できる（店舗兼住宅の減価償却費につき大分地判昭和 60・4・24 税資 145 号 150 頁、店舗兼住宅の支払家賃につき東京高判平成 11・8・30 税資 244 号 432 頁参照）。

---

[15]　通達は、主たる部分の判定を業務遂行上必要な部分が 50％超かどうかで判定しつつも、50％以下であってもその部分を明らかに区分することができる場合には、必要経費算入を認める（所基通 45-2）。この取扱いは、所得の計算として理論的には正しいと考えられるが、所得税法施行令 96 条 1 号の「主たる」という文言を骨抜きにし、同 1 号と 2 号との区別、すなわち 2 号が青色申告者のみに適用されること、ひいては 2 号の存在を意味のないものにする（青色申告者の「特典」は存在しないし、2 号該当性を検討する必要はない）。なぜならば、1 号の「主たる」要件がないものとすると、必要経費としての控除範囲につき、「直接」性が要求される分だけ 2 号の方が狭いからである。このような通達は、租税法律主義の観点からは問題がある。

　他方、古書組合の懇親会費・二次会費用につき、参考となる近時の事例として、日弁連副会長など弁護士会関連の役員を務めた弁護士の、その役員としての活動に伴って支出した懇親会費や役員立候補費用等が、弁護士業の必要経費に該当するかが争われた東京高判平成24年9月19日判時2170号2頁がある。同判決は、「事業所得の金額の計算上必要経費が総収入金額から控除されることの趣旨や所得税法等の文言に照らすと、ある支出が事業所得の金額の計算上必要経費として控除されるためには、当該支出が事業所得を生ずべき業務の遂行上必要であることを要すると解するのが相当である」と一般原則を述べた上で、弁護士会等の活動などからすれば「弁護士が人格の異なる弁護士会等の役員等としての活動に要した費用であっても、弁護士会等の役員等の業務の遂行上必要な支出であったということができるのであれば、その弁護士としての事業所得の一般対応の必要経費に該当する」として、弁護士会等の役員関連支出の必要経費該当性の基準を示している。その上で、弁護士会等の目的やその活動の内容に照らし、弁護士会等の公式行事後に開催される懇親会や、弁護士会等の会議後の懇親会で会議等の円滑な運営に資するもので社会一般でも行われているものに相当するものは、その費用が過大でない限り、役員等の業務の遂行上必要な支出であるとして、必要経費該当性を肯定する。他方、懇親会に出席すれば役員等の業務遂行上の必要性は満たしているから、その後の二次会への出席は、個人的な知己との交際や旧交を温めるといった側面を含み、仮に業務の遂行上必要な部分が含まれていたとしても、その部分を明らかに区分する証拠がない、として必要経費該当性を否定した。以上の判断につき注意すべきは、第一審判決（東京地判平成23・8・9判例集未登載）では要求されていた事業活動との「直接」の関連性が要求されていないこと[16]、懇親会費が消費行為とみられる飲食に関する支出であるにもかかわらず、それが必要経費と消費の両方の性質をもつ家事関連費に該当するとは考えられてい

---

[16]　この後の裁判例は、「直接の関連」性を引き続き要求したり（東京高判平成25・6・20税資263号順号12236など）、「合理的な」関連性と言い換えたりしているので（大阪高判平成30・5・18税資268号順号13154など）、東京高裁平成24年9月19日判決の影響はあまりなく、「直接の」関連性は、結果的に引き続き要求されているといえよう。

ないこと、二次会費用が家事費または（必要経費部分を区分できない）家
事関連費と考えられていること、といった点である。

　本事例では古書組合がいかなる組織か、また懇親会費・二次会費用が
いかなる性質のものかが必ずしも明らかではなく、弁護士会等の役員と
しての支出と同様に論じることはできないが、法曹志望のみなさんも将
来支出するかもしれない、という意味でも、上記判決は参考になる。

解答例

　設問❶　国税庁等または税関職員は、所得税、法人税または消費
税に関する調査について必要があるときに、所得税の納税義務があ
る者または納税義務があると認められる者などに質問し、その者の
事業に関する帳簿書類その他の物件を検査し、またはその物件の提
示・提出を求めることができる（税通74条の2第1項）。

　この調査につき、調査の相手方である納税者などは受忍義務を負
い、正当な理由がなく調査に応じない場合に、その義務違反につき
1年以下の懲役または50万円以下の罰金が科される（税通127条
2・3号）。刑罰が科されること以外にも、紙縒子さんが青色申告者
であれば青色申告承認が取り消されうるし（所法150条1項1号）、
白色申告者であれば推計課税（所法156条）が行われうる。また、
消費税の調査が併せて行われた場合、調査を拒否すると帳簿および
請求書等の保存がないものとされて、仕入税額控除が適用されず
（消法30条7項参照）、消費税額が大幅に増える可能性がある。

　設問❷　通則法上の調査を行うにあたり、税務署長等は、調査開
始日時や場所、目的など、所定の事項について事前に通知しなけれ
ばならない（税通74条の9第1項）。もっとも、納税者の申告・過
去の調査結果の内容・その営む事業内容の情報その他国税庁等が保
有する情報に鑑み、違法または不当な行為を容易にし、正確な課税
標準等または税額等の把握を困難にするおそれその他国税に関する
調査の適正な遂行に支障を及ぼすおそれがあると認められる場合に
は、事前通知は要しない（税通74条の10）。

　本事例では、紙縒子さんは事前通知に関する連絡自体を拒否して

いるから、事前通知自体は行われていない。しかし、このような連絡拒否によって、事前通知自体が行われず調査ができないとすると、国税に関する調査の適正な遂行に支障を及ぼすおそれがあるから、本事例は国税通則法74条の10にいう事前通知を要しない場合に該当し、男女職員が事前通知なしで直接古書店に来訪しても、違法な調査ではない。

　設問❸　国税通則法74条の2の調査を行うにあたり、職員は身分証明書を携帯し、関係人の請求があった場合にはこれを提示しなければならない（税通74条の13）。調査の相手方は、納税者である紙縒子さんのみならず、古書店運営に関わる理香さんや七浦も含まれ、その意味で七浦も調査の関係人である。したがって、本事例において七浦からの提示を求められたにもかかわらず、涼宮と呼ばれる女性職員が身分証明書を提示しなかったのは違法であり、紙縒子さんはそのことを理由に、調査を拒否する正当な理由がある。

　設問❹　国税通則法74条の2に基づく調査は、罰則によって間接的に強制されるにとどまり、調査の相手方の意思にかかわらず、実力をもって調査を行うことはできない。したがって、相手方が承諾をしない場合に、それにもかかわらず調査を強行することは、同条に基づく調査としては違法である。本事例においてはそのような違法を理由に紙縒子さんは調査を拒否できるし、公権力の違法な行使のために精神的苦痛による損害を被ったものとして、国家賠償法1条1項に基づく国家賠償請求をなしうる。

　設問❺　調査について事前通知が行われる場合には、事前通知において調査の目的が開示され（税通74条の9第1項3号）、それは申告書の確認といった一般的必要性で足りる（税通令30条の4第2項参照）。他方、事前通知が行われない調査において、調査目的や必要性の開示が法律上明文で要件とされているわけではないから、その開示は必要がないと解される。しかし、仮に開示が必要であるとしても、事前通知において開示される調査目的との均衡上、未だ調査されていない申告書の内容を確認するという一般的必要性で足りる。

　本事例は事前通知が行われない場合であるから、必要性の開示は必ずしも調査の要件ではないが、開示が要求されているとしても、気まずい雰囲気の中で男性職員が低姿勢で謝り、開業から一度も申告状況について確認していないので調査を行いたいこと、事前通知

の電話連絡ができないので直接来店したことを明らかにしているから、事前通知がないことの理由も含め、十分な必要性の開示が行われている。

設問❻　通則法上の調査の終了時には、ⓐ調査の結果、更正決定等をすべきと認められない場合には、その時点において更正決定等をすべきと認められない旨を書面で通知する、ⓑ更正決定等をすべきと認められる場合については、金額およびその理由を含む調査結果の内容を説明する、ⓒⓑの場合に、税務職員は修正申告または期限後申告の勧奨をすることができるが、その場合には、その調査の結果に関し納税申告書を提出した場合には不服申立てをすることはできないものの更正の請求ができる旨を説明し、その旨を記載した書面を交付することとされている（税通74条の11第1～3項）。新たに得られた情報に照らし非違があると税務職員が認めるときには、再度調査が行われうる（税通74条の11第6項）。修正申告の勧奨は、行政指導であるから、それに従わなかったといって不利益な取扱いをしてはならないし（行手32条2項）、不利益な取扱いをほのめかして、強迫的に修正申告書を提出させてはならない。

本事例の問題点としては、(a)電話で調査結果を知らせているので、調査が終了したと思われるが、条文に照らして具体的な経理の誤りを指摘するといった、結果についての説明がなされているとは言い難い、(b)修正申告は、あくまで納税者が自発的に行うべきであって、徹底的に取り調べて追徴をするといった不利益取扱いをほのめかし、強迫的に行わせている、(c)修正申告勧奨時に、修正申告書提出後、それに対して争訟はできないが更正の請求ができる旨の説明と文書交付がない、(d)修正申告に応じなければ、徹底的に調査するという言動からすると、修正申告の勧奨が一種の妥協、すなわち申告漏れの見逃しであり、租税法律主義の一内容とされている合法性の原則や、平等原則に反する、という諸点が挙げられる。

設問❼　古書販売業の事業所得の計算上、店舗兼住宅の減価償却費・水道光熱費、古書組合の懇親会費・二次会費用が必要経費（所法37条1項）として控除できるか、それとも家事上の経費およびこれに関連する経費（家事費・家事関連費。所法45条1項1号）として必要経費に算入できないか、また減価償却費・水道光熱費については控除できる場合のその額が問題となる。

関連問題

1. 提出物件の留置き

税務職員は、紙縒子さんが提出した帳簿などの物件を手元に留め置くことができる（税通74条の7）。このような留置きが行われる場合の手続について、説明せよ（税通令30条の3第1項）。紙縒子さんの承諾なく留置きをすることができるか。また、紙縒子さんが、これまでのつけ（売掛金）を回収するために、税務職員の手元に留め置かれた帳簿や請求書を見たい場合、すぐに返還してもらえるだろうか。要求しても返還してもらえない場合、紙縒子さんはいかなる手続をなしうるか。実務上の取扱いを調べよ。[17]

2. 反面調査における事前通知

取引先等に対する調査、すなわちいわゆる反面調査について、事前通知の根拠規定はない（税通74条の9第3項1号参照）。その理由はいかなるものだと考えられるか。

谷口勢津夫『税法基本講義〔第6版〕』147頁以下（弘文堂・2018）

曽和俊文「質問検査権をめぐる紛争と法」芝池義一他編『租税行政と権利保護』95頁（ミネルヴァ書房・1995）

髙殿円『トッカン』シリーズ（早川書房）（国税徴収法上の質問検査権（141条）や捜索（142条）などを意識しながら読まれたい）

（髙橋祐介）

---

[17]　調査実施事務運営指針・前掲注[2]第2章3(5)および税務調査手続FAQ・前掲注[1]問10および11参照。

20. 滑り込みセーフ!?★

設問 　土地建物等の譲渡損失の取扱いに関する平成 16 年度改正（以下、単に「平成 16 年度改正」という）に関する以下の説明をもとにして、後述する事例に即して平成 16 年度改正後の租税特別措置法に基づく課税の許容性について検討しなさい。

　土地建物等の譲渡所得は租税特別措置法では分離課税の対象とされているが（措法 31 条 1 項前段・32 条 1 項前段）、同法の平成 16 年度改正（平成 16 年 3 月 31 日法律第 14 号）によって、「譲渡所得の金額の計算上生じた損失の金額があるときは、同法［＝所得税法］その他所得税に関する法令の規定の適用については、当該損失の金額は生じなかつたものとみなす」こととされ（措法 31 条 1 項後段・32 条 1 項後段）、改正後の租税特別措置法 31 条および 32 条の規定は「個人が平成 16 年 1 月 1 日以後に行う同条第 1 項に規定する土地等又は建物等の譲渡について適用」することとされた（前掲法律第 14 号附則 27 条 1・6 項）。

　この改正がなされたのは、「分離課税の対象となる土地等又は建物等の譲渡所得に対する課税については、利益が生じた場合には比例税率の分離課税とされている一方で、損失が生じた場合には総合課税の対象となる他の所得の金額から控除することができるという主要諸外国に例のない不均衡な制度であるといったこと等の問題点が指摘されてい……た。このような問題に対処するため」であると解説されている（住澤整ほか『改正税法のすべて〔平成 16 年版〕』63 頁（大蔵財務協会・2004））。

　平成 16 年度改正は、もちろん、損益通算および純損失の繰越控除を排除した（改正前措法 31 条 5 項 2 号・32 条 4 項と改正後措法 31 条 3 項 2 号 3 号・32 条 4 項とを比較参照）という点で内容的に重要な改正であるが、それが年度内遡及とはいえ改正法の遡及適用を認めるいわゆる遡及立法であったことや、国会（第 159 回。平成 16 年 1 月 19 日～同

331

年6月16日）開会直前の前年末に唐突に提案されたものであったことから、税理士・公認会計士・弁護士等の専門家の間だけでなく広く社会の注目を集めたものである。

　ところで、F市に住むAは、この改正によって大きな不利益を被った。Aは、平成4年に自己資金、勤務先の社内融資による（退職金との相殺条件付）資金および公的融資による資金によってY市にマンションを購入し、扶養する母Bと同居していたが、平成9年にそのマンションを売却し、その代金の一部でF市にマンション（以下「本件譲渡マンション」という）を購入し、Bと同居しBの扶養を続けた。その後、Bが大腿骨を骨折するなどして近い将来車椅子を使用せざるをえない状況になったため、平成13年頃からバリアフリー住宅への住み替えを検討していたところ、平成15年に隣接地に介護施設を備えたマンション（以下「本件買換マンション」という）の建設が始まったので、その購入の申込みをし、平成16年1月に本件譲渡マンションの売却を不動産仲介業者Gに依頼し、同年3月10日に本件譲渡マンションを売却するとともに、その売却代金と退職後の生活のために蓄えていた預貯金によって、同月24日に本件買換マンションを購入した。なお、Aは平成16年1月、60歳の定年を待たずに、勤務していた会社を早期退職した。

　Aは、平成9年にY市のマンションを売却した際に発生した譲渡損失について、不動産仲介業者のアドバイスにより、損益通算の適用を受け、平成9年度分の所得税につき約183万円の還付を受けたことがあったので、平成17年3月、本件譲渡マンションにかかる譲渡損失の損益通算によって、平成16年分の所得税につき約173万円の還付を受けようとして確定申告を行おうとしたところ、平成16年度改正により損益通算ができなくなったことを知らされた。Aは、本件譲渡マンションの売却および本件買換マンションの購入の際にはGから平成16年度改正の話を聞いたことはなく、損益通算ができるものと思いその準備として諸経費を含む領収書等を保管していたので、その後、Gに苦言を呈したところ、平成16年度改正は耳にしていたが、売買が改正前であったので言及しなかったとの説明を受けた。

解　説

1 ……… 概　観

(1)　設問のねらい

　本問は、土地建物等の譲渡損失の取扱いに関する平成 16 年度税制改正（設問と同じく以下「平成 16 年度改正」という）を素材とする事例の検討を通じて、①租税法律不遡及の原則と②現行所得税法における損益通算制度に関する理解を問う問題である。解答にあたっては、①に関しては租税法律主義（憲 84・30 条）から、②に関しては租税平等主義ないし租税公平主義（憲 14 条 1 項）から、それぞれどのような言明を導き出すかが問われる。

(2)　取り上げる項目

► 租税法律不遡及の原則の意義
► 租税法律の遡及適用の許容性
► 損益通算の意義・公平な課税（人的担税力に応じた課税）との関係
► 損益通算の制限・排除の許容性

2 ……… 租税法律不遡及の原則

(1)　意義

　一般に、法規は施行（法の適用に関する通則 2 条）によって効力を生ずるが、法規の効力を当該法規の施行前に遡らせ当該法規を施行前の行為・事実等に適用することを認める立法を、遡及立法という。憲法は刑事手続に関して遡及処罰の禁止（39 条前段）を罪刑法定主義（31 条）からの重要な帰結として絶対的に保障しているが、他の法領域では、遡及立法の禁止は国民の予測可能性・法的安定性の観点から論じられており、とりわけ税法では、租税法律主義の予測可能性・法的安定性保障機能を重視する立場から、憲法 84 条は納税者の予測可能性・法的安定性を害

---

[1]　本問の事例は、福岡地判平成 20・1・29 判時 2003 号 43 頁、同控訴審・福岡高判平成 20・10・21 判時 2035 号 20 頁の事案をもとにしたものである。

するような遡及立法を禁止する趣旨を含むと説く見解[2]が有力である。租
税法律主義のこのような趣旨は租税法律不遡及の原則と呼ばれることが
ある。

(2) 遡及課税の許容性

租税法律不遡及の原則からすれば、法律による遡及課税は、法律によ
らない課税と同様の評価を受けることになりそうである。しかし、それ
でもやはり法律に基づき民主的正統性を有する課税である以上、法律に
よらない課税とは異なり、一般的・絶対的に禁止されるとは考えられない[3]。

法律による遡及課税がいかなる場合に許容されるかは、むしろ、遡及
課税を定める立法上の必要性との関係で決定されるべき問題であると考
えられる。設問の中心的論点の1つはまさにこの点にあるといえるので
あるが、租税法律主義のもとでは、租税立法につき立法者の広範な裁量
が認められる（最大判昭和60・3・27民集39巻2号247頁）。それゆえ、
立法者が租税法律に期待される予測可能性・法的安定性をあえて犠牲に
してでも遡及課税を定める必要があると判断することも、一般的・絶対
的に許されないとは考えられないのである。

しかも、納税者の予測可能性の有無を決定的な基準として租税法律不
遡及の原則の射程を画そうとするのは妥当ではなかろう。というのも、
個々の納税者の主観的事情に属する予測可能性についてはもちろんのこ
と、租税法律主義のもとで租税法律に一般的に期待される機能の1つで
ある予測可能性についても、納税者にとって特に予測可能性がある場合
を判定することは困難であると考えられるからである。判例（最判平成
23・9・22民集65巻6号2756頁、最判平成23・9・30判時2132号39頁。
両者の判決文には若干の表現の違いがみられるので、以下で「判例」として
判決文を引用するのは前者とする）は、租税法律主義の予測可能性・法的
安定性保障機能について「課税関係における法的安定」という客観的側
面（予測可能性の結果の側面）のみに着目して遡及課税の許容性を検討し

---

[2]　金子宏『租税法〔第23版〕』121頁（弘文堂・2019）、福岡高那覇支判昭和48・10・31訟月19
　　巻13号220頁等参照。
[3]　大阪高判昭和52・8・30訟月23巻9号1682頁、名古屋地判平成9・12・25判自175号37頁
　　等も参照。

ているが、このことは予測可能性という主観的側面を重視することに伴う上述の弊害を回避する意味をもつと考えられる。判例は、遡及課税の許容性の検討において、「課税関係における法的安定」を「納税者の租税法規上の地位」と結びつけ、しかも「暦年途中の租税法規の変更及びその暦年当初からの適用」(いわゆる年度内遡及課税)が「最終的には国民の財産上の利害に帰着する」ことを考慮することによって、租税法律主義の予測可能性・法的安定性保障機能を財産権に準じて「実体的権利」(権利としてはなお未熟で「権利未満」ではあるが)として構成しようとしていると解される(予測可能性・法的安定性保障機能の実体的権利化[5])。その上で、「暦年途中の租税法規の変更及びその暦年当初からの適用によって納税者の租税法規上の地位が変更され、課税関係における法的安定に影響が及び得る場合」においては、「法律で一旦定められた財産権の内容が事後の法律により変更されることによって法的安定に影響が及び得る場合」と同様に、「暦年途中の租税法規の変更及びその暦年当初からの適用による課税関係における法的安定への影響が納税者の租税法規上の地位に対する合理的な制約として容認されるべきものであるかどうかという観点」から、そのような年度内遡及課税の根拠規定が「課税関係における法的安定が保たれるべき」という租税法律主義の趣旨に反するか否かについて判断するのが相当と解すべきである、と判示している。

　判例で示された前記の「観点」からは、暦年途中の租税法規の変更による年度内遡及課税の合理性について、財産権の内容の事後的変更の憲法適合性を判断する場合(最大判昭和53・7・12民集32巻5号946頁参照)と同様に、「当該変更の具体的な対象、内容、程度等……の諸事情」を総合的に勘案して判断することが要請される。この判断枠組みは、年度内遡及課税を定める必要性と、年度内遡及課税によって損なわれる利益、との比較衡量を客観化しようとするものであると解される。そのよ

[4]　片桐直人「判批」別冊ジュリスト246号(憲法判例百選Ⅱ〔第7版〕・2019)426頁、427頁。
[5]　租税法律主義の予測可能性・法的安定性保障機能の客観的理解の必要性や実体的権利化については、谷口勢津夫『税法基本講義〔第6版〕』【11】(弘文堂・2018)参照。

うな比較衡量について、従来は、①遡及課税の必要性（立法目的）、②遡及の程度（法的安定性の侵害の程度）、③予測可能性の有無・程度（法改正前情報開示の有無・時期・態様等）、④遡及課税による実体的不利益の程度、⑤代替的措置の有無・内容、などが総合的に勘案されてきたが、判例では特に①と②が重視されていると解される[6]。

　平成16年度改正について、まず、①年度内遡及課税を定める必要性がどの辺りにあったのかは、当初は、必ずしも明らかでなかったが[7]、判例では、「損益通算による租税負担の軽減を目的として［改正法施行前に］土地等又は建物等を安価で売却する駆け込み売却」を防止することによって、同改正による損益通算廃止の立法目的（長期譲渡所得の金額の計算上生ずる損益間での課税の不均衡の是正、および使用収益に応じた適正な価格による土地取引の促進・土地市場の活性化による資産デフレの進行阻止）を達成しようとするところに、年度内遡及課税の必要性が認められている。

　次に、②遡及課税による法的安定性の侵害の程度について、判例によれば、平成16年度改正により事後的に変更されるのは、「納税者の納税義務それ自体ではなく、特定の譲渡に係る損失により暦年終了時に損益通算をして租税負担の軽減を図ることを納税者が期待し得る地位」にとどまり、その地位は「政策的、技術的な判断を踏まえた裁量的判断に基づき設けられた性格」を有するところ、同改正においてはその地位について「政策的見地からの否定的評価」がされるに至っていたものといえる、と判示されている。その上で、「納税者においては、これによって損益通算による租税負担の軽減に係る期待に沿った結果を得ることがで

---

[6]　前掲注[1]福岡高判平成20・10・21は、財産権の内容の事後的変更に関する最大判昭和53・7・12民集32巻5号946頁について、最高裁とは異なり、①〜⑤等を総合的に勘案する判断枠組みの中で理解しているものと解される。

[7]　この点について、首藤・後掲参考文献7頁は「既存の法状況のもとで不動産取引が増加し、含み損をかかえた不動産が市場に出てくるのであれば税収の減少は避けられない。そこで、損益通算を廃止したいが、信頼保護に配慮して廃止規定を平成15年の早い段階で成立させ翌年から適用することになれば、含み損の実現をねらった不動産が15年度中に大量に市場に出てくる可能性がある。そこで、平成15年度末に廃止案を公表し、翌年に遡及立法で成立させ、含み損の実現をねらった不動産取引の時間的余裕を与えない。これが、今回の損益通算廃止の財務省等が描いたシナリオであろう」と指摘していた。

きなくなるものの、それ以上に一旦成立した納税義務を加重されるなどの不利益を受けるものではない」と判示されている。以上の判示は、租税法律不遡及の原則により禁止される遡及課税に該当するか否かという問題に関する、納税義務成立時基準説と取引時基準説という２つの立場[8]のいずれとも異なる立場に立つもの、と解される。

　以上のように、租税法律主義の予測可能性・法的安定性保障機能の確保・実現に関する比較衡量を客観化し、前記の①および②の要素を重視する判断枠組みは、一般論としては、妥当であろう。ただし、事案によっては、前記の④遡及課税による実体的不利益の程度も重視すべき場合もあるように思われる。立法者がそのような認識に基づき、年度内遡及課税が、例外的にではあれ、納税者に苛酷な租税負担を課すことになる場合がありうると判断すれば、いわゆる宥恕規定を定めるべきであろうが、平成16年度改正ではそのような宥恕規定は定められなかった。

　設問の事例と類似の事案に関する福岡地判平成20年１月29日（前掲注[1]参照）は、租税法律不遡及の原則について、これを遡及処罰の禁止のように絶対視するのではなく、比較衡量の判断枠組みによることにしながらも、取引時基準説の立場に立った上で、当該納税者の事情（改正前のこの損益通算制度の利用経験、老親介護用バリアフリー住宅への住み替えのための買換え、前年における買換えの申込みおよび改正法成立前における譲渡・買換えの完了、この損益通算制度の改正に関する不動産仲介業者の不告知、退職後の生活のための預貯金の買換資金への充当、改正内容を知っていれば買換えのためにしたであろう借入れをしなかったことによる特例措置（措法41条の５・41条の５の２）の不適用、等）を考慮して、平成16年度改正を適用違憲とした。もっとも、この判決がその前に「本件改正で遡及適用を行う必要性・合理性（とりわけ、損益通算目的の駆け込み的不動産売却を防止する必要性など）は一定程度認められはするものの、損益通算を廃止するかどうかという問題は、その性質上、その暦年途中に

---

[8]　納税義務成立時基準説とは、すでに成立した納税義務の内容を国民の不利益に変更する場合が、遡及課税に該当する、という立場をいい、取引時基準説とは、取引等の行為の時点を基準にして、遡及課税該当性を判断すべきである、という立場をいう。両説については、谷口・前掲注[5]【36】参照。

生じ、あるいは決定せざるを得ない事由に係っているものではないこと、本件改正は生活の基本である住宅の取得に関わるものであり、これにより不利益を被る国民の経済的損失は多額に上る場合も少なくないこと、平成 15 年 12 月 31 日時点において、国民に対し本件改正が周知されているといえる状況ではなかったことなどを総合すると、本件改正の遡及適用が、国民に対してその経済生活の法的安定性又は予見可能性を害しないものであるということはできない」と（控え目ではあるが）判示していることからすると、論理的には法令違憲という判断もありえたであろうが、しかしながら、当該納税者の事情とのいわば「合わせ技」で適用違憲にとどめたのは、この判決が、平成 16 年度改正について、実質的には上述のような宥恕規定の欠缺を「真の争点」と考えていたからではないかとも思われる。

3⋯⋯⋯⋯損益通算

(1) 意義

損益通算は、各種所得の金額の計算上ある種類の所得について生じたマイナス（損失）の金額を、他の種類の所得について生じたプラス（利益）の金額から控除する手続であるが、所得税法は、不動産所得の金額・事業所得の金額・山林所得の金額または譲渡所得の金額の計算上生じた損失に限り、その金額を他の各種所得の金額から控除することを認めている（所法 69 条 1 項）。ここでいう損失は、上で述べたように計算上のマイナスであって、雑損控除（所法 72 条）の対象となる損失とは異なり、財産の実体的な損失ではなく、しかもその原因について、やむをえざるものかまたは任意のものかを問わない。

損益通算をしてもなお控除しきれない損失を純損失といい（所法 2 条 1 項 25 号）、これについては当該年度の翌年以降 3 年の繰越控除が認められる（所法 70 条 1 項）。これを純損失の繰越控除という（所法 70 条 5 項）。もっとも、これと選択的に純損失の前年への繰戻しも認められている（所法 140 条 1 項 2 号）。その結果前年分の所得税が還付される場合（所法 142 条 2 項）、その還付を純損失の繰戻還付という。

(2) 総合所得税と租税平等主義

損益通算は、所得税法が所得を利子所得（所法23条）から雑所得（同35条）までの10種類に分類し、各種所得の金額（同2条1項22号）の計算について異なる方法を定めていることを前提とする所得計算手続である。そのような前提をみると、所得税法は分類所得税の形態での所得税を定めているかのように思われる。分類所得税とは、その典型的な形態では、所得をその源泉ないし性質に応じていくつかの種類に分類し、各種類の所得ごとに異なる税率を適用して税額を算定する所得税をいう。所得税法は、所得はその種類によって担税力（質的担税力）の大きさが異なるという考え方に基づき、また、所得の稼得ないし発生に関する事情の違いを費用・損失の面で考慮し所得計算に反映させるために、所得分類および所得の種類に応じた異なる計算方法を採用したものと考えられる。

しかし、所得税法は、各種所得の金額を計算した後、それらを合算して課税標準を計算し、それに1本の（累進）税率表を適用すること（総合課税）としている（所法21条1項・22条）ので、全体としてみれば、総合所得税の建前を採用していることは確かである。総合所得税とは、その理念型としては、各種の所得をすべて合算しその合算額に1本の税率表を適用する所得税をいう。これは、包括的所得概念になじみやすい形態の所得税である。すなわち、包括的所得概念は、いかなる源泉から生じたものであるかを問わず、個人の総合的担税力（人的担税力）を増加させる経済的利得をすべて所得として構成するものであるところ、総合所得税は分類所得税とは異なり、所得の源泉ないし種類ごとに異なる課税を行おうとするものではなく、すべての種類の所得を一括して課税しようとするものであるから、包括的所得概念になじみやすいといえるのである。租税平等主義のもとでは、担税力に応じた課税が公平な課税として観念されており、しかもそこでは個人の総合的担税力（人的担税力）が重視されるから、総合所得税は、包括的所得概念とあいまって、租税平等主義に適合する公平な租税としての地位を税制上確立しているとみてよかろう。さらに、総合所得税において累進税率が採用される場

合には、それは垂直的公平にも適合した租税となるのである。

(3) 損益通算と課税の公平

　所得税法は、所得分類および所得の種類に応じた異なる計算方法という分類所得税的な要素を取り入れつつも、総合所得税の建前を採用し、人的担税力に応じた公平な課税を実現しようとしているが、そのためには、各種所得の金額の計算上所得の種類ごとに生じうるプラスとマイナスとを通算する手続が不可欠である。損益通算は、その意味で、総合所得税すなわち人的担税力に応じて課される公平な所得税を支持する、所得税法の「根本決定」に属する制度（構造的措置）であると考えることができよう（小池・後掲参考文献 28 頁参照）。このことは、所得税法が退職所得と山林所得を分離課税としながらも損益通算（および損失の繰越控除）の対象とすること（所法 22 条 3 項）によって、なおかつ総合所得税の建前を堅持しているところにも、現れているように思われる。また、課税の公平は、納税者の経済的意思決定に対する租税の影響の観点からは中立性として表現されることもあるが、「損益通算制度の基本的 tax policy」を中立性に見出す考え方もある（水野・後掲参考文献 19 頁）。

　ともかく、総合所得税における損益通算制度の以上のような重要性に鑑みると、立法者は、損益通算を制限したり排除することによって課税の公平を犠牲にする場合、租税平等主義のもとでは、その措置について、立法目的の正当性と目的・手段の合理的関連性に加えて目的達成の実効性や不公平の程度をも考慮して、より慎重かつ自制的に裁量権を行使すべきであると考えられる。

　平成 16 年度改正は、土地建物等の譲渡損失の金額が生じなかったものとみなすこととしたが、その意味するところは、譲渡損失の発生を一般的に否認するものではないにしても[9]、損益通算やこれと連動する純損失の繰越控除および純損失の繰戻還付との関係で譲渡損失の発生を否認するものであるから、損益通算を排除したものと理解してよい（改正前措法 31 条 5 項 2 号・32 条 4 項と改正後措法 31 条 3 項 2 号 3 号・32 条 4 項と

---

[9]　複数の土地建物等の譲渡所得の相互間であれば、譲渡所得の金額の計算上損益の通算（いわゆる内部通算）は認められる。

を比較参照)。この措置に関する立法者の裁量権行使をどのように評価すべきかについても、設問に対する解答の中で検討する必要があろう。

　ちなみに、損益通算の制限ないし排除に関する現行法上の他の主な措置をみておくと、①生活に通常必要でない資産に係る所得の金額の計算上生じた損失については、それが家事費的性格をもつことから、他の所得との通算を認めないこととされ（所法 69 条 2 項）、②不動産所得の金額の計算上生じた損失の金額のうち、土地等を取得するために要した負債の利子の額に相当する部分の金額については、損益通算が不要不急の不動産投資のインセンティブとなることや、そのような投資の集中する高額所得者層に対する優遇につながることを阻止するために、「所得税法第 69 条第 1 項の規定その他の所得税に関する法令の規定の適用については」、生じなかったものとみなされ（措法 41 条の 4）、③組合形態での航空機リース事業等から生ずる不動産所得に係る損失の金額については、組合形態を利用した租税回避に対処するために、「所得税法第 26 条第 2 項及び第 69 条第 1 項の規定その他の所得税に関する法令の規定の適用については」、生じなかったものとみなされている（措法 41 条の 4 の 2）[10]。

解答例

　設問において問われているのは、平成 16 年度改正後の租税特別措置法（以下では単に「本件改正法」という）に基づき、本件譲渡マンションの譲渡損失に係る損益通算を否認することが許容されるかどうかである。この問題については、租税法律主義の予測可能性・法的安定性保障機能を重視し、租税法律主義から租税法律不遡及の原則を導き出した上で、この原則の観点から、一般論として、

---

[10]　この規定は、当該損失が所得税法 26 条 2 項の規定の適用上も生じなかったものとみなしているので、設問で取り扱う平成 16 年度改正と異なり、いわゆる内部通算をも排除するものである。本文では、これも含めて広い意味で「損益通算の排除」という言葉を使っている。

取引時を基準にして本件改正法成立前の取引に対する本件改正法の適用を遡及課税とみて、このような年度内遡及課税を定める規定を違憲（法令違憲）無効とする見解もありうる。このような見解によれば、Aに対する損益通算の否認はその法的根拠を失い、合法性の原則のもとでは、当然のこととして許されないことになろう。しかし、刑法の分野における遡及処罰の禁止（憲39条前段）とは異なり、遡及課税を禁止する明文の規定は憲法上定められていないことから、本件改正法による遡及課税が憲法上一般的・絶対的に禁止されるとは解されない。むしろ、租税法律主義から租税法律不遡及の原則を導き出しうるとしても、それは、課税要件法定主義や課税要件明確主義のように租税法律主義から直接導き出される憲法規範としてではなく、租税法律主義の予測可能性・法的安定性保障機能の一環として、遡及課税の禁止を要請するものにとどまると解される。このような理解によれば、本件改正法による遡及課税の許容性は、遡及課税を定める必要性と、納税者の予測可能性・法的安定性に対する侵害の程度との比較衡量によって、判断すべき問題であると考えられる。

　まず、遡及課税を定める必要性は、土地建物等の譲渡損失に係る損益通算を廃止する立法目的を阻害しない点にあると考えられる。本件改正法による損益通算廃止の目的は、設問中で引用されている立法関与者の解説によれば、長期譲渡所得の金額の計算上生ずる損益間での課税の不均衡を是正することにあるとのことであるが、このような立法目的は、所得税における損益通算制度（所法69条）の意義に照らすと、以下に述べるように、必ずしも十分な正当性を有するとは考えられない。

　そもそも、損益通算制度は、総合所得税の建前のもとで所得分類を採用している現行の所得税においては、各種所得の金額の計算上生じた損失による担税力の減殺を課税上考慮して、個人の総合的担税力に応じた課税を実現するために不可欠の制度である。個人の総合的担税力に応じた課税こそが、租税平等主義（憲14条）に適合した公平な課税であるから、損益通算制度は租税平等主義の実現に不可欠な制度であるといえよう。したがって、ある種類の所得について損益通算を排除する立法を行う場合には、それが課税の公平に反する措置である以上、租税平等主義のもとでは立法目的の正当性、立法目的と手段の合理的関連性、目的達成の実効性および不公平の

程度が慎重に検討されなければならない。このような観点から本件改正法による損益通算廃止の目的を検討すると、譲渡損益間での課税の不均衡の是正というバランス論は、損益通算廃止の正当根拠として十分なものとはいえないように思われる。そもそも、譲渡益が比例税率の分離課税の対象とされていることを、譲渡損失に係る損益通算の廃止の根拠として援用することは正当でない。総合所得税の観点からすれば、譲渡益に対する比例税率での分離課税それ自体が課税の公平を犠牲にした政策的措置である以上、それとの不均衡の是正を理由にして譲渡損失にかかる損益通算の廃止を正当化しようとしても、課税の不公平を増幅させるだけである。バランス論は、一見するともっともらしく思われるが、しかし、合理的な実体的価値判断または政策目的によって支持されない場合は、空虚な形式論に陥る危険性を孕むものである。その意味では、本件改正法による損益通算の廃止については、土地政策等の観点から明確な政策目的が示されるべきであったと思われる。

　いずれにせよ、以上のように、本件改正法による損益通算の廃止については、その立法目的の正当性が必ずしも十分なものとはいえない以上、その立法目的を阻害しないことに、遡及課税を定める必要性を見出すことにも、あまり説得力があるとはいえないであろう。本件改正法の年度内遡及適用を認めなければ、損益通算による所得税負担の軽減を目的とした土地建物等の駆け込み売却が多数行われるおそれがあったことをもって、本件改正法による年度内遡及課税を正当化しようとする見解もあろうが、そのような正当化は、前記の立法目的との関連づけがさらに困難であるように思われる。

　次に、納税者の予測可能性・法的安定性に対する侵害の程度については、納税者の予測可能性に重点を置いて比較衡量を行うか、あるいは納税者の法的安定性に重点を置いて比較衡量を行うかで、遡及課税を定める必要性との比較衡量の結果が異なることがありうるように思われる。納税者の予測可能性は、その性質上、納税者の主観的事情に属するものであることから、個々の納税者の予測可能性であれ、納税者一般の予測可能性であれ、これに対する侵害の判定は困難を伴うものと考えられる。しかも、本件譲渡マンションの売却は、以前から検討していたバリアフリー住宅への住み替えを目的として本件買換マンションの購入のために行われたものであって、Ａが譲渡損失の損益通算を受けられることを予測していたことが

343

本件譲渡マンションの売却の決め手となったわけではないことからすると、少なくとも本件においては、Aの予測可能性それ自体にそれほど価値があるとは考えられない。

　これに対して、納税者の法的安定性は、これが課税関係における納税者の租税法規上の地位すなわち租税法規に適合した課税を受ける納税者の地位に基づくものである限り、法律が認めた財産権と同様、法的保護に値し、かつ、それに対する侵害は客観的に判定可能であると考えられる。したがって、そのような地位に基づく納税者の法的安定性は、前記の比較衡量において重視すべき要素であると考えられる。本件においてAの所得税法上の地位は、本件譲渡マンションの売却時にはAには譲渡損失に係る損益通算が所得税法上認められていたのであるから、その損益通算ができることを内容とするものである。所得税における損益通算制度の重要性からすると、Aの所得税法上の地位は強く保護されるべきである。したがって、その地位に基づくAの法的安定性は、同制度の事後的廃止によって重大な侵害を被ったといえよう。しかも、Aは平成13年頃からバリアフリー住宅への住み替えを検討していたのであるから、Aはその頃から、本件譲渡マンションの譲渡損失に係る損益通算を受けることができる潜在的地位を有しており、その地位が本件譲渡マンションの売却によって顕在化したとみることができよう。したがって、このようなAの所得税法上の地位は、本件改正法の論議を契機として駆け込み売却を行った納税者の所得税法上の地位と同列に論ずべきものではなかろう。

　以上、本件改正法による遡及課税について、前述のとおり、その必要性による正当化はあまり説得力をもたないことと、Aの所得税法上の地位に基づく法的安定性が本件改正法による損益通算の事後的廃止によって重大な侵害を被ったといえることとを総合的に勘案すると、本件改正法による遡及課税は少なくともAとの関係では、租税法律主義から前述のような意味で導き出される租税法律不遡及の原則あるいは遡及課税の禁止に反し、許容されないと考えられる。

関連問題

1．居住用財産の買換等による譲渡損失の取扱い

　平成16年度改正では、居住用財産の買換等や特定居住用財産の譲渡によって生じた損失については、設問の措置にもかかわらず、損益通算および損失の繰越控除の対象とされているが（措法41条の5・41条の5の2）、これはどのような考慮に基づくものと考えられるか。また、そこから設問の措置に関する何らかの考慮を読み取ることができるか。

2．立法の将来効と予測可能性・法的安定性の保護

　将来効のみを有する立法についても、予測可能性・法的安定性の保護は問題になりうるとする考え方がある。「たとえば、住宅ローンについて特別税額控除が現在および将来認められることを予測して住宅を購入した者に対して、1年経過したところで将来的に控除を廃止する場合も、予測可能性を覆す立法として論じるべきである」（髙橋・後掲参考文献99～100頁）というような考え方である。このような考え方は租税法律不遡及の原則との関係でどのように評価すべきか。

参 | 考 | 文 | 献

　首藤重幸「租税法における遡及立法の検討」税理47巻8号2頁（2004）
　高野幸大「不動産譲渡損益通算廃止の立法過程にみる税制の不利益不遡及の原則」税務弘報52巻7号154頁（2004）
　髙橋祐介「租税法律不遡及の原則についての一考察」総合税制研究11号76頁（2003）
　小池正明「土地等の譲渡損失の損益通算規制」税研115号27頁（2004）
　三木義一「租税法における不遡及原則と期間税の法理」石島弘ほか編『山田二郎先生喜寿記念 納税者保護と法の支配』273頁（信山社・2007）
　岩﨑政明「租税法規の遡及立法の可否——租税公平主義の視角を加えた許容範囲の検討」税大ジャーナル12号39頁（2009）
　水野忠恒「損益通算制度」日税研論集47号7頁（2001）

（谷口勢津夫）

21. 言行不一致*

設問 　Ｔは、ある大学の税法担当の教授である。Ｔは若い頃から特にこれ
といった趣味もなく、大学の広報誌等の自己紹介欄には毎年「趣味は
読書。愛読書は筒井康隆『文学部唯野教授』（岩波書店・1990）」と記
載してきたが、２度のドイツ留学を通じてビールやワインにだけでな
く質実剛健なドイツ人気質や美しい自然にも魅せられ、とりわけ単身
での２度目の留学以降「ど」がつくほどドイツ好きが高じ（自称「法
学部都々逸教授」）、研究面でも、法学方法論・体系的思考・憲法論を
しっかりと取り込んだドイツ税法学をベースにして、税法の解釈適用
論の研究に精を出すようになった。そんなある時、Ｔは教科書の分担
執筆の依頼を受けたので、それまでの研究を踏まえて「租税法の基礎
理論（租税憲法論）」の部分を執筆したが、その中の「借用概念」の
項の最後で以下のような見解を述べた。

> 「なお、統一説による借用概念の解釈は、法解釈方法論として一般化す
> れば、文理解釈の一種と考えられるから、他の法領域で用いられている
> 概念が租税法上用いられる場合であっても、当該他の法領域における用
> 語法が言語慣用ないし通常の用語法と異なるときは、文理解釈の基本に
> 戻り、その概念を言語慣用ないし通常の用語法に従って解釈すべきであ
> る（租税特別措置法にいう『改築』の意味について統一説の『機械的適
> 用』による『実質的縮小解釈』を否定した東京高判平 14・2・28 訟月
> 48 巻 12 号 3016 頁参照）。」

ここで参照されている東京高裁判決は次のように判示している。

> 「『改築』という用語は、建築基準法にのみ使用されている用語ではなく、
> たとえば借地借家法においても使用されている用語である。したがって、
> 被控訴人の主張を前提としても、措置法 41 条の『改築』が建築基準法
> の『改築』と同義であるという結論を導き出すことはできない。むしろ、
> 被控訴人の主張するところを前提とすると、措置法 41 条の『改築』は、
> 公法である建築基準法の『改築』ではなく、一般私法の一つである借地

借家法の『改築』と同義に解すべきであるということになる。」

「税法中に用いられた用語が法文上明確に定義されておらず、他の特定の法律からの借用概念であるともいえない場合には、その用語は、特段の事情がない限り、言葉の通常の用法に従って解釈されるべきである。なぜなら、言葉の通常の用法に反する解釈は、納税者が税法の適用の有無を判断して、正確な税務申告をすることを困難にさせる。そして、さらには、納税者に誤った税務申告をさせることになり、その結果、過少申告加算税を課せられるなどの不利益を納税者に課すことになるからである。」

さて、その教科書の出版の翌年、一人娘が結婚した。Tは娘を溺愛していたが、結婚相手には好感をもっていなかった。彼女は以前から「磯野家が理想！」が口癖であり、結婚後「公約」どおり同居するようになったので、Tは複雑な思いではあったが自己資金に銀行ローンをプラスして、自宅の敷地内に地下ワイン貯蔵室・1階書庫および書斎・2階居住スペースからなる別棟を建て、そこでT夫婦が、従来からの建物で娘夫婦が、それぞれ生計を別にして暮らすようになった。

Tは以前、知り合いの建築学の教授から、建築特例法（架空の法律）にいう「増築」には、同じ敷地内に別棟を建てることも、その用途や機能にかかわらず、広く含まれるという話を聞いたことがあったので、調べてみたところ、その法律には確かにその旨の規定が定められていた。そこで、Tは別棟建築の年分の所得税に係る確定申告にあたって、その別棟の建築につき、租税特別措置法（前掲東京高裁判決にいう同法と異なり、以下、架空の法律）によって「新築」の場合の借入金に係る税額控除（いわゆる「通常の住宅取得控除」）の2倍の税額控除（いわゆる「住宅取得割増控除」）が認められている「増築」に該当するとして申告書を作成し提出しようとした。これに対して担当の税務職員Sが疑義を述べたところ、Tは何を思ったのか突然、納税者でごった返す申告窓口で、借用概念の解釈に関する一般論を滔々と「講義」し始め、統一説が通説・判例であること、建築特例法では同一敷地内での別棟の建築も広く「増築」に含まれると明文で定められていること、したがって、租税特別措置法にいう「増築」もそれと同じ意味に解釈すべきであることを教え諭すように説いた。SはTの理路整然とした主張に半ば圧倒されつつも、相談待ちの他の

　納税者のことも考えその場では即答せず、いったん受け取って検討する旨を告げたが、後日、返信用封筒を添えて提出していた確定申告書の控が、特段の説明もなく収受日付印を押されＴのもとに郵送されてきた。また、その年の11月頃に年末調整用の住宅取得控除計算書も送られてきた。なお、住宅取得割増控除については、その創設時に立法関与者（国税当局担当者）が税法関係の商業雑誌で、通常の住宅取得控除において考慮される住宅取得に伴う経済的負担の軽減に加えて、資源の有効活用や環境への配慮のために認められたものと解説していた。

　Ｔはその後は年末調整で住宅取得割増控除を受けてきたが、3回目の年末調整を目前に控えた頃に、以前税務署で応対したＳから電話があった。Ｓは次のように述べて、すでに住宅取得割増控除の適用を受けた過去3年分の所得税につき、住宅取得割増控除だけでなく通常の住宅取得控除も認められないとして、修正申告を慫慂した。すなわち、「この間の研修で、税法の勉強をしていて教科書で借用概念に関するＴさんの上記の見解を読んだので署内で再検討したところ、『増築』に同一敷地内での別棟の建築を含めて住宅取得割増控除を認めるのはＴさん自身の見解に反するし、そもそも、そこで引用されている東京高裁の判決に照らせば、そのような解釈は採るべきではなかったという結論に達した。むしろ、『増築』という言葉は、通常は、既存の建物に新たに建て加えること、すなわち建て増しの意味で使われるのであるから、Ｔさんのしたような別棟の建築はこれには含まれない。また、Ｔさんの建てた別棟は、その経済的意義・機能の観点からは、既存の住宅と一体をなす二世帯住宅の一部とみるべきであるから、その別棟の建築は措置法にいう『新築』にもあたらない。したがって、Ｔさんの別棟の建築には通常の住宅取得控除も認められない。」

　これに対して、Ｔは次のように反論して修正申告をしなかった。すなわち、「統一説の適用といっても、教科書で参照した東京高裁の事案では納税者に不利になるが、自分のケースでは有利になるのだから、その東京高裁判決に対する自分の理解の仕方を自分のケースにそのまままち込むことはできないし、仮に『増築』に別棟の建築を含めないのが租税特別措置法の正しい解釈であったとしても、今後住宅取得割増控除を認めないのであれば格別、過去に遡ってその控除を認めない

のは信義則違反である。また、別棟と既存の建物とはそれぞれ別世帯の居住用住宅とみるべきであって、前者を後者と一体をなす二世帯住宅の一部とみるのは課税要件事実の認定として許されないから、少なくとも通常の住宅取得控除は認められるべきである。」

以上の叙述を踏まえて争点ごとにTとSの主張を検討した上で、両者の対立を解消するための助言を提示しなさい。ただし、通常の住宅取得控除や住宅取得割増控除の選択手続は問題にしないこと。なお、Tは上記の教科書の「厳格な解釈の要請」の項の中で次のような見解を述べていたが、この点も考慮に入れて解答しなさい。

「租税法規のうち課税減免規定については、ときに、これを例外規定ないし特例として捉えた上で、解釈の厳格性を狭義性と同視し解釈の狭義性の要請を殊更に強調するかのような見解（たとえば最判昭53・7・18訟月24巻12号2696頁参照）もみられるが、それが縮小解釈を意味するのであれば問題である。課税減免規定の縮小解釈は、通常の課税要件規定の拡張解釈と同じく、納税義務の拡大ないし創設を帰結することになるからである。そもそも、解釈の厳格性と狭義性とは論理的には別次元の問題である。厳格な解釈の要請によれば、租税法規については、納税者の有利・不利にかかわらず、文理解釈によって明らかにされる通常の意味（これは広義または狭義でありうる）を拡張したり縮小したりすることは許されない。」

解　説

1 ⸺⸺ 概　観

(1)　設問のねらい

本問は税法の解釈適用に関する問題で、主として①借用概念の解釈、②信義則の適用、および③課税要件事実の認定に関する基本的な理解を問うものである。これらの問題については学説や判例の立場はほぼ確立されているといってよかろうが、設問では、それらの立場の基礎にある考え方なり根拠に目を向けることによって、それらの立場の意味内容ないし射程をもう一度確認することをねらいとするものである。

(2) 取り上げる項目

► 統一説・独立説・目的適合説

► 統一説と文理解釈

► 統一説の「機械的適用」の弊害

► 信義則適用の「入口要件」

► 信義則適用の「本案要件」

► 課税要件事実の意義

► 課税要件事実の認定の限界

2……… 借用概念の解釈

(1) 統一説・独立説・目的適合説

借用概念の解釈については、歴史的・比較法的には（特にドイツにおいて）、統一説・独立説および目的適合説が存在してきた。金子宏教授は借用概念の解釈について以下のように述べておられる（金子・後掲参考文献 4 頁・11 頁）。

「借用概念の解釈については、抽象的に言って、三つの見解がありうる。第一は、独立説とも呼ぶべきもので、租税法が借用概念を用いている場合も、それは原則として独自の意義を与えられるべきであるとする見解である。これに対し、第二の見解は、統一説と呼ぶことができ、法秩序の一体性と法的安定性を基礎として、借用概念は原則として私法におけると同義に解すべきである、とする考え方である。さらに、第三の見解は、目的適合説とも呼ぶべきもので、租税法においても目的論的解釈が妥当すべきであって、借用概念の意義は、それを規定している法規の目的との関連において探求すべきである、とする考え方である。

ところで、わが国における租税法の解釈論は、ドイツのそれによって強い影響を受けており、右の三つの見解も、ドイツの租税法解釈論において展開されてきた主要な傾向を要約したものである……。」

「わが国では、統一説と目的適合説が、それぞれ有力に主張されている。もちろん、この二つの説は完全に対立し合うものではない。統一説といえども、借用概念について、租税法規がその意義を明文の定めで修正している場合や、明文の定めがなくても規定の趣旨や意味関連からそれを別意に

用いていることが明らかな場合にまで、その本来の意義に拘泥するもので
はない。また、目的適合説も、その本来の意義から離れた自由な解釈を認
めるものではない。しかし、目的適合説をとった場合に、借用概念につい
てとかく自由な解釈がおこなわれやすく、その結果として租税法律主義の
そもそもの狙いである法的安定性と予測可能性がそこなわれる危険性があ
ることは否定できない。公平な課税や徴収の確保のためには法的安定性や
予測可能性を犠牲に供してもやむをえない、というのであれば別であるが、
……、納税義務が各種の私的経済取引に伴うものであり、経済的意思決定
に当たってはそれが考慮すべき最も重要なファクターの一つであることを
考えると、法的安定性や予測可能性の必要性を過少に評価することは適当
でない。」

　以上の叙述は、3つの学説の分類が「主要な傾向」の要約であること
や統一説と目的適合説との区別が相対的なものであることを認識した上
で、租税法律主義の見地から、統一説を支持する実質的根拠（納税者の
法的安定性・予測可能性の確保）と目的適合説・目的論的解釈の危険性を
的確に示している。判例も、ここで述べられているような意味での統一
説の立場に立っていると解される。[1]

(2) 統一説と文理解釈

　ところで、他の法領域とりわけ私法の領域における概念なり用語が税
法で用いられる場合、それは税法の領域では借用概念と呼ばれるが、そ
の「本来の意義」とは、他の法領域で当該概念についてすでに確定され
ている意味、換言すれば、他の法領域における当該概念の「通常の意
味」をいうのである。

　借用概念に関するこのような理解を前提にして統一説の意義を考える
と、統一説は、税法上の概念なり用語のうち一般社会ではあまり用いら
れないものを、それが本来用いられている他の法領域における通常の意
味に従って解釈すべきである、とする考え方であるといってよい。これ
に対して、税法上の用語のうち一般社会で普通に用いられている用語が
その通常の意味において他の法領域でも用いられている場合、その用語

---

[1]　最判昭和35・10・7民集14巻12号2420頁、最判昭和36・10・27民集15巻9号2357頁、
　最判昭和63・7・19判時1290号56頁、最判平成3・10・17訟月38巻5号911頁等。

を通常の意味に解釈するのに、わざわざ、それを借用概念と呼び、統一説に従って他の法領域におけると同じ意義に解釈すべきである、という必要はない。そのような解釈は直截に文理解釈といえば済むことであり、むしろ、そのほうが租税法律主義のもとでの税法解釈のあり方を考える上では望ましいといえよう。

　租税法律主義のもとでは、税法は強行法規であり侵害規範であるから厳格に解釈されなければならないが、最も説得力のある権威的論拠とされる文理解釈こそが、厳格な解釈の要請に最もよく適合する[2]。税法の解釈においては、何よりもまず法規の法文および文言が重視されなければならず、しかも日本語という自然言語で書かれている以上、その言語慣用ないし通常の用語法に従って法規の意味内容（規範）が解明されなければならないのである。そうすることで租税法規の意味内容について一般の納税者の間に共通の理解が広く成立し[3]、また、納税者の予測可能性・法的安定性の確保にも資することになると考えられる。

　このように文理解釈を基本に据えて税法解釈のあり方を考えると、統一説は、税法上の概念なり用語のうち一般社会ではあまり用いられないものについて文理解釈を説く考え方とみてよい。つまり、他の法領域に固有の、すでに確定された意味をもつ概念については、その意味こそが当該概念の通常の意味であるから、それに従って解釈すべきである、というのが統一説の説くところであって、これは法解釈方法論として一般化すれば文理解釈の一種ということができる（設問中のTの見解参照）[4]。

(3)　統一説の「機械的適用」の弊害

　問題は、他の法領域ですでに確定された意味をもつ概念が税法で用いられている場合において、当該他の法領域における意味が一般社会における通常の意味と異なるとき、その概念をいずれの意味に解釈すべきかである。この問題こそが、設問で引用されている東京高裁判決の事案に

---

[2]　最判平成22・3・2民集64巻2号420頁は、「租税法規はみだりに規定の文言を離れて解釈すべきものでな〔い〕」として文理解釈を要請する判断を示している。

[3]　「一般人の理解」を重視する解釈態度については最判平成9・11・11訟月45巻2号421頁〔尾崎行信裁判官反対意見〕参照。

[4]　谷口勢津夫『税法基本講義〔第6版〕』【53】（弘文堂・2018）参照。

おける争点であるといってよい。原審・静岡地判平成 13 年 4 月 27 日税資 250 号順号 8892 は統一説の立場から次のように判示した。

「措置法 41 条の本件特別控除の対象に『増改築等』が加えられた昭和 63 年当時、建築基準法上の『改築』とは、『建築物の全部若しくは一部を除去し、またはこれらの部分が災害によって滅失した後引き続いてこれと用途、規模、構造の著しく異ならない建築物を造ることをいい、増築、大規模修繕等に該当しないもの』と解されていたものであり、既に明確な意味内容を有していたことが認められ、他方、措置法上明文をもって他の法規と異なる意義をもって使用されていることを明らかにする特段の定めは存在せず、また、本件全証拠をもってしても、租税法規の体系上他の法規と異なる意義をもって使用されていると解すべき実質的な理由も認められないことから、措置法 41 条にいう『改築』の意義については建築基準法上の『改築』と同一の意義に解すべきである。」

このような解釈は、東京高裁判決が説示するように、「既存の建物の全部または一部を取り壊して新たに建物を建てること」という「通常の言葉の意味における『改築』と比較して、『改築』という言葉を限定された意味に解釈するもの」である。しかし、それでは住宅取得特別控除の適用要件としての「改築」について縮小解釈を行ったのと同じ結果になる。この点をとらえて、設問の事案において、T は教科書の中でそのような解釈を「統一説の『機械的適用』による『実質的縮小解釈』」と表現したのであろう。統一説の「機械的適用」というのは、三段論法的にいえば、①統一説＝借用概念の解釈に関する通説・判例（大前提）、②「改築」＝建築基準法上すでに明確な意味内容を有する概念（小前提）、③措置法上の「改築」＝建築基準法上の「改築」（結論）という判断過程を意味しており、それ自体きわめて論理的ではあるが、しかし、縮小解釈を行ったのと同じ結果になるのでは明らかに問題である。すなわち、そのような解釈は、設問で引用した東京高裁判決の判示にもあるような「不利益」を納税者に与え、したがって、納税者の法的安定性を害するのである。統一説は、先にみたように納税者の法的安定性の確保を実質的根拠として支持されているにもかかわらず、機械的に適用されると逆

に、納税者の法的安定性を害する結果になる場合があることに注意しておかなければならない。

統一説の「機械的適用」に伴うこのような弊害を回避するために、東京高裁判決は「税法中に用いられた用語が法文上明確に定義されておらず、他の特定の法律からの借用概念であるともいえない場合には、その用語は、特段の事情がない限り、言葉の通常の用法に従って解釈されるべきである」（下線、谷口）と判示し、借用概念という講学上の概念を限定的にとらえることによって、統一説の射程を合理的に画そうとしたものと解される。しかし、借用概念という概念それ自体は、そもそも、借用先の他の法領域における法状況に左右されるという意味で相対的な概念である。他の法領域で当該用語の意味がすでに確定されているとみることができるかどうかについて、絶対的な基準はないように思われる。また、同一の用語が複数の法領域で異なる意味で用いられている場合を借用概念論がそもそも想定していたのかどうかも明らかでないように思われる。そうすると、借用概念という相対的な概念を限定的にとらえようとしても、そこには自ずから限界があると考えられるのである。

統一説の「機械的適用」の弊害は、むしろ、統一説と文理解釈との関係を先に述べたように理解することによって、回避すべきである。税法上の用語のうち、一般社会で普通に用いられている用語がその通常の意味と異なる意味で他の法領域で用いられている場合には、文理解釈の基本に立ち戻って、その用語はその通常の意味に従って解釈すべきである。そうすることで、納税者の法的安定性が確保されることにもなる。

設問では、措置法上の「増築」という概念について、建築特例法における意義を前提にして統一説を機械的に適用すると、東京高裁の事案とは逆に、「増築」の拡張解釈が帰結され、住宅取得割増控除の適用範囲が拡大され、Tに有利な結果になる。確かに、納税者に有利な解釈は納税者の法的安定性を害することはないが、しかし、それが拡張解釈であれば、やはり租税法律主義のもとでの厳格な解釈の要請には反することになる。設問中のTの見解にあるように、「厳格な解釈の要請によれば、租税法規については、納税者の有利・不利にかかわらず、文理解釈

によって明らかにされる通常の意味（これは広義または狭義でありうる）
を拡張したり縮小したりすることは許されない」と考えるべきである。
税法の解釈において、納税者の法的安定性は、それが文理解釈によって
確保される限りにおいて考慮されれば、必要かつ十分であろう。

3 ‥‥‥‥‥信義則の適用要件

　課税処分等の税務行政の言動が租税法規に適合したものではあるが、
過去の言動に反し納税者の信頼を裏切ることになる場合、租税法律主義
と信義則との抵触が問題になる。この問題について最判昭和62年10月
30日訟月34巻4号853頁は次のように判示している。

> 「租税法規に適合する課税処分について、法の一般原理である信義則の法
> 理の適用により、右課税処分を違法なものとして取り消すことができる場
> 合があるとしても、法律による行政の原理なかんずく租税法律主義の原則
> が貫かれるべき租税法律関係においては、右法理の適用については慎重で
> なければならず、租税法規の適用における納税者間の平等、公平という要
> 請を犠牲にしてもなお当該課税処分に係る課税を免れしめて納税者の信頼
> を保護しなければ正義に反するといえるような特別の事情が存する場合に、
> 初めて右法理の適用の是非を考えるべきものである。そして、右特別の事
> 情が存するかどうかの判断に当たつては、少なくとも、税務官庁が納税者
> に対し信頼の対象となる公的見解を表示したことにより、納税者がその表
> 示を信頼しその信頼に基づいて行動したところ、のちに右表示に反する課
> 税処分が行われ、そのために納税者が経済的不利益を受けることになつた
> ものであるかどうか、また、納税者が税務官庁の右表示を信頼しその信頼
> に基づいて行動したことについて納税者の責めに帰すべき事由がないかど
> うかという点の考慮は不可欠のものであるといわなければならない。」

　公的見解の表示が、信義則適用の「入口要件」とされるのは論理的に
は当然であるが、それが上の判決では税務「官庁」概念により記述され
ていることから、その要件は「税務署長その他の責任ある立場にある者
の正式の見解の表示」（名古屋地判平成2・5・18訟月37巻1号160頁）な
いし「税務署長等の権限のある者の公式の見解の表明」（東京高判平成
3・6・6訟月38巻5号878頁）というように限定的に解される傾向にあ

る。このことは実際上信義則の適用に対する難関となっている。しかし、信義則の適用の有無を判断するにあたって重視すべきは、税務行政内部の権限・責任の所在ではなく、権限・責任のある者による見解の表示であるかのごとき外観を呈しているかどうかであると考えるべきであるから、公的見解の表示要件をそのように限定的に解すべきではなかろう。

　もっとも、公的見解表示要件が充足されたとしても、それだけで信義則の適用が肯定されるわけではない。さらに、信義則適用の「本案要件」として、公的見解の表示に対する納税者の信頼が保護に値するものであることが要求される。このことは、上の判決によれば、納税者に関する行動要件（納税者が公的見解の表示に対する信頼に基づいて行動したこと）、経済的不利益要件（公的見解の表示に反する課税処分のために、納税者が経済的不利益を受けることになったこと）および帰責要件（納税者が税務官庁の公的見解の表示を信頼し、その信頼に基づいて行動したことについて納税者に帰責事由がないこと）によって総合的に判断されることになる。

　なお、過去の言動に反する納税者の主張に対する信義則適用の可否が問題となることもあるが[5]、租税法律主義のもとでは、税務行政側は信義則という法の一般原理を援用してそのような納税者の主張を排除すべきではない。もっとも、過去の言動に反する納税者の主張は、税務行政に対する信義則の適用要件の1つである帰責要件に関する判断の中で考慮されることもあろう。この点について、設問ではＴの過去の言動（教科書での見解発表）との関係を検討する必要がある。

4 ………課税要件事実の認定

(1) 課税要件事実の意義

　課税要件事実とは課税要件に包摂されるべき事実をいうが、それは、課税要件を組成する法律要件要素（課税要件要素 Steuertatbestandsmerkmale）に高められた類型的事実（法的概念。法律事実ともいう）ではなく、課税要件要素としての類型的事実に該当する個々の具体的事実（事実的

---

[5]　肯定説として碓井・後掲参考文献7頁、福岡高判平成11・4・27訟月46巻12号4319頁参照。

概念）を意味すると解される。すなわち、課税要件事実とは、税法の適用が問題になる以前にすでに客観的に存在している個々の取引等の具体的事実（課税要件の定め方によっては、その中に組み込まれた特例等の選択やそれに係る書類の添付等の手続行為を含む）をいい、たとえば所得課税の場合は「所得発生原因事実」といってもよい。実定税法上の用語としては、「課税標準等又は税額等の計算の基礎となつた事実」（税通23条2項1号・71条1項2号等）が課税要件事実に相当すると解される。

(2) 課税要件事実の認定の限界

課税要件事実の認定にあたって、問題となる事実の「外観と実体」ないし「形式と実質」が食い違っている場合には、外観や形式に従ってではなく実体や実質に従って課税要件事実を認定すべきである、と一般に考えられている。したがって、何をもって実体や実質ととらえるかという点について、税務官庁の判断が介在することは否めないところである。

しかし、税務官庁が事実の経済的な目的・動機・成果・意義・機能等を実体・実質ととらえて、それらに従って事実を認定すること（いわゆる経済的実質主義[6]）は許されない。経済的実質主義によれば、事実認定について明確な基準なり枠が見出せないため、税務官庁の形成的・裁量的判断が介入してくるおそれがあるからである。また、そのような判断が、課税の公平ないし公平負担の建前のもとで行われることも問題である。そこでいう課税の公平は税収確保と対をなす概念である[7]からである。つまり、ある事実が外観・形式（特に私法上の法律関係）からすると課税要件に該当しない場合（課税減免規定の要件に該当する場合を含む）でも、当該事実が課税要件に該当する事実と経済的実質の点で同じであることを理由に、当該事実に対して「公平な」課税がなされなければならない、というのである。そのような課税が、当該事実の外観・形式に着目して課税要件該当性を否定する場合に比べて、税収の増加をもたらすことは、明らかである。

以上のような議論は、課税要件法上多くの場合課税の基礎とされる私

---

[6] 特に私法上の法律関係に関して、谷口・前掲注[4]【57】参照。
[7] 谷口・前掲注[4]【18】参照。

法上の法律関係の認定をめぐって、行われることが多いが、設問の事案
における別棟の建築というような事実についても妥当しうるものである。
設問では、Ｓが別棟の建築という事実を別棟の経済的意義・機能の観点
から認定しようとするのはなぜか、また、そのような事実認定にはどの
ような問題があるかを考える必要がある。

解答例

　設問での両者の主張は、大きく分けて、Ｔによる別棟の建築に
ついて住宅取得割増控除の可否と通常の住宅取得控除の可否とをめ
ぐって対立している。
❶ 住宅取得割増控除の可否
　住宅取得割増控除の可否について争点はこれまた大きく分けて２
つある。１つ目の争点は、租税特別措置法（以下、「措法」という）
にいう「増築」の意義に関するものである。Ｔはそれを建築特例
法からの借用概念ととらえた上で、借用概念の解釈に関する統一説
に従って建築特例法にいう「増築」と同じ意味に解釈し、同じ敷地
内に別棟を建てることもその用途や機能にかかわらず広く「増築」
に含まれると主張するのに対して、Ｓは措法にいう「増築」を建築
特例法の意味においてではなく、その言葉の通常の意味すなわち建
て増しの意味において解釈し、別棟の建築はこれに該当しないと主
張する。
　確かに、Ｔの主張は、借用概念の解釈に関する通説・判例の立
場である統一説に従っており、しかも住宅取得割増控除が受けられ
るのでＴ自身の法的安定性を害することにはならないから、一見
すると、問題のないものであるかのように思われる。しかし、その
ように思われるのは、建築特例法にいう「増築」は通常の意味より
も広く理解されているところ、その広い意味を措法にいう「増築」
の解釈にもち込むのに、Ｔが統一説を援用しているからである。
統一説の援用によるそのような解釈は、設問中に引用されている
Ｔの表現を借りれば、統一説の「機械的適用」による「実質的拡
張解釈」といってよい。

　Ｔは、Ｓに対する反論の中で東京高裁の事案と自分のケースとの違いを主張しているが、もしこの反論が、東京高裁の事案については、統一説の「機械的適用」による「実質的縮小解釈」は納税者に不利になり法的安定性を害するから許されず、自分のケースについては、統一説の「機械的適用」による「実質的拡張解釈」は納税者の有利になり法的安定性を害さないから許される、という意味の反論であるとすれば、それは設問の最後に引用されているＴ自身の見解に反することになる。その引用の中でＴが説くように、租税法律主義のもとでの厳格な解釈の要請によれば、租税法規については、納税者の有利・不利にかかわらず、文理解釈によって明らかにされる通常の意味を拡張したり縮小したりすることは許されるべきでない。

　このように考えると、別棟建築の年分の所得税にかかる確定申告にあたってのＴの主張は、文理解釈を重視する租税法律主義のもとでは採用することのできないものである。租税法律主義のもとでは、やはり、Ｓの主張するように「増築」という文言をその通常の意味に従って解釈すべきである。また、Ｓも指摘するところであるが、特にＳに対する反論を上述のように理解すると、Ｔは「言行不一致」（言＝教科書での見解発表、行＝税務行政に対する主張）との批判を受けても仕方なかろう。

　次に、住宅取得割増控除の可否に関する２つ目の争点は、税務行政側の言動に対する信義則の適用の可否である。税法の分野においても、信義則が法の一般原理として適用されることは一般論としては通説・判例の認めるところであるが、具体的な事案におけるその適用にあたっては、租税法律主義との衡量が要求される。判例によれば、そのような衡量の結果として、まず第１に、税務官庁が納税者に対し信頼の対象となる公的見解を表示したことという要件（公的見解表示要件）が充足されなければならない。設問の事案では、税務官庁すなわちＳの所属する税務署の署長が、直接その権限に基づいて何らかの見解を表明したとはされていないので、その要件の充足がないことをもってＴの主張を退けたとしても、判例の立場からすれば問題はなかろう。

　ただ、判例は公的見解表示要件を税務「官庁」概念をもって記述するがために、この要件を狭くとらえすぎているように思われる。信義則の適用にとって重要なのは、税務行政内部の権限や責任の所

在ではなく、権限・責任のある者による見解の表示であるかのような外観を呈しているかどうかであると考えられる。このような観点から設問の事案を読むと、①収受印を押した確定申告書の控が郵送されてきたこと、②その後、半年以上経って住宅取得控除計算書が送られてきたこと、③Ｓの電話での発言の中に、署内での検討を窺わせる発言があることといった事実が注目される。とりわけ②の住宅取得控除計算書は、その後の処理をＴの雇用者による年末調整に委ねるためのものであるから、その計算書が送付されてきた以上、税務署内で正規の手続を経て住宅取得割増控除の要件の充足が認定されたもの、とＴが受け取るのは自然である。これらの事情を総合すると、設問の事案では公的見解表示要件の充足を認めてよいと思われる。

そうすると、信義則の適用のためには、今度は、納税者の側について公的見解の表示に対する信頼に基づく行動があったかどうか（行動要件）、公的見解の表示に反する課税処分によって経済的不利益を被ったかどうか（経済的不利益要件）、およびその信頼について帰責事由がなかったかどうか（帰責要件）が判断されなければならない。設問の叙述からは、これらのすべてについて判断するのに必要な事情を読み取ることはできないが、少なくとも帰責事由の有無については、税務行政に対するＴの主張は、先にも述べたように、設問で引用されているＴの教科書の見解とは明らかに一貫性を欠くものであるから、Ｔが意図的にそのような主張をした場合はもちろんのこと、そうでなくともやはりＴは、「言行不一致」の責めを負うべきであり、帰責要件は充足されないとみるべきである。

判例によれば、公的見解表示要件、行動要件、経済的不利益要件および帰責要件のすべてが充足された場合に初めて信義則が適用されるのであるから、設問の事案では帰責要件が充足されない以上、Ｔの信義則違反の主張は認められないと考えられる。

❷ 通常の住宅取得控除の可否

以上、Ｔによる別棟の建築が「増築」に該当しないとする限りではＳの主張は妥当であるが、Ｓは他方でその別棟の経済的意義・機能に着目し、それを既存の建物と一体をなす二世帯住宅の一部と認定し、その別棟の建築は「新築」にも該当しないと主張する。しかし、「新築」という言葉の通常の意味からしても、その建築の外観（別棟の建築）からしても、それは「新築」に該当すると考える

のが自然である。のみならず、Sが別棟の経済的意義・機能に着目するのは、Tが別棟を既存の一世帯住宅とあわせて二世帯住宅として使用するために建築し実際にもそのようなものとして使用しているとの認定を前提にして、別棟の建築を二世帯住宅の「新築」に該当しないと結論づけるためであろうが、Sのそのような主張は以下の2つの点でも妥当でない。

1つには、その前提となる事実認定が妥当でない。通常の住宅取得控除は、設問中の立法関与者の解説からすると、住宅取得割増控除とは異なり、住宅取得に伴う経済的負担の軽減だけを目的とするものにすぎないと解されるから、そもそも、その要件としての「新築」該当性の判断の中では、当該建物が住宅に該当するかどうかだけが重要な事実であって、二世帯住宅であるかどうかは問題にする必要はないと考えられる。

もう1つには、もし仮にその前提となる事実認定が妥当であったとしても、その事実認定を二世帯住宅の「新築」に対する通常の住宅取得控除の否認の根拠とするのは妥当でない。Sの事実認定を論理的に展開していくと、むしろ、その認定された事実は二世帯住宅の「増築」に包摂され、Tには住宅取得割増控除が認められるべきことになろう。しかし、これはSの意図するところではなかろう。

❸ 助言

以上の検討から、Tの側には、「増築」の解釈において統一説の機械的適用に固執する姿勢に問題があり、Sの側には、「新築」に該当する事実の認定において、別棟の経済的意義・機能を重視する姿勢に問題があることがわかった。Tは、教科書では統一説の機械的適用に批判的で、文理解釈や言葉の通常の意味を重視する姿勢を示しており、Sはその点についてはTの見解を正しく理解している。他方、Sは自分の事実認定を論理的に推し進めると、二世帯住宅の「増築」について住宅取得割増控除を認めざるをえなくなることに気がついていれば、Tの反論を待つまでもなく、事実認定にあたってそのような姿勢をとらなかったであろう。そうすると、両者にとって納得のできる合理的な解決は、措法にいう「新築」をその言葉の通常の意味に解釈し、Tの別棟の建築がこれに該当するとみて、Tに通常の住宅取得控除を認めることであると考えられる。

関連問題

1. 修正申告の慫慂

(1) S が T に対して行った修正申告の慫慂は、国税通則法 74 条の 11 第 3 項が定める修正申告の勧奨に該当するか（なお、修正申告の勧奨については、「**19. マルサではない女**」解説 2 (6)参照)。

(2) 設問の事案ではそうではなかったが、仮に T が S の主張に従っていったんは修正申告の慫慂に応じたものの、後になって通常の住宅取得控除の適用だけは受けたいし、措置法上は受けうると考え直したとする。T にはどのような救済の途が考えられるか。それが認められるための条件についても考えなさい。

2. 文理解釈に対する批判

設問で参照した東京高裁判決では、税務行政側は「『改築』を社会通念上の用法に従って解釈することになると、一義的に『改築』に該当するかどうかを解釈することは不可能である。そして、税務実務に大きな支障が生じ、かつ税負担の公平に反する結果をもたらすことになりかねない」と主張しているが、このような主張について検討しなさい。

3. 信頼保護の実定法化

税務行政側の過去の言動に対する納税者の信頼保護は、信義則の適用場面においてだけでなく、実定税法上もたとえば加算税免除の「正当な理由」の解釈適用場面において問題になる。いわゆるパチンコ平和事件に関する控訴審判決（東京高判平成 11・5・31 東高時報 50 巻 1 = 12 号民 8 頁）と上告審判決（最判平成 16・7・20 判時 1873 号 123 頁）との観点や考え方の違いを明らかにし、いずれが妥当であるか考えなさい。

参 考 文 献

金子宏「租税法と私法」租税法研究 6 号 1 頁（1978）

渋谷雅弘「借用概念解釈の実際」金子宏編『租税法の発展』39 頁（有斐閣・

2010）

谷口勢津夫「借用概念と目的論的解釈」税法学 539 号 105 頁（1998）

水野忠恒「『租税法と私法』論の再検討(1)(2・完)」法学 45 巻 1 号 1 頁（1981）、51 巻 2 号 236 頁（1987）

同「租税法における信義誠実の原則」金子宏編『租税法の基本問題』108 頁（有斐閣・2007）

碓井光明「租税法における信義誠実の原則とそのジレンマ」税理 23 巻 12 号 2 頁（1980）

首藤重幸「税法における信義則」北野弘久編『判例研究日本税法体系 1／税法の基本原理』127 頁（学陽書房・1978）

中里実「租税法における事実認定と租税回避否認」金子宏編『租税法の基本問題』121 頁（有斐閣・2007）

「特集／租税法における『事実認定』の研究」税経通信 33 巻 6 号 41 頁（1978）

（谷口勢津夫）

設問別内容項目一覧

				第1問	第2問	第3問	第4問	第5問	第6問	第7問	第8問	
所得税	所得の概念		所得の概念				●			●	●	
			損害賠償・保険金						●	●		
			帰属所得				●					
			所得の帰属				●		●	●		
			課税単位				●					
	所得類型の意義と範囲		配当所得									
			不動産所得									
			事業所得		●	●	●					
			給与所得									
			退職所得					●				
			譲渡所得	●	●						●	
			一時所得							●	●	
			雑所得			●	●			●	●	
	所得計算通論		年度帰属							●	●	
			費用収益対応							●		
			収入金額	●	●		●					
			必要経費の意義		●	●						
	所得金額・税額計算		損益通算			●						
			損失の繰越			●						
			人的控除					●		●		
			その他の所得控除			●						
			税額計算の特例									
法人税			法人課税の意味									
			納税義務者と課税所得の範囲									
			所得計算の通則								●	
			損金と損金算入規制								●	
			同族会社の特別規定									
			株主法人間取引									
			資本金等の額・利益積立金額									
			欠損金額・グループ通算制度									
			組織再編成									
			資本等取引									
相続税贈与税			相続税の課税と計算						●		●	
			贈与税の課税と計算		●					●		
			財産の評価									
			租税回避とその対処									
租税法総論			租税法律主義									
			租税公平主義			●						
			私法取引と租税法	●								
			課税要件事実とその認定								●	
			借用概念の解釈					●				
			租税回避とその対処									
			租税法と信義則									
租税手続法	確定手続		申告								●	
			更正の請求									
	税務調査											

364

第9問	第10問	第11問	第12問	第13問	第14問	第15問	第16問	第17問	第18問	第19問	第20問	第21問
			●		●							
		●										
	●		●	●		●	●					
		●										
	●	●	●	●	●							
					●							
				●							●	
				●								
				●								
				●								
●												
●		●	●							●		
											●	
	●											
	●		●									
	●		●									
		●		●		●						
		●	●	●	●							
	●	●										
			●	●		●	●					
							●					
							●					
							●					
						●						
								●				
	●								●			
									●			
		●		●					●		●	
									●		●	
								●				
									●			●
						●						●
		●										
												●
●										●		
●								●				
										●		

365

法令索引

裁判例・裁決例索引

３７３

●執筆者紹介●

佐藤英明（さとう・ひであき）　＊編者
1962 年生まれ。1985 年東京大学法学部卒業。現在、慶應義塾大学大学院法務研究科教授。
『ケースブック租税法〔第 5 版〕』（共編著、弘文堂・2017）、『脱税と制裁〔増補版〕』（弘文堂・2018）、『スタンダード所得税法〔第 2 版補正 2 版〕』（弘文堂・2020）、『新版 信託と課税』（弘文堂・2020）、『プレップ租税法〔第 4 版〕』（弘文堂・2021）

岡村忠生（おかむら・ただお）
1957 年生まれ。1987 年京都大学大学院法学研究科博士後期課程単位修得退学。現在、京都大学大学院法学研究科教授。
『法人税法講義〔第 3 版〕』（成文堂・2007）、『所得税法講義』（成文堂・2007）、『新しい法人税法』（編者、有斐閣・2007）、『ベーシック税法〔第 7 版〕』〔アルマシリーズ〕（共著者、有斐閣・2013）、『相税法〔第 2 版〕』〔アルマシリーズ〕（共著者、有斐閣・2020）

渋谷雅弘（しぶや・まさひろ）
1966 年生まれ。1989 年東京大学法学部卒業。現在、中央大学法学部教授。
『ケースブック租税法〔第 5 版〕』（共編著、弘文堂・2017）、「資産移転課税（遺産税、相続税、贈与税）と資産評価(1)～(5)―アメリカ連邦遺産贈与税上の株式評価を素材として」法学協会雑誌 110 巻 9 号・10 号、111 巻 1 号・4 号・6 号（1993～1994）

髙橋祐介（たかはし・ゆうすけ）
1970 年生まれ。1998 年京都大学大学院法学研究科博士後期課程単位修得退学。現在、名古屋大学大学院法学研究科教授。
『新しい法人税法』（共著者、有斐閣・2007）、『アメリカ・パートナーシップ所得課税の構造と問題』（清文社・2008）、『ベーシック税法〔第 7 版〕』〔アルマシリーズ〕（共著者、有斐閣・2013）

谷口勢津夫（たにぐち・せつお）
1956 年生まれ。1986 年京都大学大学院法学研究科博士後期課程単位修得退学。現在、大阪大学大学院高等司法研究科教授。
『租税条約論』（清文社・1999）、『租税回避論』（清文社・2014）、『税法基本講義〔第 6 版〕』（弘文堂・2018）、『基礎から学べる租税法〔第 2 版〕』（共著者、弘文堂・2019）、「谷口教授と学ぶ『税法の基礎理論』〔全 50 回〕」Profession Journal No. 281～400（2018～2020）

増井良啓（ますい・よしひろ）
1965 年生まれ。1987 年東京大学法学部卒業。現在、東京大学大学院法学政治学研究科教授。
『結合企業課税の理論』（東京大学出版会・2002）、『融ける境超える法 3 市場と組織』（共編者、東京大学出版会・2005）、『ケースブック租税法〔第 5 版〕』（共編著、弘文堂・2017）、『租税法入門〔第 2 版〕』（有斐閣・2018）、『国際租税法〔第 4 版〕』（共著者、東京大学出版会・2019）

渡辺徹也（わたなべ・てつや）
1963 年生まれ。2000 年京都大学大学院法学研究科博士後期課程修了（京都大学博士）。現在、早稲田大学法学学術院教授。
『企業取引と租税回避』（中央経済社・2002）、『企業組織再編成と課税』（弘文堂・2006）、『新しい法人税法』（共著者、有斐閣・2007）、『ベーシック税法〔第 7 版〕』〔アルマシリーズ〕（共著者、有斐閣・2013）、『スタンダード法人税法〔第 2 版〕』（弘文堂・2019）

【編著者】

佐藤　英明　慶應義塾大学大学院法務研究科教授

【著　者】

岡村　忠生　京都大学大学院法学研究科教授

渋谷　雅弘　中央大学法学部教授

髙橋　祐介　名古屋大学大学院法学研究科教授

谷口勢津夫　大阪大学大学院高等司法研究科教授

増井　良啓　東京大学大学院法学政治学研究科教授

渡辺　徹也　早稲田大学法学学術院教授

租税法演習ノート［第4版］——租税法を楽しむ21問

2005（平成17）年10月30日　初　版1刷発行
2006（平成18）年9月30日　補正版1刷発行
2008（平成20）年3月30日　第2版1刷発行
2013（平成25）年3月30日　第3版1刷発行
2021（令和3）年3月15日　第4版1刷発行

編著者　佐　藤　英　明

発行者　鯉　渕　友　南

発行所　株式会社　弘文堂　　　101-0062　東京都千代田区神田駿河台1の7
　　　　　　　　　　　　　　　　TEL 03（3294）4801　　振替 00120-6-53909
　　　　　　　　　　　　　　　　https://www.koubundou.co.jp

装　丁　笠井亞子

印　刷　三陽社

製　本　井上製本所

Ⓒ 2021 Hideaki Sato, et al. Printed in Japan

[JCOPY] 〈（社）出版者著作権管理機構　委託出版物〉
本書の無断複写は著作権法上での例外を除き禁じられています。複写される場合は、
そのつど事前に、（社）出版者著作権管理機構（電話 03-5244-5088、FAX 03-5244-5089、
e-mail: info@jcopy.or.jp）の許諾を得てください。
また本書を代行業者等の第三者に依頼してスキャンやデジタル化することは、たとえ
個人や家庭内での利用であっても一切認められておりません。

ISBN 978-4-335-35850-0

租税法を
正しく理解するために──

弘文堂の「租税法」の本

租税法【第23版】

金子　宏◯著

【法律学講座双書】平成29・30両年度改正の内容を現行法として織り込んだ
基本書の決定版。巻末の「平成31年度税制改正大綱」の重要項目も有益。6,500円

スタンダード所得税法【第2版補正2版】

佐藤英明◯著

「手続き」までわかる所得税法の決定版。基礎から発展へと段階を追い、
事例、図表、2色刷、枠囲みなどで、わかりやすく説明した学習書。3,600円

スタンダード法人税法【第2版】

渡辺徹也◯著

基礎から発展へと段階を追いながら、事例、図表、2色刷、コラムなどを駆
使して、わかりやすく説明。教室でも実社会でも役立つ学習書。　3,000円

プレップ租税法【第4版】

佐藤英明◯著

親しみやすい会話体で、誰にも身近な租税の仕組みや考え方をもっと知りたく
なる入門書。各講末の【考えてみよう】には「解答の手引き」付き。　1,900円

ケースブック租税法【第5版】

金子　宏・佐藤英明
増井良啓・渋谷雅弘◯編著

具体的な事実に即して法の適用と判例法の形成が学べ、実務的能力と感覚を養
える判例教材。詳細かつ難易度付きの Notes & Question も便利。　4,500円

税法基本講義【第6版】

谷口勢津夫◯著

基礎理論、条文の読解、全体的・体系的把握、ネーミング、論点の深い理解
の5点を重視。難解だとされる税法を条文に沿って学べる基本書。　3,700円

基礎から学べる租税法【第2版】

谷口勢津夫・一高龍司
野一色直人・木山泰嗣◯著

租税法の基礎と考え方をしっかり伝える入門書。ソフトな記述と図表でわか
りやすさを追求。租税の本質である「差引計算思考」が身につく。　2,600円

レクチャー租税法解釈入門

酒井克彦◯著

実務に活かせる租税法の解釈論を、有名な具体的事例をもとに図表やチャート
で丁寧に解説。発見と驚きに満ちた解釈論の基礎が学べる入門書。　2,500円

税務訴訟の法律実務【第2版】

木山泰嗣◯著

税務訴訟に必要な民事訴訟、行政訴訟の基礎知識から判例・学説、訴訟実務の
実際まで解説。税務訴訟実務の全てを1冊に収めた実務家必読の書。　3,700円

＊価格（税抜）は、2021年3月現在のものです。